Edition Elch – Ihr Spezialist für Skandinavien-Reiseführer:

www.edition-elch.de

DIE AUTOREN: Michael Möbius und Annette Ster haben als freie Reisejournalisten mehr als 25 verschiedene Reiseführer über den pazifisch-australischen, asiatischen, südamerikanischen, südeuropäischen und eben auch den skandinavischen Raum veröffentlicht. Doch selbst als »Nomaden« brauchen sie immer wieder einen Rast- und Ruhepunkt, den sie Anfang der 1990er Jahre auf der Lofoten-Insel Austvågøya fanden. Dort leben sie, sofern nicht auf Reisen, zusammen mit ihren zwei Kindern – und genießen es unsagbar, vieles von dem, was sie zum Leben benötigen, dem Meer wie auch dem Land abzuringen.

Dazu rechnen sie nicht nur Fisch und Gemüse, Beeren und Pilze, sondern vor allem auch die Eindrücke, die unvergesslichen Augenblicke, die sie auf den Lofoten wann immer möglich im Rahmen von Bergbesteigungen und Klettertrips, Wanderungen, Kajak- und Fahrradtouren erleben. Trotz – oder gerade wegen – der Polarnacht sind sie auch im Winter aktiv, wenn sie an der Lofoten-Fischerei teilnehmen sowie zu Ski- und Schneeschuhtouren aufbrechen, die bis nach Zentral-Lappland hinüberführen, wo sie schon ungezählte Kilometer per pedes zurückgelegt haben.

Aus dem Wunsch heraus, ihre Erfahrungen und vor allem ihre Liebe zu den Lofoten anderen Nordland-Süchtigen weiterzugeben, entstand dieses Buch, das als »Liebeserklärung« natürlich stellenweise subjektiv gefärbt ist. Das gilt es zu berücksichtigen, bevor man sich selbst auf den Weg zu den sagenhaften Inseln über dem Polarkreis aufmacht.

Autoren und Verlag **bedanken sich ganz herzlich** bei allen Fotografen, bei der Galleri Espolin für die zur Verfügung gestellten Illustrationen sowie bei allen LeserInnen, die uns ihre Erfahrungen auf den Lofoten mitgeteilt haben, besonders bei Rosemarie Destradi, Uta Hahn, Katrin u. Wolf Herkner, Günther Kaminsky, Albert Kircher, Simone Lambertz, Helmut Müller, Ad van Roosendaal, Rando Steinbach und Markus Weiss.

Michael Möbius und Annette Ster

LOFOTEN

Edition Elch

Die Autoren dieses Reiseführers haben die zusammengetragenen Angaben nach bestem Wissen erstellt, die Redaktion hat sie mit größtmöglicher Sorgfalt überprüft. Trotzdem sind inhaltliche Fehler nicht vollständig auszuschließen. Daher besteht auf die Angaben keinerlei Garantie seitens des Verlages oder der Autoren. Im Fall von inhaltlichen Abweichungen übernehmen weder der Verlag noch die Autoren dafür die Verantwortung und Haftung, dies gilt auch im Hinblick auf mögliche Unfälle. Bitte denken Sie vor Ort zuallererst an Ihre Verantwortung für sich und Ihre Mitreisenden und gehen Sie bitte niemals ein Risiko ein.
Dies gilt auf den Lofoten besonders für Wanderungen und Seekajaktouren. Abgesehen von leichteren Pfaden entlang der Küste, verlaufen die Wege in die Bergwildnis häufig durch anspruchsvolles Terrain. – Und um geschützte Uferzonen mit einem (tauglichen) Seekajak zu verlassen, bedarf es so einiger Erfahrung sowie der Kenntnis des zu erwartenden Wetters und der Gezeiten.

LESERTIPPS

Schreiben Sie uns bitte, sofern Sie vor Ort Änderungen erlebt oder falls Sie Ergänzungsvorschläge haben. Wird Ihr Tipp in der nächsten überarbeiteten Ausgabe verwendet, bedanken wir uns mit einem Freiexemplar. Verlag und Autoren freuen sich über jede Zuschrift:

Edition Elch, Stichwort: Lofoten
Hamburger Straße 70
D – 63073 Offenbach am Main
E-mail: info@edition-elch.de
Internet : www.edition-elch.de

Fünfte, vollständig aktualisierte Auflage 2004

Elch-Logo: © *Petra Gran*
Redaktion und Satz: *Pelle Lindholm*
Fotos: *siehe Bildnachweis auf Seite 365*
Karten und s/w-Scans: *monthi., Konstanz*
Produktion: *Max Dorn Presse, Obertshausen*

Inhalt

Einstimmung 8
Inseln über dem Polarkreis
Die Lofoten im Überblick 11
Geologie 12
Dem Meer entstiegen, zwischen Feuer und Eis geboren
Zwischen »Muspelheim« und »Nifelheim« 12
Strukturen der Eiszeit 14
Werkzeuge der Erosion 17
Auf den Spuren der Zeit 18
Seltsame Seen 20
Klima und Wetter 23
Segen der nördlichen Breite
Von »polar« und »solar« 23
Der Golfstrom 24
Licht über Lofot 28
Zwischen Mitternachtssonne und Polarnacht 28
Indian Summer 33
Die Flora 35
Steingarten der Natur
Reichtum im Kargen 35
Die Vegetationsstufen 36
Interessante Florenbezirke 39
Schön u. nützlich: Heilpflanzen 40
Die Flechte: ein Mikrokosmos 42
Wanderzeit – Sammelzeit 43
Die Fauna 49
Die Bürger des feuchten Landes
Jäger und Gejagte 49
Die Vogelfelsen 51
Über die Lofoter 60
Zeiten und Zeitzeugen auf dem Archipel des Kabeljau
Der Anfang in der Steinzeit 61
Wendezeit 64
Wikinger, Fischer, Händler 65
Italienisches Intermezzo 68
Neue Zeiten – neue Sitten 70
Die Netze bleiben leer 72
Im Zweiten Weltkrieg 73
Nei til EU 76
Typisch Norwegisch 77
Der Fischfang 80
Segen der See
Fischfieber 81
Meeresangeln 82
Elf Gebote des Küstenanglers 83
Angeltipps 84
Lachszucht 90
Wal-Kampf 92
Vom Nordlandboot zum Trawler 93
Die Kunst 99
Ein Magnet für Künstler
Großartige Motive 99
Ein reiches Künstlermilieu 103
Knut Hamsun 104
Die Trolle 108
Wenn die Angst aufsteigt
Sie lauern überall 108
Die Trollhochzeit 109

INSELROUTEN

11 Wege im Inselreich ... 112
Das Jedermannsrecht ... 112
Erste Annäherung ... 113
Route 1: Austvågøya
– Liebe auf den ersten Blick ... 116
Route 2: Austvågøya
– Rund um Ørsvågen ... 132
Route 3: Austvågøya
– Kabelvåg ... 135
Route 4: Austvågøya
– Svolvær ... 143
Route 5: Austvågøya
– Nach Henningsvær ... 147
Route 6: Gimsøya ... 153
Route 7: Vestvågøya
– Auf Seitenwegen nach Leknes ... 159
Route 8: Vestvågøya
– Kontinent im Kleinen ... 165
Route 9: Flakstadøya ... 173
Route 10: Moskenesøya ... 181
Route 11: Værøy und Røst ... 188

WANDERUNGEN

13 Wege in die Bergwildnis ... 194
– Sicherheit ... 194
– Schwierigkeitsgrad ... 196
– Orientierung ... 196
– Länge, Dauer, Höhen ... 197
– Wanderzeit ... 197
– Begriffe auf Topo-Karten ... 198
– Trekkingküche ... 199
– Organisierte Wanderungen ... 209
Wanderung 1: Austvågøya
– Über das »Dach« der Insel ... 210
Wanderung 2: Austvågøya
– Bergwelt zwischen Fjorden ... 216
Wanderung 3: Austvågøya
– Hoch über dem Gimsøyastraumen ... 221
Wanderung 4: Vestvågøya
– Am offenen Nordmeer ... 226
Wanderung 5: Vestvågøya
– Am Steinsfjord ... 230
Wanderung 6: Vestvågøya
– Rings um den Brattflogan ... 232
Wanderung 7: Flakstadøya
– Der Flakstadstien ... 238
Wanderung 8: Moskenesøya
– Karibische Strände ... 244
Wanderung 9: Moskenesøya
– Zum See des Sonnenbären ... 248
Wanderung 10: Moskenesøya
– Blicke wie aus dem Flugzeug ... 250
Wanderung 11: Moskenesøya
– Wo die »Wand« am monumentalsten ist ... 255
Wanderung 12: Moskenesøya
– Auf Panoramawegen ... 261
Wanderung 13: Værøy
– Ein Paradies nicht nur für Seevögel ... 264
Wanderungen für Einsteiger ... 272
– Auf den Sautinden ... 272
– Auf den Glåmtinden ... 273
– Auf den Festvågtinden ... 274
– Auf die Kleppstadheia ... 275
– Hoch über Gimsøya ... 276

PRAKTISCHE INFORMATIONEN

Die Lofoten im Internet ... 277
Information ... 278
Transport ... 279
Mit dem eigenen Fahrzeug ... 279
Leihwagen ... 280
Öffentliche Verkehrsmittel ... 281
Mit dem Fahrrad ... 282
Unterkunft ... 285
Campingplätze ... 285
Wildcampen ... 290
Rorbu- / Sjøhuscamps ... 291
Budget-Unterkünfte ... 298
Hotels ... 300
Essen und Trinken ... 301
Die nordische Küche ... 301
Das skandinavische Buffet ... 303
Restaurants / Cafés ... 304
Kulinarisches Lexikon ... 308
Ferien aktiv ... 310
Sightseeing ... 310
– Ab Moskenesøya ... 310
– Ab Austvågøya ... 312
Walsafaris ... 314
Selbst aktiv ... 316
– Angeln ... 316
– Bergsteigen/Klettern ... 317
– Fischsafaris ... 318
– Seekajak ... 318
– Schwimmen/Baden ... 321
– Tauchen ... 323
– Vogelbeobachtung ... 324
– Wandern ... 324
– Windsurfen ... 325
Praktisches A–Z ... 326
Wörterkladde ... 336
Ein Land, zwei Sprachen ... 336
Aussprache/Betonung ... 337
Mini-Lexikon ... 337
Anreise ... 342
Mit dem eigenen Fahrzeug ... 342
– Autofahren in Norwegen ... 344
Mit der Eisenbahn ... 346
Mit dem Bus ... 348
Mit dem Flugzeug ... 348
Mit der Hurtigrute ... 349
Mitfahren ... 350
Pauschalarrangement ... 350
Vor der Reise ... 351
Information ... 351
Diplomatische Vertretungen ... 351
Einreisebestimmungen ... 351
– Zollbestimmungen ... 352
Geld ... 352
Budget ... 353
Reisezeit ... 354
Kleidung und Ausrüstung ... 355
Gesundheitsvorsorge ... 357
Reisende mit Handicap ... 357
Reisen mit Kindern ... 358
Literatur ... 358
Karten ... 359

REGISTER ... 360
BILDNACHWEIS ... 365
ANZEIGEN ... 366
KARTE FÄHRROUTEN ... 376

Inseln über dem Polarkreis

Die 190 km lange Inselgruppe der Lofoten umfasst ein Reich, in dem die Natur in spektakulären, ja geradezu unwahrscheinlichen Erscheinungsformen auftritt. Dinge, die anderswo gewöhnlich wirken, sind hier ins scheinbar Verrückte übersteigert, die Landschaft wird zur surrealistischen Fantasie.

Da ist die LOFOTEN-WAND, eine Bergkette, fast so alt wie die Welt, die sich mit Kegeln und Pyramiden, Tafelbergen und Monolithen als bizarr skulptierte Zackenlinie 1.000 m hoch aus dem Atlantik aufwirft. Hier stehen lauter Kathedralen, überzogen von Lisenen aus Eis. WASSERFÄLLE hängen wie kalligrafische Muster an endlos senkrechten Wänden, zwischen die gewaltige TROGTÄLER ausgeklügelte geometrische Muster weben. Vegetationslose SCHÄREN liegen als schwarze Tuschestriche auf dem Wasser, und von kotweißen Felsgesimsen werfen sich hunderttausend VÖGEL wie zerfetzte Fahnen in den Wind. Es gibt SEEN, in deren Tiefen sich urzeitliches Meerwasser findet; GEZEITENSTRÖME, die alles zermalmen, was sich ihnen in den Weg stellt; schneeweiße, fast karibisch anmutende STRÄNDE, die sich an schwarz geschmiedete Felsen lehnen.

Und in launischen Momenten führt sich die Natur in einer Weise auf, die über die menschliche Vorstellungskraft weit hinausgeht. Orkane schleudern die Gischt hundert Meter hoch in die Luft, peitschen Hagel, Schnee und Regen vor sich her, reißen Sekunden später den Himmel auf, und in einem homerischen Licht fließen Wolken wie Wasserfälle die Berge herab, um sich in Regenbogenfarben aufzulösen.

Wenn dann noch die MITTERNACHTSSONNE als gelber Lampion über dem Horizont schwimmt oder die grünweißen oder rosaroten Lichtfahnen von *Aurora borealis* (NORD-/POLARLICHT) gegen die schwarzen Silhouetten der Berge branden – dann wird der ganze Archipel endgültig Mythe, nordische

Sage, und es wird verständlich, warum die Wikinger, die hier schon im 9. Jahrhundert einen Stützpunkt errichteten und dem Archipel mit feinem Sprachgefühl den Beinamen »Inseln der Götter« gaben.

Der Name LOFOTEN kam erst später auf und leitet sich ab von *Lofotr*, was so viel wie »Luchsfuß« bedeutet. Ursprünglich nur die sprechende Bezeichnung für Vestvågøya, die mit 422 km^2 Fläche größte Insel, steht sie heute für die gesamte Inselgruppe, die sich etwa 100 bis 200 km nördlich des Polarkreises über den 67. und 68. Breitengrad in einem leichten Bogen hoher Bergen ins Europäische Nordmeer streckt. Vom Festland trennt sie der keilförmige Vestfjord, im Norden schließen sich die nur wenige Kilometer entfernten Vesterålen an; die wichtigsten Inseln des Archipels sind (von Nordost nach Südwest) AUSTVÅGØYA, GIMSØYA, VESTVÅGØYA, FLAKSTADØYA und MOSKENESØYA, die mittlerweile alle durch Brücken und Tunnel miteinander verbunden sind. Weiter südwestlich dieser Hauptgruppe der Lofoten-Inseln liegt jenseits des Moskenstraumen – des zweitstärksten Gezeitenstroms der Erde – die nur knapp 18 km^2 große Insel VÆRØY, an die sich, am äußersten Lofoten-Ende, die aus 365 Eilanden bestehende Inselgruppe von RØST anschließt. Die Gesamtfläche beträgt 1.227 km^2, auf denen heute rund 25.000 Menschen leben.

Die Lofoten haben viele Gesichter, und wer sie einmal betrachtet, kommt entweder niemals wieder oder verbindet den Gedanken an (landschaftliche) Schönheit für alle Zeiten mit dem hohen Norden. So geht es uns, die wir diesen Archipel über alles lieben, der widerhallt vom Pulsschlag der Natur, einen ständig den Hauch der Ewigkeit verspüren lässt und so die Möglichkeit öffnet, im Herzen zu erfahren, was der Kopf nicht fassen kann. Entsprechend kann auch das vorliegende Buch nicht stets im Kleid der Objektivität einherschreiten, denn wer ist, wenn er liebt, schon objektiv oder kann das Objekt seiner Sucht hinreichend beschreiben, wenn er sich nicht hier und da ganz und gar subjektiver Bilder bedient? Und wir zumindest sind süchtig nach unserem Paradies über dem Polarkreis, auch wenn auch hier längst die Schatten gefallen sind, die der Materialismus der westlichen Industrienationen weltweit wirft. Aber Schatten sind wohl normal für ein irdisches Paradies und ihr Da-Sein besagt nichts dagegen, dass die »alten« Lofoten – die der ungezähmten Natur – nicht noch immer existieren.

Dass Sie unsere Liebe und Sucht teilen mögen, ist Anliegen dieses Buches, das Sie über ausgewählte Wege, längst kein Geheimtipp mehr, aber dennoch voller Höhepunkte und auch Geheimnisse, führen möchte. Das hat nichts mit Bevormundung zu tun, denn wen es unvorbereitet hierher verschlägt, wer dann noch unter Zeitdruck leidet, wird vielleicht manches finden, aber bestimmt auch manchen Frust erleiden. So machen wir Vorgaben, nämlich Routen, nennen in ihnen all die großen und kleinen Sehenswürdigkeiten am Wegesrand, erzählen Geschichten, erhellen Facetten aus allen Bereichen des insularen Lebens, die, wie die Glassplitter eines Kaleidoskops, zusammen ein glitzerndes Gesamtbild ergeben.

Aber wir helfen auch ganz praktisch, sagen Ihnen beispielsweise, wo die schönsten Camping- und Wildcamp-Plätze, Rorbuer und Hotels zu finden sind, wo die wenigen Restaurants und Kneipen, in die einzukehren sich lohnt, wo und wann und wie man fischt, informieren über Outdoor-Aktivitäten und Badeplätze ebenso wie über Museen und Kirchen und vieles andere mehr. Lassen dennoch Ihrer persönlichen Entdeckungslust reichen Raum, denn all diese Ausführungen bilden gewissermaßen nur den Rahmen, den Sie selbst mit Bildern füllen können. – Ja füllen sollen, ist doch der Weg zum Verstehen dieser einzigartigen Inselgruppe an manchen Stellen so schmal, dass er nur von einem selber begangen, ja überhaupt erst gesehen werden kann. – Oder, wie es Karel Capek in seiner »Nordlandreise« gesteht: »... mit Worten lässt sich da nichts ausrichten... Ich sage euch, alles das lässt sich mit den Augen sehen und greifen, denn die Augen sind ein göttliches Werkzeug, sie sind empfindlicher als die Fingerspitzen und schärfer als jede Messerspitze; was lässt sich nicht alles mit den Augen erfassen, doch Worte, ach, Worte taugen zu nichts.«

Nun aber ist es an der Zeit, über schöne Worte hinaus Sie selbst zu angenehmen Schlussfolgerungen kommen zu lassen. Die nachfolgenden Seiten sollen dorthin führen.

STECKBRIEF LOFOTEN

◎ **LAGE**: etwa 100 bis 200 km nördlich des Polarkreises im Europäischen Nordmeer, etwa auf dem 67./68. Breitengrad; das entspricht in etwa der Lage von Zentral-Grönland und Nord-Alaska.

◎ **ENTFERNUNGEN**: ca. 2.700 km ab Frankfurt am Main, 1.700 km ab Oslo, 1.000 km zum Nordkap, 1.300 km bis Kirkenes, 2.500 km zum Nordpol.

◎ **FLÄCHE**: Gesamtfläche ca. 1.227 km^2, die sich verteilen auf die Kommunen Vågan (477 km^2), Vestvågøy (422 km^2), Flakstad (179 km^2), Moskenes (117 km^2), Værøy (18 km^2), Røst (11 km^2); davon landwirtschaftliche Nutzfläche etwa 50 km^2, Waldfläche etwa 55 km^2.

◎ **MITTERNACHTSSONNE**: Auf der West- und Nordseite (sowie von den Bergen aus) kann die Mitternachtssonne vom 27. Mai bis zum 17. Juli beobachtet werden.

◎ **BEVÖLKERUNG**: insgesamt rund 25.000 Einwohner (1950 waren es rund 30.000 Einwohner), davon etwa 9.100 in Vågan, 10.800 in Vestvågøy, 1.600 in Flakstad, 1.400 in Moskenes, 800 auf Værøy, 700 auf Røst.

◎ **BEVÖLKERUNGSDICHTE**: ca. 20 Einwohner/km^2 – in der BRD sind es rund 223 Einwohner/km^2, in ganz Norwegen rund 14 Einwohner/km^2.

◎ **STÄDTE**: Die größten Städte sind Svolvær / Austvågøya (ca. 4.150 Einwohner), Leknes / Vestvågøya (etwa 2.050 Einwohner), Kabelvåg / Austvågøya (rund 1.990 Einwohner), Stamsund / Vestvågøya (ca. 1.500 Einw.).

◎ **VERKEHRSVERBINDUNGEN**: Es gibt Flughäfen (Verbindungen u.a. nach Bodø) auf Austvågøya (Svolvær), Vestvågøya (Leknes), auf Røst und Værøy (derzeit nur Helikopter); Fährverbindungen bestehen zwischen Svolvær und Skutvik/Hamarøy (Autofähre), Melbu/Vesterålen und Fiskebøl (Austvågøya), Moskenes (sowie Værøy und Røst) und Bodø sowie Moskenes, Værøy und Røst; Schnellboote verkehren auf der Strecke von Svolvær via Skutvik nach Bodø sowie (nur im Sommer) via Digermulen nach Narvik; das Hurtigschiff (Postdampfer) legt in Stamsund/Vestvågøya und Svolvær/Austvågøya an.

◎ **WIRTSCHAFT**: Noch rund 20 % der Erwerbstätigen sind im Primärsektor (Landwirtschaft/Fischerei) beschäftigt (Norwegen-weit sind es unter 3 %), etwa 17 % in der Industrie (insbesondere Schiffsbau), 8 % im Bauwesen und ca. 55 % im Dienstleistungsbereich. Hauptexportgut ist Fisch.

◎ **TOURISMUS**: profitabelster Wirtschaftssektor der Lofoten noch vor dem Fischgeschäft; insgesamt wird der Archipel jährlich von rund 200.000 Touristen besucht, wobei die Deutschen die Mehrheit unter den ausländischen Reisenden bilden.

Dem Meer entstiegen, aus Feuer und Eis geboren

ZWISCHEN »MUSPELHEIM« UND »NIFELHEIM«

Am Anfang, so überliefern es die Mythen des heidnisch-germanischen Glaubens, gab es nicht etwa das Nichts oder das Chaos, sondern vielmehr die seit jeher bestehenden REICHE DER HITZE (Muspelheim) UND DER EWIGEN KÄLTE (Nifelheim), deren Wechselspiel auch die Lofoten unserer Tage prägt. In der Tat zählt man in der Schöpfungsgeschichte des Nordens drei Eiszeiten sowie zwei interglaziale Perioden, während deren das Klima warm und angenehm war. Die Geologen meinen, dass der Eisrand der letzten Glazialzeit (die vor ca. 70.000 Jahren begann) vor rund 10.000 Jahren den Rückzug antrat. Aber er vollzog sich nicht kontinuierlich. Das Eis fasste immer wieder Mut, die gigantische Walze blieb stehen oder machte sogar Vorstöße, und insgesamt währte es weitere 6.000 Jahre bis zum völligen Abschmelzen. Da sich zur Zeit des Nifelheim kein menschliches Leben entwickeln konnte, wird heute davon ausgegangen, dass die überkommenen Mythen der Altvorderen nicht über den Zeitraum der letzten Vergletscherung zurückgreifen, sondern lediglich die Furcht davor andeuten, dass es zu einer Wiederholung kommen könne, oder – frei nach der Sage: dass der »Fimbulwinter« erneut den Sommer überspringt und so »Ragnarøk« einleitet, den Weltuntergang, auf den die Wiedergeburt folgt.

Aber der altnordische Glaube (in dem Mythen und Sagen Legion sind) gibt noch weitere interessante Hinweise. Zum Beispiel auf die SINTFLUT: Nifelheim und Muspelheim waren durch den Riesenschlund »Ginungagapet« voneinander getrennt, in den ununterbrochen »Etter« einströmte, ein Gift, aus dem der Leib des Riesen Ymer entstand, der sich von der eisgeborenen Kuh Audumbla nährte. Und als die Götter diesen Titan töteten, war die Gewalt seines ausströmenden Blutes dermaßen groß, dass es zu einer Sintflut kam. Tatsache ist, dass die Rede von der »großen Flut« keineswegs sinnlos ist, vielmehr gilt es als erwiesen, dass Teile Skandinaviens – und mithin der Lofoten – UNTER DEM WASSER GEBOREN sind, dessen Oberfläche einst über 250 m höher lag als heute. Auch hierfür war der glaziale Eispanzer verantwortlich, der stellenweise bis zu 3.000 m dick gewesen sein soll und dessen gigantisches Gewicht die Erdkruste zusammenstauchte, schließlich in die Tiefe presste. Als dann die Gletscher abschmolzen, nahm der enorme Druck ab, und das Land begann sich zu heben – in mancher Region bis zu 300 m. Im Kleinen setzt sich die Küstenhebung noch immer fort; als sichtbare Zeichen gelten Strandlinien, die in Form von Geröllstränden oder Strandwällen deutlich über dem heutigen Meeresspiegel liegen.

Auch dieses Auftauchen der Landmasse aus dem Meer kann als Wiedergeburt interpretiert werden, doch schon in den Jahrmilliarden zuvor hat **DER ARCHIPEL** unendliche Male den Kreislauf zwischen »Tod und Reinkarnation durchlebt«. Als einer der »Erstgeborenen« auf diesem Planeten **IST** er nämlich **FAST SO ALT WIE DIE ERDE SELBST**, die vor ungefähr 4,5 Mrd. Jahren entstanden sein soll. Als sich der flüssige Erdball allmählich abkühlte, bildete sich über dem noch glühend heißen Mantel eine Kruste, aus der im Archaikum (vor ca. 3,5 Mrd. Jahren), herausgepresst von Kräften im Inneren der Erde (Konvektionsströme), die ersten Berge emporstiegen.

Die UR-LOFOTEN waren geboren; noch mehr als 3 Mrd. Jahre mussten bis zur Genese des »Mutterlandes« Norwegen vergehen. Sie bestanden AUS Granit und Gneis, ERUPTIVGESTEINEN, aus dem Magma (Gesteinsschmelzfluss) der Erde selbst. Die Erosion nahm ihre nagende Arbeit auf und begann, die Berge wieder abzutragen. Was übrig blieb, das sank vor 2,3 Mrd. Jahren (Proterozoikum) erneut ins Erdinnere zurück, wurde dort – in 25 bis 35 km Tiefe – gefaltet und zusammengestaucht, unter unvorstellbarem Druck und Temperaturen umgewandelt und mit Sedimenten (Ablagerungen) bedeckt, von denen diejenigen, die zuunterst lagen, zu metamorphem (griechisch: den Zustand wandelnden) Gestein, meist Kalkstein und Schiefer, wurden.

Abermals fand im Erdinneren eine gewaltige Umwälzung statt, abermals – vor etwa 1,8 Mrd. Jahren – wurden Berge emporgehoben, das Meer zog sich zurück, und Erosion legte die Sediment- und metamorphen Gesteine frei, die nun in Form gemaserter und geschichteter Gneise erschienen. Ein paar Mio. Jahre später drängten große Mengen magmatischer Gesteinsarten (sogenannte Mangerite) aus dem Erdinneren nach; vor 1,7 Mrd. Jahren folgte der Dolerit (grobkörniger Basalt), dann der Granit. Und wieder tauchte das Land in den Erdmantel ein – Glimmerschiefer und Quarzit entstanden durch Metamorphose –, bis es vor ca. 1 Mrd. Jahre erneut gehoben wurde.

Vor rund 250 Mio. Jahren faltete sich in einer Schwächezone der Erdkruste (Geosynklinale) das KALEDONISCHE GEBIRGE auf, das heute den Bergboden des norwegischen Festlandes prägt. Aber merkwürdigerweise hat diese gigantische Aufwerfung, die in direkter Nähe der heutigen Lofoten stattfand, den Archipel kaum beeinflusst. Lediglich Pegmatiten (Granit-Gestein) zeugen von jener Zeit, der eine Ruhepause von fast 200 Mio. Jahren folgte.

Erst im Tertiär (vor ca. 50 Mio. Jahren), während dem auch die Faltung der Alpen geschah, wurden die Lofoten noch einmal – und zwar in einer Reihe von Blöcken – gehoben. Im Quartär dann folgten die erwähnten Angriffe der Eiszeit, dem das Land weitgehend seine heutige Topografie verdankt.

STRUKTUREN DER EISZEIT

Warum die Eiszeiten entstanden, wird immer noch kontrovers diskutiert. Die Wissenschaft hält verschiedene Hypothesen bereit, etwa die einer kurzzeitigen Abnahme der Strahlungsintensität der Sonne, einer geringen Änderung des Standes der Erdachse oder der Bewegung der Erde um die Sonne, eines gewaltigen Vulkanausbruches, der die Sonne verdunkelte, und noch einige mehr. Immerhin herrscht Einigkeit darüber, dass die Vereisung als Folge von Klimaverschlechterungen entstand, wobei diese wiederum nicht Ursache, sondern Wirkung waren.

Der EINBRUCH DER KALTZEIT führte dazu, dass die Sommer immer kürzer, die Winter immer länger wurden, der Schnee in größeren Mengen fiel und länger liegen blieb, bis es zuletzt das ganze Jahr über schneite. Die weiße Pracht häufte sich an – insbesondere natürlich in den Gipfelzonen der Berge – und wandelte sich nach Überschreiten eines Grenzwertes durch den entstandenen Druck in Firnschnee (dichter, körniger und luftärmer als Schnee), sodann in Firneis (plastische, dadurch bewegliche, gekörnte Masse mit Luftzwischenräumen) und schließlich in dichtes, da luftloses Gletschereis, dessen spezifisches Gewicht ca. 0,9 kg/dm^3 beträgt (weshalb Eisberge schwimmen können) und dessen Eiskörnchen lamellar aufgebaut sind, weshalb es sich unter Druckeinwirkung verschiebt. So kam das Eis, der Schwerkraft folgend, in Bewegung, stieß von den Bergen herab und vereinigte sich mit den aus Richtung Pol kommenden Gletscherströmen zu einer Eiskappe, die mit einer Geschwindigkeit von bis zu 30 km pro Jahr nach Süden floss, in der Mitte bis zu 3 km stark gewesen sein soll und sich zu guter Letzt bis zu den Britischen Inseln und hinunter nach Norddeutschland erstreckte.

Dieser Glazialpanzer band unvorstellbar viel Wasser, und so schrumpften die Ozeane derart stark zusammen, dass der Meeresspiegel nahezu 90 m unter den heutigen sank. Dennoch nahm die Landmasse nicht etwa zu, sondern sogar ab, da unter der gigantischen Eislast große Teile Skandinaviens bis zu 900 m in die Erdrinde hinabgedrückt wurden. Und als sich das Eis – besiegt von seinem einzigen Feind: einem Klimawechsel zum Wärmeren hin – schließlich zurückzog, hob sich das Land wieder, und zwar an manchen Stellen bis zu 300 m – ein Vorgang, der noch immer nicht abgeschlossen ist, auch wenn er heute mit maximal 9 mm pro Jahr relativ langsam verläuft.

Die Eiswalze stauchte das Land nicht nur zusammen, sondern veränderte es grundlegend. Sie arbeitete wie eine Kombination aus Planierraupe, Bulldozer, Fräse und Dampfwalze. Nichts konnte widerstehen, am wenigsten der präglaziale Schutt, den sie forttrug und an den Rändern ihres späteren Abschmelzens (etwa in Südschweden und Norddeutschland) als Endmoränen wieder preisgab. Die feste Gesteinsoberfläche wurde von der zusammenhängenden Inlandeisdecke in charakteristischer Weise und je nach Gesteinsvorkommen modelliert, wodurch der beherrschende Relieftypus entstand, das **FJELL**, mit dem die hügeligen Regionen oberhalb der Baumgrenze gemeint sind. Drei Arten Fjell gilt es zu unterscheiden:

Das ALLGEMEINE FJELL umfasst die für Teile von Vestvågøya typische Buckelberg- oder Rundhöcker-Landschaft, deren Namen gebende Hügel sich über die geschliffene und felsige ehemalige Gletschersohle in Richtung der Eisbewegung erheben. Auf der Stoßseite sind sie flach ansteigend, auf der Leeseite steiler abfallend. Zwischen ihnen erstrecken sich, als Resultate selektiver Erosion im Bereich weicherer Schichten, lang gedehnte Furchen oder flache, ausgeschliffene Wannen verschiedener Ausprägungen. Meist sind sie von Seen und/oder Mooren erfüllt sowie durch Flüsse verbunden. Solche Landschaftsformen sind auch für die zweite Variante des Fjell charakteristisch: das mäßig reliefierte, sanft GEWELLTE PLATEAUFJELL, über dem sich schließlich das ALPINE FJELL erstreckt, das eigentliche Hochgebirge.

Hier hinterließ die Vergletscherung Spuren in einer Reihe von Formen, die in eisfrei gebliebenen Gebieten vollkommen fehlen. Unter den Firsten der Gebirgskämme trifft man steilwandig in die Hänge eingelassene Felskessel, die einen flachen, oft von einem See bedeckten Boden haben sowie eine Schwelle aus aufgelagertem Schutt. Das sind die unterschiedlich großen, rund, eckig, länglich, geknickt oder gewunden ausgebildeten **KARE** – die URSPRUNGSSTELLEN der alpinen Gletscher.

Oft sind die Berggestalten derart von allen Seiten von Karen (auch: Botner) angefressen, dass die trennenden Kämme zu schmalen Graten reduziert sind und die Berge, die früher eine Hauben- oder Kegelform gehabt haben dürften, nunmehr als scharfkantige Pyramiden oder Trapeze oder lang gestreckte Felsmauern erscheinen. Solche Berge werden als **KARLINGE** bezeichnet; sie bilden BIZARRE GESTEINSFORMATIONEN, scheinen sie doch in ihren plastischen Konturen die Grundgesetze der Gravitation zu verhöhnen.

An das Kar schließt sich das Talstück an, in dem sich das Gletschereis talabwärts bewegte. Man nennt es das **TROGTAL** oder den Taltrog, weil es häufig steilfelsige Talhänge und einen im Querschnitt gerundeten Talboden aufweist, der dem Ganzen die Form eines Troges gibt. Besonders steil sind die Hänge an der Außenseite einer Biegung, und überall fallen die Schleifwirkungen des Eises auf, die dem Fels oft den Anschein eines monumentalen Kunstwerkes geben.

Die Böden der in das Trogtal des Hauptgletschers mündenden Seitentalgletscher enden oft Hunderte Meter über dem Haupttal. Es sind glaziale **HÄNGETÄLER,** aus denen sich nicht selten kräftige Wasserfälle ergießen.

Diejenigen Trogtäler schließlich, die nach Abschmelzen der Gletscher durch Landsenkung vom Meer überflutet wurden, werden **FJORDE** genannt. Auf den Lofoten gibt es allenthalben Fjorde, die weit ins Land reichen und deren Grund oft wesentlicher tiefer liegt als der des Meeres. Dieses PHÄNOMEN ist Fjord-typisch; es resultiert daraus, dass die Gletscher, die diesen Relieftypus schufen, an ihren Mündungen ins Meer an Dicke abnahmen – weshalb die Mündungsschwellen relativ flach sind –, daher im eigentlichen Trog auf der Stelle schürften. 1.000 m Tiefe und mehr wurden schon ausgelotet, und wieder 1.000 m hoch und mehr recken sich die umwandenden Steilflanken aus grün oder silbrig, türkis oder tiefblau leuchtenden Wassern in die Höhe. Jeder Fjord hat seinen ganz eigenen Charakter, jeder ist eine perfekte Metapher für die Sage, aber ihn in Worte zu fassen ist unmöglich, denn nicht mal im Sehen kann man ihn ganz erleben, ist er doch Bild und Ereignis zugleich.

WERKZEUGE DER EROSION

Als die Gletscher abgeschmolzen waren – ein Vorgang, der im anstehenden Bereich erst vor ca. 4.000 Jahren ein Ende fand –, wurde ein völlig entblößter Fels-Archipel freigelegt, der schutzlos den Kräften der Erosion ausgeliefert war. Diese sind unverändert am Werk und führen dazu, dass die Landschaft der Lofoten nicht anders wie ein Lebewesen ständigen Veränderungen unterworfen ist – fast unmerklich zwar gemessen an einem Menschenleben, aber dennoch unaufhaltsam.

Eines der wichtigsten Werkzeuge sind die **NIEDERSCHLÄGE**, die Jahr für Jahr auf die Lofoten herabprasseln und die vom ständig wehenden Südwestwind gegen den von Nord nach Süd streichenden Bergwall des Archipels gepeitscht werden. Regen und geschmolzener Schnee SAMMELN SICH IN FELSSPALTEN, dehnen sich winters aus, wenn sie gefrieren, und sprengen dadurch Felsen, erweitern Spalten und vertiefen Rinnen. Die weicheren Gesteinsschichten – etwa die sedimentären – sind natürlich am anfälligsten, aber selbst härtestes Gestein (wie Gneis und Granit) wird schließlich auf diese Weise bezwungen. In den Monaten zwischen Mai und Oktober nun, wenn die Temperaturen größtenteils über dem Gefrierpunkt liegen, muss das Regenwasser, das auf die Berge fällt, auf seinem Weg zum Meer einen Höhenunterschied von bis über 1.000 m überwinden. Somit ist die Kraft, mit der es in den Fels eindringt und Gestein davonträgt, das zuvor vom Frost herausgesprengt wurde, viel größer als die des Regens, der sich über eine Küstenebene ergießt.

Mindestens ebenso wirkungsvoll sind die **WELLEN** und die **SEDIMENTFRACHTEN**, die sie mitbringen, wenn sie gegen die Küste anbranden und ihr mit jedem Wogenschlag zusetzen. Wasser wird in natürlichen Felsspalten eingeschlossen, wodurch es zu solch starker Komprimierung der Luft kommt, dass Druckkräfte entstehen, die tonnenschwere Felsbrocken ABZUSPRENGEN in der Lage sind. Gegen Klippen anbrandende Wellen umfluten und vergrößern unaufhörlich alle Spalten und Risse im Gestein, tragen den Fuß des Felsens ab, bis der unterspülte Überhang herabstürzt.

Andere Bereiche werden so weit abgetragen, bis nur noch waschbrettartige Felsbänder übrig sind. Aber auch sie werden von den wie Schmirgel wirkenden Felsbrocken und Kieseln abgeschliffen, die sie selbst den Wellen überlassen haben. Durch diesen Prozess werden die Felsbänder weiter abgetragen, bis sie unter Wasser liegende Plattformen bilden. Auf ihnen lagert sich Gesteinsschutt, der immer feiner zermahlen wird, bis er jene Körnigkeit aufweist, dass man ihn als Sand bezeichnen kann. Anfangs ist die Sandschicht noch dünn, aber innerhalb weniger Jahrhunderte kann ein echter STRAND entstehen: schmal und begrenzt durch Felszungen und Klippen, die das Meer jetzt in seinem unablässigen Kampf gegen die Küste angreifen kann.

AUF DEN SPUREN DER ZEIT

Eine kurze geologische Exkursion führt uns zunächst nach Moskenesøya, wo wir uns während der Wanderung Nr. 8 im Schatten ARCHAISCHER GNEISE aufhalten werden: 3,5 Mrd. Jahre alt und Reste eines Stützpfeilers der Erde selbst. Nur an wenigen Orten auf der Erde tritt solches Urgestein zu Tage.

Den sedimentären KALKSTEIN- UND GRAPHITSCHICHTEN des Kambrium begegnen wir insbesondere auf Austvågøya am Morfjord – wo sogar zwei alte Graphitminen zu finden sind – und auf dem Berg Matmora, über den uns

Dem Meer entstiegen ...
Blick vom Varden auf Vestvågøya Richtung Gimsøya und Austvågøya (oben) sowie auf die Middagsheia über Eggum, ebenfalls auf Vestvågøya (unten) ▶

die Wanderung Nr. 2 führen wird. Am Westhang des Matmora wurde früher der ölreiche ÖLSTEIN abgebaut, der auch ALAUNSCHIEFER enthält.

Auf Schichtungen und Faltungen der jüngeren sedimentären Gesteinsarten (GEMASERTE UND GESCHICHTETE GNEISE) kann man während einer Bootsfahrt durch den Raftsund in Richtung Trollfjord ausgiebige Blicke werfen (westliche Sundseite), während der GRAUE MANGERIT – der älteste – die gesamten mittleren Gebiete von Austvågøya prägt (siehe Wanderung Nr. 1). Der BRAUNE MANGERIT ist sowohl auf Gimsøya und Vestvågøya (siehe Wanderung 4) als auch auf Flakstadøya (siehe Wanderung 7) allgegenwärtig, während der 1,7 Mrd. Jahre alte Raftsund-Mangerit im nördlichen Raftsund zu sehen ist, wo er die wohl größte Formation dieser Art überhaupt bildet.

DOLERIT tritt im Tunnel unterhalb von Nonshaugen bei Svolvær deutlich zu Tage, aber auch im Trollfjord kann man ihn anhand seiner dunklen Farbe deutlich ausmachen. GLIMMERSCHIEFER findet sich rund um die Bucht von Lilleeidet auf Vestvågøya, wohingegen mächtige Aufschlüsse von PEGMATITEN an den Felsklippen bei Å und Moskenes aufzuspüren sind.

Die Spuren der Erosion schließlich braucht man auf den Lofoten nicht zu suchen: Sie sind allgegenwärtig, präsentieren sich am spektakulärsten auf den Westseiten der Inseln (dort auch in Form atemberaubend schöner Strände). Auch die Hinterlassenschaften der Eiszeiten sind überall zu entdecken, wobei sie auf Moskenesøya in ihren dramatischsten Formen auftreten (siehe insbesondere die Wanderungen Nr. 8–12).

Wer schließlich die STRANDLINIEN sucht, die anzeigen, dass das Land einst unter Wasser lag, findet sie bei Fredvang auf Moskenesøya, bei Sand, Unstad und Eggum auf Vestvågøya, bei Vik und Saupstad auf Gimsøya sowie bei Grunnfør, Sand und Strømstad auf Austvågøya.

SELTSAME SEEN

Wie dunkle Edelsteine sind über alle Höhenlagen des Archipels viele Gebirgsseen verstreut, deren Betten durch einstige Gletscherarbeit geschaffen wurden. Manche von ihnen liegen isoliert in ehemals von Gletschern ausgefüllten Karböden und werden von den Geologen **CIRQUE-SEEN** genannt.

Andere liegen in Linien aufgereiht in Tälern, durch die vor langer Zeit einmal die Eiswalzen langsam herabglitten. Jeder dieser Seen markiert eine Stelle, wo ein Felsriegel den glazialen Panzer aufhielt und ihn zwang, sich erst einmal eine Zeitlang horizontal zu bewegen, bevor er seinen Weg nach unten fortsetzen konnte. So bildete sich eine Reihe von Vertiefungen, die sich dann, alle vom selben Flusslauf gespeist, mit Wasser füllten und die, weil sie wie Perlen eines Rosenkranzes aufgereiht sind, **PATERNOSTER-SEEN** heißen.

Mit beiden Seetypen hat es auf den Lofoten eine besondere Bewandnis, denn sie sind SEHR TIEF im Verhältnis zu ihrer Größe: am tiefsten auf Austvågøya und insbesondere auf Moskenesøya. Die Seen (*vatn/vann:* See) Studalsvatn, Reinevatn, Ternnesvatn und Botnvann ragen bezüglich der relativen Tiefe gravierend hervor. Nur wenige vergleichbare Seen in erloschenen Vulkanen gibt es (beispielsweise den Crater Lake in den USA), die sich mit ihnen messen können. Auch dies ist eine Folge der Eiszeiten, denn die Kraft eines Gletschers korreliert mit seiner Mächtigkeit und auch mit dem Gefälle des Zehrgebietes, das eben im anstehenden Archipel außerordentlich groß war.

DIE TIEFSTEN SEEN DER LOFOTEN

	Oberfläche	*Tiefe*	*Höhe ü.d.M.*
auf Moskenesøya:			
Reinevatn	0,170 km²	69 m	60 m
Solbjørnsvatn	5,120 km²	171 m	70 m
Studalsvatn	0,444 km²	127 m	77 m
Ternnesvatn	0,873 km²	168 m	230 m
auf Austvågøya:			
Botnvann	0,293 km²	122 m	495 m
Langstrandvann	0,207 km²	65 m	212 m
Rørhopvann	0,600 km²	92 m	3 m
Svolværvann	0,890 km²	41 m	2 m

Die Lofoten-Seen gelten auch als BESONDERS KLAR: Eine nur Handteller-große, weiße Scheibe (die sogenannte *Secchi*-Scheibe) kann bis auf ca. 25 m Tiefe versenkt werden und ist dann noch immer sichtbar. So wie der Boden hier sehr kalkarm ist, verhält es sich auch mit dem Seewasser. Kalk aber ist ein wichtiges Nährsalz für die in Binnenseen vorkommenden Mikroorganismen, und fehlt er, fehlt das Leben, mithin auch die Wassertrübung.

Eine dritte Besonderheit haben die Seen Studalsvatn und Solbjørnvatn auf Moskenesøya sowie Svolværvann und Rørhopvann auf Austvågøya inne. Sie erregten vor einigen Jahren die Aufmerksamkeit internationaler Geografen, denn in ihren Tiefen findet sich nicht etwa Süßwasser, sondern URZEITLICHES MEERWASSER, KONSERVIERT in einer »toten Welt« und fossiles Überbleibsel jener Zeit, als das Land unter Wasser lag. Im Rørhopvann beispielsweise, 92 m tief, beträgt die Mächtigkeit des Meerwassers 48 m und die des Süßwassers 44 m. Warum es zu keiner Vermischung kommt, liegt einerseits in der Schwere der beiden Wasserarten begründet, andererseits darin, dass steile Berglehnen diese Seen dermaßen abschirmen, dass der Wind ihr Wasser nicht in Zirkulation versetzen kann; jedenfalls nicht in dem Grad, wie es nötig wäre, um eine zur Vermischung führende Strömung hervorzurufen.

Segen der nördlichen Breite

VON »POLAR« UND »SOLAR«

Dass im Winter eine beträchtliche Wärmemenge über den Atlantik nach Nordskandinavien gelangt, schrieb man früher normalerweise dem Golfstrom zu, in dessen direktem Einflussbereich die Lofoten liegen. Da aber dieser, wie jede Meeresströmung, primär eine Folge der vorherrschenden Winde ist, beruht das Temperatur-Plus in erster Linie auf den Bewegungen der Luftmassen. Es sind also die **WEST- UND SÜDWESTWINDE**, um die sich hier (fast) alles dreht. Der Transport von warmem Wasser aus dem Golf von Mexiko in nördliche Breiten und die Erwärmung der Luft darüber ist zwar ein sekundärer Faktor, aber ein folgenreicher. Besonders für das Winterklima der Lofoten, das mit Temperaturen aufwartet, die IM JANUAR/FEBRUAR UM 24°C ÜBER DEM DURCHSCHNITT DIESER BREITENLAGE gemessen werden. Überall sonst auf gleicher geografischer Breite ist es während dieser Monate um durchschnittlich 24°C kälter.

Während nur 100 km landeinwärts in Lappland die Temperaturextreme über 30°C im Sommer und unter –40°C im Winter erreichen können, sind die Schwankungen im Jahres-, aber auch Tagesverlauf auf dem Archipel derart gering, dass man von einem MARITIMEN KLIMA spricht. Die Temperatur-Minima liegen im Jahresmittel nur 2,7°C (auf Røst) bzw. 4,3°C (auf Vestvågøya) unter den -Maxima. Der Jahresdurchschnitt beträgt auf Vestvågøya 5°C, auf Røst fast 6°C, was immerhin den Werten von Oslo entspricht und rund 3°C unter denen von Bremen liegt, das rund 2.500 Autokilometer entfernt ist!

Die Lofoten-Wand pflegt zwischen Oktober und Juni mit Schnee bedeckt zu sein, während die Küste meistens schneefrei und der Ozean stets EISFREI bleibt. Das Wasser ist im Februar mit knapp 7°C am kältesten und im August mit bis zu 12°C am wärmsten. Dementsprechend sind auch die durchschnitt-

◀ **Værøy: Blick auf die Bucht Sørlandsvågen**

GOLFSTROM: DER ERDE GRÖSSTE WARMWASSERHEIZUNG

Wie sich alles zwischen Gegensätze spannt, so lebt auch die Luft vom Antagonismus: Am Äquator fallen die Sonnenstrahlen senkrecht ein, wird die Erdoberfläche am stärksten erwärmt; entsprechend hoch steigen die aufgeheizten Luftmassen, entsprechend tief fällt der Luftdruck darunter. Es entsteht ein relatives Vakuum, ein äquatoriales Tiefdruckgebiet, in das aus Richtung Nordpol (und Südpol) kühle Luftmassen eindringen, die gemäß der physikalischen Trägheitskraft abgelenkt und so zum Nordostpassat (und Südostpassat) werden. Der streicht, vereinfacht gesagt, über den Atlantik und ruft so eine in gleiche Richtung verlaufende Meeresströmung hervor. Der warme Nordäquatorialstrom speist, von der Westseite Afrikas kommend, neben dem Antillen-, dem Karibischen- und dem Floridastrom auch den Golfstrom, der – als westlicher Teil des ozeanischen Zirkulationssystems – die Wassermassen aus dem Golf von Mexiko in den Nordatlantik transportiert, wo er sie an den nordwärts führenden Nordatlantischen Strom abgibt. Der teilt sich in den Irminger- und den Norwegischen Strom, den Portugal- und den Kanarenstrom; dieser führt zunehmend kältere Wassermassen nach Süden zurück und schließt so den Kreislauf mit seiner Einspeisung in den Nordäquatorialstrom.

lichen Lufttemperaturen im Januar/Februar mit ca. –1°C am geringsten, im Juli/August mit bis über 12°C am höchsten. Allerdings bedürfen diese statistischen Werte einer Erläuterung: Die Wassertemperatur ist die am offenen Meer gemessene, und am Vestfjord oder überhaupt an tief im Land liegenden Fjordteilen kann sich das Wasser so aufheizen, dass Temperaturen zwischen 16 und 19°C durchaus zum Baden einladen. Die Luftwerte hingegen werden stets im Schatten gemessen, und 12°C dort entsprechen nicht selten mehr als 24°C in der Sonne. Auch in T-Shirt und Shorts kann es einem im Sommer also warm werden.

Dass es nicht »zu« warm wird, man womöglich ins Schwitzen gerät, dafür sorgt der WIND, der zwischen Juni und August an rund 96% aller Tage weht,

Das Ungewöhnliche des Golfstroms – 1513 vom Spanier *Ponce de León* entdeckt und seit 1786 systematisch erforscht – ist seine hohe Fließgeschwindigkeit: Bis zu 250 cm in der Sekunde treibt er sich voran, was etwa 4 – 5 Seemeilen pro Stunde entspricht.
Dieser »speed« entsteht durch die Eigenart des Stromkreises, dessen Wassermassentransport auf der Westseite in einem nur ungefähr 60 bis 100 km breiten Band erfolgt (Golfstrom), während sich der Rücktransport auf der Ostseite über eine Breite von mehreren tausend Kilometern verteilt.
Durch diese »Verjüngung« wird der Massetransport, der mit bis zu 150 Mio. Kubikmeter pro Sekunde etwa tausendmal größer ist als der des Mississippi und dessen Wassersäule von der Meeresoberfläche bis zum Meeresboden reicht, in rasche Bahnen gedrückt und erreicht außergewöhnliche Entfernungen.
So beschert der Golfstrom nicht nur Mitteleuropa und den Britischen Inseln, Island und Lappland, sondern sogar den immerhin auf dem 80. Breitengrad gelegenen Inseln Spitzbergen und Franz-Josef-Land sowie Sewernaja Semlja ein Klima, das wesentlich durchwärmter ist, als sonst in solchen Breiten üblich. Zum Vergleich: Auf der südlichen Erdhälfte beginnt das Inlandeis des Antarktischen Kontinentes bereits am südlichen Polarkreis.

im Winterhalbjahr sogar fast ununterbrochen. Aus welcher Richtung er vorzugsweise kommt und welche Stärke er hat, hängt insbesondere von den Jahreszeiten ab:

Im Winter sind Winde aus westlicher Richtung absolut dominierend; ihre durchschnittliche Geschwindigkeit beträgt 3,0 Bft. bei Nordwestwind, 5,4 Bft. bei West- und sogar 7,1 Bft. bei Südwestwind, der demgemäß auch den Übernamen *husvarver* (Wind, dass die Häuser beben) trägt. Im Sommer dann halten sich nordöstliche und westliche Winde in etwa die Waage; die durchschnittlichen Stärken liegen zwischen 2 und 3,5 Bft. Die Niederschlagsmengen sind mit 37 mm im Juni und 61 mm im Juli nicht mal halb so hoch wie beispielsweise im November und Dezember.

Wie die Lofoten in vielerlei Hinsicht mit Superlativen aufwarten, so auch in Sachen **REGEN**: Liegt der Jahresniederschlag in Nordnorwegen zwischen 1.000 und 1.500 mm, in Mittelnorwegen bei ca. 3.000 mm (bis 6.000 mm), auf den Färöern bei durchschnittlich 1.500 und in Bremen unter 700, so rühmt sich das Inselreich mit 552 mm auf der Ostseite von Austvågøya, mit 750 mm auf der Westseite und 709 mm auf Røst.

Für die Lofoten-Urlauber, die sich ja die meiste Zeit unter freiem Himmel aufhalten, sind Klima und Wettergeschehen deshalb von ziemlicher Bedeutung. Gehen wir also einmal kurz die **JAHRESZEITEN** durch und beginnen mit dem WINTER, der zwischen November und März herrscht und für den zwei verschiedene Wetterlagen typisch sind. Bei West- und Südwestwind (an mehr als 80 % aller Tage) wird erwärmte Polarluft herangetragen. Dann steigen die Temperaturen, und es kommt vor, dass die Quecksilbersäule bis an die 10°C-Marke heranreicht; gleichzeitig gehen gewaltige Niederschlagsmengen nieder, und der Regenhut trägt nicht ohne Grund den Namen *sørvesten* (Südwester). Im anderen Fall erstreckt sich ein Hochdruckrücken von Sibirien bis weit auf den Atlantik hinaus, und dann bringen östliche (Land-)Winde (*lanrøning*) kontinentale Polarluft, vertreiben die Wolken. Das Thermometer fällt auf bis zu –10 °C.

Auch im April wird es noch empfindlich kalt, denn häufig bildet sich zwischen Skandinavien und Grönland ein Hochdruckgürtel, und kalte Polarluft strömt aus Nord- oder Nordost nach Westen. Der Mai dann macht den FRÜHLING, wenn das Wetter maßgeblich von einem Hochdruckgebiet über dem Polarmeer sowie einem zweiten über dem südlichen Atlantik bestimmt wird. Die Lofoter holen die Sommerkleider hervor, die ersten Touristen treffen ein, und weil es nachts schon nicht mehr dunkel wird, kann sich die Landmasse stark aufwärmen. Das Ergebnis ist ein häufiger Nordostwind, der zwar keine hohen Temperaturen (durchschnittlich werden im Mai 7 °C gemessen), aber eitel Sonnenschein beschert: Der Mai hat laut Statistik die meisten Sonnenstunden im Jahr.

Bis in den Juni hinein können aber durchaus auch Hagel oder Schneeregen niedergehen. Dann nämlich, wenn der Wind aus Nordwest bläst. West- und Südwestwind machen sich in diesem Monat rar, was die Niederschlagsmenge von nur 37 mm deutlich belegt.

Der Nordostwind, der dem Mai die Sonne beschert, dreht jetzt auf Ost bis Südost, führt warme Luft heran und leitet mit Temperaturen von durchschnittlich 10 °C (bis 23 °C) den SOMMER ein, der bis August, durchaus aber auch bis Mitte/Ende September regiert. Zwar driften während dieser Monate häufig Regen bescherende Zyklone gegen die Lofoten (weshalb die Niederschlagsmengen doppelt so hoch sind wie im Juni), aber die Wolken stauen sich nicht an, und die Tiefausläufer ziehen binnen weniger Stunden über den Archipel hinweg nach Festland-Norwegen, wo sie sich abregnen. Die regionalen Wetterunterschiede sind jetzt gravierend: So kann es durchaus sein, dass auf der Westseite der Lofoten (wo die Wolken zum Aufsteigen gezwungen werden und sich abregnen) tagelang eine »dicke Suppe« und eine steife Brise die Urlaubszeit vermiesen, während nur 5 km entfernt auf der Ostseite eitel Sonnenschein bei Windstille gute Laune verbreitet.

Ab September, wenn es nachts wieder richtig dunkel wird, kühlt das Land schnell ab und gerät zunehmend in den Einflussbereich atlantischer Tiefausläufer, die sich dann im Oktober mit solcher Häufigkeit abwechseln, dass oft den ganzen Monat lang keine Sonne gesehen werden kann: HERBST auf den Lofoten. Der Wind frischt auf, bläst aus meist westlicher und südwestlicher Richtung, und mit Sturm bis über Orkanstärke und sintflutartigen Regenfällen dämmert der Archipel in den Winter hinüber.

Abschließend noch die Warnung, sich nicht allzu sehr auf Statistiken über das Wetter zu verlassen: Die Norweger wissen es besser und orientieren sich an den kurz- und mittelfristigen Wetterberichten. Statt einem sonnenreichen Mai ist auch ein ausgesprochen feuchter möglich, ebenso wie die Zyklone im Juli und August ausbleiben und wochenlanges Sonnenwetter bescheren können; so geschehen zum Beispiel im »Jahrhundertsommer« 2002, als es zwischen Mitte Mai und Mitte Oktober mal gerade eine Handvoll Regentage gab, das Thermometer wochenlang bis über 30°C anzeigte und sogar die Wassertemperaturen im Vestfjord auf über20°C anstiegen.

Licht über Lofot

Farben sind die lebendige Sprache des Lichts, und was sich auf den Lofoten in besonderem Maße erfahren lässt, ist der ungeheure Einfluss, den Farben auf die menschliche Psyche nehmen können. Abgesehen von dem ästhetischen Genuss am Schönen, den sie vermitteln, wird noch etwas Tieferes und Subtileres durch den Einfluss der Farben im Bewusstsein ausgelöst: STILLE. Genau diese Stille prägt das Licht über Lofot. Seine andere Qualität ist die TRANSPARENZ. Die Konturen ferner Gebirge wirken wie aus einem Glaskasten, die Unendlichkeit als Relief.

Und welche Farben dieses Licht hat! Mal hält es sich schwebend zwischen Blau und Grau mit Andeutungen eisigen Gelbs, dann scheint es aus Ultramarin gewebt oder aus jenem Blau, wie es im Perlmutt schimmert. Mal ist es von solcher Kraft, dass sich die Landschaft vom Himmel abhebt, als ob sie die Quelle des Lichts wäre. Dann wieder ist es grau, und Seen und Fjorde liegen wie blind gewordene Spiegel silbergrau unter einem eintönigen, doch nie langweiligen Lofoten-Himmel. Natürlich kennt es auch alle Rot- und Brauntöne samt den Nuancen dazwischen.

Das Licht herrscht nicht über die Lofoten, es ist die Lofoten!

ZWISCHEN MITTERNACHTSSONNE UND POLARNACHT

In kräftigen Tönen streichen die Lofoter ihre Häuser und Dächer, zumindest aber die Türen und Fensterrahmen. – DIE FARBEN SIND EMINENT WICHTIG FÜR DIE MENSCHEN, denn im Winter, wenn die Allnacht zum Alltag wird, ist alles schwarz, weiß und grau.

Licht über Lofot: Blick vom Campingplatz Sandvika Richtung Vågakallen ▶

Ab Ende September WERDEN DIE TAGE rapide KÜRZER, und im November bestehen sie eigentlich nur noch aus Morgen- und Abendröte. Die Sonne rollt wie eine feurige Kugel über die Gebirge, und ab und zu, wenn sie hinter den Bergspitzen läuft, guckt sie auf ihrer flachen Bahn zwischen den Bergrücken wieder hervor. Der Mond auf seiner kreisrunden Bahn ist Tag und Nacht unentwegt am Himmel, und der Kampf zwischen dem schwach werdenden Licht des Tages und dem sieghaft werdenden des Mondes zeichnet verwirrende Kontraste in die eisklare, gigantische Berglandschaft. Groß und nahe steht Luna am transparenten Himmel; mal ist ihr Licht warm und glühend im Gegensatz zum kalten Blau des Himmels, dann wieder ist es von einem frostigen Silber.

Langsam sinkt die Polarwelt in die Schatten, und ein hoher, grünlich-blauer Abendhimmel wölbt sich über der verschneiten Welt. Regungslos liegt das helle, vereiste Land in der klaren Luft – jede Gebirgsfalte, jede Hebung und Senkung des Landes ist strahlend sichtbar. Dann, ab Mitte Dezember, ist vom Tageslicht nichts mehr zu sehen, auch nicht am Mittag. Rings um den Horizont sternentiefe Nacht. Die Berge nur mehr weiße Schatten, wie aus weißem Marmor gemeißelt, das Meer nur mehr ein schwarzer Schatten. Die **POLARNACHT** regiert.

Aber es ist, als hätten nun die Dinge ihr eigenes Leuchten bekommen, als strahlten sie aus sich selbst heraus: gläsern hell die Berge, das Vorland und die Küstenfelsen, die Frost und Brandung in hohe Eiskuppeln verwandelten; silbern gerändert die schwarzen Wellen. Eine ungeheure Melancholie liegt über dem erstarrten Inselreich, und wenn dann noch das NORDLICHT lautlos über den Himmel weht – ab September fast allnächtlich und ab November alltäglich (sofern es klar ist) –, dann sieht man Bilder, die nicht mehr für Menschenaugen geschaffen scheinen. Erst liegt ein melodisch hauchzartes Schwingen über der vereisten Erde. Dann plötzlich schießen helle Strahlenbündel herab, leuchtende Stangen wie aus Glas, die heller und greller werden, rosa, lila und grün, sich drehen und winden, quer über den ganzen Himmel hinweg, schließlich wie wallende Schleier wehen, blass werden und vergehen. Es gibt wohl nichts Vergleichbares auf der Erde; alles Landschafts-Erleben wird über den Haufen geworfen, und es ist, als zerflösse man im Licht, das aufzehrt, das süchtig machen kann.

Mitte Januar LICHTET SICH DIE NACHT. Erst ist es nur ein Hauch von Rosa, der sich am Himmelsrand ins »Astrallicht« mischt. Dann erscheint ein pastellener Lichtstreifen, der täglich breiter wird, kräftiger in den Farben. Bis plötzlich und zum ersten Mal seit über 30 Tagen die Sonne auftaucht, um glutrot und seltsam geformt wie eine riesige Banane das Land in ein homerisches Licht zu tauchen. Erst nur für Sekunden, dann für Minuten, bald für Stunden.

Mit jedem Tag wird es größer, heller, das verheißungsvolle Gestirn, und das Glühen der Polarnacht schwächer. Im März kennt das Licht schon wieder alle Rot- und Braun-, Gelb- und Blautöne, im April währt der Tag bereits mehr als 12 Stunden, und ab Anfang Mai bezieht der Tag die Nacht mit ein. Für über zwei Monate lassen die Strahlen der **MITTERNACHTSSONNE** die Eilande in farbigem Licht ertrinken, und die Farben, die alle Skalen durchlaufen, sind von einer glühenden Tiefe, wie man sie im mittleren Europa nie in der Landschaft, sondern höchstens in auserlesenen Blumen findet.

Noch sind die Berge schneebedeckt und ihre herrlichen Schwingen in Gold und Rosa getaucht. Dann fällt der weiße Schleier, die verschiedenfarbigen Steine treten hervor, und was die Berge in die Helle stellen, ist ein seltsam unwirkliches Licht. Die Granite variieren zwischen zartgelb und leuchtendrot, die Mangerite strahlen orangen, die Gneise sind schwarzrot oder graugrün gezeichnet, und am smaragdblauen Himmel treiben weiße Wolken, die sich an der Lofoten-Wand zu blauvioletten Mauern auftürmen oder an ihnen wie Wasserfälle herabfließen, um sich in Regenbogenfarben und Sonnenrauch aufzulösen.

Diese Ausführungen mögen helfen, sich auf einer Lofoten-Fahrt von Stimmungen berühren lassen, von Augen-Blicken, der Essenz des Reisens selbst, lassen aber freilich noch viele Fragen offen.

Grob verallgemeinert, ist die geografische Breite für all die Superlative, mit Ausnahme des Altweibersommers, verantwortlich. Weil die Achse der Erde nicht rechwinklig zur Umdrehungsebene steht, sondern eine Neigung (von 23,5°) hat, die das ganze Jahr über konstant bleibt, kommen die Gebiete nördlich (wie auch südlich) des Polarkreises zeitweise in den vollen Strahlungsbereich der Sonne.

Das bedingt, dass die Sonne in diesen Zeiten, die desto länger dauern, je weiter nördlich man kommt, nicht untergeht, sondern als Flammenball im Abendrot zum Himmel sinkt und kurz vor dem Untergang im Morgenrot wieder aufsteigt. Die Kehrseite der Mitternachtssonne, korrekter wäre der Begriff Polartag, ist die Polarnacht, wenn die Gebiete über dem Polarkreis aus dem Strahlungsbereich der Sonne geraten.

Doch dunkel ist es während der Nacht, die den Tag umfasst, keineswegs. Denn nun erscheint am Horizont, was den Völkern des Nordens stets ein Mirakel, denen des Südens hingegen ein Menetekel und den Wissenschaftlern seit langem Objekt der Forschung ist: Das **POLARLICHT,** auch Nordlicht genannt bzw. Aurora borealis, »Morgenröte des Nordens«, wie der französische Wissenschaftler *Pierre Gassendi* das Schauspiel auf himmlischer Bühne im 17. Jahrhundert getauft hatte, hat nichts von seiner FASZINATION eingebüßt.

Schon im 18. Jahrhundert hatte der schwedische Astronom *Celsius* festgestellt, dass es einen Zusammenhang zwischen der Aurora und der Magnetnadel gibt; nämlich den, dass gleichzeitig mit dem Nordlicht die Magnetnadel um mehrere Grade abgelenkt wird. So wurde der Kompass auch zum Wegweiser für die Erforschung dieses Phänomens, das, wie man heute weiß, exakt nach den magnetischen Feldlinien der Erde ausgerichtet ist und sich in Höhen zwischen 80 und 1.000 km als rote, grüne, violette oder blaue Draperien, Strahlen, Bögen oder Bänder in Szene setzt, die wie Tänzer oder Schleier über das Firmament hüpfen oder wehen.

Wie stark es leuchtet und wie weit es über die Polkappen hinaus zu sehen ist, korreliert mit den magnetischen Störungen, die uns die Sonne beschert. Bei starken Magnetstürmen, wie sie vereinzelt vorkommen, kann das Nordlicht in Mitteleuropa, sogar im Mittelmeerraum beobachtet werden, in Deutschland eindrucksvoll zum Beispiel im Winter 2000 und im Herbst 2003. Als die südlichste je nördlich des Äquators gesichtete Aurora borealis gilt die am 25. September 1909 über Singapur.

Heinrich Schwabe war es, Apotheker und Astronom aus Dessau, der 1826 den Sonnenflecken-Zyklus entdeckte und herausfand, dass mit der Zahl der Flecken auch das Magnetfeld der Erde und die Aktivität des Polarlichtes schwankt. Heute gilt als erwiesen, dass die Sonnenflecken und andere »magnetisch wirksame« Regionen auf dem Gestirn etwas abstrahlen, was aus Elektronen, Protonen und schweren Kernen besteht sowie Materie mit sich führt, das sogenannte Plasma, das zu gleichen Teilen aus positiver und negativer Ladung besteht, also elektrisch neutral ist. Diese Strahlung wird »Sonnenwind« genannt, ihre Temperatur liegt um 100.000°C. Sie stürzt sich mit der unvorstellbaren, rasenden Geschwindigkeit von 300–900 km/s mitsamt dem eigenen Magnetfeld auf das der Erde. Die mitfließenden Dynamoströme von mehreren Mio. Ampère deformieren diesen Magnetosphäre genannten Raum, der das Plasma nun solange speichert, bis seine Aufnahmekapazität erschöpft ist. Wird diese überschritten, gibt er es explosionsartig frei, und mit nun über 10.000 km/s folgt die jetzt Polarlichtteilchen genannte Materie den magnetischen Feldlinien der Erde, die in die Atmosphäre der Polkappen münden. Dort werden sie schrittweise abgebremst; ihre Energie geht auf die Atome und Moleküle der Luft über, die sie als Licht innerhalb der Ionosphäre zwischen meist 120 und 130 km Höhe wieder abstrahlen. Die Farbe des Lichts korreliert mit der Höhe, und seine Helligkeit selbst beträgt 5.000 Kilorayleigh, was unter der des Vollmondes (130 Millionen Kilorayleigh), aber über der des totalen Sternenlichtes (0,4 Kilorayleigh) liegt.

So ist also die Sonne der Sender, die Magnetosphäre der Empfänger und die Atmosphäre der Bildschirm, den wir staunend betrachten, wenn er uns Bilder von »Götterfackeln« übermittelt, wofür viele Naturvölker die Lichterscheinungen hielten. Gigantische Fackeln sind es, oft Tausende von Kilometern lang, doch dabei nur einige hundert Meter bis wenige Kilometer dick. Und MASSLOS ENERGIEGELADEN, denn wie errechnet wurde, verbraucht ein zwei Stunden währendes Nordlicht rund 200 Milliarden Kilowattstunden.

INDIAN SUMMER

Die Laubfärbung der **FOLIAGE**, wie die Kanadier ihr flammendes Feuermeer des Spätherbstes nennen, hat ausnahmsweise mal nichts (bzw. nichts Ausschließliches) mit der Breitenlage der Lofoten zu tun, sondern vielmehr etwas mit der Biochemie sowie natürlich den vorkommenden Bäumen und Sträuchern. Im Sommer, wenn es Tag und Nacht hell ist, produzieren die Blätter mit Sonnenenergie Zucker und andere Nährstoffe, die die Pflanze zum Leben benötigt. Konkret findet in diesen »Zuckerfabriken« eine Umwandlung von Kohlendioxid und Wasser statt, wofür neben Licht auch CHLOROPHYLL vorhanden sein muss, ein grünes Pigment, das in den Blättern ebenso enthalten ist wie gelbe, goldene und rote Farbstoffe.

Letztere kommen sommers, wenn Chlorophyll dominiert, nicht zum Zug, sehr wohl aber im Herbst, wenn die Blätter die Produktion drosseln und ihre Lager an Zucker und anderen verwertbaren Stoffen räumen, die nun als Wintervorrat in die Zweige sowie den Stamm abtransportiert werden. Jetzt zerfällt das Blattgrün, und hervor kommen andere, den Blättern inhärente Pigmente: das gelbe XANTOPHYLL, das goldene CAROTIN und schließlich – zwar nicht in allen Bäumen und Sträuchern enthalten, sehr wohl aber beispielsweise in Espen – das ANTHOCYAN. Aber es KANN SICH NUR BILDEN, wenn kalte Tage vorausgingen, auf die noch einmal sommerliche Wärme folgt. Dann nämlich nehmen die Blätter die eingestellte Zuckerproduktion erneut auf, doch wegen der Kälte zur Nachtzeit ist der Abtransport blockiert, wodurch der Zucker festsitzt.

Dies ist die Voraussetzung des Indian Summer, und auch die Erklärung, warum er nicht alljährlich seine Pracht entfaltet. Warum er sich aber, wenn zum Tragen kommend, nicht immer in der gleichen Farbe präsentiert, ja warum Bäume der gleichen Art oft unterschiedlich gefärbt sind, liegt darin, dass dieses Pigment wie Lackmuspapier reagiert und jede Farbe zwischen Blutrot und Bläulich annehmen kann, je nachdem, ob die übrigen Substanzen im Blatt sauer oder alkalisch sind.

Steingarten der Natur

REICHTUM IM KARGEN

Lange Zeit bevor die Eismassen die Lofoten unter sich begruben, waren diejenigen Pflanzen, die dazu in der Lage waren, nach Süden abgewandert, in Gebiete, in denen die konstant sinkenden Temperaturen des Quartärs ähnliche Umweltbedingungen geschaffen hatten wie auf dem Archipel, den die Pflanzen aufgeben mussten. Diejenigen Arten, die dem vorrückenden Eistod nicht ausweichen konnten – es waren dies insbesondere einjährige Pflanzen – gingen zugrunde.

Vor rund 13.000 Jahren dann begann das Klima milder zu werden, und der Einfluss der natürlichen Warmwasserheizung Golfstrom stabilisierte sich. Spasmodisch (geol.: in Schüben) zog sich das Eis zurück und hinterließ – wo immer dies von der Topografie her möglich war – ein Gemisch aus Sand und Ton, Kies und Fels. Anfangs war dieser Belag völlig kahl, doch dann rückten Flechten, Moose und andere niedere Pflanzenarten aus Süden vor, die auf solchen glazialen Böden gedeihen konnten, welche nahezu keinerlei organische Nährstoffe mehr enthielten. Diese ersten Siedler starben ab, verwesten und reicherten den Boden so mit ihren Überresten an, was die Existenzgrundlage für Arten mit höheren Ansprüchen schuf. – Die Lofoten hatten eine Wiedergeburt erlebt bzw. (wie die Ökologen sagen) den Prozess der postglazialen Sukzession.

Aus der Ferne betrachtet, präsentiert sich das Inselreich noch immer so, wie es zur Zeit des Pleistozän-Frühlings ausgesehen haben muss: als kahles Bollwerk. Beim Näherkommen löst sich dieser gigantische Monolith zu einer Kette schartiger Gipfel, Zinnen und Bastionen auf. Und erst wenn man ganz nahe vor ihnen steht, erkennt man staunend, dass in die steilen Berglehnen ein Ensemble unwirklich bunter Gebirgsflora eingestickt ist, deren kleine Flammenzungen einen aparten GEGENSATZ zu den grau-schwarz-braunen Felsbahnen und üppig grünen Moosflächen bilden, die selbst noch hoch gelegene Schattenhänge bedecken, wo sie von weißen Schneeflecken umgeben sind.

Schweift der Blick tiefer, auf die schmalen Küstenzonen, streift er Wiesen und Moore, ebenfalls mit Blütenkleidern geschmückt, um schließlich auf Strände und Klippen zu fallen, auf denen arktischer und südlicher Flor in direkter Nachbarschaft gedeihen. Hier blühen die Geschwister BERGVEILCHEN und WALDVEILCHEN, das eine gelb, das andere blau, dort steht der BERGFRAUENMANTEL mit seinen schmalen, blanken Blättern Hand in Hand mit dem GEMEINEN FRAUENMANTEL, der seine becherförmigen Blätter mit Tautropfen ausgeschlagen hat.

DIE VEGETATIONSSTUFEN

Man weiß es längst: Die Lofoten sind ein Reich voller Überraschungen. Aber mit solcher Vielfalt und überschwänglicher Farbenpracht hätte man nie gerechnet. Auch nicht damit, was die Botaniker seit jeher an der Flora des Archipels fesselt: dass die VEGETATIONSZONEN – stets Abbilder der klimatischen Gegebenheiten – MITEINANDER VERMISCHT GEDEIHEN.

In ebenem Gelände, wo das Oberflächenwasser nicht abfließen kann, bilden sich – unabhängig von der Höhe über dem Meeresspiegel – Moore. In den **FEUCHTGEBIETEN** gedeihen alle Arten von RIEDGRAS, SCHILF, MOOSEN sowie diverse FLECHTENARTEN zwischen SUMPFVEILCHEN und WOLLGRAS, das seine weißen Quasten dem Wind aussetzt. Aus Pfützen und Tümpeln ragt der BITTERKLEE heraus, SUMPFDOTTERBLUMEN und HUFLATTICH bilden wogende Felder in knalligem Gelb, während die GEMEINE ÄHRENLILIE zartgelbe (und im Herbst hellbraune) Akzente setzt.

Wo die Moorlandschaft nicht zu nass ist, gedeihen zahlreiche WEIDENARTEN: etwa Silber- und Kriechweiden, Grün- und Wollweiden, um nur einige zu nennen. Als Wunder an Anpassung gilt die Gebirgsweide, die – in ausgewachsenem Zustand kaum über 5 cm hoch – Norwegens kleinsten Baum repräsentiert. Auch die Heidekrautgewächse sind reich vertreten, und ihre geschmackvollsten Arten – die BLAU- UND PREISELBEEREN – gestalten so manche Wanderung zu einer Schlemmertour. Aber man darf vor lauter Beeren nicht das HEIDEKRAUT vergessen, das bis weit in den Herbst hinein blüht und noch den kargsten Landstrich verschönt.

Auch MOLTEBEEREN kommen hier vor, die dicken und vitaminreichen Noppenfrüchte, die reif sind, wenn von gelber und nicht roter Farbe.

Reminiszenzen an Dartmoor steigen auf, nähert man sich den großen TORFMOOREN (insbesondere auf Gimsøya), die in Skalen von Braun leuchten und über denen nicht selten dicke Nebelschwaden liegen. In früheren Zeiten wurde der Torf als Brennmaterial verwendet. An vielen Stellen weisen noch deutliche Zeichen darauf hin, dass hier früher dieses Produkt unvollkommener Zersetzung pflanzlicher Substanzen gestochen wurde. Auf diese Weise ging natürlich ein großer Teil landwirtschaftlich nutzbaren Bodens verloren, aber die Lofoten waren von jeher äußerst waldarm, und irgend etwas zum Heizen brauchte der Mensch.

Sobald das Terrain ansteigt – was hier inseleinwärts stets der Fall ist –, kommt man mit den **BERGHÄNGEN** in Berührung, die mit dichten Teppichen aus HEIDEKRAUT und GRAS, ALPENROSEN und BÄRENTRAUBEN, VEILCHEN, LÖWENZAHN und BORSTGRAS, FLECHTEN und MOOS-Polstern bedeckt sind und erst im Herbst »Farbe bekennen«, indem sie die Berge mit leuchtenden Gelb-, Orange- und Rottönen verzaubern.

Selbst da, wo der kahle Fels herrscht, beispielsweise auf Geröllfeldern oder in den Gipfelzonen, finden sich Gebirgsblumen, oft in Spalten versteckt. Insbesondere die STEINBRECH-Arten sind hier reich vertreten, so der weiße Rosetten bildende Fellblatt-Steinbrech, der Rote Steinbrech, der direkt nach der Schneeschmelze zu blühen beginnt, der mit drüsenhaarigen Blättern versehene Aufsteigende Steinbrech, der Mauerpfeffer-Steinbrech – ausgestattet mit gelb gepunkteten Kronblättern –, der dichte Polster bildende Polster-Steinbrech und viele andere mehr.

Auch TANNEN- UND ALPEN-BÄRLAPP sind hier zu Hause, und noch in den exponiertesten Lagen stößt man auf die Mitglieder der großen Flechtenfamilie.

Wo die **BERGHÄNGE BEWALDET** sind, herrscht eine enorme Artenvielfalt und Üppigkeit, die das Vorwärtskommen oft unmöglich macht. Man watet bis zu den Knien durch FARN, fällt in versteckte Wasserlöcher und Bäche und kann sich schneller, als man denkt, die Füße zwischen überwachsenen Steinen im Geröll brechen.

Der Lofoten-Wald wächst dicht, aber niemals hoch und selten gerade. Alle Bäume sind krumm und verdreht, ein jeder muss sich im Steilen einrichten, kein Stamm hat die Richtung des anderen.

Die BIRKE ist hier neben den vielen Arten der Weide die vorherrschende, und sie wird desto krummer und niedriger, je höher oder je näher man dem Meer kommt. Auch die GEMEINE EBERESCHE kommt vor. Diese anspruchslose Baumart findet man am ehesten rings um Häuser, wo sie angepflanzt wurde, um diese gegen den Wind zu schützen; aber auch, um in schlechten Zeiten den schlimmsten Hunger zu stillen, denn ihre Rinde ist essbar. Die Erle macht sich rar; nur vereinzelt stößt man auf ein isoliert stehendes Exemplar dieses Zapfen bildenden Baumes.

Wo immer es nicht zu nass ist, gedeiht der WACHOLDER, der übrigens als der einzige natürlich wachsende Nadelbaum im Inselreich gilt. Seine Beerenzapfen benötigen rund drei Jahre zum Reifen, und währenddessen ändert sich die Farbe von Grau über Dunkelgrün bis Schwarz – ein Lofoten-Sprichwort sagt: »Wenn jede Wacholderbeere schwarz ist, werden alle Mädchen verheiratet sein« – was nie eintritt. Alle anderen Nadelbäume wurden vom Menschen »importiert«, oder – besser gesagt – von einem einzigen Menschen, nämlich *Einar Berg* aus Svolvær, der 1890 gleich 60.000 Bäume (diverse Tannen, Kiefern und Fichten; Arten aus Sibirien und Alaska) auf Austvågøya pflanzte bzw. pflanzen ließ.

Aber an den bewaldeten Berghängen finden sich nicht nur Bäume, sondern auch und insbesondere GRÄSER, MOOSE und Blumen, u.a. mehrere Orchideenarten, wobei die zahlreichen KNABENKRAUT-Gewächse dominieren. Oft stehen diese Pflanzen zu Tausenden nebeneinander, und um die Zeit der Sommersonnenwende herum zeigen sich ganze Inselregionen in das helldurchsichtige Violett ihrer Blüten getaucht. Oder ins irrisierende Blau des GEMEINEN FETTKRAUT, ins gelb getupfte Weiß des ALPEN-FETTKRAUT und des SILBERWURZ, wohingegen die STORCHSCHNABEL-Gewächse dem Land einen pastellenen Rosaton verpassen.

INTERESSANTE FLORENBEZIRKE

In dem Gebiet von der **FLAKSTAD-KIRCHE** bis Jusneset, bei Ramberg auf Flakstadøya (siehe Route Nr. 9), ferner auf der äußeren Seite von **NORD-MOSKENESØYA** (siehe Wanderung Nr. 8) sowie bei **HAUKLAND, VIK UND UTAKLEIV** auf Vestvågøya (siehe Route Nr. 8) leuchten schon zu Beginn des Frühjahrs Haufen von Rotem Steinbrech auf den trockenen Felskuppen. Ab Juni etwa gesellt sich das Blütenmeer des Silberwurz hinzu. Dieses Rosengewächs tritt in manchen Jahren so zahlreich auf, dass das ganze Bergland millionenfach weiß getupft ist, fast so, als wäre es unter einer hauchdünnen Schneeschicht begraben.

Beide Pflanzen gelten als Indikatoren für KALKREICHE, also FRUCHTBARE BÖDEN, und überall kann man man hier schon früh im Jahr auf die gelben und rosafarbenen Schlüsselblumen stoßen sowie auf die perlmuttblauen Vergissmeinnicht. Im Spätsommer dann ziehen die weißen, blauen und violetten Blüten des Berufskraut ebenso die Blicke an wie der Gelbe Steinbrech, die rötlich-grüne Alpen-Wiesenraute, das gefleckte Fingerkraut und Wiesengrün, die Katzen-Pfötchen und Bergveilchen, der Knollen-Knöterich und Hornklee neben Bitterklee, Sanddorn, Blasensegge, Fettkraut und Ährenlilie. Die gefleckte Kuckucksblume fällt überall ins Auge, doch nach dem dunkelroten und nach Vanille duftenden Braunroten Sumpfwurz muss man suchen, wie auch das kapuzenartige Eiförmige Zweiblatt und das süße Düfte freisetzende Weisszüngel nur im Versteckten gedeihen.

Als Gebiet von besonderem ARTENREICHTUM gilt auch das Umland von **EGGUM** auf Vestvågøya (siehe Wanderung Nr. 4 und Route Nr. 8). Dass hier die Böden ebenfalls kalkreich sind, belegen die Zitterpappel sowie der in Purpur und Lila erblühende und wohltuend riechende Große Händelwurz, der der Gefleckten Kuckucksblume ähnelt, aber einen größeren und schöneren Blütenstand aufweist.

Zwischen den Steinen recken sich Kleines Farnkraut und Grüner Streifenfarn. Auf den Geröllfeldern thront die »Gebirgskönigin«, wie der Rispen-Steinbrech auf den Lofoten auch genannt wird. Überwachsenes Geröll bedecken die blauen Blattranken der Himmelsleiter, und sogar das Maiglöckchen kann hier gedeihen.

Von der Außenseite Flakstadøyas zur Innenseite bei **NESLAND** (siehe Route Nr. 9 und insbesondere Wanderung Nr. 7) ist es nur ein kurzer Weg, aber das Pflanzenleben ist gänzlich anders geartet, was aus dem völligen Fehlen von Kalk im Boden resultiert. In allen Höhenlagen zwischen Meer und Hochgebirge trifft man hier auf die erst rosa, dann blau und schließlich purpur blühende Mertensie, deren essbare Blätter stark nach Auster schmecken. Knapp oberhalb der Küstenlinie watet man im Juli durch ein Meer von Baldrian und Weidenröschen, die zwischen Farnkraut aufragen. Die feuchten Berghänge sind zwischen Juni und Mitte August von lauter Ährenlilien gelb gefärbt, was satt zum Goldrot der Bergkuppen kontrastiert – dort wächst der Sonnentau in Legion, dessen Blätter mit roten Drüsenhaaren gerändert sind. Auch die rosettig gedrängten Trauben der blau und weiß, rot und rosa blühenden Kreuzblume sind reich vertreten, und die Glockenblume blüht hier weiß statt blau.

SCHÖN UND NÜTZLICH – HEILPFLANZEN

Das **GEFLECKTE KNABENKRAUT** gehört zur großen Familie der Orchideen, zieht aber – im Gegensatz zu seinen meisten Verwandten – feuchte Straßenränder oder kalkarme Moore vor, die sich überall im Inselreich zuhauf finden. Das elegante Gewächs beeindruckt mit lila gemaserten weißen Blüten, und wer die LIEBE einer/s anderen gewinnen will, sollte ein Stück der Wurzel ins Getränk oder unter das Kopfkissen des oder der Erwählten legen. Viele Nordländer glauben an die Wirkung.

Der **SCHARFE HAHNENFUSS** bildet zwischen Juni und Juli zusammen mit dem Nieren- und Kriechenden Hahnenfuß goldgelbe Blütenmeere auf vielen Weiden. Nach altem Glauben wird die BUTTER besonders GELB, gibt man vor dem Melken ein paar Blüten dieses bis 60 cm hohen Gewächses in den Eimer.

Das **ECHTE MÄDESÜSS,** bis zu 1 m hoch, ist in Feuchtgebieten reich vertreten und treibt im Juli große, gelbweiße und wohl riechende Blütenbüschel hervor, die von den alten Wikingern dazu verwendet wurden, ihrem Leibgetränk, dem Bier, seinen Geschmack zu verleihen, weshalb es auf Norwegisch *mjørdurt* genannt wird. Bei KRÄUTER-KUNDIGEN erfreut es sich noch immer großer Beliebtheit, denn die Blüten enthalten Salizylsäure: ein Mädesüß-Tee kann bei Fieber und Grippe helfen, Rheumaschmerzen lindern und auch Schlafstörungen beheben.

Der **BLUTWURZ** heißt auf norwegisch *tepperot*, was sich vom Verb *teppe* ableitet und ZUSTOPFEN bedeutet. In der Tat hilft die Wurzel dieser auf niedrigen Hügeln gedeihenden Pflanze ausgezeichnet, um einen Durchfall zu bekämpfen. Auch zur Wundheilung und zum Blutstillen ist sie gut.

Der **HOLUNDERBLÄTTRIGE BALDRIAN,** der im Juli rosarot und schirmartig an langen Stielen erblüht, lockt mit seinem STARKEN DUFT bekanntlich Katzen an. Zudem soll er Mensch und Tier gegen das »Böse« feien und als UNIVERSALMITTEL gegen Wehwehchen helfen.

Der **LÖWENZAHN** ist als Unkraut verschrieen und wird – wo immer er in Gärten auftaucht – mit allen Mitteln bekämpft. Woran man sehen kann, wie dumm der naturentwöhnte Mensch geworden ist. Nicht nur, dass der Löwenzahn mit seinen gelben Wuschelköpfen von großer Schönheit ist, nein: seine Blätter und Wurzeln enthalten auch zahlreiche Vitamine und Mineralien, lassen sich zu köstlichen SALATEN verarbeiten, während die getrockneten Wurzeln einen akzeptablen Kaffee-Ersatz hergeben.

Die **GEMEINE GOLDRUTE,** 40 cm hoch und mit gelb gebündelten Blüten versehen, ist ein treffliches Mittel zur Heilung von Wunden, zu welchem Zweck ein BREIUMSCHLAG aus den zerstoßenen Blättern aufgetragen wird. Zu TEE verarbeitet, kann die Pflanze Nierenleiden lindern.

Wer seinen Haaren früher etwas Gutes tun oder lieblichen Rosenduft verbreiten wollte, kochte **ROSENWURZ** ab, der im Juli blüht, und verwendete den SUD als Haarspülung. Andere wiederum pflanzten das Berggewächs auf ihren Torfdächern an, weil sie daran glaubten, es wäre als BLITZABLEITER geeignet.

Der **ERZENGELWURZ** ist ein Titan unter den Blumen und kann bis zu 2 m hoch werden. An seinen sahnig-gelben Blüten, zu Schirmen gesammelt, ist er leicht erkannt, und seine dicken Stiele waren früher als Vitamin-C-Speise sehr beliebt, ja Gesetze gab's, die sahen Strafen vor für ein unbefugtes Eindringen in Erzengelwurzgärten. Seine Wurzel wurde während Pestzeiten gekaut. Auch vor anderen ansteckenden Krankheiten sollte sie schützen, doch heute findet der Wurz nur noch IN LIKÖREN Verwendung – in der Chartreuse ist er vertreten.

Die **ALANT-DISTEL,** mit ihrem Blütenbesen einem Pinsel ähnlich, verwandelt gegen August viele STRASSENRÄNDER IN ROTE BAHNEN. Ihre Blätter auf Wunden, auch Brandwunden gelegt, bringen Linderung und Heilung, die Samenwolle kann Daunen in Kopfkissen ersetzen, und in schlechten Zeiten wurden die getrockneten Blätter als Tabakersatz geraucht.

Auch die **SCHARFGARBE** gilt dem Menschen des technischen Zeitalters als Unkraut. Dabei verströmt sie nicht nur einen herrlichen Sommerduft, sondern lässt sich auch zu aromatischem Tee verarbeiten, als Speisewürze verwenden, zu Bier und Schnaps brauen. Weiterhin hilft sie, Wunden zu heilen, und angeblich kann sie auch den FLUCH der Schwarzen Magie abwenden, gegen alle Arten böser Geister schützen.

DIE FLECHTE – EIN »MIKROKOSMOS«

Nutzen und Schönheit der wohl anspruchslosesten Pflanzengruppe fallen nicht sofort ins Auge. Gemeint ist die Flechte, in der ALGEN UND PILZE IN SYMBIOSE leben, wobei die Chlorophyll-führenden Algenzellen durch die Photosynthese Traubenzucker und andere Stoffe produzieren, während die Pilze vor allem die Aufnahme von Wasser und Nährsalzen besorgen.

Ihrem ganzen Habitus nach scheint die Flechte Teil des Felsens zu sein, an den sie sich klammert; sie scheint eher Mineral als Pflanze, überlebt selbst in Regionen des Permafrostes, kann hunderte Jahre alt werden und wächst so langsam, dass der Zuwachs des Thallus lediglich 1–2 mm pro Jahr beträgt.

Ihre SCHÖNHEIT erkennt eigentlich nur, wer sich auf den Boden legt und die feinen Maserungen betrachtet, die gleichermaßen an komplizierte Netzwerke und Mikrochip-Strukturen erinnern oder, je nach Art, an filigrane Miniaturen, mikroskopisch kleine Schornstein-Landschaften oder auch Kirchenfenster à la Chagall.

Um den Nutzen der Flechte mit eigenen Augen zu verfolgen, müsste man ähnlich zeitlos sein wie sie, denn das, was sie hervorbringt, bedarf Jahrhunderte, wenn nicht Jahrtausende: fruchtbaren Boden, geschaffen vom Pilz, dem Pionier, der konstant organische Säure (der chemischen Zusammensetzung nach Polycarbonsäure) absondert, die nirgends sonst in der Natur vorkommt, und das Substrat, den Fels, auf dem er sitzt, in einem unermesslich langsamen chemischen Erosionsprozess zersetzt.

Aber noch zu etwas anderem ist die Flechte nützlich: Sie gilt nämlich als INDIKATOR FÜR SAUBERE LUFT: Viele Arten (unter den 19.000 bekannten) gehen ein, tritt auch nur eine geringe Verschmutzung auf. Ihr üppiges Vorkommen auf den Lofoten zeigt an, wie es hier um das bestellt ist, was sich auf dem Globus weit verbreitet in üblem Zustand befindet.

WANDERZEIT – SAMMELZEIT

Kaum eine Wanderung, von der man nicht etwas Schmackhaftes aus dem großen Wildgarten der Lofoten-Natur mitbringen könnte, oder auf der sich nicht zumindest teilweise die Wegzehr sammeln ließe.

Beginnen wir mit den allgegenwärtigen **BEEREN**, von denen insbesondere die Heidel- oder Blaubeere sowie Rauschbeere neben Preiselbeere, Molte- oder Multebeere zu nennen sind.

Die BLAUBEERE *(Vaccinium myrillus)* wächst zwar auf den Lofoten in den meisten Vegetationszonen, aber in den niedrigeren Lagen (etwa bis 300 m) gedeiht sie in stellenweise wirklich unglaublicher Menge und einer Größe, die der bei uns beheimateten Beere spottet. Die Blaubeer-Zeit herrscht, je nach dem Verlauf des Sommers, zwischen Anfang / Mitte August sowie Anfang / Mitte September.

Die RAUSCHBEERE *(Vaccinium uliginosum)* ist übrigens die direkte Verwandte der Blaubeere, sieht dieser auch äußerlich zum Verwechseln ähnlich, ist aber innen von weißer Farbe und kann etwas säuerlich schmecken.

Auch die kleine, rote PREISELBEERE *(Vaccinium vitisidae)* ist in vielen Vegetationszonen zu finden, bevorzugt sonnenreiche Südhänge in tiefen bis mittleren Lagen, ist aber in unbehandeltem Zustand – also ungekocht und nicht gezuckert – von ziemlich herbem, den Mund zusammenziehendem Geschmack. Auch im August kann man sie hier und da schon sammeln, aber im September und bis etwa Mitte Oktober geht es erst richtig (und gefäßfüllend) zur Sache. Manch eine/r erntet dann mit einem *bærplukker* (erhältlich in den meisten Geschäften; ideal auch für Blaubeeren) geradezu großflächig ab.

Zwischen Mitte Juli und Mitte August stiefeln Lofoten-Familien zu Hunderten mit Eimern und Plastiktüten durch moorige (aber nicht sumpfige) Landschaften. Sie sind auf der Suche nach Skandinaviens Vitamin-C-reichster und begehrtester Beere – der etwa Daumennagel-großen MOLTEBEERE *(rubus chamaemorus)*. Der Geschmack der reifen Frucht – und reif ist sie nicht rot, sondern orangefarben bis hellgelb – ist in erster Linie süß, erinnert gleichzeitig irgendwie an Aprikose, Erdbeere und Mango. Mit Sahne oder Sauerrahm genossen schmeckt sie am besten; die industrialisiert verarbeitete Moltebeer-Marmelade schmeckt einfach nur unangenehm süß.

Aber nicht nur um Beeren geht es dem Sammler auf den Lofoten, sondern auch und insbesondere um **PILZE.** Wer Ahnung hat oder mit einem Pilzbuch ausgestattet ist, auf die/den warten kulinarische Genüsse. Die Pilzzeit beginnt hier, grob gesagt, Anfang bis Mitte August und währt etwa bis Mitte / Ende September. Im direkten Einflussbereich des Meeres sucht man sie, wie auch im Hochgebirge, vergebens; die größte Vielfalt bietet sich in unteren und niederen Lagen bis etwa 150 m ü.d.M. überall da, wo es weder zu trocken noch zu nass ist.

So groß die Zahl an Speisepilzen nun ist, die Lofoter sammeln eigentlich nur Pfifferlinge. Nicht einmal Steinpilze, die es hier teils in enormen Größen gibt (wir fanden einst ein 1,5 kg schweres Prachtexemplar), haben es den Inselbewohnern angetan, weshalb die möglichen Sammelmengen oft jeder Beschreibung spotten.

Alle vorkommenden Pilze zu beschreiben hieße den Rahmen zu sprengen, weshalb wir uns hier mit nachfolgender Auflistung begnügen wollen, die keinen Anspruch auf Vollständigkeit erheben kann. Die Zeichenerklärung finden Sie am Ende der Auflistung.

PILZART	VORKOMMEN	VERTRÄGLICH
– Zigeunerpilz *Rozites caperata*	+	***
– Blaublättriger Weisstäubling *Russula delica*	–	nicht essbar
– Blaustielschleimfuß *Cortinarius collinitus*	+	nicht essbar
– Birkenreizker *Lactarius torminosus*	+	**
– Feinschuppiger Ritterling *Tricholoma imbricatum*	+	nicht essbar
– Birnenbovist *Lycoperdon pyriforme*	+	*
– Weinroter Graustielträubling *Russula obscura*	+	**
– Brennender Ritterling *Tricholoma virgatum*	–	giftig
– Gelbbräunlicher Scheidenstreifling *Amanita fulva*	+	***
– Frostschneckling *Hygrophorus hypothejus*	+	**
– Horngrauer Rübling *Collybia asema*	–	nicht essbar
– Rotbrauner Milchling *Lactarius rufus*	+	(**)
– Natternstieliger Schleimfuß *Cortinarius trivialis*	+	giftig
– Üppiger Träuschling *Stropharia hornemannii*	+	giftig

PILZART	VORKOMMEN	VERTRÄGLICH
– Roter Lacktrichterling *Laccaria laccata*	+	*
– Grünling *Tricholoma flavovirens*	–	***
– Orangeroter Graustieltäubling *Russula decolorans*	+	**
– Butterpilz *Suillus luteus*	+	***
– Birkenrotkappe *Leccinum versipelle*	+	***
– Sandröhrling *Suillus variegatus*	+	**
– Rötlicher Holzritterling *Tricholomopsis rutilans*	+	nicht essbar
– Hallimasch/Stammpilz *Armillariella mellea coll.*	+	**
– Rauchblättriger Schwefelkopf *Hypholoma capnoides*	+	*
– Geschmückter Gürtelfuß *Cortinarius armillatus*	+	nicht essbar
– Blutblättriger Hautkopf *Cortinarius semisanguineus*	–	giftig
– Glockendüngerling *Panaeolus shpinctrinus*	–	nicht essbar
– Weißer Rasling *Lyophyllum connatum*	–	nicht essbar
– Violetter Rötelritterling *Lepista nuda*	–	***
– Schopftintling *Coprinus comatus*	–	***
– Faltentintling *Coprinus atramentarius*	+	nicht essbar
– Grasgrüner Täubling *Russula aeroginea*	+	***

PILZART	VORKOMMEN	VERTRÄGLICH
– Birkenpilz *Leccinus scabrum*	+	**
– Gelber Graustieltäubling *Russula claroflava*	+	**
– Grünspanträuschling *Stropharia aeruginosa*	+	giftig
– Blaureizker *Lactarius trivialis*	+	(**)
– Echter Pfifferling *Cantharellus cibarius*	+	***
– Fliegenpilz *Amanita muscaria*	+	giftig
– Birken-Porling *Piptoporus betulinus*	+	nicht essbar
– Zonen-Porling *Trametes zonata*	+	nicht essbar
– Goldgelber Zitterling *Tremella mesenterica*	+	nicht essbar
– Filziger Röhrling *Xerocomus subtomentosus*	+	**
– Steinpilz *Boletus edulis*	+	***
– Stockschwämmchen *Kuehneromycesmutabilis*	+	***
– Rosablättriger Helmling *Mycena galericulata*	–	nicht essbar
– Gelbblättriger Ritterling *Tricholoma flavobrunneum*	+	nicht essbar

Zeichenerklärung:
+ = eher häufig
– = eher selten
* = essbar, ** = gut, *** = sehr gut
(**) = gut wenn aufgekocht

Die »Bürger des feuchten Landes«

JÄGER UND GEJAGTE

Von der Formen- und Artenarmut aller nordischen Inseln an höheren Tieren machen die Lofoten keine Ausnahme. Allerdings war die Fauna nicht immer so spärlich vertreten wie heute. Das konnten die Archäologen den Zoologen beweisen, als sie bei Ausgrabungsarbeiten in Storbåthellaren auf Essensreste der Steinzeitmenschen stießen, die zweifelsfrei darauf hinweisen, dass es im Inselreich vor etwa 4.000 bis 5.000 Jahren Bären gegeben haben muss, worauf ja auch mehrere Ortsnamen (die mit einem *bjørn* im Wort) hinweisen. Ebenso konnten Überreste von Bibern, Hirschen und Rentieren sowie vom Riesenalk – einem gigantischen Vogel, der nicht fliegen konnte und längst ausgestorben ist – nachgewiesen werden. Die Funde berechtigen zur Annahme, dass es Zeiten gab, als das Klima wärmer war und die Wälder größer waren, wie es heute der Fall ist.

Der größte frei lebende Säuger, den man vereinzelt zu Gesicht bekommen kann, ist der **ELCH,** der jetzt, da die Elch-Population auf dem Festland stark angewachsen ist, in verstärktem Maße von der benachbarten Vesterålen-Insel Hinnøya über den Raftsund zum Archipel hinüberSCHWIMMT. Inzwischen sind Dutzende dieses bis über 500 kg schweren und früher nur im borealen Nadelwald vertretenen Tieres auf den Lofoten beheimatet, und insbesondere auf Austvågøya sorgt der Elch in zunehmendem Maße für Verkehrsunfälle, da die Lofoter noch nicht an sein Da-Sein gewöhnt sind.

Anders Reineke **ROTFUCHS,** der ursprünglich nur auf Austvågøya und Vestvågøya beheimatet war und dort in den 1930er Jahren eine dermaßen rei-

Der charakteristische Birkenpilz ist keine Delikatesse, aber gut genießbar –
◄ Vorbereitungen für das nächste Auslaufen

che **HASEN**-Ernte hielt, dass die Langohren heute auf Austvågøya ausgestorben sind und man wohl auch auf der südlichen Nachbarinsel in Bälde einen Nachruf verfassen darf. Auf Flakstadøya gab es zwar bis vor wenigen Jahren noch viele Hasen, aber keine Füchse, was die Gartenbau betreibenden Einwohner dazu veranlasste, welche auszusetzen. Der Erfolg war groß: Meister Lampe macht sich seither rar, doch die schlauen Räuber wurden schnell zur Inselplage, vergriffen sich an Enten und Hühnern, wofür man ihnen schießend den Garaus bereitete.

Der gemeinen **RATTE** war und ist nicht beizukommen, und weil Müll anfällt, der nicht verbrannt wird, weil auch die Fischindustrie so manche Leckerbissen für die Nager bereithält, vermehren sie sich wie eh und je und wie fast überall sonst auf der Erde. **MÄUSE** gibt es auch – die Feld- sowie die Große Wühlmaus; die ist unbeliebt, weil sie sich winters an den Rinden der Bäume (bevorzugt Espe, Eberesche und Weide) gütlich tut.

Um eine andere Wühlmaus, 14 bis 17 cm groß, wurden abenteuerliche Legenden gesponnen. Etwa die, die Conrad Gesner 1669 wiedergab und die besagt, dass selbige bei verschmutzter Luft nach einem Platzregen zu Tausenden vom Himmel fällt. Alfred Brehm zitierte im 19. Jahrhundert die Vermutung der Nordländer, dass diese Wühlmaus, wenn sie stirbt, die Luft verpeste, wodurch der Mensch von Schwindel und Gelbsucht befallen würde. Anderen Berichten zufolge soll es sich begeben, dass sich die Nager, wenn sie die Nähe ihrer Mitmäuse nicht länger ertragen können, in Prozession von den höchsten Felsen aus ins Meer stürzen. Man ahnt es schon, die Rede ist vom **LEMMING,** und wahr ist an all den Legenden rein gar nichts, außer dass sie – wird die Populationsdichte zu hoch, damit der Stress übermächtig – in großen Zügen abwandern (was viele nicht überleben). Vom Massensuizid kann also keine Rede sein (zumal sie perfekte Schwimmer sind). Aber man muss Glück haben, will man den possierlichen Wühlern begegnen, denn sie, die als die ältesten Einwohner Norwegens gelten (weil schon direkt nach der Eiszeit vorhanden), leben meist im Verborgenen. Und nur alle 3 – 4 Jahre, wenn ihr Lebensrythmus als Folge der Überbevölkerung durcheinander gerät, kann man sie zuhauf während ihrer Wanderschaft beobachten. Zu solchen Zeiten schwillt auch die Zahl ihrer Fressfeinde an, vor allem Rotfuchs,

Möwe und Rabe. Sinkt die Mäusedichte schließlich, sterben wiederum auch viele ihrer Jäger.

Die anderen frei lebenden Säuger auf den Lofoten gehören allesamt zur Familie der **MARDER.** Da ist zuallererst das WIESEL – ein interessanter Neugieriger, dem man überall da begegnen kann, wo Steine sind; und wo sind die nicht auf den Lofoten? Dass er eine Plage sein kann, wissen die Fischer zu berichten, denen er immer wieder mal einen Fang stiehlt.

Ein schlimmerer Räuber ist der NERZ, denn er fischt selbst, und zwar sowohl in Flussläufen als auch im Meer, und wo viele Nerze beisammen sind, ist es um den Forellen- und Saibling-Bestand meist schlecht bestellt.

Auch der OTTER ist ein eifriger Meeresfischer. Seine Neugierde trieb ihn schon mehrfach auf die Straßen der Archipel-Metropole Svolvær, seine Lust am Spielen ist belegt, und winters – so sagen die Lofoter – kann man ihn beim Klippen-Schlindern beobachten, was stets mit einem Klatsch im Meer endet, woraufhin er aufsteigt und von Neuem beginnt.

WO MILLIONEN VÖGEL LEBEN – DIE VOGELFELSEN

Auf den Lofoten stehen Land und See in ständigem Kontakt und Wechselspiel. Der Archipel bietet mit einer FÜLLE GESCHÜTZTER NISTPLÄTZE auf Klippen und Felstürmen gewaltigen Kolonien von Seevögeln eine Heimat. Die See, die die Inseln umspült, ist reich an Plankton und ernährt riesige Fischschwärme, die wiederum den Vögeln als Nahrung dienen. Kaum eine andere Gegend kann sich so vieler verschiedener Seevogelarten in solcher Zahl rühmen; die Vogelfelsen Vedøya auf Røst sowie Mostadfjellet auf Værøy gelten als mit die reichsten der Erde.

Millionenfaches Schreien liegt in der glasklaren Luft, wenn im Frühling endlose Vogelkarawanen – getragen von der Flutwelle des Instinkts – in zerrissenen Reihen den Himmel durchpflügen und ihn gleich dunklen Wolken verhüllen, bevor sie auf den schroffen Steilfelsen landen, um dort in Kolonien zu brüten. »In so zahllosen Scharen können sich die Vögel sammeln, dass die Fischer von ihrem unaufhörlichen Geschrei halb wahnsinnig wurden und die Peilung zum Land verloren«, wie *Carl Schøyen* in seinen Lofoten-Geschichten zu berichten weiß. Es brodelt die Luft von durcheinandergewirbelten Vogelleibern, Guano fällt wie Hagel vom Himmel und verfärbt das Meer. Aber dieser Aufruhr ist noch nichts gegen den, der sich erhebt, wenn sich die Paare zusammenfinden, ihre Reviere abstecken und von da an unnachgiebig verteidigen. Dann hallt das heisere Gekreische der zankenden Vögel von den steilen Klippen wider und übertönt sogar das Donnern und Rauschen des Nordmeeres, das gegen die Felsen andrängt.

Trotz des unaufhörlichen Lärms halten die Siedler dieser Vogel-»Hochhäuser« im Zusammenleben und vor allem beim Brüten in überraschendem Maße Ordnung, was sie weitgehend dadurch erreichen, dass sie sich nach Arten absondern. Manche nehmen ganze Klippen in Beschlag, andere suchen zumindest getrennte Teile einer Klippe auf, und über allem herrscht eine Art VERHALTENSKODEX, der verhindert, dass der Zank um die Nistplätze zwischen Artgenossen in Blutvergießen gipfelt.

Die größte Kolonie im Fels bilden die **PAPAGEITAUCHER,** welche die Grashänge im oberen Bereich der Klippen bevölkern und dort in selbst gegrabenen Erdhöhlen von bis zu 3 m Länge brüten.

Allein auf Værøy schätzt man ihre Zahl auf über eine Million. Mit ihren Namen gebenden bizarren runden Schnäbeln hacken sie die Erde auf, die sie mit den ebenfalls roten Schwimmfüßen hinausschaufeln. Eng an eng liegen die von den Männchen mit weithin hörbarem Zusammenschlagen der Schnäbel verteidigten Nestkammern, in denen das Weibchen das Ei ausbrütet, aus dem nach rund fünf Wochen das (einzige) Junge ausschlüpft. Nach weiteren fünf Wochen endet die Nestlingszeit und beginnt das kleine, possierliche Tierchen mit dem Flügeltraining, indem es springend, laufend und fliegend dem Meer zustrebt, seinem eigentlichen Lebensraum, den es ab Ende August, jetzt flügge geworden, bis in den Frühling hinein bewohnen wird.

Die an traurige Clowns erinnernden Vögel gehören nämlich zur großen Familie der ALKEN, die in der nördlichen Hemisphäre die Pinguine vetreten und ähnlich wie diese leben. Ihr Flugapparat erinnert daran, was Alken im Grunde sind – warmblütig gewordene Reptilien mit Flügeln; sie sind wesentlich besser zum Tauchen als zum Fliegen geeignet.

Im nächsttieferen »Stockwerk« brüten **TROTTELLUMMEN** und **TORDALKE** unter Felsvorsprüngen. Beide tragen ein schwarzes Ober- und ein weißes Unterkleid, sehen mit weit zurückversetzten Beinen den Pinguinen ähnlich und können anhand ihrer Schnabel- und Halsformen unterschieden werden. Während der Schnabel der Trottellumme lang, gerade und ungezeichnet ist, der Hals dünn, ist der Schnabel des dickhalsigen Tordalk seitlich komprimiert und mit einer weißen Querlinie versehen (die allerdings im Winter fehlt). Beide gehören zur Familie der Alken, sind also eher schlechte Flieger, aber gute Taucher und verbringen, mit Ausnahme der Brutzeit, das ganze Jahr auf hoher See. Trottellummen gelten als die am besten angepassten Felsbrüter: Sie bauen keine Nester, sondern legen ihre Eier (nur eins je Paar, Brutzeit 35 Tage) auf einwärts geneigte Felsbänder ab; über 30 Lummen finden auf diese Weise Platz auf nur 1 qm. Jedes Ei ist individuell gemasert – woran die Eltern das ihre erkennen. Rund drei Wochen nach dem Schlüpfen kündigen die Küken das sogenannte Lummenspringen durch den lauten Wasserruf »Tschiwi« an. Den Eltern verbleiben drei Tage, sich dieses akustische Signal genau einzuprägen, denn nach dem Absprung des Jungvogels können sie ihn im Meer nur anhand dieses Rufes von den anderen Lummen unterscheiden. Dann folgt der Sprung, und heftig mit den Flügeln schlagend purzeln die Flugschüler mehr fallend als gleitend zum Meer hinunter. Wer auf den Fels aufschlägt, hat verspielt, weshalb die Eltern stets solche Brutplätze aussuchen, die möglichst an einem überhängenden Steilhang gelegen sind.

Der **BASSTÖLPEL,** ein Verwandter des Albatros, ist mit einer Flügelspannweite von fast 2 m der größte Seevogel der Nordhalbkugel. Seine Brutnester liegen – direkt unterhalb von denen der Alkvögel – so dicht beieinander, dass beinahe keine Handbreit Fels mehr frei bleibt. Nähert sich ein Eindringling dieser Kolonie großer weißer Seevögel (gelbliche Kopftönung, grau umrahmte Augen, blauweißer Schnabel, braune Füße und schwarze Flügelspitzen), werden die Tölpel zu kreischenden Furien; und stimmt ein einzelner zum markanten »Urrah-rah-rah-...« an, fallen alle in diesen ohrenbetäubenden Ruf ein. Nichts ist aufregender als einem Basstölpel bei der Jagd zuzuschauen, denn der über 3 kg schwere Vogel gleitet wie ein Adler Hunderte von Metern über dem Meer dahin, durchdringt mit »Argusaugen« die Fluten und schießt – hat er einen Fisch entdeckt – mit angelegten Flügeln wie eine

Rakete auf die Wasseroberfläche zu, in die er senkrecht eintaucht, um schon Sekunden später mit der Beute im Schnabel wieder aufzusteigen.

Die nächste Etage wird von den **DREIZEHENMÖWEN** kolonisiert, von denen allein auf Vedøya bei Røst rund 5 Millionen nisten. Dieser langflügelige, perlgraue Seevogel, einer Sturmmöwe zum Verwechseln ähnlich (nur kleiner und ohne weiße Flecken an den schwarzen Flügelspitzen, aber mit schwarzen Beinen), brütet in winzigen Felsnischen und auf Vorsprüngen, wo die Weibchen jeweils drei Eier in kleine Nester legen. Nach 22 Tagen schlüpfen die Küken aus, und die folgenden fünf Wochen, bis sie flügge sind, markieren den gefährlichsten Zeitraum ihres Lebens:

Ständig fliegt nämlich die große Verwandte, die **RAUBMÖWE,** mit unverhohlener Gefräßigkeit auf Lauer, um bei der geringsten Unachtsamkeit der Eltern (die die Jungvögel mit ihren Körpern schützen) gleich einem Sturzbomber hinabzustoßen.

Gefährlich ist auch der »Herrscher der Lüfte«, der gewaltige **SEEADLER,** den an Flügelspannweite in Europa nur noch der Steinadler überbietet. Von seinen hoch liegenden Horsten gleitet er regelmäßig herab, um für sich und seine Jungen die reich gedeckte »Vogelberg-Tafel« zu plündern.

Auch die größten europäischen Wasservögel – **KORMORANE** und **KRÄHENSCHARBEN** (beide zur Familie der Kormorane gehörig), sind auf den Vogelinseln von Røst von Værøy (aber auch sonst in den unteren Lagen der Felsküsten des Archipels) reich vertreten. Beide sehen sich zum Verwechseln ähnlich, doch der Kormoran ist größer, trägt ein vollkommen dunkles Federkleid, während die Krähenscharbe am Schnabelgrund und unter dem Auge gelb gefärbt und zur Brutzeit durch eine nach vorne gebogene Federhaube gekennzeichnet ist. Beide jagen ihre Beute tauchend, wobei sie den Schwanz als Ruder einsetzen. Sie lassen sich gut beobachten, denn nach der Jagd setzen sie sich auf Klippen, öffnen die Flügel und bewegen sich rhythmisch hin und her, um die Flügel zu trocknen.

Die nachfolgende Artenliste beruht zum Teil auf Ausarbeitungen von *Christian W. R. Koren,* Amateurornithologe aus Kabelvåg/Austvågøya. Für Flakstadøya, Moskenesøya und Værøy fehlen detaillierte Angaben, aber man kann davon ausgehen, dass die auf diesen Inseln vorkommenden in etwa mit denen von Røst und Vestvågøya übereinstimmen.

Vogelart	**Austvågøya**		**Gimsøya**		**Vestvågøya**		**Røst**	
Rabenvögel *(Corvidae)*								
Kolkrabe	●	▲	●	▲	●	▲	●	▲
Krähe	●	▲	●	▲	●	▲	●	▲
Elster	●	▲	●	▲	●	▲	○	△
Stare *(Strunidae)*								
Star	●	▲	●	▲	●	▲	●	▲
Finken *(Fringillidae)*								
Grünfink	●	▲	✷	▲	●	▲	○	△
Zeisig	○	△	○	○	○	○	○	○
Birkenzeisig	●	▲	●	▲	●	▲	○	△
Berghänfling	●	▲	●	▲	●	▲	○	△
Dompfaff	●	▲	○	▲	✷	▲	○	○
Fichtenkreuzschnabel	○	△	○	✷	○	✷	○	△
Kiefernkreuzschnabel	○	✷	○	✷	○	✷	○	✷
Buchfink	●	△	○	✷	○	✷	○	○
Bergfink	●	▲	●	▲	●	▲	○	▲
Ammern *(Emberizidae)*								
Goldammer	○	△	○	✷	○	✷	○	○
Rohrammer	●	▲	●	▲	●	▲	○	△
Sporammer	✷	✷	✷	△	✷	✷	●	△
Schneeammer	●	▲	✷	▲	✷	▲	●	▲
Sperlinge *(Passeridae)*								
Haussperling	●	▲	●	▲	●	▲	●	△
Lerchen *(Alaudidae)*								
Ohrenlerche	●	△	●	▲	●	▲	✷	△

Vögel	Aust-vågøya		Gims-øya		Vest-vågøya		Røst	
Stelzen *(Motacillidae)*								
Baumpieper	✷	△	○	○	○	○	○	○
Wasserpieper	●	▲	●	▲	●	▲	●	▲
Schafstelze	○	○	○	○	○	○	○	△
Bachstelze	●	▲	●	▲	●	▲	●	▲
Meisen *(Paridae)*								
Kohlmeise	●	▲	●	△	●	▲	○	○
Tannenmeise	○	△	○	○	○	○	○	○
Weidenmeise	●	▲	●	▲	●	▲	○	○
Seidenschwänze *(Bombycillidae)*								
Seidenschwanz	✷	▲	✷	▲	✷	▲	○	△
Sänger *(Muscicapidae)*								
Grauschnäpper	✷	✷	✷	✷	✷	✷	○	△
Trauerschnäpper	●	▲	●	▲	●	▲	○	○
Grasmücken *(Sylviidae)*								
Wintergoldhähnchen	✷	✷	✷	✷	✷	✷	○	○
Zilpzalp	✷	✷	✷	✷	✷	✷	○	○
Fitis	●	▲	●	▲	●	▲	○	△
Schilfrohrsänger	●	△	✷	✷	●	△	○	○
Gartengrasmücke	✷	✷	○	○	○	○	○	○
Mönchsgrasmücke	○	△	○	○	✷	✷	○	○
Dorngrasmücke	○	○	○	○	✷	✷	○	○
Singdrossel	●	△	✷	✷	✷	✷	○	△
Rotdrossel	●	▲	●	▲	●	▲	○	△
Ringdrossel	●	▲	●	▲	●	▲	●	△
Schwarzdrossel	✷	✷	✷	✷	✷	✷	✷	✷
Steinschmätzer	●	▲	●	▲	●	▲	●	▲
Gartenrotschwanz	●	△	✷	✷	✷	✷	○	△
Blaukehlchen	●	▲	●	▲	●	▲	○	△
Rotkehlchen	○	△	○	△	✷	✷	○	△
Braunellen *(Prunellidae)*								
Heckenbraunelle	●	▲	●	▲	●	▲	○	○
Zaunkönige *(Troglodytidae)*	✷	✷	✷	✷	✷	✷	●	△

Vögel	Austvågøya		Gimsøya		Vestvågøya		Røst	
Wasseramseln *(Cinclidae)*								
Wasseramsel	✷	▲	✷	✷	✷	▲	●	△
Schwalben *(Hirundinidae)*								
Rauchschwalbe	●	△	✷	✷	●	△	○	△
Mehlschwalbe	✷	✷	○	△	✷	✷	●	△
Uferschwalbe	○	○	○	○	●	△	○	△
Turmschwalbe	○	△	○	△	○	○	○	○
Spechte *(Picidae)*								
Buntspecht	○	△	○	△	○	△	○	△
Kuckucke *(Cuculidae)*								
Kuckuck	●	▲	●	▲	●	▲	○	△
Eulen *(Strigidae)*								
Schnee-Eule	○	✷	○	○	○	○	○	△
Uhu	✷	✷	○	○	○	○	○	○
Sperbereule	✷	△	○	○	○	✷	○	△
Rauhfußkauz	○	△	○	✷	○	✷	○	△
Sumpfohreule	●	△	●	△	●	△	○	△
Waldkauz	○	△	○	○	○	○	○	○
Falken *(Falconidae)*								
Gerfalke	✷	△	✷	✷	✷	✷	○	△
Wanderfalke	✷	△	✷	✷	✷	✷	●	△
Merlin	✷	△	✷	✷	✷	✷	○	△
Turmfalke	✷	△	✷	△	✷	△	○	△
Greife *(Accipitridae)*								
Steinadler	✷	△	✷	△	○	△	○	✷
Rauhfußbussard	●	△	●	△	●	△	○	✷
Habicht	○	△	○	✷	○	△	○	✷
Seeadler	●	▲	○	▲	●	▲	●	▲
Reiher *(Ardeidae)*								
Graureiher	●	▲	○	▲	●	▲	●	▲
Entenvögel *(Anatidae)*								
Singschwan	○	△	○	△	○	△	○	△
Stockente	●	▲	●	▲	●	▲	●	▲

Vögel	Austvågøya		Gimsøya		Vestvågøya		Røst	
Pfeifente	●	▲	●	▲	●	▲	○	○
Krickente	●	▲	●	▲	●	▲	●	▲
Spießente	●	△	✸	✸	✸	✸	✸	△
Löffelente	○	○	○	○	○	○	○	△
Reiherente	✸	△	✸	✸	●	▲	✸	△
Bergente	○	✸	○	✸	○	▲	○	△
Schellente	○	△	○	✸	○	△	○	○
Eisente	○	▲	○	▲	✸	▲	○	▲
Prachteiderente	○	▲	○	△	○	△	○	△
Trauerente	○	▲	○	▲	○	▲	○	▲
Samtente	○	▲	○	▲	○	▲	○	▲
Gänsesäger	✸	▲	○	▲	○	✸	○	○
Mittelsäger	●	▲	●	▲	●	▲	●	▲
Tölpel *(Sulidae)*								
Basstölpel	○	○	○	○	○	○	○	△
Kormorane *(Phalacrocoracidae)*								
Kormoran	●	▲	○	▲	●	▲	●	△
Krähenscharbe	●	▲	○	▲	●	▲	●	▲
Sturmvögel *(Procellariidae)*								
Eissturmvogel	○	○	○	✸	○	△	●	▲
Lappentaucher *(Prodicipedidae)*								
Ohrentaucher	●	△	✸	△	●	△	○	△
Rothalstaucher	○	✸	○	△	○	✸	○	○
Seetaucher *(Gaviidae)*								
Prachttaucher	●	▲	●	▲	●	▲	○	△
Sterntaucher	●	△	✸	△	●	△	●	△
Eistaucher	○	▲	○	▲	○	✸	○	△
Tauben *(Columbidae)*								
Ringeltaube	○	○	○	○	○	○	○	△
Turteltaube	○	○	○	○	○	△	○	△
Türkentaube	○	△	○	✸	○	△	○	✸
Schnepfenvögel *(Scolopacidae)*								
Pfuhlschnepfe	○	○	○	○	○	○	○	△

Vögel	Austvågøya		Gimsøya		Vestvågøya		Røst	
Schnepfenvögel *(Scolopacidae)*								
Pfuhlschnepfe	○	○	○	○	○	○	○	△
Großer Brachvogel	●	▲	●	▲	●	▲	✷	▲
Regenbrachvogel	●	▲	●	▲	●	△	●	▲
Uferschnepfe	○	○	○	○	●	△	○	△
Waldschnepfe	●	▲	●	△	●	△	○	△
Bekassine	●	▲	●	▲	●	▲	○	△
Zwergschnepfe	○	△	○	✷	○	△	○	○
Alpenstrandläufer	●	△	●	△	●	▲	●	▲
Sichelstrandläufer	○	✷	○	✷	○	△	○	○
Knutt	○	△	○	△	○	△	○	▲
Odinshühnchen	✷	✷	✷	✷	●	△	○	△
Meerstrandläufer	○	▲	○	▲	○	▲	●	▲
Zwergstrandläufer	✷	✷	✷	✷	✷	▲	●	▲
Temminckstrandläufer	✷	✷	✷	✷	✷	△	○	✷
Sanderling	○	△	○	△	○	✷	○	△
Kampfläufer	●	△	✷	✷	●	▲	●	▲
Flußuferläufer	●	▲	●	△	●	△	○	△
Rotschenkel	●	▲	●	▲	●	▲	●	▲
Dunkler Wasserläufer	○	△	○	△	○	▲	○	△
Grünschenkel	○	✷	○	✷	○	✷	○	△
Regenpfeifer *(Charadriidae)*								
Sandregenpfeifer	●	△	●	▲	●	▲	●	▲
Goldregenpfeifer	●	▲	●	▲	●	▲	●	▲
Steinwälzer	○	▲	○	▲	○	▲	✷	✷
Mornell	○	▲	○	▲	○	△	✷	✷
Seeschwalben *(Sternidae)*								
Kiebitzregenpfeifer	○	✷	○	✷	○	△	○	△
Flußseeschwalbe	●	▲	●	▲	●	▲	○	△
Küstenseeschwalbe	●	▲	●	▲	●	▲	●	▲

Zeichenerklärung:

1. Spalte: ● = Brutvogel, ✷ = Vorkommen/Brut unsicher
2. Spalte: ▲ = häufig, △ = selten, ○ nicht vertreten/kein Brutvogel

Zeiten und Zeitzeugen auf dem Archipel des Kabeljau

DEN ANFANG MACHT DIE STEINZEIT

Man unterscheidet gewöhnlich zwischen älterer und jüngerer Steinzeit, sodann zwischen Bronze- und Eisenzeit. Im südlichen Skandinavien verlief die Grenze zwischen ersteren beiden etwa um 3000 v. Chr. Sie markierte den Übergang zu Ackerbau und Viehzucht sowie das Aufkommen erster geschliffener Steinwerkzeuge und Keramiken. Um 2000 v. Chr. folgte die Bronzezeit, die rund 500 Jahre später in die Eisenzeit überging, welche bis zur Zeitenwende andauerte.

In Nordnorwegen hingegen, wo die Landwirtschaft erst wesentlich später Eingang fand, wird die Grenze zur jüngeren Steinzeit nur auf Grund der Einführung und Verwendung der Steinwerkzeuge und Keramiken gezogen; von Bronze- und Eisenzeit wird vor Christi Geburt überhaupt nicht gesprochen, weil die archaischen Werkzeuge erst lange nach der Zeitenwende durch höher entwickelte ersetzt wurden. Berichte früher Reisender (etwa der Phönizier, Griechen, Römer), die über andere Regionen Europas Aufschlüsse geben, existieren ebenso wenig wie Aufzeichnungen der ersten Lofoter selbst. So wird die Lofoten-Geschichte bis fast ins Mittelalter (ab 1000 n. Chr.) hinein von der sogenannten prähistorischen Archäologie geschrieben. Da sich diese ausschließlich auf die ausgegrabenen materiellen Hinterlassenschaften der »Alten« stützt, kann sie zwar rudimentäre Aussagen über den Stand der Technologie machen, vermag aber nichts über die gesellschaftliche Ordnung zu berichten.

Viel ist es ohnehin nicht, was die Archäologen aus den Urtagen der Lofot-Menschen ans Tageslicht befördert haben. Die meisten Erkenntnisse stützen sich auf Funde aus der **WOHNHÖHLE STORBÅTHELLAREN**, an der Ostseite von Flakstadøya (siehe Wanderung Nr. 7). Wie Radiocarbon-Datierungen ergaben, war diese (in den 1960er Jahren untersuchte) Höhle von 4000 v. Chr. bis zur Zeitenwende regelmäßig bewohnt; während dieses gesamten Zeitraumes änderten sich Material und Ausarbeitung der verwendeten Werkzeuge fast überhaupt nicht. In den bis zu mehrere Meter dicken Erdschichten der Stätte wurden in der Hauptsache Essensreste ausgegraben, besonders Fischgräten, meist vom Dorsch, seltener von Lachs und Heilbutt. Da es sich beim Dorsch um geschlechtsreifen (dann als Kabeljau bezeichneten) Dorsch handelte, gehen die Experten heute davon aus, dass Storbåthellaren VORWIEGEND IM WINTER BEWOHNT war.

Auch Säugetierknochen konnten geborgen werden, und zwar die von Bär, Hirsch, Ren und Biber, außerdem Muscheln und Strandschnecken sowie Federn von 27 verschiedenen Vogelarten. All diese unterschiedlichen Funde führten zu der Folgerung, dass die »Alten« JÄGER, FISCHER UND SAMMLER waren, von einem Fisch-, Fang- oder Sammelplatz zum anderen zogen und sich nur im Winter in ihre sichere Höhle zurückzogen.

Eine weitere Wohnhöhle der Steinzeitmenschen liegt auf der Nordseite von Urstabben bei Kabelvåg und wurde 1921 entdeckt. Die (bislang eher oberflächlichen) Ausgrabungsarbeiten bestätigten die dank Storbåthellaren gezogenen Rückschlüsse. Ebenso auch die reichen Funde in der auf der Außenseite von Moskenesøya gelegenen REFSVIKHULA (auf der Karte Nr. 21), eine ungefähr150 m tief in den Berg reichende und bis über 50 m hohe Höhle, die während der Steinzeit und bis vor etwa 3.000 Jahren bewohnt war.

Erst in den 1970er Jahren fügten sich neue Erkenntnisse ins bis dahin unvollkommene Bild, als man Überreste von **URHÄUSERN** – rundliche Vertiefungen, von Wällen umgeben – freilegen konnte, die wahrscheinlich schon vor rund 3.000 Jahren errichtet worden waren. Die Grundflächen sind mit maximal 15 qm sehr klein, weshalb die Fachleute annehmen, dass die Familie damals den sozialen Grundstock der Gesellschaft bildete. Wo diese (insgesamt 27) Wohnstätten zu finden sind, ist der neben stehenden Karte zu entnehmen, in der auch mehrere **HÜGELGRÄBER** eingezeichnet sind, die interessante, da eindeutig aus Südskandinavien stammende Funde enthielten: so eine Streitaxt, einen Flintdolch und Knochen von Haustieren, die es sein-

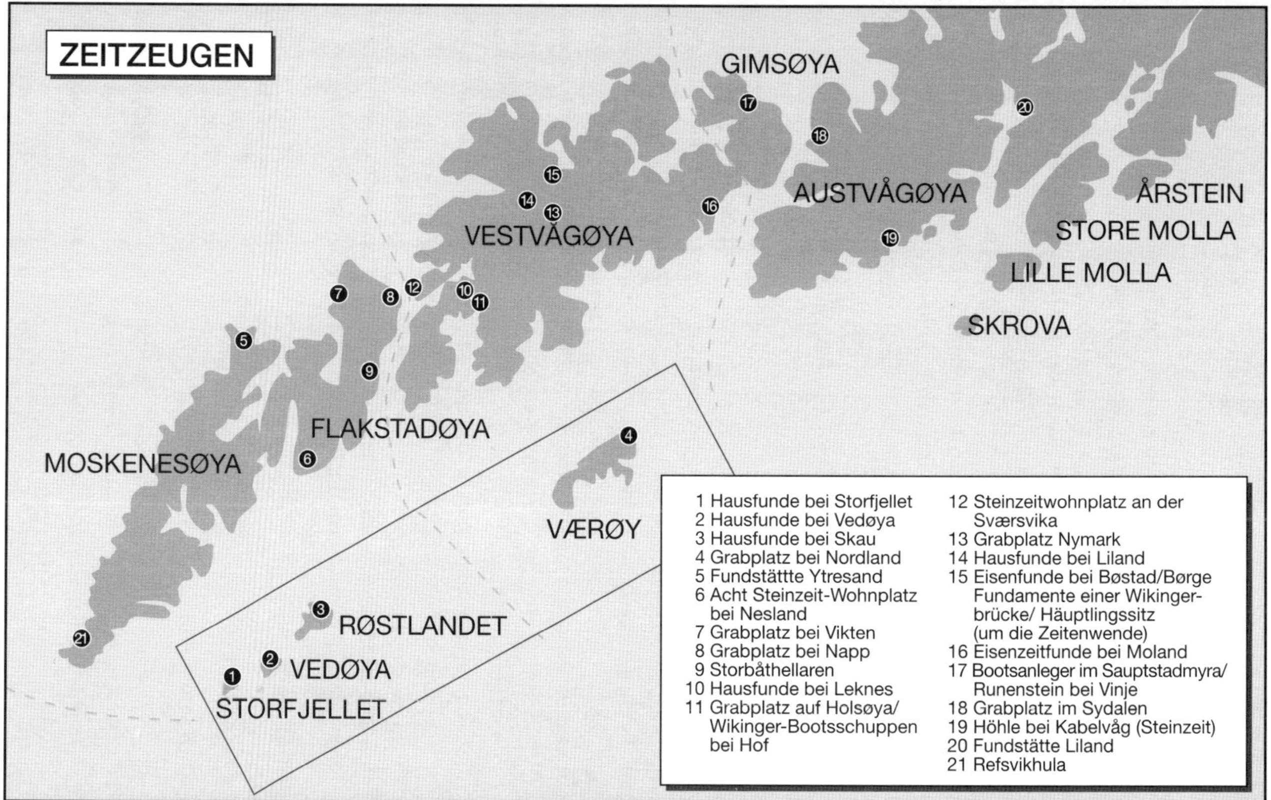
ZEITZEUGEN
GIMSØYA
AUSTVÅGØYA
ÅRSTEIN
STORE MOLLA
LILLE MOLLA
SKROVA
VESTVÅGØYA
FLAKSTADØYA
MOSKENESØYA
VÆRØY
RØSTLANDET
VEDØYA
STORFJELLET
1 Hausfunde bei Storfjellet
2 Hausfunde bei Vedøya
3 Hausfunde bei Skau
4 Grabplatz bei Nordland
5 Fundstätte Ytresand
6 Acht Steinzeit-Wohnplatz bei Nesland
7 Grabplatz bei Vikten
8 Grabplatz bei Napp
9 Storbåthellaren
10 Hausfunde bei Leknes
11 Grabplatz auf Holsøya/ Wikinger-Bootsschuppen bei Hof
12 Steinzeitwohnplatz an der Sværsvika
13 Grabplatz Nymark
14 Hausfunde bei Liland
15 Eisenfunde bei Bøstad/Børge Fundamente einer Wikinger-brücke/ Häuptlingssitz (um die Zeitenwende)
16 Eisenzeitfunde bei Moland
17 Bootsanleger im Sauptstadmyra/ Runenstein bei Vinje
18 Grabplatz im Sydalen
19 Höhle bei Kabelvåg (Steinzeit)
20 Fundstätte Liland
21 Refsvikhula

erzeit noch gar nicht gab auf den Lofoten – all dies Belege dafür, dass in den letzten Jahrhunderten vor der Zeitenwende bereits wichtige KONTAKTE MIT DEN MENSCHEN IM SÜDEN bestanden.

WENDEZEIT

Der Übergang von der Stein- zur Eisenzeit markiert die Grenze zwischen der nicht sesshaften und der sesshaften Lebensweise, zwischen Werkzeug-Technologien, die auf Knochen und Stein einerseits und auf Metall andererseits basieren, zwischen einer hauptsächlich auf Jagd, Sammeln und Fischen ausgerichteten und einer vorwiegend auf Ackerbau und Viehzucht fußenden Wirtschaft. Wann dieser Übergang auf den Lofoten erfolgte, ist nicht präzise nachzuvollziehen; man muss sich mit einem lapidaren 200 – 400 n. Chr. zufrieden geben. So wie die Datierung Schwierigkeiten bereitet, ist auch die Frage ungelöst, ob die Kultur der Eisenzeit mit von Süden vorstoßenden Einwanderern in den hohen Norden kam oder ob die eingesessene Bevölkerung lediglich Impulse aus dem Süden aufnahm. Für die **EINWANDERUNGS-HYPOTHESE** spricht, dass die ältesten Eisenzeit-Funde – Hausreste bei Leknes (auf der Karte Nr. 10) und auf Gimsøya (auf der Karte Nr. 17) – solchen im Südwesten von Norwegen stark ähneln.

Was sich mit ziemlicher Gewissheit aus den **FUNDEN** vor Ort ableiten lässt: dass während der älteren Eisenzeit (bis 600 n. Chr.) NUR WENIGE GEBIETE AUF DEN LOFOTEN BEWOHNT waren, während zur jüngeren, die um 1000 n. Chr. ins Mittelalter überging, schon fast alle Regionen besiedelt waren, die es auch heute noch sind. Andererseits kann das, was gefunden wurde, schon verwirren. Erwähnenswert ist in diesem Zusammenhang ein SCHWERTGRIFF, den der Boden bei Liland (auf der Karte Nr. 20) hergab: ein bemerkenswerter Waffenfund für das Norwegen jener Zeit, denn ein Gegenstück konnte nur in England gefunden werden. Ganz in der Nähe von Liland, bei Elltoft, kam ein BRONZESCHWERT zu Tage, mit einem Rahmenwerk aus eingelegtem Silber und geschmückt mit ornamentalen Tierfiguren, wie man es vergleichbar nur in einem Grab in Tschechien entdeckte. Und bei

Skau auf Røst fand man gar einen RING aus geflochtenen Goldsträngen, der gar kein Pendant haben soll.

Nun würde es zu weit führen, in eine Herkunfts-Diskussion einzusteigen, und so beschränken wir uns lieber auf das, was Rückschlüsse auf die Lebens- und Wirtschaftsweise der Eisenzeitler zulässt. Es sind dies insbesondere Ausgrabungen von Siedlungsresten bei Leknes und auf Gimsøya (s.o.) sowie bei Bøstad, Borg und Moland auf Vestvågøya (auf der Karte Nr. 15 und 16), die alle auf 400 n. Chr. datiert wurden und die als die ältesten ihrer Art in Nordnorwegen gelten.

Es fällt auf, dass es sich bei allen Häusern (die der Laie freilich kaum als solche erkennen kann) um sogenannte **LANGHÄUSER** handelt – deren 25 bis 30 m Länge legen nahe, dass sie VON EINER GRÖSSEREN SOZIALEN GRUPPE als der Kernfamilie BEWOHNT waren. Ihr Boden bestand aus Erde, die Wände fertigte man aus Stein, Erde und Torf, die Dächer ruhten auf Holzpfählen, und Teile des Inneren dienten diversen Haustieren als Ställe. Ihre Lage verrät etwas über das Wirtschaftsleben jener Zeit, denn Weiden und wohl drainierte Sandböden befinden sich in direkter Nähe, das Meer hingegen in weiterer, aber nicht »zu« weiter Ferne. Das lässt den Rückschluss zu, dass dem Ackerbau und der Viehzucht dominierende Bedeutung zukamen, Fischfang und Seefahrt zwar auch betrieben wurden, aber eben nicht in dem Maße wie ab dem 12. Jahrhundert bis in unsere Tage hinein.

Den besten Einblick in das Leben in einem Langhaus zur Eisen-/Wikingerzeit kann man in Borg auf Vestvågøya (siehe Route 8) nehmen, wo das mit 83 m Länge GRÖSSTE je gefundene LANGHAUS entdeckt und ORIGINALGETREU NACHGEBAUT wurde. Auch ein Großteil der vor Ort gefundenen Gegenstände sind dort ausgestellt – was der prächtige Holzbau von außen verspricht, das hält er in seinem authentisch eingerichteten Inneren.

VON WIKINGERN, FISCHERN UND HÄNDLERN

Sie waren wahrhaftig nicht sehr schreibfreudig, die Lofoter, denn selbst aus dem Mittelalter, das hier von 1000 bis 1600 n. Chr. währte, sind nur wenige schriftliche Quellen bekannt. Vieles von dem, was man heute zu wissen glaubt, fußt auf Funden, die die sogenannte Mittelalter-Archäologie ausgrub.

Als der erste, in historischen Schriften erwähnte »Lofotenmensch« gilt *Tore Hjorth,* der irgendwann im 11. Jahrhundert Häuptling von Storvågan auf Austvågøya war und angeblich als Bauernsohn in Busknes auf Vestvågøya geboren sein soll. Es heißt, dass er sich als Krieger und Händler in Sachen Stockfisch gleichermaßen hervortat und »ganz wild« aufs Fischen gewesen sein soll.

Wie anzunehmen, aber nicht bewiesen ist, war Hjorth ein Nachkomme jener wilden Nordmänner, die inzwischen als **WIKINGER** einen gewissen Bekanntsheitsgrad erreicht haben und die auf den Lofoten irgendwann zwischen dem 9. und 10. Jahrhundert eine Art Stützpunkt errichtet haben sollen. Genaueres weiß man nicht, eigentlich weiß man gar nichts über das Treiben dieses kriegerischen Volkes im Inselreich, und nur die sprichwörtliche TRUNKSUCHT der Lofoter (zumindest bevor sie per Gesetz aus Oslo im 20. Jahrhundert entschärft wurde) spricht laut sarkastischer Geschichtsauslegung dafür, dass sie in direkter Linie von den als Trunkenbolde verschrieenen Wikingern abstammen. – Nach der altnordischen Mythologie war ja Walhalla nicht viel mehr als ein Ort, »an dem gekämpft, gefressen und eben gesoffen wurde, bis alle umfielen« ...

Da Tore Hjorth den Rang eines Häuptlings innehatte, darf man annehmen, dass STORVÅGAN mehr als nur ein kleiner Weiler war. In der Tat stießen die Archäologen im Bereich des heutigen Lofotmuseums bei Kabelvåg auf die Überreste eines großen Dorfes, bei dem es sich zweifelsfrei um jenes Storvågan gehandelt haben muss, das in die Annalen des schreibfreudigeren Südens ALS NÖRDLICHSTE PERMANENT BEWOHNTE ORTSCHAFT Norwegens zur Zeit des 11. Jahrhunderts eingegangen ist. Die Ausgrabungen (heute größtenteils im Tromsø-Museum von Tromsø ausgestellt), bestätigen die schriftlichen Quellen, nach denen Storvågan DAS HANDELSZENTRUM IM INSELREICH war.

Ab dem **12. JAHRHUNDERT** lässt sich die Geschichte leichter nachvollziehen, denn spätestens zu diesem Zeitpunkt streckten die norwegischen Könige ihre Hände bis zum Archipel aus, unterstellten ihn ihrer Herrschaft und sorgten auch für die Verbreitung des Christentums. König *Øystein* ließ 1120

DIE ERSTE LOFOTEN-KIRCHE errichten und ordnete zudem den Bau der ersten *rorbuer* an: Hütten (genauer: »Wohnstätten für Ruderer«) für von auswärts kommende Fischer, die schon damals jeden Winter vor dem Archipel auftauchten, um Kabeljau zu fangen. Die Lofoten-FISCHEREI hatte ihren Anfang genommen, und von jetzt an herrschte in Vågan lebhafte Tätigkeit. Kaufleute aus Bergen kamen mit Frachtschiffen voll des begehrten Korns, das sie gegen Stockfisch tauschten. Vågan erlebte seine Blütezeit, sogar Münzen wurden hier geprägt – die *Vågasølv,* Vågasilber. Es dauerte nicht lange, da entstand eine KAUFMANNSGILDE der Lofoter, die nun ihrerseits nach Bergen schifften, wo sie Stockfisch, Walrosszähne, Pelze und Gerfalken gegen Wein, Honig und Stoffe tauschten.

Doch die große Zeit Vågans währte ziemlich kurz. Im Jahre **1349** trug ein englisches Kauffahrerschiff die PEST nach Bergen. Die fürchterliche Krankheit breitete sich in Windeseile über das ganze Land aus und verschonte auch die Lofoten nicht.

Ein Jahr später entzog der norwegische König den reisenden Kaufleuten aus Bergen das Recht, Handel nach Gutdünken zu treiben; die Folge der Bevormundung von Staatsseite war, dass die Konkurrenz der deutschen **HANSE** übermächtig wurde. Schon um 1250 hatte die Hanse – ein Zusammenschluss deutscher Kaufleute mit Hauptsitz in Lübeck – von dem norwegischen König *Håkon Håkonsson* das Privileg erhalten, in Bergen Handel treiben zu dürfen. Jetzt aber richteten sie in der westnorwegischen Handelsmetropole ein eigenes Kontor ein, mieteten Landungsbrücken und Lagerräume, kauften bald auch Grund und Boden und errichteten schließlich eigene Landungsbrücken – darunter die allen Nordland-Fans bekannte Tyskebrygge (Deutsche Brücke), die damals für Norwegen das war, was heute die Wall Street für die Börsen-Gläubigen bedeutet. Die Hanse KONTROLLIERTE DEN HANDEL, da nur sie in der Lage war, das unentbehrliche Korn in den Norden zu liefern.

Über Bergen hinaus durften die deutschen Kaufleute nun nicht fahren, und weil die Bergenser Kollegen ruiniert waren, kam niemand mehr nach Vågan, was den NIEDERGANG dieses Handelszentrums zur Folge hatte. Die Lofoter mussten sich jetzt selbst aufmachen, das lebenswichtige Getreide aus Bergen zu holen. Mit Stockfisch schwer beladen, fuhren sie ab 1350 alljährlich

ITALIENISCHES INTERMEZZO

Man schrieb das Jahr 1432: Schneegestöber verfinsterte den Februarmorgen, und Sturmböen peitschten die Möwen von den Dächern. Das Meer kochte, der Kabeljau trieb in Schwärmen in den Vestfjorden, und so stürzten sich die Fischer von Røst in ihre Boote und vertrauten sich den tobenden Elementen an.

Die gespenstische Regatta in der Morgendämmerung fand erst am späten Nachmittag ihr Ende, als sich die Boote durch die schweren Brecher wieder dem schützenden Hafenbecken näherten. Die Jugend fieberte schon dem großen »Hau« entgegen und stand mit geschärften Messern bereit, denn ihnen gehörten die Zungen von *gaddus morrhua,* dem Kabeljau – wie es ein uralter Lofoten-Brauch besagte. Auch die Frauen und die Alten standen am Ufer, getrieben von Angst um ihre Männer und Söhne, die nicht immer vollzählig zurückkamen von dem gefährlichen Vorhaben, »den lieben Gott zu einem armen Mann zu machen«. Aber an diesem Tag war es anders: Niemand war für immer auf See geblieben, sondern es kamen mehr zurück, als morgens abgefahren waren. 19 zusätzliche Männer – verwildert, krank und halb wahnsinnig – wurden an Land geschleppt. Die meisten von ihnen hatten die Sprache verloren, und die wenigen, die ihrer noch mächtig waren, konnte niemand verstehen.

im Mai nach Süden, und es ist überliefert, dass sie alle möglichen Tricks anwandten, um das Gewicht ihrer Ladung vor Ort zu erhöhen (etwa durch Draufpinkeln ...), denn die Deutschen war für ihre Habgier bekannt und setzten als Monopolisten die Preise je Kilo willkürlich fest.

So ging es 200 Jahre lang, während deren die Hanse eine derartige Wirtschaftsmacht erlangte, dass sie sich sogar Handelskriege (u.a. mit England und Flandern) leistete. Sie beherrschte den Ostseeraum, vereinigte die Nord- und Ostseeländer zu einem einheitlichen Wirtschaftsraum und nahm bedeutenden politischen Einfluss auf alle Ländern Nordeuropas. Das brachte immerhin auch Vorteile für die Nord- und Ostseeanrainer mit sich, denn der

»Lasst uns den Pfarrer holen«, schlug jemand vor, denn der Pfarrer von Røst war ein deutscher Mönch und hoch gelehrt. Und wirklich: Er verstand die Sprache der dunkelhäutigen Männer, und bald schon wussten alle 120 Bewohner von Røst, was geschehen war:
Die Fremden kamen aus einem weit entfernten Land – aus Italien. Ihr Anführer hieß *Pietro Querini,* und kurz vor Weihnachten 1431 hatte er sich mit seinem Schiff und 68 Männern von Belgien aus Richtung Norden aufgemacht, wo er am Heiligen Abend in ein fürchterliches Unwetter geraten war. Das Schiff wurde unter einer Sturzsee begraben, nur 19 Seeleute konnten sich in ein Boot retten. 16 Tage trieben sie umher, dann strandete das Boot auf einem unbewohnten Felseiland, wobei es zerschellte. Über einen Monat lang saßen die Überlebenden dort und nährten sich von Salzwasser, bevor sie die Røst-Fischer fanden.
Bis in den Mai hinein blieb das fremde Volk auf dem Archipel, und als Pietro Querini wieder in Italien war, bekam er eine Audienz beim Papst, dem er begeistert von dem wundersamen luftgetrocktenen Stockfisch erzählte und wohl auch zu kosten gab. Der Heilige Vater war zutiefst angetan von dieser neuen (Fasten-) Speise, »die der Himmel geschickt hatte«, und so kam es, dass Italien zum größten Stockfisch-Importeur der Erde wurde und bis in unsere Tage hinein nahezu 85% der jährlich gehandelten Menge (damals über Bergen und die Hanse) abnahm.

Handel regte Produktion und Gewerbe an und verhalf einer reichen STÄDTEKULTUR zu ihrer Entfaltung. Es ist nicht übertrieben zu sagen, dass Städte wie Brügge, London, Kopenhagen und eben auch Bergen ohne die Hanse nicht dermaßen früh zu solcher Blüte hätten kommen können. Auch die Lofoten profitierten, denn STOCKFISCH war im katholischen Europa des Mittelalters eine gefragte Speise (nicht nur während der Fastentage), und besonders die Italiener (die wiederum die Hanse versorgte) waren erpicht auf den luftgetrockneten Fisch. Ab Mitte des 15. Jhs. kauften sie nahezu 85 % des Lofoten-Stockfisches auf, und so ist es bis in die Neuzeit hinein geblieben. Wie es dazu kam, ist aber eine andere Geschichte, die oben im Kasten erzählt wird.

1533 brach in Dänemark zwischen König Christian II. und Adel die sogenannte GRAFENFEHDE aus, in deren Verlauf bis 1536 verschiedene Interessengruppen mitmischten, darunter auch die Hanse, die ihren Einfluss in Dänemark schwinden sah – jedoch auf der unterlegenen Seite, was den Niedergang der Kaufmannsvereinigung einläutete (der der Dreißigjährige Krieg ein Jahrhundert später den Rest geben sollte).

Skandinavien, vor allem das zu dieser Zeit in Nordeuropa vorherrschende Dänemark, entzog sich der Vormundschaft. Das hanseatische Kontor in Norwegen bestand zwar noch bis Anfang des 18. Jahrhunderts, aber ihre Handelsmacht hatten die Deutschen eingebüßt. Das Korn floss ab 1570 nur noch spärlich nach Bergen, die Preise stiegen, die für Stockfisch aber fielen, und als viele der traditionellen Stockfisch-Importländer auf den noch billigeren und soeben »erfundenen« Klippfisch umstiegen (mit Hilfe von Salz konservierter, dann getrockneter Kabeljau, der vor Neufundland gefangen wurde), lag der Fischfang als einzig nennenswerter Wirtschaftszweig der Lofoten bald darnieder.

Im 17. Jahrhundert verließ jeder vierte Lofoter vom HUNGER getrieben seine Inselheimat, auch wenn inzwischen die Holländer in Bergen aufgetaucht waren und jährlich ca. 20 % der Stockfischproduktion abnahmen; ein Relikt aus jener Zeit ist der Begriff *Kabeljau,* der aus dem Niederländischen stammt. Doch die Exporte nach Holland waren nur ein Tropfen auf heißem Stein, der die bis Mitte des 18. Jahrhunderts währende FLAUTE der Lofoten-Fischerei nicht aufhalten konnte.

Dabei spielt auch eine Rolle, dass Norwegen bereits seit Gründung der Kalmarer Union 1397 nur noch eine PROVINZ DÄNEMARKS war und die dänischen Statthalter im fernen Oslo wenig Interesse für die Peripherie dort oben im kalten Norden zeigten. Es gab keine Administration, die der Freund der einfachen Leute hätte sein können oder sein wollte.

NEUE ZEITEN – NEUE SITTEN

Nach und nach kamen die Norweger darauf, dass man den Leuten, die ihren Fisch unbedingt gesalzen haben wollten, ehe er getrocknet wurde, eben

GESALZENEN FISCH verkaufen musste. So geschah es, der AUFSCHWUNG blieb nicht aus und wurde durch die soeben wieder erwachte norwegische Handelsschifffahrt noch verstärkt: Es kam zu einer neuen Blütezeit für die Lofoten. Aus dem Jahr **1768** wird beispielsweise berichtet, dass 1 *våg* (Fischgewicht: 17,932 kg) noch nicht ausgenommenen Fisches die Schwindel erregende Summe von 1,5 Reichstaler erzielte. Das bedeutet, auf die heutigen Verhältnisse umgerechnet, dass der Fischer rund 5 Kronen für 18 kg Fisch bekam – so hoch war seine Ware noch nie gehandelt worden.

Aber lange währte das Hoch nicht an, denn die fehlgeschlagene Französische Revolution, die Napoleon Bonaparte an die Macht brachte, sorgte schon zu Beginn des 19. Jahrhunderts für eine Rezession. Dänemark nämlich, nach wie vor Herrscher auch über Norwegen, verbündete sich 1807 mit dem kriegslüsternen Korsen, wofür sich England, einer der Gegner, mit einer totalen Seeblockade revanchierte. Der Handel stagnierte, niemand kaufte mehr Klipp- und Stockfisch (die sich jetzt die Waage hielten), die Preise sanken ins Bodenlose, was **1810** in der größten HUNGERKATASTROPHE gipfelte, die der Archipel je erlebt hatte. Dass es nicht noch schlimmer kam, ist den Russen zu verdanken, die von Norden herabsegelten, wo es keine englische Blockade gab, und die Fisch gegen Mehl tauschten. Viel war es nicht, was umgesetzt wurde, aber es half in der bittersten Not.

Auf und ab, nach den Napoleonischen Kriegen wieder aufwärts. Und zwar in solchem Maße, dass ein jährlicher Zuwachs von rund 5.000 Booten in Nordnorwegen verbucht wurde, die winters alle in den VESTFJORD zwischen Lofoten und Festland strömten, um Teil zu haben an den silbernen Schätzen. Die Folge war ein Chaos aus Netzknäueln, und so kam es **1816** dazu, dass die Obrigkeit die wichtigsten GEWOHNHEITSRECHTE der Lofoten-Fischer in Paragrafen festlegte.

Der Vestfjord wurde in ein kompliziertes Netz von Fangparzellen aufgeteilt; es war untersagt, vor 6 Uhr morgens die Anker zu lichten, der Sonntag bekam den Status eines Ruhetages. Und damit niemand auf die Idee kam zu mogeln, richtete der Staat eine Lofoten-Wasserpolizei ein, die dem Befehl der *værkonger* unterstellt war. Das war freilich ein Fehler, denn diese FISCHGRUND-KÖNIGE, traditionell hervorgegangen aus den früheren Dorfhäuptlingen und ohnehin schon potent, erhielten durch diese Regelung so viel Macht, dass sie sich zu Herren über Leben und Tod der (bei ihnen meist hoffnungslos verschuldeten) Fischer aufwarfen, sich nicht selten zu skrupellosen DESPOTEN entwickelten. Ihre Herrschaft war absolut und unantastbar, und die Macht korrumpierte einige so weit, dass sie sie auf alle möglichen Lebensbereiche ausdehnten, indem sich mancher das *ius primae noctis* (das »Recht auf die erste Nacht») anmaßte, wenn ihm ein heiratsfähiges Mädchen gefiel.

Nicht jeder værkong war solch ein Scheusal, mancher zeigte sich großmütig, aber Könige waren sie allemal, und ganz so hatten sich die Behörden die Folgen ihrer Gesetze nicht vorgestellt. So schickte das Innenministerium zu Beginn der 1850er Jahre einen gewissen *Ketil Motzfeldt* auf den Archipel, der 1857 schließlich ein neues Lofoten-Gesetz auf den Weg brachte, das so revolutionär war, dass es als *Motzfeldtrevolusjonen* in die Annalen einging. Es war ein Angriff auf die Fischgrund-Könige, schrieb freies Meer, freien Fischfang bei öffentlicher Kontrolle fest und brach obendrein das Handelsmonopol der værkonger: Nur sie durften bis dato mit Fisch handeln, und nur an sie durften die Fischer verkaufen. Die Wellen der Entrüstung schlugen zwar hoch, aber das Gesetz blieb Gesetz und gilt auch heute noch.

DIE NETZE BLEIBEN LEER

Die Jahre vergingen, der Erste Weltkrieg auch, 1940 kamen die Deutschen, 1945 wurden sie wieder vertrieben. Aber für die Lofoter hatte sich in all den Jahren nicht viel verändert, denn ihre Lebensgrundlage bildeten weiterhin Fischfang und Handel. Mit beidem ging es bergauf, selbst während der Okkupation. Wurden 1859 noch 64.000 t Kabeljau gefangen, waren es 1895 schon 123.520 t; im Rekordjahr 1947 zogen mehr als 20.000 Fischer aus ganz Norwegen 145.897 t der begehrten Beute in ihre Boote.

Zwar hatte es auch mal schlechte Jahre zwischendurch gegeben, so 1936, als die Tonnage nur 52.766 t betrug. Aber das war normal, denn mal gab es eben viele, mal weniger Kabeljaus, was Fachleute auf sich wandelnde Sonnenflecken, kosmische Strahlung, Launen des Mondes und so weiter zurückführen. Nachdem 1963 nur noch 28.302 t geborgen werden konnten, meldete 1988 mit nur 11.533 t das schlechteste Fangergebnis, seit man die Zahlen erfasst.

Inzwischen hat zwar Norwegen seine Hoheitsgrenzen ausgedehnt, um die nationale Fischerei vor den Trawler-Flotten anderer Staaten zu schützen. Aber die Barents-See und andere Kabeljau-Gewässer sind international, und an ihnen vergreifen sich die Fischfang-Nationen (nicht nur Russland) in solchem Maße (500.000 bis 800.000 t Kabeljau wurden/werden dort jährlich gefangen), dass dabei eine große Menge des Dorsch-Nachwuchses vernichtet wird. Durch die anhaltende ÜBERFISCHUNG ist der Kabeljau-Bestand nach den jüngsten Berechnungen ernsthaft gefährdet. Es ist allen klar, dass zu viele Fische aus dem Meer gezogen werden, aber gelernt hat bislang niemand etwas daraus.

Nur die Lofoten-Fischer vielleicht, die mehr und mehr in andere Bereiche drängen, insbesondere in die der Dienstleistung: Fuhren 1895 noch 32.600 Fischer aufs Meer und 1933 noch 31.905, waren es in den 1960er Jahren nicht einmal mehr 5.000. Im Jahr 2000 waren es rund 2.000, von denen mindestens die Hälfte von außerhalb der Lofoten kam; sie brachten übrigens 28.408 t ein. Was diese Zahlen bedeuten, zumal wenn man weiß, dass das Inselreich rund 25.000 Einwohner hat, liegt auf der Hand: Der Lofoten-Fischfang wird es zunehmend schwerer haben, auch weil die Fischpreise nicht mehr kostendeckend sind.

Inwieweit der Tourismus die insgesamt rückläufige Entwicklung im Fischereisektor auszugleichen vermag, lässt sich nicht festmachen, da auch die Zahl der Urlauber schwankt. Im Durchschnitt besuchen jährlich rund 200.000 Ausländer das Inselreich und sorgen dafür, dass der Dornröschenschlaf in den traditionellen Fischersiedlungen nicht zu tief ausfällt.

NORWEGEN IM ZWEITEN WELTKRIEG

Als 1938 in Europa die Zeichen erneut auf Sturm standen und sich der Zweite Weltkrieg abzeichnete, beschloss das Storting (Parlament) in Oslo einstimmig, sich – wie auch im Ersten Weltkrieg – aus allen bewaffneten Konflikten herauszuhalten, also neutral zu bleiben. Diese Politik wurde konsequent verfolgt, und so gelang es dem Land bis zum April des Jahres 1940, nicht in den Krieg verwickelt zu werden.

Dabei war spätestens seit dem am 1. September begonnenen Polen-Feldzug Nazi-Deutschlands klar, dass bei den vorauszusehenden kriegerischen Konfrontationen gerade Norwegen wegen seines Erzhafens Narvik und der langen Küste gegenüber den Britischen Inseln von entscheidender strategischer Bedeutung sein würde. In der Tat bereiteten sich im Frühling 1940 sowohl die Deutschen als auch die Alliierten auf militärische Operationen in Norwegen vor, doch während die Westmächte nur mit Zustimmung der Norweger vorgehen wollten – »None of the landings should take place if the Norwegians were hostile« –, plante die deutsche Kriegsleitung von Anfang an einen Überraschungsangriff, wie in Großadmiral Raeders »Studie Nord« festgeschrieben.

Am Morgen des 8. April 1940 legten die Briten im norwegischen Fahrwasser Minen aus, mit stillschweigend vorausgesetzter Zustimmung der Norweger, und trafen gleichzeitig Vorbereitungen zur Besetzung der norwegischen Küste für den Fall, dass Deutschland auf den präventiven Akt mit einem Angriff auf das neutrale Land reagieren sollte. Deutschland reagierte schnell, zu schnell für die Alliierten, begann nämlich in der Frühe des 9. April, kurz nach Mitternacht, unter dem Namen »Weserübung« mit der »Operation zur Sicherung der Neutralität der nordischen Staaten«, wie Hitler es ausdrückte.

Die Regierung in Oslo lehnte ein um 5 Uhr morgens übergebenes deutsches Ultimatum, das die Annahme einer militärischen Besetzung des Landes forderte, einstimmig ab und erklärte den Invasoren den Krieg. Doch der Feind war an Übung und Zahl weit überlegen. So gelang es ihm, bis zum Mittag desselben Tages, alle größeren Häfen bis hinauf nach Narvik zu besetzen, was Hitler später als »das kühnste Unternehmen der deutschen Kriegsgeschichte« verkünden ließ.

Am 10. Juni mussten auch die letzten norwegischen Truppen kapitulieren. Schon drei Tage zuvor hatte sich der König, erst nach Tromsø geflohen, nach England eingeschifft, um den Kampf für die Freiheit seines Volkes von dort aus fortzusetzen. Tausende Norweger folgten ihm ins Exil und führten den Krieg zum Beispiel über die vorbeugend nach England verlegte norwegische Handelsmarine weiter, die von nun an für die Versorgung der Alliierten eingesetzt wurde. Das kostete viertausend Seeleuten das Leben und den Verlust der Hälfte der Flotte.

Aber auch im Land selbst war der Widerstand der »arischen Blutsverwandten«, wie Hitler die Norweger immer wieder propagandistisch zu umarmen versuchte, keineswegs gebrochen: Den 3.900 Norwegern, die sich für die Waffen-SS anwerben ließen, standen bald 47.000 Untergrundkämpfer der geheimen Militärorganisationen »MILORG« und »SOE« gegenüber. Deren wichtigster Schlag war die Versenkung einer mit 100.000 Litern »schweren Wassers« beladenen Fähre auf einem Binnensee nahe dem südnorwegischen Rjukan; da die dortige Fabrik in Folge einer weiteren gemeinsamen Sabotageaktion norwegischer Partisanen und englischer Soldaten die Produktion aussetzen musste, war es dem Deutschen Reich unmöglich, innerhalb der Kriegsjahre den geplanten Bau der Atombombe zu verwirklichen.

Die Besatzer reagierten gereizt auf den Ungehorsam der »artverwandten Wikinger«, die jetzt unter dem NAZITERROR insbesondere der Gestapo zu leiden hatten: Bis zur deutschen Kapitulation am 8. Mai 1945 wurden 40.000 Norweger arrestiert, von denen 260 in den Lagern starben, 6.000 in deutsche Konzentrationslager deportiert, 363 Männer und Frauen hingerichtet, 700 Juden ermordet. In diesem Zusammenhang dürfen die Zehntausende Kriegsgefangene nicht vergessen werden, vor allem aus der Sowjetunion und aus Serbien, die zu Bauarbeiten etwa von Bunkern herangezogen und überwiegend miserabel versorgt wurden. Sehr viele von ihnen sind nicht nach Hause zurückgekehrt.

Doch auch die Deutsche Wehrmacht machte sich der Barbarei schuldig. Wurde in den ersten Kriegsjahren das Auftreten der Soldaten noch von relativ vielen Norwegern respektiert, so änderte sich das schlagartig im Herbst 1944, als russische Truppen die Besatzer aus der Finnmark trieben, worauf die Wehrmacht die TAKTIK DER VERBRANNTEN ERDE in ganz Nordnorwegen anwandte: Die Menschen mussten mitanzusehen, wie die Kranken aus den Hospitälern, die Gebrechlichen aus den Altenheimen getrieben wurden, wie man ihre Häuser in die Luft sprengte und anzündete, die Viehherden im Maschinengewehrfeuer tötete, die Brücken zerstörte, Straßen aufriss, Strommasten fällte sowie nahezu alle Dörfer und Städte dem Erdboden gleichmachte: In Hammerfest, der nördlichsten Stadt der Erde, blieb zum Beispiel nur die Leichenhalle stehen.

NEI TIL EU

Bei der **VOLKSABSTIMMUNG** 1994 nahmen es sich die Norweger heraus, den Wünschen ihrer Regierung und schon gar der norwegischen Wirtschaft zum Trotz mit 52,3% gegen die Mitgliedschaft ihres Landes in der Europäischen Union zu stimmen. Sie sorgten damit vielleicht für noch größere Schlagzeilen als im September des Jahres 1972 – schon damals hatten sie sich in einer Volksabstimmung mit 53,5% entschlossen, den Pro-EG-Ratschlägen ihrer politischen und wirtschaftlichen Spitzen nicht zu folgen. War das erste Nein der Norweger in Brüssel noch durchweg gefasst aufgenommen worden, mischte sich 1994 in die diplomatischen Reaktionen, das Tor werde für Norwegen offen bleiben, auch harsche Kritik, zumal sich doch gerade zuvor Österreich, Finnland und Schweden für die EU-Mitgliedschaft ausgesprochen hatten. Spontane Kommentare aus dem Europaparlament sprachen vom Ausgeschlossensein Norwegens vielleicht für immer, von einem Albanien des Nordens, reichten von »zutiefst beklagenswert« bis »ungeheuerlich«.

Nur in der Schweiz, die sich ja ebenfalls beharrlich weigert, der EU beizutreten, stieß das norwegische Nein auf Verständnis, wenn auch fraglich ist, ob die Argumentation der Eidgenossen richtig ist, die da meinten: »Das reiche Norwegen war nicht bereit, für die anderen Mitgliedsstaaten der EU zu bezahlen«. Es ist schwer nachzuvollziehen, ob die Norweger, die nein sagten, das Finanzielle im Vordergrund sahen, ob es Ängste vor einem zentralisierten Kapitalismus waren, puritanische Bedenken wegen eines Verfalls der Sitten, oder ob KLEINMÄDCHENHAFTER STOLZ UND WAHNWITZIGER TROTZ DER PERIPHERIE, wie es Andreas Hompland (Kolumnist der Osloer Tageszeitung »Dagbladet«) einmal ausdrückte.

Hinter der Ablehnung verbargen sich u.a. stimmige Befürchtungen der Fischer und Bauern vor einer Zerstörung ihrer Lebensgrundlage, und dementsprechend stimmten insbesondere im hohen Norden – und eben auch auf den Lofoten, wo noch bis zu 20 % der Bevölkerung im primären Sektor tätig ist – die meisten Wähler (durchschnittlich 72,6%) mit Nein. Da Bauern und Fischer insgesamt nur einen Bruchteil aller Berufstätigen ausmachen, reicht dieser Ansatz als Erklärung nicht aus, warum die Norweger auch in allen anderen Bezirken mit Ausnahme der Landeshauptstadt Oslo (wo lediglich 34 % mit Nein stimmten) sowie der an sie grenzenden Bezirke Akershus (36 %), Buskerud (44 %), Vestfold (43 %) und Østfold (47 %) mehrheitlich gegen den EU-Beitritt ihres Landes votierten.

Vielleicht ist ja Norwegens viel zitierte **WIR-GESELLSCHAFT** vorrangig für das Wahlergebnis verantwortlich: Die Menschen hier identifizieren sich mit ihrer lokalen Heimat mindestens ebenso stark wie mit ihrem Land und ihrer Gesellschaftsordnung. Dieses Wir-Gefühl ist umso stärker, je kleiner, also überschaubarer diese lokale Heimat ist, und es müsste schon ein seltsamer Zufall sein, dass gerade in den kleinsten kommunalen Einheiten des Landes, wo jeder jeden auch im Rathaus kennt, auch die meisten Neinsager sitzen.

Die Norweger (schon gar die Lofoter) sind mehrheitlich PROVINZLER – was hier IM POSITIVEN SINN des Wortes gemeint ist. So ist es ihnen unmöglich, sich für so etwas vollkommen Anonymes wie einen europäischen Megastaat zu entscheiden, mit dem sich niemand mehr identifizieren kann. Da hilft es nicht, dass Norwegen wirtschaftlich schon weitgehend in die Union integriert ist (die 83 % der Exporte aufnimmt und mit über 70 % an den Importen beteiligt ist) und das Parlament 1992 den EWR-Vetrag gebilligt hat. Auch das Risiko, dass Norwegen die Ankopplung an die dynamische Industrie-Entwicklung verlieren könnte und finanzielle Einbußen hinnehmen müsste, ist diesen Norwegern kein Argument, denn – wie ein norwegischer Lump in einem Märchen von *Hans Christian Andersen* zu einem dänischen Lumpen sagt: »Ich bin ein Norweger, und wenn ich sage, ich bin ein Norweger, dann sagt das wohl genug!«

TYPISCH NORWEGISCH

Wohl jede/r hat ganz bestimmte Vorstellungen im Kopf, denkt sie/er an die Mentalität einer anderen Nation, und so machen sich beispielsweise die Deutschen, wie es heißt, von den Norwegern gerne ein überaus romantisches Glanzbild: ein kerniges Volk aus ruhigen, bedächtigen und bescheidenen, heimatbewussten Urgermanen, »das in ständigem Kampf mit den Elementen sich aus eigener Kraft vorwärtsgearbeitet hat« – wie es schon Kaiser

Wilhelm II. anlässlich eines Banketts einmal ausdrückte. Die Briten denken angeblich an ein Volk von Freiluftfans, die hauptsächlich Angeln und Segeln im Kopf haben; die Franzosen sollen bei den Norwegern an Hering essende, wortkarge Barbaren denken, und die Schweden sehen in ihren Nachbarn gemeinhin raue, eigensinnige, aber durchaus nette bäuerliche, **PROVINZIELLE TYPEN, DIE KURIOSERWEISE MIT HIGH-TECH AUF DU UND DU STEHEN**.

Letztere Vorstellung deckt sich mit der von *Hans Magnus Enzenberger* (»Ach Europa!«), der da meint: »Die Norweger sind Hinterwäldler und Kosmopoliten zugleich« und – an anderer Stelle – »Norwegen, diese Extravaganza an der Peripherie Europas, zwischen Ölterminal und Sommerhütte, Einödhof und Glasarchitektur, Kapitalexport und Gottesfrieden, ist nicht das irdische Paradies, sondern ein Monument des Eigensinns, eine maulende Idylle«.

Das alles mögen Klischees sein. Aber dass es sie gibt, hat gute Gründe. Einer davon erklärt sich vielleicht aus dem TEXT DER NATIONALHYMNE, IN DER NICHT VON HÖHEREN WERTEN ODER VON GOTT DIE REDE IST, SONDERN VON EINEM LAND, DAS ALLE LIEBEN, DA ES SO WUNDERSCHÖN IST. Auch stimmt es ja, dass vermutlich nirgendwo sonst so viele Nationalflaggen vor den Häusern flattern wie hier, keine Nation derart viel High-Tech und noble Einkaufspassagen pro Einwohner ihr Eigen nennt wie Norwegen, wo – statistisch gemessen – gleichzeitig jeder zweite Haushalt eine Hütte irgendwo in der freien Wildnis hat und an den Wochenenden die Städte leer gefegt sind, weil sich dann alle auf dem Meer, in den Bergen oder Wäldern tummeln. Dass man der Natur eng verbunden ist, wirkt verständlich, zumal diese in Norwegen in einer spektakulären Dichte voller kontrastreicher Erscheinungsformen auftritt – seien es Felsküsten, Fjorde, Gletscher, Wälder, Seen, Wasserfälle oder eben das Zusammentreffen von Bergen und Meer auf den Lofoten. Ebenso plausibel scheint, dass Menschen, die so viel Raum für sich zur Verfügung haben, weniger kommunikativ sind als andere.

Es kann also gut sein, dass der Besucher Norwegens viele seiner Vorstellungen bestätigt sieht und andere eben revidieren muss. Jedenfalls ist der Weg zum wirklichen Kennenlernen dieses Landes und seiner mitunter äußerst widersprüchlichen Bewohner an manchen Stellen so schmal, dass er nur von einem selbst begangen werden kann.

Das Angeln gilt nicht nur dem Broterwerb, sondern ist auch ein beliebter Zeitvertreib (unter norwegischen Männern) ▶

Segen der See

FISCHFIEBER

Hier also ist zu berichten vom Fisch-Roulette, seinen Symptomen, den Ursachen und Spielregeln. Das Syndrom zeigt sich seit Jahrhunderten unverändert, doch währte die Invasion »von beiderley Geschlecht, um von dem reichen Segen des Meeres ihre Windernte zu halten« (Pontoppidan) in früheren Zeiten nur von Januar bis April eines jeden Jahres, so strebt die Woge der Hoffnungsvollen heutzutage auch sommers auf den Archipel des Kabeljaus; und längst nicht mehr nur des Kabeljaus wegen. Sicher, die Zeiten des berühmten Lofoten-Fischfangs – als in manchen Wintermonaten annähernd 35.000 Spieler auf *gaddus morrhua* setzten – gehören der Vergangenheit an. Aber die TAUSENDE SPORTFISCHER, als Touristen verkleidet, geben sich auch alle Mühe, »den lieben Gott zu einem armen Mann zu machen«.

Schon Anfang Mai, der bescheiden gewordene Lofoten-Fang ist gerade erst beendet, da erreichen die ersten Touristen das Inselreich, die meisten aus deutschen Landen. Und plötzlich, bis weit in den September hinein, ist das Meer getupft mit den kleinen Ruder- und Motorbooten der Friesennerz-Kapitäne. Bei Wind und Wetter fahren sie hinaus, um am Meeressegen teilzuhaben, und es sind schlechte Tage, an denen ihre Ernte nicht mindestens 50 kg wiegt. Ein paar wenige horten, das Gros aber schneidet sich da ein Filet heraus, nimmt dort den Rogen nur, verschenkt den schnöden Rest oder wirft ihn gönnerhaft den Möwen zu – »Für die Angestellten«, ganz wie in Baden-Baden: Man spielt ja nicht für den Lebensunterhalt, sondern zum Spaß.

Die Lofoter nehmen solchen ausländischen Besuchern ihr verschwenderisches Tun allerdings ziemlich übel, und kein Sommer vergeht, in dem nicht mehrere Reportagen in der Lokalzeitung »Lofotposten« darüber berichten, wie dreist so mancher Tourist mit dem traditionellen Hauptnahrungsmittel des Archipels umgeht. Die größte Entrüstung gilt solchen (wieder meistens deutschen) Zeitgenossen, die im großen Stil mit Thermoboxen oder sogar TIEFKÜHLTRUHEN anreisen und nicht selten mehr als 100 kg Filet mit nach Hause nehmen, sich auf diese Weise gar ihre Reise finanzieren. Selbst Fischlasten von 300 bis 500 kg sollen in Wohnmobilen geortet worden sein, und als Folge wird verständlicherweise immer wieder darüber diskutiert, das Meeresangeln für Ausländer einzuschränken.

Über die URSACHEN DES FISCHFIEBERS schrieb Erik Pontopiddan bereits 1753: »Unter den dicken und ewigen Eisschollen, die die Nordsee vom 80-sten Grad an bis hinauf an den Nordpol bedecken, ist die eigentliche Heimath oder Vaterland der besten Fische... Inzwischen sollen die Fische nicht daselbst bleiben, sondern der Schöpfer hat ihnen einen Trieb eingeprägt, vermöge dessen sie hervor in die geraume See kommen müssen zum Nutzen der Menschen.« Die Heimat, die der naturkundige Bischof zu Bergen meinte, sind das nördliche Eismeer bei Spitzbergen sowie die Barents-See, wo junge Heringe und Dorsche, aber auch viele andere Gattungen, zu geschlechtsreifen Tieren heranwachsen, um dann in wahrlich gigantischen HOCHZEITSZÜGEN nach Süden zu wandern, dem größten Kindsbett unseres Planeten zu: dem zwischen den Lofoten und dem norwegischen Festland gelegenen VESTFJORD, wo sich dank dem Golfstrom 4–6°C wärmere Wasserschichten als üblich finden. Die große Hatz der Menschen beginnt, dennoch können Billionen befruchteter Eier abgelaicht werden, und der nun frei herumschwimmende Rogen wiederum lockt die großen und kleinen Fressfeinde aus dem Ozean herbei.

MEERESANGELN IM WECHSEL DER JAHRESZEITEN

Im JANUAR, FEBRUAR UND MÄRZ dreht sich auf den Lofoten alles um Kabeljau (Dorsch), der zum Laichen aus der Barents-See in den Vestfjord zieht, wo er in 5,3°C warmen Wasserschichten laicht, weshalb die Angeltiefe von Jahr zu Jahr und je nach Wintertemperatur variieren kann. Bevorzugt wird zwischen 45 und 75 m Tiefe geangelt; am besten beißt der Kabeljau zur Zeit des Sonnenaufgangs bzw. vor Sonnenuntergang.

Im APRIL UND MAI erwärmt sich das Meer zusehends, und außer Dorsch beißen jetzt insbesondere Schellfisch und Steinbeißer.

Im JUNI, JULI UND AUGUST herrscht die größte Fisch-Vielfalt sowohl im Vestfjord als auch im offenen Meer: Dorsch, Schellfisch, Seelachs, Pollak, Steinbeißer, Makrele und viele andere Arten mehr sind jetzt reich vertreten, doch gilt es nun, sich die Seekarte vorzunehmen, mit Ortskundigen zu sprechen, um die ertragreichen Ströme zu finden.

Von SEPTEMBER BIS NOVEMBER werden vor allem große Köhler gefangen, von denen es kapitale Brocken von bis über 20 kg gibt. Zu dieser Zeit auch zieht der Heilbutt zum Laichen an die Küste, und im Vestfjord wimmelt es von Heringen.

DIE ELF GEBOTE DES KÜSTENANGLERS

Damit das Küstenangeln vor den Lofoten auch in Zukunft keinen Einschränkungen unterliegt, nachfolgend ein paar einfache Regeln und Ratschläge, deren Befolgung eigentlich selbstverständlich sein sollte:

1. Zwar ist das Sportfischen im Meer mit Handgeräten Nicht-Norwegern unbegrenzt erlaubt, doch sollte man es nicht übertreiben, also nur für den eigenen URLAUBS-TAGESBEDARF angeln. Wer mobile Tiefkühltruhen und Thermoboxen mit Unmengen von Fisch füllt und auf der Heimfahrt erwischt wird, muss demnächst wahrscheinlich mit Strafen rechnen. Generell ist der Handel mit Fisch für Ausländer in Norwegen verboten.

2. Ebenfalls verboten ist das Angeln unter 100 m ABSTAND und der Aufenthalt unter 20 m Abstand zu Fischzuchtanlagen, Schlepptrossen und Fangnetzen.

3. Jede/r, die/der SCHÄDEN an zum Fang ausgesetzten Fischereigeräten verursacht, ist zum Schadenersatz und zur Vergütung des verursachten Fangverlustes sowie der Ausfallzeit verpflichtet.

4. Das ANKERN in der Nähe von Bereichen, in denen Treibnetz- und Schlepphakenfischen vor sich geht, ist nicht gestattet.

5. Es ist verboten, aktuelle Lebensräume der Fische durch STÖRENDE GERÄUSCHE zu beeinträchtigen.

6. Das Angeln mit LEBENDEN NATURKÖDERN ist streng untersagt.
7. Ebenfalls untersagt ist es, Fischereigeräte oder andere Gegenstände zu HINTERLASSEN, die den Fischfang oder Fischereifahrzeuge behindern, gefährden oder beschädigen können.
8. Das Hummerfischen sowie generell das Fischen mit etwas anderem als mit Handgerät, ist ausschließlich Norwegern VORBEHALTEN sowie Ausländern, die ihren festen Wohnsitz im Lande haben.
9. Das Angeln auf Lachs, Meerforelle und Seesaibling mit der Rute ist zwar ganzjährig gestattet, doch müssen alle Sportangler dafür im Besitz einer staatlichen JAHRESANGELLIZENZ *(fiskeriavgiftskort),* zu bekommen in jedem Postamt. In der für Flüsse geltenden Schonzeit muss beim Angeln ein Mindestabstand von 200 m zur Flussmündung eingehalten werden, und in der Zeit vom 1. Juni bis 4. August ist das Angeln auf Lachs, Meerforelle und Seesaibling mit Haken oder Schleppangeln mit mehreren Haken nur von freitags 18 Uhr bis montags 18 Uhr gestattet.
10. Aus Gründen der SICHERHEIT ist in kleineren Booten das Anlegen einer Rettungsweste Pflicht, und man tut gut daran, auch Signalgeräte (etwa Leuchtpistole etc.) sowie natürlich Ruder mitzunehmen.
11. Halten Sie die Natur SAUBER!

VON FISCH ZU FISCH – ANGELTIPPS

Dem Seedorsch oder – um genau zu sein – dem **KABELJAU** (wie der DORSCH genannt wird, wenn er geschlechtsreif ist) müssten die Lofoter eigentlich ein Denkmal setzen. Aber monumental müsste es sein, denn *gaddus morrhua* bildet seit mehr als einem Jahrtausend das wirtschaftliche Rückgrat des Archipels (und bis vor wenige Jahrzehnte in weiten Teilen Norwegens) und ist auch heute eine wichtige Existenzgrundlage der Inselbewohner.

Auf Norwegisch wird er *skrei* oder *torsk* genannt; letzterer Name leitet sich von *tørrfisk* ab: TROCKENFISCH (Stockfisch), da der Kabeljau – nach dem Fang geköpft und ausgenommen – nach alter Tradition zum Trocknen an der Luft paarweise über die *hjeller* geheißenen Holzgestelle gehängt wird. Dort verbleibt er 8 bis 10 Wochen lang; innerhalb dieser Zeit verringert sich sein Was-

An der Schwelle zum 20. Jahrhundert: Digermulen am Raftsund (oben, siehe über Digermulen auch die Seiten 118/119 im Rahmen der Inselrouten); Kabeljaufischer (unten) ▶

sergehalt um bis zu 80 %. Der NÄHRWERT von 1 kg Stockfisch (der nahezu unbegrenzt haltbar ist) entspricht dem von 5 kg Frischfisch (siehe Tabelle) und dem von rund 2 kg Klippfisch (Kabeljau, der vor dem Trocknen gesalzen wird), womit er in Sachen Energie alle anderen Fischsorten weit hinter sich zurücklässt. Der Kabeljau kann bis zu 1,50 m lang werden, die Fangzeit währt von Januar bis April; sein (nur etwas kleinerer) Bruder, der *fjordtorsk* (Küstendorsch), ist ganzjährig vertreten.

Im großen Stil wird Dorsch heute mit Grund- und Schwimm-Schleppnetzen gefangen, zum Teil auch in Reusen, die in offene Fjordarme oder zwischen Schären gesetzt werden. Der Sportangler greift in der Regel zum Pilker, dessen Gewicht zwischen 350 und 500 g liegt. Da es Tage gibt, da der Dorsch weniger auf Pilker als mehr auf Gummiwürmer beißt, bietet es sich an, mit einem oder zwei Gummiwürmern (die Farbe ist egal) über dem Pilker zu fischen. Im Sommer und Herbst sollen leuchtend orangefarbene Pilker das beste für den Dorschfang sein; die Lofoter nehmen aber üblicherweise den blanken Pilker. Man lässt den Pilker auf Grund, holt 2 – 4 m ein und lockt durch regelmäßiges langsames »Pumpen«. Wichtig ist, dass die Schnur nach dem Anbiss stets stramm ist: also entschlossen und gleichmäßig einholen!

FISCH-NÄHRWERTE IM VERGLEICH

Fisch (Angaben je 100 g)	Wasser %	Energie kcal	Protein g	Fett g	Kalzium mg	Eisen mg	Vit. B mg
Kabeljau	80	75	18,1	0,3	20	0,6	2,15
Stockfisch	15	327	78,5	1,4	160	2,5	9,13
Klippfisch	40	160	37,8	1,0	60	1,6	2,71
Lachs	71	138	20,5	6,2	20	0,8	7,35
Seelachs	78	84	19,4	0,7	20	0,8	3,71
Heilbutt	75	126	18,0	6,0	30	0,5	6,15
Scholle	78	88	17,3	2,1	30	0,6	3,74
Hering	56	293	17,0	25,0	–	–	–

Das Durchschnittsgewicht für Dorsch liegt derzeit bei 4,5 kg, der größte mit der Rute vor den Lofoten gefangene Dorsch wog 26,5 kg, und der norwegische Rekord liegt bei 37,5 kg.

»Wer **HERING** hat, hat alles zum Leben« – sagt ein norwegisches Sprichwort; die Norweger sind eine Nation der Heringesser. Zum Frühstück, Mittag- oder Abendessen oder als Betthupferl: *sild* ist FÜR JEDE MAHLZEIT GUT. Man unterscheidet zwischen Frühjahr- und Sommer-, Herbst- und Winter-, Fett-, Island- und Fjordhering – Fisch aber werden sie nicht genannt, die Heringe, denn Hering ist Hering und nichts sonst.

Er kann bis zu 32 cm lang werden, wird auf dem offenen Meer mit Schleppnetzen und Ringwaden gefangen, ansonsten mit sogenannten Landwaden – langen Netzen, die in einem großen Bogen vom Land weg und dann wieder hin gerudert werden. Für Sportangler bietet sich Fliegenfischen oder Paternosterangeln an.

»Ein armer Junge, wer es nicht schafft, den Weihnachts-**HEILBUTT** zu bekommen, denn der muss am Heiligen Abend auf dem Dach des Bootshauses sitzen«. – So erklärt der Lofoten-Volksmund, dass dieser Gigant unter den Flachfischen (der bis zu 300 kg schwer und 3 m lang werden kann) sehr beliebt ist auf dem Archipel; heute meist als Speisefisch, früher insbesondere wegen seines Fettreichtums, weshalb ihm die Lofoter den Beinamen *sjøgrisen* verpassten: SEESCHWEIN.

Im vergangenen Jahrhundert wurde der *kveite* vorzugsweise im Herbst gejagt (Fangzeit von April bis Dezember, sonst Schonzeit), wenn er nahe an die Wasseroberfläche herankommt und man ihm mit einer Heilbutt-Harpune zu Leibe rücken kann. Am gebräuchlichsten aber war die Gangwade: Langleine, nach oben gebogener Angelhaken, als Köder Hering, Krabbe oder Krebs. Biss der Butt, begann ein Kampf auf »Biegen und Brechen«, in dessen Verlauf nicht selten das Boot kenterte.

Seit 1936 sind Bodennetze im Einsatz, und heute macht er sich rar, der dicke Flachfisch, der normalerweise mit sehr kräftigem Schleppsystem geangelt wird, wobei kleine Köhler und Dorsche als Köder dienen. Man lässt das Bleigewicht auf den Grund sinken und wartet, kann das Gewicht aber auch zum Grund ablassen, dann bei offener Rolle 100 bis 200 m fahren und holt anschließend die Schnur langsam ein. Geduld gilt als bestes Rezept, ohne ein starkes Vorfach ist man chancenlos, und als Sekundärliteratur empfiehlt sich »Der alte Mann und das Meer«...

Die **SCHOLLE** gehört zur gleichen Familie wie der Heilbutt, wird aber nur durchschnittlich 40 cm lang und auf den Lofoten nicht ganz zutreffend *flyndra* genannt, also Flunder, die eigentlich eine kleinere Verwandte der Scholle ist. Sie ist auf dem Archipel zwischen dem 1. März und 1. Juli GESCHÜTZT, vor Røst hingegen bis 1. September, weil sie dort – wegen des Einsatzes von Bodenschleppnetzen – nahezu ausgerottet ist.

Traditionell ging man sommers mit der *flyndrepik* (Flunderspitze) auf Jagd, wobei es sich um eine lange Bambusstange handelte, an deren unterem Ende zwei gerade Angelhaken befestigt waren. Ansonsten kam die *makkline* (Wurmfangleine) zum Einsatz, die mit einem Federwurm versehen war. Sportfischer bedienen sich in der Regel des Grund- oder Paternosterangelns, sei es mit Natur- oder Kunstköder; bewährt hat sich auch das Vorschalten von sogenannten Lockblinkern.

Auf den Lofoten unterscheidet man den **SEELACHS** oder **KÖHLER**, hier *sei* genannt, in *småsei* (kleiner Köhler), *klubbsei* und *storsei* (ausgewachsener Köhler).

Erstere beiden Arten kommen in aller Regel gegen Mai an die Wasseroberfläche und können dann von den Steilküsten aus auch beim BRANDUNGSANGELN gut gefangen werden. Die kleinen Exemplare halten sich in der Nähe von Inseln und Felsbändern auf, während die bis etwa 2 kg schweren Exemplare flacheres Wasser und kräftige Strömungen bevorzugen und der große Köhler zumeist im offenen Wasser steht.

Unabhängig davon beißt er gerne auf mittelgroße grüne und gelbe Neonwürmer; im Sommer sollen auch schwarze Gummiwürmer, blanke Köhlerlöffel sowie Pilker erfolgreich sein. Es ist wichtig, den Köder stets in Bewegung zu halten, wofür man ca. 8–10 m einholt und wieder absenkt.

Die richtig großen Köhler – der Rekord liegt bei 22,5 kg – ziehen im Spätsommer und im Herbst in die Fjorde und beißen am ehesten auf leuchtend rote und schwarze Gummiwürmer, wobei sich am Schnurende ein blanker

Pilker empfiehlt. Dann lässt man schnell ab und holt rasch wieder ein, wobei die Schnur wegen der Verletzungsgefahr niemals um die Hand gewickelt werden sollte.

Der **SCHELLFISCH**, der am besten zwischen Mai und September beißt, kommt stellenweise in enormen Mengen vor. Die Lofoter bereiten aus ihm besonders gerne *fiskekaker,* also FISCHFRIKADELLEN.

Dieser Fisch beißt meist auf Pilker, bevorzugt aber Naturköder, und steht in der Regel sehr tief, meist nur einen Meter über dem Meeresboden. Die größten Erfolgschancen hat, wer mit einem Schleppsystem angelt: Dabei wird ein 125-g-Bleigewicht am Ende montiert sowie einen halben Meter darüber ein kräftiger Wirbel befestigt, an dessen oberes Ende wiederum eine 2 m lange, mit Hering oder Makrele als Köder bestückte Schnur angebracht wird. Das Gewicht bleibt auf dem Boden liegen, und man wartet auf den Anbiss.

Der **STEINBEISSER** *(steinbit),* auch als Wolfsfisch, Seewolf oder Katfisch ein Begriff, ist an seinem moränenartigen Aussehen und wahrlich Furcht erregenden Gebiss unschwer zu erkennen. Er gilt als DELIKATESSE, hat im Geschäft und noch mehr im Restaurant seinen Preis und sollte nur von versierten Sportanglern mit der entsprechenden Ausrüstung gefangen werden: Dazu gehört unbedingt ein schwerer Knüppel, ohne den es oft unmöglich ist, den wild um sich beißenden Fisch zu bändigen und ins Boot zu bekommen: Experten raten zum ausgehöhlten und dann mit Blei gefüllten Schlaginstrument. Und selbst wenn der Steinbeißer tot ist, gilt es VORSICHT walten zu lassen, verfügt der Fisch doch über einen Bissreflex, der mitunter auch nach dem Ableben aktiv ist und zu durchgebissenen Benzinleitungen, abgebissenen Fingerkuppen, aber auch zu wesentlich schwereren Verletzungen führen kann.

Der Steinbeißer hält sich im Sommer gerne über steinigem Untergrund auf, oft auch im direkten Küstenbereich, wobei er seine Bahnen zumeist im tiefen Wasser zieht. Hierbei ist es wichtig, sein Revier zu kennen. Als Tipp sei verraten, dort, wo man vor Anker geht, eine sogenannte Geruchstüte auf den Grund zu lassen.

Der **LACHS** *(laks)* IST EIN FISCH AUF WANDERSCHAFT, der sich während seiner Hauptlebens- und Wachstumszeit im Meer aufhält und lediglich zum Laichen ins Süßwasser vordringt, dort wo er auch seine ersten beiden Jugendjahre verbringt.

Da dieser Salmonide desto weniger Nahrung aufnimmt, je länger er sich im Süßwasser aufhält, hat man die besten Fangchancen vor der Küste (an der er zwischen April und Mai auftaucht) und insbesondere im Mündungsgebiet der Flüsse (in die er ab August einschwimmt), wo sich die Spinnangel (vom Boot aus eingesetzt) bewährt hat.

Die Lofoter lauern diesem bis zu 35 kg schweren und maximal 1,5 m langen Fisch vorzugsweise mit einem keilförmigen Stellnetz auf (Keilwade), das draußen im Schärengürtel aufgestellt wird, während außerhalb der Festlandlinie zumeist Treibnetzketten zum Einsatz kommen, die allerdings nur auf der Westseite des Archipels erlaubt sind.

Norwegen bietet mit die besten Lachsflüsse überhaupt, landesweit derzeit rund 400 an der Zahl – sofern der Bestand nicht durch Krankheiten dezimiert oder (vorübergehend, das bedeutet im Normalfall jedoch auf Jahre) ausgerottet ist. Mitunter stammen die Tod bringenden Krankheiten aus dem Kontakt von wilden und gezüchteten Lachsen rund um die Lachszuchtanlagen in einheimischen Gewässern.

SCHWIMMENDES GOLD – LACHSZUCHT

Vergangen sind die Zeiten, da Herbst für Herbst die Flüsse »kochten«, weil *Salmo salar,* der atlantische Lachs, aus dem Meer zum Laichen in seinen Heimatfluss zurückkehrte. U.a. maßloses Überfischen (in Verbindung mit regional auftretender Verschmutzung der Gewässer) haben den Bestand vielerorts reduziert oder sogar ausgerottet. Damit der Luxusfisch den Gourmets des wohl genährten Südens auch weiterhin serviert werden kann – gebeizt oder geräuchert, als delikates Hors d'oevre – hat man sich in Norwegen (wie auch in Irland, Schottland, Kanada und den USA) auf ein über viertausend Jahre altes, von den Chinesen zur Mehrung des Karpfens ersonnenes Rezept besonnen: Fischzucht.

Diese Alternative zur Fischerei, heute als AQUAKULTUR ein Begriff, ist an der Nordmeerküste, wo die im Süden des Landes so gnadenlos zerstörerische Algenpest noch nicht auftrat, unverändert »der« boomende Erwerbszweig. Wurden Anfang der 1970er Jahre noch weniger als 5.000 t Edelfisch (bevorzugt Lachs und Regenbogenforelle) auf solche Weise »produziert«, vergrößerte sich diese Menge im 10-Jahres-Rhythmus über 80.000 t und 150.000 t auf fast 500.000 t im Jahr 2000, die allein in den Export gehen.
Der Erfolg beruht auf der grundsätzlichen Trennung der komplizierten Zucht in Süßwasseranlagen und der anschließenden Intensivmast der Satzfische in im Meer verankerten Netzkäfigen. Der Geschmack des wie hierzulande Schwein und Rindvieh gehaltenen »Königs der Fische« ist gut, selbst Gourmets können das bescheinigen, und da nimmt man auch keinen Anstoß daran, dass er, wie seine landfesten Leidensgenossen auch, mit Antibiotika und anderem vollgepumpt ist. – Doch all die Chemie kann nicht verhindern, dass sich Seuchen einschleichen und dass Parasiten ausbreiten, die, ehemals unbekannt, auch frei lebende Tiere befallen und in über 30 klassischen Lachsflüssen Norwegens den Lachs ausgerottet haben. Dies der Preis, der für die Enge im Gehege zu zahlen ist.
Andererseits ist das Lachs-Business eines der ertragreichsten Exportgeschäfte des Landes, und weil Anzahl, Standorte und Größen der Lachsbetriebe durch eine staatliche Konzessionsordnung geregelt sind, konnten durch den Wirtschaftszweig landesweit schon über 100.000 Dauerarbeitsplätze in einer breiten räumlichen Streuung geschaffen werden. Das stellt natürlich einen wesentlichen Beitrag zur Lebenserhaltung zahlreicher Marginalräume dar, und so sieht Oslo in der Aquakultur einen wichtigen Wachstumsmotor, der auch in Zukunft mit Milliarden Kronen an Forschungsgeldern rechnen darf. Lange wird es vermutlich nicht mehr dauern, bis »made in Norway« auch für Seewolf, Heil- und Steinbutt, Seezunge, Dorsch und viele Sorten mehr aus der Zuchtanlage stehen wird. Die »schöne neue Welt« hat also auch hier längst begonnen.

WAL-KAMPF

1993 beschlossen die Norweger, nach siebenjähriger Feuerpause und trotz eines Verbots der Internationalen Walfangkommission (IWC) die kommerzielle Jagd auf den 8–10 m langen Minke- oder Zwergwal wieder freizugeben. Sie wurden schneller mit Sanktionen belegt als Südafrikaner, Chilenen oder Serben nach anhaltenden Menschenrechtsverletzungen, Umweltorganisationen riefen Norwegen-Urlauber zum Protest und zur Wahl eines anderen Ferienziels auf, und die ein oder andere Publikation vermittelte ein Bild von Wal schlachtenden norwegischen Barbaren.

Wohl gemerkt, es ging um 296 Tiere, die den Walfängern der Lofoten von ihrer Regierung im Jahre 1993 zu erlegen gestattet wurde; 296 von rund 86.000 Zwergwalen im Nordostatlantik (laut norwegischen Schätzungen) bzw. von 40.000 bis 115.000, wie die IWC den Bestand veranschlagte. Die Zahlen lagen also relativ eng beieinander. Weltweit soll es knapp eine Million Zwergwale geben, und »was heute nicht mehr bestritten wird: Der Zwergwal ist keine bedrohte Spezies« (»Der Spiegel«).

Aber darum geht es auch gar nicht, denn Wale sind nicht einfach entweder bedroht oder nicht, »Wale sind intelligent, zärtlich, können singen« (»Stern«). In den Zeitungen und Illustrierten Mitteleuropas und Amerikas spricht man ganz bewusst nicht von Zahlen und Artenschutz, sondern in rührseliger Natursentimentalität von der Zutraulichkeit, Musikalität und Intelligenz des Säugers, der schon mal an eine »Skulptur aus rosa Alabaster« erinnert (»Stern«) und von den norwegischen Schlächtern eben »regelrecht zu Tode gequält« wird (»taz«). In blutroten Farbreportagen wird in Szene gesetzt, wie der zum Totemtier der Meere verkitschte Bruder Wal getötet wird. Sicherlich muss es fürchterlich sein, von einer Harpune getroffen und zerfetzt zu werden. Aber auch das intelligente Schwein in heimischen Schlachthäusern wird den Tod kaum mögen, so dass sich »überhaupt die Frage aufdrängt, ob man Tiere ohne Not töten und schlachten muss. Doch diese Frage stellen die Illustrierten nicht...«, wie Jens Schneider in der »Süddeutschen Zeitung« feststellte.

Wie die frühere norwegische Ministerpräsidentin Gro Harlem Brundtland meinte, sei der Walfang für die anderen nur eine billige Gelegenheit, sich ein »grünes Image zu verpassen« und von eigenen, wirklichen Umweltproblemen abzulenken: »Es ist sehr einfach für manche Politiker, beim Walfang die grüne Flagge zu hissen. Das gibt billigen Applaus, der verdeckt, dass sie dort nichts tun, wo es ihre Wähler etwas kosten würde, nämlich bei wirklichen Umweltproblemen.« Ein Teil der Welt wolle darüber bestimmen, wie Norwegen seine Ressourcen zu verwalten habe, und weiter: »Ich akzeptiere nicht, dass die großen Länder die Anliegen der Kleinen unter den Tisch wischen.«

Wenn der Walfang für Norwegen auch kein unbedingtes Anliegen ist, zumal er nur ein Prozent des Umsatzes der nationalen Fischereiindustrie erwirtschaftet, so ist er es doch umso mehr für die Lofoten, wo er immerhin knapp 500 Arbeitsplätze ausmacht.

2002 wurden übrigens rund 700 Wale zum Abschuss freigegeben, und auch diese Quote gefährdet nicht den Bestand dieser Meeressäuger, deren dunkles Fleisch übrigens ausgezeichnet schmeckt. Die Restaurants der Lofoten servieren es im Sommer als Steak oder Gulasch, Fischläden sowie Supermärkte führen es (zu etwa 120 NOK/kg).

Weitere Informationen über die Wale im Allgemeinen und die Argumente der »Gegenseite« sind im Internet nachzulesen: Insbesondere die englischsprachigen Seiten der *High North Alliance* (www.highnorth.no) sowie der Internationalen Walfangkommission (www.iwcoffice.org), der *North Atlantic Mammal Commission* (www.nammco.no), der *Whale and Dolphin Conservation Society* (www.wdcs.org) sowie von *Greenpeace* (www.greenpeace.org) finden auf norwegischer Seite in der Regel wenig Anklang.

VOM NORDLANDBOOT ZUM TRAWLER

Die Fischer sind von der Art, die die Pflicht eines ehrsamen Mannes darin sucht, dass er vor allen neuen Gebräuchen die Augen und Ohren zuschließet und blindlings darauf bestehet, es solle alles beym Alten bleiben, das gut genug wäre.
(Erik Pontoppidan, 1753)

Mehr als 1.000 Jahre lang bedienten sich die Lofoten-Fischer kleiner, offener Ruder- und Segelboote, die in Sachen Konstruktion und Proportion zum gleichen Bootstyp wie die Langschiffe der alten Wikinger gehörten und als außerordentlich seetüchtig galten. Nicht nur im Inselreich wurden diese »Nussschalen« eingesetzt, sondern überall zwischen Trøndelag und Finnmark – weshalb sie als *nordlandsbåten* bezeichnet wurden. Doch **NORDLANDBOOT** war nicht gleich Nordlandboot, denn jede Region, jedes Dorf baute einen eigenen Typus, wobei der im mittelnorwegischen Mo i Rana, noch südlich des Polarkreises, zusammengezimmerte den landesweit besten Ruf genoss.

Man unterscheidet die Nordlandboote nach Größe in acht Typen:

- *Fembøring:* zwölfrudriges (aber traditionell nur zehnrudriges) Boot mit fünf *(fem)* Räumen zwischen den Duchten (Ruderbänken), das immerhin über 40 Fuß Länge messen und rund 8 t Ladung fassen konnte. Von diesem Boot wurde ausschließlich mit Netzen gefangen, und in den 1970er Jahren setzte man ihm hinten, über dem erhöhten Achterdeck, ein Bootshaus auf.
- *Åttring:* Boot mit acht *(åtte)* Riemen, im 19. Jahrhundert auch mit 10, zudem ebenfalls mit Bootshaus, das aber während der Fangzeit abgebaut und an Land gebracht wurde. Seine Länge maß rund 30 Fuß. Man verwendete es hauptsächlich zum nächtlichen Langleinenfischen.
- Das *halvfemterømming* war mit viereinhalb Räumen ausgestattet, das *firroring* entsprechend mit vier, das *halvfjerdderoring* mit dreieinhalb (drei Paar Ruder), das *treroring* mit drei – alle diese Bootstypen dienten zum Fischfang mit der Handangel oder zum täglichen Langleinenfischen und wurden bevorzugt auf der Ostseite der Lofoten eingesetzt.
- Das *kjeks* (zweieinhalbräumiges vierrudriges Boot) und das *toroms kjeks* (zweiräumiges vierrudriges Boot) waren nur zum Fischfang in direkter Küstennähe tauglich, nicht jedoch für den eigentlichen Lofoten-Fischfang. Einsatzzeit Frühling bis Herbst.

Allen Booten war gemein, dass sie AUS FICHTEN- (falls in Mo i Rana oder Bindal gebaut) oder KIEFERNHOLZ (falls aus Salten) gezimmert und oft VIELE GENERATIONEN LANG IM EINSATZ waren – was für ihre ausgezeichnete Verarbeitung spricht. Als Imprägniermittel verwendete man Teer (meist mit Harz gemischt), später auch Leinöl.

Mindestens ebenso wichtig wie die Seetüchtigkeit soll den Fischern die BEMALUNG der Boote gewesen sein: Sieben Farben waren für Dollbord und Finknetz vorgeschrieben, nicht mehr und nicht weniger; es müsste schon ein seltsamer Zufall sein, dass die »7« gleichzeitig einen hohen Stellenwert in der Zahlenmagie innehat – die Lofoten-Fischer, abergläubig aus Profession.

Von enormer Wichtigkeit war auch das richtige Platzieren des Mastes für das *råsegl* (Rahsegel), das hauptsächlich Raumschotkurs zuließ, zum Kreuzen und »Am Wind fahren« jedoch nur bedingt geeignet war. Da alle Nordlandboote grundsätzlich tief im Wasser lagen, konnten schnell die Wellen überschlagen, und um sie zu zähmen, um ihnen die Wucht zu nehmen, schüttete man Tran und/oder Paraffin aufs Meer. Lief das (sehr elastische) Schiff dennoch voll Wasser, kam es auf die Fähigkeiten des Skippers an, es durch geschickte Manöver »herauszusegeln«.

Zwischen dem 10. und 19. Jahrhundert beherrschten die Nordlandboote unangefochten die Lofoten-Fischerei. Erst ab 1870 setzten sich modernere Schiffstypen gegen die Traditionsverbundenheit der Lofoter durch. Es waren dies inbesondere Schiffe vom **LISTER**- und **HARDANGER**-Typ, die sowohl tiefer als auch breiter gebaut waren und als wichtigste Errungenschaft das *sneisegl* (Schrägsegel) trugen.

1890 kam der Vorläufer der Trawler auf den Archipel, *kutteren,* der **KUTTER**, der, zuerst noch ohne Deck, im sogenannten Krawlee-Verfahren – die Rumpfbretter Kante an Kante gefügt – gefertigt und somit wesentlich stabiler und sicherer war als die nach der traditionellen Klinkertechnik gezimmerten Kollegen. Zum Leinen- und Handangelfischen nahmen die sonst mit Netzen ausgestatteten Segelkutter (Fock-, Sturm- und Toppsegel sowie Klüver und Besan) bis zu sechs *dorryer* (flachbodige Boote amerikanischer Abstammung) mit an Bord, die auch als Rettungsboote Verwendung fanden und mit je zwei Mann besetzt wurden.

Als der letzte Schrei jener Jahre aber galten *garnspelet* und *linespelet:* handgetriebene KURBELSPILLEN, die das Leinen- und Handangelfischen zwar unerhört effektiv machten, sich aber dennoch erst viele Jahrzehnte nach ihrer Einführung durchsetzen konnten. – Bei den sturen Lofotern waren sie als *uvesenet* (Unwesen) verschrieen.

Gegen Ende des 19. Jahrhunderts kamen *dampfiskebåter* in Mode; die aus Eisen gefertigten **DAMPFSCHIFFE** waren bereits bis zu 30 m lang. Sie qualmten und stanken wie die Pest und standen bei den Nordländern in schlechtem Ansehen, waren sie doch die Antwort kapitalkräftiger Unternehmer auf die traditionellen Ruderboote der einfachen Fischer.

Im Jahr 1890 dann eskalierte der Konkurrenzkampf in der sogenannten SCHLACHT IM TROLLFJORD, berühmt geworden durch den von *Johan Bojer* verfassten Roman »De siste viking«, Titel der deutschen Ausgabe: »Die Lofot-Fischer«. In einprägsamer Sprache und mit unvergesslichen Stimmungsbildern schildert der Roman das Geschehen zur Zeit der damaligen Lofoten-Fischerei, als mehrere Dampfschiffe den vom Raftsund abzweigenden, etwa 2 km langen und kaum mehr als 100 m breiten Trollfjord abgesperrt hatten, um den rund 500, von Henningsvær herangeruderten Fischerbooten den Zugang zu den Fischgründen zu verwehren. Für die mehrere tausend Fischer ging es schlicht ums Überleben: Wutentbrannt enterten sie die Dampfschiffe, um sich gewaltsam den Weg zum Fisch zu erkämpfen.

Sie hatten Erfolg, wenige Tage später waren sage und schreibe über eine Million Dorsche gefangen, und um nicht zukünftig doch einmal gegen die reichen Dampfschiffbesitzer zu verlieren, reichten die Fischer Protest im Storting (Parlament) zu Oslo ein. Dort wurde wochenlang über das Problem diskutiert und schließlich entschieden, dass Schutzbestimmungen zu Gunsten der kleinen Fischer zu erlassen seien. Wichtigste Restriktion war das Verbot der um 1880 eingeführten und nur von Dampfschiffen aus verwendbaren Senknetze. Damit war im Prinzip auch über die Zukunft der Dampfschiffe entschieden, die damit keine echte Konkurrenz für die Nordlandboote werden konnten.

Anders die mit Motor ausgestatteten Schiffe, deren erstes man im Jahr 1903 im Vestfjord sichtete. Es wurde von einem dänischen 4-Takter der Marke »Dan & Alpha« angetrieben, der aber nur fünf Pferdestärken brachte und lediglich als Hilfsmotor sowie zum Ziehen von Garn- und Leinenspill gedacht war. Die Alten ließen natürlich kein gutes Haar an dem knatternden Gefährt und machten sich einen Spaß daraus, ihm wegzurudern oder -segeln.

Aber die junge Fischergeneration kam schnell auf den Geschmack, und als die stärkere Marke »Gideon & Thor« auf den Markt kam, baute schon manch einer sein Nordlandboot zum **MOTORISIERTEN FISCHKUTTER** (*sjark*) um, der zusätzlich mit einem Deck versehen wurde. Als auch Steuerhaus und Logis dazukamen, wechselte der Namen zu *sjøldragar,* aus dem sich um 1945 ein mit kombiniertem Steuerhaus und Logis versehener Typus entwickelte, der auch zum Netzfischen tauglich war.

Schon 15 Jahre zuvor hatte ein findiger Ingenieur den *kryssar* entworfen, einen »Kreuzer«, bei dem der Vordersteven schräg zum Kiel steht. Diese Version setzte sich durch und gilt noch heute als die dominierende bei den größeren Bootstypen. Die kleinen wurden ab 1950 hinten abgeschrägt, was sie zu *gavlebåten* machte bzw. – seit sie aus Plastik gefertigt werden – zu *plastsjarken,* die heute rund ein Drittel aller anmeldepflichtigen Boote auf den Lofoten ausmachen. Die Hälfte fällt auf kleine Boote ohne Deck, den Rest bilden moderne Stahl-Trawler, die mit bis zu 15 Mann an Bord eine Ladekapazität von 300 Brt. im Durchschnitt haben.

Doch egal, mit welchem Bootstyp man zum Fischen aufs Meer hinausfährt: stets heißt es – heute wie vor 1.000 Jahren – *Ro feske,* was soviel wie »Fisch rudern« bedeutet. Entsprechend sagt der, der vom Fischen zurückkommt: *I dag va' jeg roen* – »heute habe ich gerudert«. Wen wundert es da, dass bei solch hartnäckigem Festhalten an der Vergangenheit auch der uralte Lofoten-Witz noch immer im Schwange ist, bei der ein Festland-Norweger einen anderen fragt, warum der Lofoten-Bewohner so lange Arme hat: *For han har tøyd så mykje på åran* (weil er für so viele Jahre am Ruder gezogen hat) – lautet die richtige Antwort.

Die Wappen der Gemeinden dokumentieren die Lage im Meer – von oben li. nach unten re.: der Mahlstrom für Moskenesøya, der Trockenfisch für Vestvågøya, die Kormorane für Røst, der Hafenpoller für Flakstad, der Kabeljau für Vågan und der Papageitaucher für Værøy.

Ein Magnet für Künstler

Das Reinste des Reinen, das Kälteste des Kalten, das Unberührteste des Unberührten, das Vornehmste, was man sich denken kann.
(Christian Krohg)

ALPENKULISSE DIE AUS WOGEN STEIGT – GROSSARTIGE MOTIVE

Eine der Kunst immer wieder zugeschriebene Funktion ist die der Nachahmung der Natur in all ihren Schattierungen. Betrachtet man die Fülle der Ölgemälde, Aquarelle und Lithografien der meisten heutigen Lofoten-Künstler, die eine erstaunlich große Kolonie im Archipel bilden, ist man geneigt zu behaupten, dass die Bildkunst im Inselreich unserer Tage nie über die sogenannte NATIONALROMANTIK des vergangenen Jahrhunderts hinausgekommen ist, in der sie in der Tat wurzelt. Die Darstellungen von Lofoten-Landschaft und Lofoten-Fischerei bestimmen nach wie vor die Bilder, und es ist, als wollten alle Künstler ständig wiederholen, was *Bjørnstjerne Bjørnson* (1832–1910), der große Dichter der norwegischen Klassik, mit seinem zum Nationalhymnentext gewordenen Gedicht »Ja, wir lieben dieses Land« aussagen wollte.

Auf wie vielen Bildern wurde die Lofoten-Wand wohl dargestellt? Oder gar der Trollfjord oder Reine, oder Fischer mit Fischerboot vor der Lofoten-Wand, dem Trollfjord oder Reine, oder ...? Mit oder ohne Mitternachtssonne, Vollmond oder Sternenglanz, Regen, Nebel oder Sturm. Niemand weiß es. Ihre Zahl dürfte Legion sein. Und man kann es verstehen, denn selbst ganz unromantisch veranlagte Insel-Besucher verlieren sich beim Anblick der dramatischen Archipel-Kulisse im »Natur-Gucken« und verspüren zuweilen den übermächtigen Drang, nicht nur ihren Kameras ein »Klicken« zu entreißen, sondern die unweigerlich aufsteigenden inneren und äußeren Stimmungen sowie Landschaftsbilder schöpferisch-gestaltend in ein diese transzendierendes Werk umzusetzen – kurz: Sie verspüren den Lockruf der Kunst.

Aber »schwierig, unendlich schwierig, das zu malen! Das Erhabene herauszubringen, die Größe und der Natur unerbittliche und unbarmherzige Ruhe und Gleichgültigkeit«, wie Christian Krohg, der Guru unter den Lofoten-Künstlern, es in seinem 1896 verfassten (literarischen) Hauptwerk »Kampen for tilværelsen« (Der Kampf ums Dasein) formulierte.

Der erste, der das »Erhabene herauszubringen« versuchte, war kein Norweger, sondern ein Italiener namens CORONELLI, der 1620 einen Kupferstich vom Moskenesstraumen nach Hörensagen fertigte.

Dem gleichen Motiv nahm sich – auch im 17. Jahrhundert – OLAUS MAGNUS GOTHUS an, der Erzbischof von Uppsala/Schweden, der in seinem Werk »Nordiska Folken« auch das Lofoten-Volksleben reich illustrierte – allerdings ebenfalls, ohne den Archipel je zu Gesicht bekommen zu haben.

Beinahe 200 Jahre währte es, bis KRISTINE COLBAN, Tochter des Våganprobstes Erik Andreas Colban, zum Pinsel griff und die Berge um Kabelvåg, die alte Kirche und den Pfarrhof sowie den Pfarrhof Finneset in Aquarellen festhielt. Ihre Werke – schlicht, doch erfrischend und schön – gelten als die ältesten der Nachwelt erhaltenen Lofoten-Gemälde.

Ebenfalls Aquarelle, aber hauptsächlich Zeichnungen fertigte um die Mitte des 19. Jahrhunderts der Marineoffizier CARL FREDERIK DIRIKS (Künstler-Pseudonym: Fyr-Diriks) an; seine Arbeiten tragen unverkennbar Lofoten-Züge, aber ihnen fehlt das Gefühl für Landschaft und Volksleben, sie können nicht beeindrucken.

Anders die Werke von **GUNNAR BERG** (1863–1893), einem Lofoter aus Svolvær, der erst eine Ausbildung als Händler durchlief, bevor er auf der Akademie von Düsseldorf ausgebildet wurde. Die sogenannte DÜSSELDORFER SCHULE kündigte zwar den Übergang von der Romantik zum Naturalismus an, aber die norwegische Nationalromantik wäre ohne sie undenkbar. Obwohl der Rhein dem Schaffen des jungen Berg viele Sujets gab, galt doch sein Wirken vor allem der Heimat; wie er sagte, bestand seine »Lebensaufgabe darin, die mächtige Lofoten-Natur, das Leben der Fischer und die besonderen Stimmungen im Norden sowohl in der Dunkelzeit als auch in der hellen Jahreszeit darzustellen«. Er gilt als einer der herausragenden Vertreter der Nationalromantik (deren bedeutendster Adolf Tidemann war) und stellte im Juli 1887 sein erstes Bild in Düsseldorf aus (*Motiv aus Svolvær*), woraufhin ihm der Düsseldorfer Anzeiger »ein ganz eminent koloristisches Talent« attestierte. Im Herbst 1889 folgte eine 150 Gemälde umfassende Vernissage in Oslo, und im »Morgenbladet« (Morgenblatt) schrieb der Bischof Bang: »Als Darsteller des nordländischen Volkslebens hat Berg einen lobenswerten Anfang gemacht; er gibt Anlass, dass er in der Kunst für das Nordland das wird, was Peter Dass und Jonas Lie in der Literatur geworden sind.« Obwohl Berg schon im Alter von 30 Jahren starb, gelang es ihm als erstem, die Natur und das Leben auf den Lofoten über die Landesgrenzen hinaus bekannt zu machen. Sein Hauptwerk – eine sieben Bilder zählende Serie von der »Trollfjordschlacht« (siehe im letzten Kapitel) – ziert heute das Vågan-Rathaus in Svolvær und kann dort betrachtet werden. Auch die Nationalgalerie in Oslo besitzt mehrere Gemälde von Berg.

Gegen Ende des 19. Jahrhunderts verlor die Düsseldorfer Schule an Einfluss, zumindest auf die norwegischen Künstler, während der Stern von Karlsruhe, dann München, später Berlin und Paris aufging. Die Naturwissenschaften waren im Kommen und forderten künstlerischen Tribut in Form des NATURALISMUS (etwa 1870–1900), in dem nicht mehr das Romantische grandioser Naturszenerien im Vordergrund stand, sondern die positivistische, von der Milieutheorie beeinflusste Tendenz, den »Zufälligkeiten des Alltäglichen«, dem Realen, dem Alltag und seinen Schattenseiten sozialkritischen Ausdruck zu verleihen. Was Liebermann, von Ude oder Käthe Kollwitz für Deutschland, das ist **CHRISTIAN KROHG** (1852–1925) für Norwegen und auch für die Lofoten, die er viele Male bereiste und auf Leinwand verewigte. Als er 1896 zum ersten Mal auf den Archipel kam, hatte er die koloristische Seite seines Naturalismus bereits in überzeugender Weise entwickelt und galt schon als der Große seiner Epoche, auch wenn er – zumindest in Norwegen – mit seinen »groben, plumpen und wenig ästhetischen Gestalten« keine Bewunderung erweckte. Die kam erst später, heute gilt er als genialer Darsteller von »Wahrheit – Menschlichkeit«, womit er seine Werke auch selbst umschrieb.

THEODOR KITTELSEN (1857–1914), ebenfalls Naturalist, lebte 1877 in der Abgeschiedenheit eines Leuchtturmwärters auf Skomvær. Die Jahre dort draußen prägten sein künstlerisches Schaffen, das einst – als er auch sozial engagiert und seine Technik noch ganz vom Strichstil bestimmt war – das berühmt gewordene Bild »Streik« (1878) schuf. Doch einmal in den Bann der Lofoten geraten, hielt er es mit der nordischen Sagentradition, insbesondere mit den Trollen. Richtige Klabautermänner bannte er in seiner 1892 erschienenen Sammlung »Troldskab« (Zauberei) auf die Leinwand, nachdem er 1890 bereits eine Serie von Zeichnungen mit Namen »Fra Lofoten« (Von den Lofoten) veröffentlicht hatte. Als sein Meisterwerk aber gilt »Svartedauen« (Der schwarze Tod), eine Bildserie, die 1900 fertig gestellt wurde und die Pest zum Thema hat.

Vielleicht war es die gewisse Formlosigkeit des Naturalismus – die sich aus dem Interesse an der reinen Erscheinungshaftigkeit erklärt –, dass sie auf spätere Lofoten-Maler keinen entscheidenden Einfluss mehr nahm; die kehrten vielmehr bald zu einer Art Neo-Nationalromantik zurück: so **OLE JUUL** (1852–1927), geboren in Djupfjord auf Vågan, malbegeistert seit Kindheitstagen und ausgebildet ebenfalls in Düsseldorf. Es mangelte ihm nicht an Genie, aber er konnte machen, was er wollte: Niemand mochte seine »lyrischen« Gemälde erstehen. So versuchte er sich im Portraitieren, doch die Leute wünschten Fotos – er wurde Fotograf. Und zählte schon 71 Jahre, als ihm als »neuentdeckter Maler« endlich der Durchbruch gelang. Kurioserweise aber nicht mit seinen ausgereiften Werken, sondern mit Jugendbildern, die er irgendwann einem süddeutschen Friseur verkauft hatte. Bekannt geworden, folgte der Ruhm auf dem Fuße, und schon ein Jahr später, drei Jahre vor seinem Tod, stellte er 250 Arbeiten im Kunstverein in Trondheim aus. Die Resonanz war beachtlich, die Kritiker zeigten sich angetan: »Er verdient einen Platz unter den begabtesten Naturbeschreibern unseres Landes«, proklamierte Alf Harbitz.

EIN REICHES KÜNSTLERMILIEU

In den Anfängen unseres Jahrhunderts kamen die Lofoten bei schwedischen Künstlern in Mode. *Rikhard Lindström* etwa verbrachte viele Jahre seines Lebens im Inselreich, und seine Landsfrau *Anna Boberg* war es, die den Grundstein für eine schwedisch-lofoter Künstlerzusammenarbeit legte, die auch heute noch als wichtiger Lebensnerv im Kunstmilieu des Archipels gilt. Nachdem sie sich nahe Svolvær ein Atelier eingerichtet hatte, fanden sich plötzlich Maler aus aller Herren und Frauen Länder auf dem Archipel ein, denn Anna Boberg besaß einen guten Namen in Pariser resp. west- und südeuropäischen Kunstkreisen.

1934 verschenkte die begabte Schwedin ihre BOBERGHYTTA an die BILDENDE KUNSTNERES FORENING (Vereinigung Bildender Künstler), und bis 1940 – dem Jahr der »Vandalen«-Invasion – fungierte das Atelier als internationales Kunsthaus. Die dort gefertigten Werke – »entartet« – waren den Teutonen Dornen in den Augen, so dass sie die Boberghütte zerstörten, auf dass kein Stein mehr auf dem anderen stand.

Doch die Idee Künstlerhaus konnten die Besatzer nicht eliminieren. Die schwedische und die norwegische Künstlervereinigung finanzierten das 1953 eingeweihte **KUNSTNERHUSET** (Künstlerhaus). Seitdem ging es bergauf mit der Lofoten-Kunst: Maler, Grafiker und Zeichner aus dem In- und Ausland besuchten den Archipel; je größer ihre Zahl wurde, desto größer auch das Bedürfnis der Lofoter zu sehen, wie dort gearbeitet und was geschaffen wurde. Zahlreiche Ausstellungen wurden arrangiert, und die Lokalzeitung »Lofotposten« sowie das »Magasinet for Alle« (Magazin für alle) avancierten zum Sprachrohr des Milieus.

1963 dann riefen *Kaare Espolin Johnson* (der u.a. das Hurtigschiff »Harald Jarl« mit Bildern ausschmückte und dem bei Kabelvåg eine eigene Galerie gewidmet ist), *Dagfinn Bakke* (über den später mehr erzählt wird) und andere die Vereinigung KUNST-KONTAKT ins Leben, die Ausstellungen organisierte und das wachsende Kunstinteresse förderte, bevor sie sich Anfang der 70er Jahre auflöste. Die 1971 gegründete Stiftung ATELIER LOFOTEN führte die unterbrochene Arbeit jedoch weiter, die 1985 in der Errichtung einer eigenen Galerie gipfelte: **SVOLVÆR FASTE GALLERI**. Untergebracht ist sie im

1979 fertig gestellten **NORDNORSK KUNSTNERSENTRUM** (Nordnorwegisches Künstlerzentrum), das die Interessen von bildenden Künstlern und Kunsthandwerkern gleichermaßen vertritt, Ausstellungen arrangiert, ein Magazin herausgibt, Arbeit vermittelt und dafür gesorgt hat, dass Svolvær und die Lofoten im Kunstmilieu Nord- und Gesamt-Norwegens eine nicht zu unterschätzende Stellung innehaben. Die Zahl der im Archipel niedergelassenen Künstler hat sich in den letzten 20 Jahren verdreifacht. Laut Schätzungen arbeiten rund ein Fünftel aller Norwegen-Künstler auf den Lofoten.

Damit der Nachwuchs nicht zu kurz kommt, rief man Anfang der 1990er Jahre eine KUNSTSCHULE ins Leben, die junge Talente aus ganz Norwegen anzieht und mittlerweile den Status einer Institution genießt. Sie findet sich aber nicht in Svolvær, sondern nahebei in **KABELVÅG**, das überhaupt die größte Dichte an Künstlern im Archipel aufweist und wo die sehenswerte **GALLERI ESPOLIN** beheimatet ist.

Wer einen umfassenden Überblick über alle kunstschaffenden Institutionen auf den Lofoten haben will, außerdem über alle Galerien, Kunsthandwerk-Zentren etc., sollte die Website www.lofoten-art.no (auch auf Deutsch) aufrufen, die in Zusammenarbeit aller Lofoten-Kommunen entstand und sich als eine Art Online-Kunstreiseführer versteht.

KNUT HAMSUN UND (NICHT NUR) DIE LOFOTEN

Nur selten ist ein Dichter in seinem Heimatland so verehrt und später so verachtet worden wie Knut Hamsun, der eigentlich Knud Pedersen hieß und am 4. August 1859 in Lom im Gudbrandsdal als Sohn eines Schneiders geboren wurde. Als er zwei Jahre alt war, zog die Familie auf den Hamsund-Hof (von dem er seinen späteren Namen ableitete) der Insel Hamarøy, die den Lofoten gegenüber liegt und ihnen in jeder Hinsicht ähnelt. In dieser dramatischen Nordland-Natur, deren Menschen größtenteils von der Fischerei lebten, empfing der junge Hamsun prägende Eindrücke, denen er in späteren Jahren in vielen seiner zahlreichen Romane Leben verlieh. Bevor er aber zum Schreiben kam, zog er – der keinerlei Schulausbildung genossen hatte –

schon mit 15 Jahren als eine Art Landstreicher durch die Welt und versuchte sich bis Ende der 80er Jahre u.a. als Schuhmacher und Hausierer, Erd- und Waldarbeiter sowie – in den Vereinigten Staaten, wo er sich vier Jahre aufhielt – als Trambahnschaffner. Doch er vergaß dabei nicht das Lesen, ließ sich von Strindberg, Hartmann und Jacobsen, auch von Mark Twain und später von Dostojewski inspirieren, gab hier und da erste, noch simple Geschichten (unter dem Namen Knud Pedersen Hamsun) heraus.

Nach Europa zurückgekehrt, setzte sich der AUTODIDAKT an den Schreibtisch und rechnete im 1889 erschienenen »Fra Amerikas Åndsliv« (Aus dem Geistesleben Amerikas) mit dem american way of life ab, und mit der Demokratie, dem Kapitalismus und der angelsächsischen technisierten Kultur gleich auch.

Der eigentliche literarische Durchbruch aber glückte ein Jahr später mit SULT (HUNGER), einem Roman, in dem sich die Erfahrungen seiner Wanderjahre summierten. Es folgten einige am Ideal des Nietzscheschen Übermenschen ausgerichtete Romane, bevor er 1894 mit PAN zu höchsten Ehren kam. Diese Liebesgeschichte, Höhepunkt lyrischer Naturpoesie, beginnt mit den Worten »In den letzten Tagen dachte und dachte ich an des Nordlandsommers ewigen Tag« und stellt eine souverän komponierte Ode an die Lofoten-Landschaft seiner Heimat dar.

Weitere REISEN führten ihn nach Paris, Finnland und Russland, sogar in die Türkei und nach Persien; das WANDERMOTIV taucht entsprechend häufig in vielen seiner folgenden Romane auf. Immer wieder auch verdammt er mit giftgetränkter Feder »Lärm und Gedränge der Stadt«, lässt seine Figuren von dort vor »Zeitungen und Menschen« in rauschende Wälder zurückkehren, wo sie ihr wahres Ich finden und sich durch ursprüngliches Leben erneuern. Die Romane »Sværmere« (Schwärmer, 1904), »Under Høststjernen« (Unter Herbststernen, 1906), »Rosa« (1908) und »Segelfoss By« (Die Stadt Segelfoss, 1915) drücken dieses Thema aus und haben gleichzeitig einen starken Lofoten-Bezug. »Benoni« (1908) darf als Lobgesang auf die Arbeit der Lofoten-Fischer interpretiert werden, deren Handwerk stellvertretend für die Arbeit der Bauern mit ihrer Erde steht; der Fischfang spielt eine zentrale Rolle in diesem Roman, der auch eine Landschaftsschilderung des Archipels selbst gibt.

1917 dann kam MARKENS GRØDE (SEGEN DER ERDE) heraus, die Geschichte von Isak Sellanrå, der dem kargen Nordland-Boden seine Existenz abringt. Mit diesem Buch – einer weiteren Huldigung der vielleicht primitiven, doch nach Hamsun ursprünglichen und darum »richtigen« Kultur des Menschen – festigte Hamsun seinen Weltruf, und es brachte ihm 1920 den LITERATUR-NOBELPREIS ein.

Der gleiche Grundtenor prägt den 1927 erschienenen Roman LANDSTRYKERE (LANDSTREICHER), der den deutlichsten Lofoten-Bezug verrät. Der Fischer Martinus Halskar repräsentiert den sesshaften, verwurzelten Menschen, während die beiden weit gereisten Kameraden Edevard und Theodor für den heimatlosen Wanderer stehen, Stellvertreter der entwurzelten Jugend. »Es ist sonderbar«, sagt ihnen Martinus, »wie ihr mit dem Leben herumwerft und es zerlegt. Gott hat uns allen seinen Platz gegeben und da sind wir, aber ihr segelt fort. Ich habe nun mein ganzes Leben in Polden gelebt, ebenso wie mein Vater und Großvater dort gelebt haben. Wir wurden alle alte Menschen; nun ist es beinahe dreihundert Jahre, dass wir auf denselben Himmel und dieselbe Erde blicken ... Wir sind nicht einmal um die Welt gesegelt ... und lebten Jahr für Jahr so gut wir konnten. Wir haben keinen Grund, uns bei Gott zu beklagen, er hat uns am Leben erhalten und nicht verlassen.«

Noch drei weitere Romane folgten bis 1936. 1940 dann, schon in greisenhaftem Alter, ging Hamsun eine Allianz ein, die ihn finanziell ruinieren sollte und die eine Bitterkeit und Enttäuschung in den Herzen seiner Landsleute erzeugte, die niemand je für möglich gehalten hätte. Er, der Millionen bezaubert hatte mit der Schönheit und Tiefendimension seiner Prosa, der von Thomas Mann, Stefan Zweig, Maxim Gorki und vielen anderen verehrt wurde, musste nach 1945 mit ansehen, wie die Norweger auf seine Bücher spuckten und sie sogar verbrannten. Hamsun wurde interniert, monatelang in einer psychiatrischen Klinik auf seine geistige Zurechnungsfähigkeit untersucht, dort zu »dauernd seelisch geschwächt« erklärt und schließlich verurteilt, eine Strafe von 450.000 Kronen an den Staat zu entrichten.

Und warum? Weil er mit Hitler-Deutschland KOLLABORIERT und gleich nach der deutschen Besetzung die Jugend seines Landes aufgefordert hatte, die Deutschen willkommen zu heißen und ihnen für die Güte zu danken, das Land unter ihren Schutz zu nehmen. Er hatte nie vergessen, dass sein Welterfolg in der Übersetzung der Bücher ins Deutsche gründete, dass – wie er sagte – »jeder einzelne der großen und stolzen Namen, den Norwegen auf dem Gebiet der schöpferischen Künste besitzt, erst durch das teutonische

Deutschland entdeckt werden musste«. Sein Hass auf alles Angelsächsische war sprichwörtlich, die Nazi-Ideologie von »Blut und Boden« muss auf ihn (der seinerzeit schon fast taub war, keine fremden Nachrichten mehr hören und nur noch deutsche Propaganda lesen konnte) wie die Bestätigung seiner Vision von einem erneuerten, zum Ursprünglichen zurückgekehrten Menschen gewirkt haben.

Schon 90 Jahre alt, setzte er sich noch einmal zur Arbeit an einem Buch nieder: Es sollte eine Rechtfertigung werden. »På gjengrodde Stier« (Auf überwachsenen Pfaden) hieß dieses 1950 erschienene Dokumentarwerk: erschütternde Dichtung, voller Wehmut, doch bar jeder Polemik; bar aber auch dessen, was er längst zu seiner Entschuldigung hätte vorbringen können und was dem Gericht bekannt gewesen, ohne dass es berücksichtigt worden war: nämlich dass er sich im besetzten Land vehement für festgenommene Partisanen eingesetzt hatte.

Am 19. Februar 1952 starb Knut Hamsun. Heute werden seine Bücher auch in Norwegen wieder gelesen. So scheint sich die Prophezeiung dieses Großen unter den europäischen Dichtern zu bewahrheiten, der da, mit Blick auf die Verachtung von Seiten seiner Landsleute, vorhergesagt hat: »In hundert Jahren wird dies alles vergessen sein.«

Wenn die Angst aufsteigt

SIE LAUERN ÜBERALL

Wenn große zerfaserte Quellwolken über den unruhigen arktischen Himmel stöhnen und gelblich-schwarz die aschgraue Zyklopenmauer der Lofoten-Wand umhüllen; wenn im Krachen des Donners der alte Thor seinen gewaltigen Hammer wirft und Berge erzittern lässt; wenn der Sturm stöhnt und lacht, dem Wanderer nie gehörte, urweltliche Götternamen ins Ohr schreit; wenn die Angst aufsteigt – dann kommen die **TROLLE**! Schwer, dunkel und überwachsen stampfen sie daher, wie Berge, die wandern, »mit Augen, so groß wie zinnerne Teller und Nasen, so lang wie Hackestiele«.

Ihre Zahl ist Legion, denn jeden Lofoten-Berg beherrscht ein Troll. Die meisten haben eine außerordentliche Vorliebe für hübsche Mädchen (mit Grübchen am Kinn), viele sind als Menschenfresser bekannt. Und allen gemein ist ihre Gier nach Gold und Silber sowie ein Hass auf alle Christen (die besonders gut schmecken sollen).

Doch Vorsicht, auch in Wäldern können sie lauern: Der SKOGTROLL (Waldtroll), ein zotteliger Zyklop, ist vielleicht sogar der fürchterlichste von allen. Als besonders hinterlistig gilt der NØKK, der Süßwasser-Troll, der in Seen, Teichen und Tümpeln lauert und die üble Angewohnheit hat, Menschen mit seinen schleimigen, schwarzen Klauen in die Tiefe zu zerren, um ihnen die Seele zu stehlen. Im Meer hingegen lebt der nicht minder bösartige DRAUG, Schrecken aller Fischer und Wiedergänger derer, die in den Fluten ertrunken sind; er erscheint seinem Opfer in einem Boot und singt ihm mit grässlichen Lauten den Leichenpsalm.

Einer weniger erschreckenden Sorte Troll gehört der FOSSEGRIMEN an, der unter Wasserfällen haust und mit einem großen Stück blutigen Fleisches so milde gestimmt werden kann, dass er dem, der es ihm bringt, ein meister-

DIE TROLLHOCHZEIT

Es war einmal in einem Sommer vor langer, langer Zeit, da zogen die Mädchen von Melbu mit der Herde zur Alm. Aber die Tiere waren unruhig und störrisch, und niemand konnte sie hüten. Bis eine kam, die versprochen war. Da wurden sie plötzlich ruhig, und so blieb das Mädchen allein auf der Alm und hatte kein anderes Wesen bei sich als einen Hund. Eines schönen Nachmittags aber traf des Mädels Schatz ein und fing davon an, dass sie jetzt Hochzeit machen wollten. Alle Leute von Melbu kamen geschmückt und geputzt herbei, setzten ihr die Krone auf und überhäuften die Jungfer mit Geschenken von reinem Silber, wie sie es schöner noch nie gesehen hatte. Nur der Hund ahnte, was hier vorging. In langen Sätzen rannte er nach Melbu und heulte so lange, bis der Bursche, der ihr Liebster war, die Flinte nahm und zur Alm stieg. Er schlich sich an die Hütte, in der seine Braut im Kreis von gar grausig anzuschauenden Trollen an der Festtafel saß. Außer sich vor Angst und Wut sprang er herein, und augenblicklich lösten sich die Gestalten in Luft auf. Das Silber blieb, doch die Speisen hatten sich zu Kröten, Schlangen und Gewürm gewandelt.

Langsam kam das Mädchen wieder zu sich. Sie erzählte, dass sie steif und fest geglaubt habe, ihr Liebster selbst und alle aus dem Dorfe seien dagewesen, sie zu vermählen. Da nahm er sie mit ins Dorf, und damit kein solches Teufelszeug mehr Wiederholung fände, machte er sie noch zum selben Tag zu seiner Frau.

haftes Fidelspiel zu lehren vermag. Nicht zu vergessen sind die NISSER, listenreiche Kobolde, die in Haus und Hof für Ordnung sorgen, solange man ihnen nur kleine Opfergaben darreicht. Eine Schüssel voll Grütze, zu Weihnachten in die Scheune gestellt, kann dafür schon ausreichen; das Weihnachtslied »På låven sitter nissen med sin julegrøtt« (In der Scheune sitzt der Nisse mit seiner Weihnachtsgrütze) zeugt von diesem Brauch. Aber so nützlich Nisser auch sein mögen – weg bekommt man sie nicht, was immer man auch anstellen mag, wie aus dem geflügelten Wort *nisse på lastet* (Nisse bei Ladung) hervorgeht, welches aussagen will, dass es eben Dinge gibt, die man niemals los wird.

Ein besonderer Nisse ist der JULENISSE, der Weihnachtsmann. Aber er ist lieb und nett, beschenkt reichlich für den Glauben, den man pflegt, und hat noch nie jemandem ein Leid angetan.

Als hilfreich gelten auch die winzigen Kobolde, die während der deutschen Besatzungszeit nach England emigrierten, wo sie sich der R.A.F. anschlossen und unter dem Namen GREMLIN zu Ruhm und Ehre kamen.

Anders die HULDRA, ein weiblicher Troll, goldblond, wunderschön und von großer Grazie, doch mit Kuhhintern und Rinderschwanz ausgestattet. Ganz ähnlich der deutschen Huldra, der Loreley, bezirzt sie Männer und Jünglinge; ihre Geschichte reicht bis in die Schöpfungszeit zurück. Wie es heißt, kam eines schönen Tages Gott persönlich zu Besuch ins Paradies, um Adam und Eva und deren Kinder wiederzusehen. Aber in Evas Haushalt ging es drunter und drüber, viele der Kleinen waren noch nicht gewaschen und gekämmt, und aus Scham präsentierte sie lediglich die, die schon besuchsfertig waren. Das erzürnte den Herrn, der alle sehen wollte, und so warf er einen Fluch und sagte: »So wie du mir viele deiner Kinder vorenthalten hast, werde ich von jetzt an manche meiner Kinder vor den Augen der Menschen verstecken«. So geschah es, und seit jener Zeit gibt es Huldras, »die Verhüllten«, die nach Meinung der TROLLOLOGEN allerdings in Freudsche Gedankengänge gehören: Huldra also, ein Produkt der Furcht des Mannes vor der Macht schöner Frauen...

Und überhaupt meinen die, die am Mythenschleier zerren, dass alle Trolle lediglich in den Hirnen und Herzen der Menschen existieren. Das mag man glauben; wir sind »aufgeklärt« und wissen, dass der Geist die *conditio sine qua non* ist. Aber dann müssen wir auch mit *Henrik Ibsen,* dem Dichter von »Peer Gynt«, annehmen, dass Trolle trotz oder besser: gerade wegen ihrer Nichtexistenz erhebliches Unheil stiften können. – Natürlich nur, wenn keine Sonne scheint, denn Sonnenschein, in dem die Angst vergeht, ist auch der Tod der Trolle. Sie zerplatzen dann einfach wie Seifenblasen.

Sensationelle Aufnahme eines Trollologen ▶

STOR HANS

Elf Wege im Inselreich

Allemannsretten – das Jedermannsrecht

DIE LAST MIT DEM GAST

»Freiheit in der Verantwortung« – ist der Hintergrund des über Jahrhunderte gewachsenen Allemannsretten, das in Norwegen (und ebenso in Schweden und in Finnland) den Aufenthalt und die Fortbewegung in der freien Natur regeln soll. Dieses ungeschriebene Recht, von dem sich großzügige Zugeständnisse ableiten lassen, konnte nur in den dünn besiedelten Gebieten des Nordens entstehen, ist aber gerade heute mit Pflichten verbunden, bedeutet es im Zeitalter des Tourismus doch auch für die nordeuropäische Natur durchaus eine gewisse Belastung.

Vor allem ausländische Besucher, die es einfach nicht gewohnt sind, sich frei in weitläufiger Natur bewegen zu können, aber auch Norweger ohne Sinn für die Natur interpretieren das Allemannsretten ohne Nachdenken als »das Recht von jedermann, im hohen Norden tun und lassen zu können, was man gerade möchte«. Dementsprechend müssen immer wieder Bäume als Brennholz oder landwirtschaftlich genutzte Flächen als Picknickplätze herhalten, werden Einsaaten zertrampelt, Heuwiesen, selbst Parkanlagen und Gärten bezeltet und Privatwege befahren. Unter einigen Wohnmobil-Touristen herrscht die (strafbare!) Unsitte, ihr Chemie-WC in öffentliche Klos und Müllcontainer zu entleeren, sofern der stinkende Inhalt nicht sogar gleich auf die Straße oder in einen See geschüttet bzw. irgendwo vergraben wird.

Angesichts solcher verheerenden AUSWÜCHSE ist es kaum verwunderlich, dass in ganz Skandinavien Stimmen laut geworden sind, die eine Einschränkung oder sogar den Wegfall des Allemannsretten – das streng genommen NUR FÜR NICHT-MOTORISIERTE REISENDE gilt! – zumindest für ausländische Besucher fordern.

Sollte es wirklich eines bösen Tages dazu kommen, müssen einmal mehr die Verantwortungsbewussten unten den Verantwortungslosen leiden; so sollte sich auch niemand genieren, Übeltäter anzusprechen sowie sie in schlimmen Fällen sogar anzuzeigen!

Wegen der »Fehlinterpretationen« ziehen mehr und mehr deutschsprachige Publikationen den norwegischen Namen Allemannsretten dem deutschen Begriff Jedermannsrecht vor, da dieser einfach zu viele Missverständnisse in sich begünstigt.

ES IST ERLAUBT

◎ **FREIES GELÄNDE** ohne Erlaubnis zu durchqueren, als Wanderer, Reiter oder Skiläufer;

◎ wild wachsende Blumen zu **PFLÜCKEN**, Beeren u. Pilze zu **SAMMELN**, außer auf Privatgrundstücken oder im Bereich von Anpflanzungen;

◎ eine Nacht lang in freier Natur zu **ZELTEN**, wobei ein paar hundert Meter Distanz zur nächsten Siedlung eingehalten werden sollten; ist das Grundstück jedoch einer Siedlung zuzuordnen, ist dort **UM ERLAUBNIS** zu fragen; die Erlaubnis ist prinzipiell einzuholen, sofern es sich um eine Gruppe handelt, ebenso möchte man eine zweite Nacht vor Ort bleiben;
◎ mit herumliegenden Ästen und Reisig unter größter Vorsicht **FEUER** zu machen, sofern keine Brandgefahr besteht und wenn es nicht ausdrücklich verboten ist; bei längerer Trockenheit ist **OFFENES FEUER** im Freien grundsätzlich verboten;
◎ an Ufern zu **BADEN**, die nicht erkennbar zu Grundstücken gehören;
◎ an den Meeresküsten zu **ANGELN**, nicht aber in Binnengewässern.

ES IST NICHT ERLAUBT
◎ ohne Erlaubnis **HÖFE, HÄUSER** oder Siedlungen zu betreten bzw. zu durchqueren;
◎ **BESTELLTE ÄCKER**, eingezäuntes oder anderweitig abgegrenztes Terrain zu betreten;
◎ **ZÄUNE** zu beschädigen oder geschlossene GATTER offen zu lassen;
◎ mit dem **PKW** bzw. motorisierten Fahrzeugen befestigte Wege zu verlassen. Da im Gelände auf Privatwegen Fahrverbot herrscht, dürfen Sie Wohnmobile oder Wohnwagen-Gespanne nur im Anschluss an Fahrstraßen abstellen;
◎ **BÄUME UND BÜSCHE** zu fällen, Zweige oder Äste abzubrechen, Borke oder Rinde abzuschälen, das gilt auch für entwurzelte Bäume;
◎ störenden **LÄRM** zu verursachen;
◎ **PFLANZEN**, die UNTER NATURSCHUTZ stehen, zu pflücken oder auszugraben;
◎ **VOGELNESTER**, Nisthöhlen etc. zu beschädigen oder zu plündern bzw. Vogeleier zu entnehmen;
◎ **AUF FELSGESTEIN** Feuer zu entfachen, da es bei großer Hitze zerspringen kann; der jahrtausendealte Stein muss nicht einer kurzfristigen Vergnügung zum Opfer fallen;
◎ **ABFALL** an Raststellen zu hinterlassen – das Vergraben ist eine ungünstige Lösung, weil es Tiere gibt, die diesen Abfall wieder ausgraben und sich, beispielsweise an scharfkantigen Konservenbüchsen, verletzen können;
◎ Toilettentanks außer an Tankstellen und auf Campingplätzen zu **ENTLEEREN**; EXKREMENTE sind zu vergraben.

Erste Annäherung

Vier Tage haben wir uns den Lofoten genähert. Vor einer Stunde erst standen wir auf der Sundbrücke nach Stokmarknes und blickten durchs Autofenster über den Hadselfjord hinweg gen Süden. Und da stieg sie aus dem Meer, die Wand, die hundertfach beschriebene Lofoten-Wand. Ein gigantisches BOLLWERK aus Schwarz und Weiß, Fels und Eis, das den Horizont verdeckte. Für Sekunden nur, denn schon trieb der steife Nordwestwind eine Wolke heran. Sie war grau und flog so flach, dass man über ihr schon wieder den Himmel sehen konnte. Dann war die Wand verschwunden, und gleich darauf musste auch Stokmarknes dran glauben. Die Häuser, vor einem Augenblick noch bunt und tauklar im Morgenlicht, waren auf einmal wie ausradiert, wie verschluckt von undurchdringlichem Grau. Als die ersten Schneeflocken gegen die Scheiben klatschten, sprangen wir nach draußen, denn wir sind noch nie durch eine Schneewolke im Frühsommer gelaufen.

Dann in Melbu. Graupelschauer, dick vermummte Touristen. Richtig angenehm, der heiße Tee im verglasten Café am Fährhafen.

Jetzt stehen wir fröstelnd an der Reling der Fähre und betrachten einen Eissturmvogel. Er kennt keinen Flügelschlag, er gleitet, er kurvt, dicht über den Wellen. Plötzlich, und als hätten seine Flügel den Nebelvorhang aufgerissen, erscheint in einer Entfernung von vielleicht 5 km ein Bühnenbild aus leuchtenden Schneefeldern und schwarzen Bergspitzen, gerahmt von ziehenden Wolken: steil, sagenhaft, monumental, unbegreiflich – deutlicher Landfall als Gegensatz zum Verschmelzen der hinter uns liegenden Hadseløya-Küste mit dem Meer: gleich dem AUFTAUCHEN EINES KONTINENTS.

Doch was sich gerade noch als gigantischer Monolith aus der arktischen See erhob, das löst sich von Minute zu Minute auf zu einer bizarren Kette von schartigen Gipfeln, Bastionen und Zinnen. Wir gaffen sie wie ein Weltwunder an und begreifen erst nach einer Weile, warum. DIESE FARBEN! DIESES LICHT! Weich wie Regenwasser und gleichzeitig von unbeschreiblicher Transparenz. Es sei die staubfreie Luft, hören wir jemanden dozieren. Aber wir wollen nichts wissen von physikalischen Zusammenhängen, sondern darüber staunen, dass jeder Berg, jeder Gipfel anders aussieht als der andere, absolut unverwechselbar und jeder die perfekte Metapher für eine Sage. Wir wollen die Wand so sehen, als nördliche Mythe, aber wir lassen uns vom chronischen Fotofieber anstecken, stanzen Rechtecke aus der Landschaft, um die voll ausgeleuchtete Szene mit nach Hause nehmen zu können.

Die Chance ist vertan. Die Fähre biegt nun in die Fiskebølvika ein, beschreibt einen Bogen und legt an. Hastig springen wir die Treppen zum Auto hinunter und starten. Dutzende Fahrzeuge rollen nun von Deck, Heck an Schnauze, und winden sich als bunter Konvoi auf der E 10 gen Süden, Svolvær entgegen. Entnervt scheren wir aus, parken, lassen die Einwohner und Besucher sich verstreuen und nehmen die erste Lofoten-Lektion entgegen: Der Archipel duldet keinen Rummel.

Herb ist es, erhaben und majestätisch, was uns in die Sinne fällt. Im Nordwesten schimmert das offene Meer, dunkel und olivgrau; man weiß, dass es bewegt ist. Die Vika hingegen ist unbewegt und liegt links der Straße als ein in Buchten sich ausrundendes Band von blausilbernen Spiegeln und Flächen, glatt und tief.

Dann ein heller »Sand«-Streifen – bei näherem Hinsehen ganz bunt, feinste Teilchen zerriebener Muscheln. Und davor zyklopenhaft aufgetürmt, Felsbrocken, am Rand von

Die Kapelle von Sildpollnes (siehe Seite 129) ▶

braungelbem Tang überwachsen. Ein paar Fischerboote schwoien an ihren Ankerketten, und das dünne Rasseln bleibt in der blauen durchsichtigen Luft dieses Morgens stehen wie das Licht einer Kerze in einer stillen Kammer. Uns im Rücken aber, und wie zwei große gleißende Zeichen in der Bergeinsamkeit, die in den Spitzen VEREISTEN Giganten Strøna und Brettviktindan, der eine über 900, der andere immerhin noch über 800 m hoch. Dazwischen das VIELFARBIG GRÜNE FISKEBØLDAL; wie die Strukturlinien der Berge sich geschmeidig in diesen Wiesentrog legen und wieder aus ihm hinausgleiten – das ist so vollendet wie ein Wellenzug.

»Der Gedanke an Schönheit taucht hier nur als Entbehrung auf.« – So schrieb es der Amtmann *G.P. Blom* 1827 bei seinem Abschied von den Lofoten in sein Tagebuch. Und wir, die wir gerade erst den Nordzipfel des Archipels betreten haben, notieren unter dem Eindruck dieser großen ENERGIE, die die Berge auszustrahlen scheinen: »Während der Blick die Wand erfasst, lauschst Du dem Pulsschlag der Natur und verspürst einen Hauch der Ewigkeit...«

Route 1: Austvågøya

IM ÜBERBLICK

◎ **STRECKENVERLAUF**: Fiskebøl – Budalen (7 km) – Laupstad (5 km) – Vestpollen (5 km) – Vatterfjordpollen (7 km) – Børvågaksala (6 km) – Svolvær (3 km) – Kabelvåg (6 km).

◎ **LÄNGE/DAUER**: rund 40 km, ca. 40 Min. (wie der Lofoter fährt) oder 2–3 Std. (die der noch nicht an die Lofoten-Schönheit gewohnte Tourist inkl. Stops durchaus benötigen kann).

◎ **TRANSPORT**: Bus 512 bedient die Strecke von Fiskebøl nach Svolvær 5 x täglich, Bus 008 die Strecke (Sortland – Stokmarknes – Melbu) – Fiskebøl – Svolvær 3 x täglich; er benötigt etwa 1 Std. ab Fiskebøl; Anschluss nach Kabelvåg und Ørsvågvær/Sandvika (Haltestelle an der Abbiegung) über mehrere Routen, am schnellsten mit Bus 100: Svolvær – Leknes, 6–8 x täglich.

◎ **ANSCHLUSSMÖGLICHKEITEN**: mit Route 2, 3, 4, 5 und 6. Zudem besteht die Möglichkeit, einer (hier nicht näher beschriebenen) Route zu folgen, die bei Vestpollen beginnt und via Straumnes, Sanden, Grunnførfjorden und Strønstad nach Fiskebøl zurückführt und so den Norden von Austvågøya umrundet (ca. 48 km).

◎ **ABSTECHER**: Wanderung von Laupstad auf den Sautinden.

◎ **PROFIL**: Diese Route folgt der »Hauptstraße des Lofoten-Tourismus« von der Fährstation Fiskebøl bis hinunter nach Kabelvåg, dem touristischen Zentrum Austvågøyas. Diese Strecke ist ein »Muss«, nicht nur aus verkehrstechnischen Gründen, denn sie führt von Fjord zu Fjord, einer schöner als der andere, bietet imposantes Panorama auf die höchsten Berge der Lofoten überhaupt, aber auch auf den Vestfjord, die Inseln Store und Lille Molla sowie natürlich auf Svolvær, die Archipel-Metropole.

LIEBE AUF DEN ERSTEN BLICK

Lange Zeit sitzen wir am Straßenrand bei **FISKEBØL,** dem Fähranleger, registrieren, dass kein einziges Fahrzeug die Stille stört und Jacke und Pullover schon viel zu warm sind für die Sonne, deren Schein Schneefelder und Meer reflektieren. Aber schon vernehmen wir aus Richtung Hadselfjord das Annähern einer weiteren Fähre, und so brechen wir auf, um nicht an unserem ersten Lofoten-Tag in einer Schlange fahren zu müssen.

Wir passieren eine nach rechts, nach Grunnførfjorden ausgeschilderte Straße (siehe unter »Anschlussmöglichkeiten«), bleiben der E 10 also treu, die uns nach Svolvær, der Insel- und Archipelmetropole, geleiten soll. Aber dorthin sind es noch 33 km, und schon das FISKEBØLDAL, das wir nur 300 m weiter voll einblicken können, nötigt uns eine Guckpause auf. Dann führt die Straße (schmal, aber gut ausgebaut) an den Westrand des Sløverfjords, dem sie für die nächsten 10 km folgen wird. Seinen Ausgang auf das Meer verstellen Schären, seine beiden Schenkel stehen eng beieinander in der Flut, während sie 800 m höher in zerfetzten Wolken verschwinden.

Man will es nicht glauben, dass das Wasser salzig ist, denn das offene Meer ist schon nicht mehr zu sehen, so dass der Fjord ausschaut wie ein bergumschwiegener See.

Langsam kurven wir weiter, mal neben, mal über dem Wasserspiegel, der breiter und breiter wird, sich schließlich zweiteilt: Der Austpollen stößt keilförmig nach Südosten, wo er vor dem zerhackten Felswulst des über 1.000 m hohen BLÅFJELLET endet. Jetzt, Anfang Juni, sind die steilen Wände fast bis auf Fjordniveau beschneit; das Blau des Wassers und das Moosgrün der unteren Hanglagen stehen in sattem Kontrast zu dem weißen Winterkleid. Nach Südwesten läuft der Sløverfjord in den schmaler werdenden HIGRAVFJORD aus, dessen Westufer nun die Straße folgt.

Nach knapp 5 km umrundet sie Budalsneset – eine Felszunge, die am Fjord leckt, und bei km 7 passieren wir das aus lediglich einer Handvoll Häuser bestehende **BUDALEN,** das über das gleichnamige Tal auf eine altersgraue Felskette blickt sowie – Richtung Süden – auf den Higravtindan und den Geitgaljen, die mit 1.146 und 1.085 m höchsten Berge des Inselreichs.

Schwarz und steil drängen sie herauf, und dann ist da noch etwas anderes, eine Färbung aus hellem Sandgrau, von der wir annehmen, dass es die Farbe von Geröllhalden ist. 3 km weiter, beim Weiler Higrav, misst der Fjord nur noch Flussbreite, bevor er sich zwischen Wiesenzungen verläuft. Butter- und Sumpfdotterblumen setzen kraftvolle Akzente in Gelb, die Felswurzel des Higravtinden ist nur einen Steinwurf entfernt, und um den vergletscherten Gipfel ausmachen zu können, müssen wir den Kopf weit in den Nacken legen. – Wer hier wohnt, kennt keine Platzangst.

Elch-Tipp: (Nicht nur) ab Fiskebøl empfiehlt sich der spannende Abstecher nach Digermulen, auf der benachbarten Insel Hinnøya (siehe Doppelseite 118/119)!

ABSTECHER NACH DIGERMULEN

Ein paar hundert Meter südlich Fiskebøls und einem ersten kleinen Rastplatz zweigt eine mit »Digermulen« ausgeschilderte Straße nach links ab. Sie wurde erst 1998 dem Verkehr übergeben (als Teil der wohl nicht vor 2015 fertigen Festlandverbindung der Lofoten) und erschließt den äußersten Norden von Austvågøya, bevor sie über den Raftsund hinweg nach Hinnøya führt (der größten Insel Norwegens), an deren Südzipfel der einst von Kaiser *Wilhelm II.* hoch geschätzte Ort Digermulen liegt. Da die gesamte Strecke noch kaum befahren wird, zudem durch außerordentlich wilde Landschaft führt und für traumhafte Panoramen gut ist, sollte man sie einmal befahren haben. Die Distanz beträgt 19 km bis zum Raftsund, von wo aus noch 23 km bis Digermulen bleiben. Macht hin und zurück rund 84 km, wofür man sich aber wenigstens einen halben Tag Zeit lassen sollte.

Hinter der Abzweigung bei Fiskebøl öffnet sich bald der 3.340 m lange Sløverfjordtunnellen, der zur Abwechslung mal gut ausgeleuchtet ist und in steiler Streckenführung den SLØVERFJORD UNTERQUERT. Sodann geht es an die Küste heran, herrliche Bilder auf den HADSELFJORD und die gegenüberliegenden VESTERÅLEN tun sich auf, bevor der Falkfjordtunnellen (500 m) und der Myrlandstunnellen (1.910 m) an die enge Wasserstraße des Raftsund führen, den seit 1997 eine gigantische BOGENBRÜCKE überspannt. Von der Höhe der durchaus ästhetischen Betonkonstruktion aus genießt man famose Panoramen auf den Sund sowie den sich anschließenden Ingelsfjord im Norden. Von nun an geht es auf HINNØYA weiter und zwar im Verlauf der folgenden 29 km stets am RAFTSUND entlang, der an manchen Stellen nicht einmal 1 km Breite misst und u.a. auch von den Postschiffen der HURTIGRUTE genommen wird. Bis über 1.000 m hohe und teils noch vergletscherte Berge bestücken den dramatischen Prospekt dieser »Postkarten-Strecke«, von der man nach rund 17 km auch einen Blick in den TROLLFJORD werfen kann, den jeden Tag zahlreiche Ausflugsboote (ab Svolvær) ansteuern und der als einer der schönsten Fjorde des Nordens gilt.

Nach weiteren 5 km ist Digermulen erreicht, ein bereits gegen Ende des 19. Jahrhunderts beliebtes Touristenziel; Kaiser Wilhelm II. verbrachte hier mehrmals seinen Urlaub. An diese Zeit erinnert der alljährlich im Juli stattfindende KAISERMARSCH AUF DEN 363 m hohen DIGERMULKOLLEN, von wo aus man die wohl eindrucksvollste Aussicht auf Austvågøya, den Raftsund und den VESTFJORD genießt; rund zwei Stunden währt die einfache, auch für Kinder taugliche Wanderung.

(Fortsetzung nächste Seite...)

Ein paar wenige Kilometer weiter noch kann man fahren, immer wieder tun sich herrliche Ausblicke auf, und wer bleiben will, findet in Digermulen einen Lebensmittelladen (und immer wieder schöne Stellplätze für die Nacht). Zurück nach Fiskebøl geht es über die selbe Strecke. Vom rund 7 km entfernten Holand aus besteht zudem von Anfang Mai bis Ende September einmal täglich die Möglichkeit, das Schnellboot (nur Personen sowie Fahrräder) Richtung Svolvær sowie Narvik zu nehmen.
◎ **TIPPS FÜR RADFAHRER**: Der oben beschriebene Abstecher ist perfekt für Fahrradfahrer geeignet – kaum Steigungen, kaum Verkehr, und selbst die Tunnel sind gut zu befahren.
Hin- oder Rückfahrt ist von Anfang Mai bis Ende September über das Wasser möglich, solange das Schnellboot zwischen Svolvær und Narvik verkehrt; vergewissern Sie sich im Voraus, denn die Verbindung sollte schon einmal eingestellt werden, und man weiß nicht, wann diese Rationalisierungsmaßnahme wieder aus der Schublade geholt wird.
Wer aus Narvik kommt, kann in HOLAND, 7 km östlich von Digermulen (siehe oben) von Bord zu gehen, um von dort aus via Digermulen und Raftsund-Brücke nach Fiskebøl zu fahren (49 km); ab Fiskebøl dann besteht die Möglichkeit, via der E 10 gen Svolvær zu radeln oder besser – weil nahezu verkehrsfrei – entlang der oben unter »Anschlussmöglichkeiten« kurz vorgestellten Alternativroute, die ab Fiskebøl via Strønstad nach VESTPOLLEN verläuft; das sind 50 km (unterwegs zwei Campingplätze sowie Hüttenvermietungen) bzw., bis Svolvær, 66 km, die man in gut einem Tag schaffen kann, da keinerlei nennenswerte Steigungen anstehen.
Die Tour ist selbstverständlich ebenso umgekehrt möglich, mit Weiterreise per Schnellboot nach Narvik oder einfach retour. Leser H. Müller machte es so: privater Bootstransfer nach Brettesnes auf der Digermulen südlich vorgelagerten Insel STORE MOLLA, mit dem Fahrrad nach FINNVIK, ab dort Fähre nach Digermulen (und zurück auf der Straße, wie oben beschrieben); eine wunderschöne Tour, doch ohne Straßenkarte sowie den Fahrplan der täglich, aber mit stundenlangen Unterbrechungen verkehrenden Fähre ab Finnvik sollten Sie nicht aufbrechen.
◎ **INFORMATION**: zu Digermulen, Raftsund und Umgebung bietet die fantastische Website www.digermulen.de (auch über Transport, Unterkunft, Wanderungen, mit Foto-Galerie und vielem mehr).
Direkt vor Ort erfährt man alles Wissenswerte von *Geir Svendsen* (Tel. 7607 6505, via E-mail: geirsven@online.no), sofern er in der Krambua in Digermulen anwesend ist; er spricht ausgezeichnet Deutsch.

Die Straße nimmt den südlich angrenzenden Buckel; von dem lediglich 20 m messenden Höhenzug wird offenbar, dass er als ungefähr 1 km schmale Barriere den Higrav- vom AUSTNESFJORD trennt. Den letzteren können wir voll überblicken – und obwohl wir bereits tagelang durch Norwegen gereist sind: ein solches Paradestück von bürgerlich-romantischem Landschaftsempfinden ist uns bislang noch nicht untergekommen – das Wasser im Fjord schillert in Skalen von Blau und Grün, in die säumenden Uferwiesen sind bunte Blumenkleckse eingewebt, und die weißen, roten, gelben sowie blauen Häuser von LILAND schmiegen sich schutzlos und in langer Linie an die gewaltige Schräge, die jenseits des schmalen Weidestreifens aufragt. Von Schneefeldern und Furchen zergliedert, von Wasserfällen teilweise verschleiert, steigt sie bis zu den GLETSCHERN des 1.085 m hohen GEITGALJEN auf. Dass hier Menschen leben, berührt wie ein Anachronismus; es fasziniert zu sehen, mit welchem »Fatalismus« sich die Menschen an diesem Ort in das Maß fügen, das die Natur ihnen lässt.

Kurz vor der Abbiegung nach Liland passieren wir den See EIDEVATNET, der ein bisschen Liebreiz in das Landschaftsbild zaubert. Ebenso das Örtchen **LAUPSTAD** (Ausgangspunkt der Wanderung auf den Sautinden, siehe Seite 272), das wir durchfahren und wo gerade ein Bauer mit roter Schiebermütze vier holsteinische Kühe auf ein Fleckchen Wiese treibt. Dann beschreibt die Straße eine 90°-Kurve nach links, um sich an der West-

FARBSEITEN 121 – 128:

Seite 121:
Dem Meer entstiegen...
(Foto: Annette Ster)

Seite 122 oben:
Reine im Sommer
(Foto: Andreas Schmitt)

Seite 122 unten:
Unterwegs mit dem Faltkajak
(Foto: Klepper Faltbootwerft)

Seite 123 oben:
Am Strand von Fredvang
(Foto: Annette Ster)

Seite 123 unten:
In der Bucht von Hamnøy
(Foto: Annette Ster)

Seite 124 oben:
Rørvika-Strand auf Austvågøya
(Foto: Annette Ster)

Seite 124 unten:
Seehundbaby im Lofotakvariet, Kabelvåg
(Foto: Lofotakvariet)

Seite 125:
Herbststimmung mit Oktober-Licht, am Vestfjord auf Vestvågøya
(Foto: Annette Ster)

Seite 126 oben:
Originalgetreue Nachbildung des Gokstad-Schiffes: Wikingerschiff Lofotr
(Foto: Vikingmuseet på Borg)

Seite 126 unten:
Blick auf Svolvær vom Tjeldbergtinden
(Foto: Annette Ster)

Seite 127:
Herbstkleid
(Foto: Annette Ster)

Seite 128:
Sonnenuntergang auf den Lofoten, unten Bootshäuser bei Laukvik
(Fotos: Annette Ster)

flanke des von Nord nach Süd streifenden Fjords fortzusetzen. Beim Blick in den Rückspiegel bemerken wir, dass das spiegelklare Wasser Fjord, Himmel und Erde verdoppelt, und dass der Berg über Liland einer Mauer gleicht, die sich zwischen zwei geometrische Pyramiden spannt.

Den SCHÖNSTEN AUSBLICK aber genießt man bei km 17, kurz hinter dem Dorf **VESTPOLLEN,** wo die Gletscher der Eiszeit eine Scharte in den Felshorizont der Wand sägten: Ein Trogtal windet sich schlangengleich nach Westen, und folgten wir dieser nach Laukvik ausgeschilderten Richtung (siehe oben unter »Anschlussmöglichkeiten«), würden wir an einer Reihe von Seen und an dem *Sandsletta*-Camping vorbei schon nach wenigen Minuten auf das offene Nordmeer blicken. Wir queren den weit ins Tal reichenden Vestpollen auf einem Fahrdamm, hinter dem es nach links, nach *Sildpollnes Sjøhus* ausgeschildert ist: Die elf Wohneinheiten dieser Anlage liegen auf einer schmalen Wiesen-/ Felszunge im Austnesfjord, sind bevorzugt von Anglern frequentiert und blicken auf die dramatisch inmitten des Fjords auf einer Halbinsel gelegene KAPELLE VON SILDPOLLNES, die mit ihrem weiß-roten Anstrich ein prachtvolles Motiv abgibt (siehe Seite 115). Die beste Aussicht auf den Fjord und die Kapelle hat man ein paar hundert Meter weiter von dem nach links ausgeschilderten Rastplatz »Austnesfjorden« aus, der sich allerdings nur bedingt für eine Übernachtung (in Wohnmobil oder Caravan) eignet.

Weiter geht es am Fjordufer und den Öffnungen mehrerer Quertäler entlang, und zu bedauern ist nur, dass auf den nun folgenden Kilometern keine Parkplätze eingerichtet sind, denn das Panorama ist einem ständigen Wandel unterzogen. Gegenüber, im Osten, reckt sich der Rulten 1.062 m hoch in den Himmel, links voraus, und aus einem Schärengarten aufragend, liegt der braune, stark von Erosion zerfressene Felsklotz der über 15 km langen Insel Store Molla vor dem Vestfjord, und bei km 24, wo ein Damm den seeförmig verbreiterten **VATTERFJORDPOLLEN** quert, reicht unser Blick an Store Molla vorbei auf die südlich angrenzende Insel Lille Molla, hinter der weit hinten, und aus zarten Dunstschichten aufsteigend, die Insel Hamarøy zu sehen ist. Gen Südwesten tritt die Wand jedoch zurück und gibt den Blick frei auf eine mit Seen gespickte Tundraebene. Übernachten kann man hier auch, nämlich auf dem *Hammerstad Camping,* der hinter dem Vatterfjordpollen nach links ausgeschildert ist und eine kleine Halbinsel bedeckt. Bunte Rorbuer säumen eine schmale Campwiese, direkt auf einer natürlichen Terrasse über dem Meer gelegen. Auch auf Pfählen im Wasser stehende Unterkünfte laden ein, und selbst wer hier nicht übernachten möchte, sollte einen Stopover erwägen, denn nirgends sonst in dieser Gegend bekommt man täglich FRISCHEN FISCH so günstig wie hier, worauf ein großes Hinweisschild aufmerksam macht.

Die Massvikheia, ein 500 m breiter Riegel aus mit Moos und Flechten,

Heidekraut und Weiden bewachsenen Felsbuckeln, führt hinüber an den blaugrün leuchtenden, weil nur wenige Meter tiefen Husvågpollen. Am seinem Südrand ist eine Brücke zu überfahren, und erst jetzt wird klar, dass die in Fichtenhaine eingebettete Wasserfläche DAS MEER SPEIST und kein See ist. Der Gezeitenwechsel hat gerade eingesetzt und fordert Tribut in Form eines dampfenden Stromes, der sich klar blau dem Fjord entgegenwirft und in weniger als einer Stunde den Pollen in eine von Prielen durchzogenene Schlammfläche verwandeln wird. Store und Lille Molla liegen jetzt direkt vis-à-vis, 2 km weiter passieren wir die bescheidene Landebahn des Flughafens von Svolvær, kurz darauf eine linker Hand am Meer gelegene Wiese, die häufiger Wildcamper aufsuchen. Die Straße steigt im weiteren Verlauf zur 90 m hohen **BØRVÅGAKLSA** an und verschwindet im Mundloch eines 300 m langen TUNNELS. Finsternis umgibt uns, die Scheinwerfer leuchten grob bearbeitete Felswände aus; man tut gut daran, rechtzeitig die Geschwindigkeit zu senken, denn nach den lichtdurchfluteten Bildern zuletzt benötigt das Auge Zeit, um sich ans Dunkel zu gewöhnen.

Auf der anderen Seite fällt der Blick über die Rekvika hinunter auf die ausgefranste Küste bei Svolvær, und bevor wir wieder beschleunigen, steuern wir einen Parkplatz auf der linken Straßenseite an, um in Ruhe einen ersten Blick auf die Häusermasse der Archipel-Metropole werfen zu können. Die Stadt folgt dem Plan der Natur, hat sich der Küstenlinie angepasst und ist mangels Fläche nicht in die Höhe, sondern vielmehr bis auf die Schären hinausgewachsen, wohin sich der elegante Betonbogen einer Brücke spannt. Im Süden erglänzt der offene VESTFJORD, der sich mit anderen Fjorden nicht vergleichen lässt. Er ist selbst Meer, und sogar der gewaltige Sognefjord hätte mehr als zehnmal Platz in ihm.

Ein Stückchen weiter, bei km 33, markiert ein Schild die Stadtgrenze von **SVOLVÆR,** ein 50 m langer Tunnel schließt sich an, und wer bergsteigerische Ambitionen hat, sollte jetzt langsam fahren und der rechts aufsteigenden Steilwand einen Blick gönnen: Sie gehört zur Svolværgeita, einem knapp 300 m hohen Berg mit zwei Turmgipfeln, die so eng beieinander stehen, dass man vom einen zum anderen springen kann – wie in vielen Prospekten abgebildet. Der ZIEGENBERG (*geita:* Ziege) mit seinen beiden »Hörnern« gilt ALS WAHRZEICHEN der Stadt, und zumindest seiner Flanke kann man für ein Panorama bietendes Stück ohne Bergausrüstung in die Höhe folgen (zwischen Tunnelende und Friedhof hangaufwärts). Die Turmgipfel aber bleiben denen vorbehalten, die des Kletterns auch mächtig sind, und wenn es der Sprung ist, der lockt, dann muss man eine Seilsicherung anlegen können, denn die beiden Standflächen sind schmal und blicken ins Bodenlose. Wer sich die Besteigung nicht allein zutraut, kann auch an einer organisierten Klettertour teilnehmen, die die Kletter- und Bergsteigerschule »Den siste Viking« in Henningsvær während der Saison täglich durchführt (siehe unter »Ferien aktiv, Bergsteigen«): auf alle Fälle ein unvergessliches Erlebnis, denn die AUSSICHT von dieser 1919 erstmalig bestiegenen Felsformation auf Svolvær, den Vestfjord sowie die inseleinwärts sich anschließende Seenplatte ist wirklich extraordinär.

Wir, die wir weiterfahren, blicken bald über den kleinen Yachthafen, passieren eine nach links, zu dem Kunstzentrum auf Svinøya ausgeschilderte Straße und fahren auf einen Verkehrskreisel zu. Geradeaus geht's ins Stadtzentrum, doch auf urbanen Rummel sind wir heute, an unserem ersten Lofoten-Tag, nicht vorbereitet; so biegen wir nach rechts ab und folgen weiterhin der E 10, die ab sofort nach Å ausgeschildert ist. Ein dritter Tunnel, zur Abwechslung mal beleuchtet, führt uns direkt aus dem Stadtgebiet heraus.

Auf dem folgenden Kilometer umrunden wir den Osanpollen, an dessen Ufer sich ein paar bescheidene Industrieanlagen ausbreiten. Von erstaunlicher Größe ist nur die OSAN-WERFT, auf der nicht selten Hurtigschiffe im Trockendock liegen. Gegenüber, und täglich von 9 bis 24 Uhr geöffnet, machen wir eine Esso-Tankstelle aus, und rund 2 km weiter passieren wir die Häuserzeilen von **KABELVÅG,** der ältesten erhaltenen Ortschaft auf den Lofoten und früher deren Hauptstadt. In einem Bogen umfahren wir die braungelbe, zwar größte, aber nicht unbedingt schönste Holzkirche nördlich Trondheims, die sogenannte LOFOTEN-KATHEDRALE, bevor wir uns entscheiden müssen, ob wir in Kabelvåg übernachten wollen oder lieber etwas außerhalb, wo sich gleich zwei Campingplätze mit Hüttenvermietung anbieten. Möchte man im Ort bleiben, braucht man nur den deutlichen Hinweisschildern zu den Unterkünften folgen.

Wer's näher an der Natur mag, fährt weiter entlang der E 10, passiert den Abzweig ins Zentrum von Kabelvåg, sodann eine nach Storvågen (mit Lofot-Museum, Aquarium, Galerie Espolin und Nyvågar) führende Stichstraße und erreicht nach weiteren 1,5 km den Ortsteil Ørsvåg, wo es nach links, Richtung ØRSVÅGVÆR sowie SANDVIKA ausgeschildert ist. Hinter beiden Namen versteckt sich jeweils ein empfehlenswerter Campingplatz (Rorbuer und ebenfalls Zimmer), und es ist nur eine Frage des persönlichen Geschmacks, auf welchem der direkt benachbarten Plätze man bleiben möchte. Einfache wie komfortable Hütten haben beide, ebenso wie schöne Wiesenstellplätze und Bademöglichkeiten.

Route 2: Austvågøya – Rings um Ørsvågen

Ørsvågen ist der Name der Meeresbucht, die sowohl den Campingplatz von Ørsvågvær als auch denjenigen von Sandvika säumt. Dass das Gebiet beider Anlagen eingehend vorgestellt wird, liegt darin begründet, dass hier der Großteil der Sommertouristen ein paar Tage, wenn nicht gar den gesamten Lofoten-Urlaub verbringt. Hier spricht man Deutsch – natürlich; wen wundert es da, dass beide Plätze ziemlich fest in deutscher Hand sind. Am Filetiertisch hinter dem Strand wird der Tagesfang zerlegt; kaum fragen wir naiv, ob man hier auch Fisch kaufen kann, drückt uns schon ein ANGLER aus Bremen einen kapitalen Dorsch in die Hand. »Brauchen Sie mehr? Vielleicht morgen?« – Eigentlich nicht, aber wer kann so ein Angebot ausgeschlagen! Also gut, wir willigen ein, zumal Willi, der Angler, morgen auf Lachs und Steinbeißer gehen will...

Man richtet sich ein, Platz gibt es zur Genüge, und wir sind froh, gleich heute, am ersten Tag, ein solch herrliches Fleckchen Lofoten entdeckt zu haben. Ein SPRUNG INS MEER setzt der Euphorie einen Dämpfer auf, aber Willi meint lachend, dass es nur ein paar Tage braucht, um sich bei 14°C Wassertemperatur wohl zu fühlen.

Abends gibt's Fisch – ja natürlich, überall gibt's hier Fisch. Dann verschwindet die Sonne hinter einem Felszahn im Westen und erhellt die angrenzenden Eiskegel wie zu einem göttlichen Liebesakt. Zwielicht fällt ein, taucht die Tiefen in ein pastellenes Violett, das sich langsam nach oben verbreitet, um kurz nach Mitternacht, NIEMAND SCHLÄFT, ins kühlere Rosa des aufsteigenden Morgens überzugehen.

Die Nacht ist auf Reisen. Der Himmel flammt, Gold liegt auf der Erde, und um 2 Uhr nachts schicken wir uns an, die Felsbuckel hinaufzusteigen, die den Platz schützen, aber auch die Aussicht auf den offenen Vestfjord verstellen. Am Ende der schmalen Felskerbe, deren Grund mit saftiger Wiese bewachsen ist, zweigen ein paar Trampelpfade nach links hoch ab und weisen uns die Richtung auf die maximal 40 m hohen, von Wind und Wellen abgerundeten Klippen, auf denen wir uns schon fünf Minuten später niederlassen, um die Lichtbotschaft der MITTERNACHTSSONNE entgegenzunehmen. Zahlreiche Sonnenanbeter wie wir haben ihre Plätze eingenommen, aber in diesen Stunden fällt kein lautes Wort. Nur ein paar Möwen kreischen ihr heiseres Nocturno in die »Nacht«, und das Meer gluckst im leichten Wogenschlag um die Wurzeln der Felsen, die bis zu den Knien im Meer stehen.

»Man wird aber nichts eher leid als das ewige Tageslicht«, notierte sich *Friedrich Engels* anlässlich einer Nordland-Reise im Jahre 1867. Ob er jemals dort saß, wo wir jetzt sitzen? Unmöglich, denn dann wäre sein Urteil ganz anders ausgefallen! Unter uns das Meer, so glatt wie eine gespannte Folie und von der Farbe eines polierten Kupferspiegels. Darin ein paar Schären aus einem Kern von Felsen und Walt-Disney-Grün, umgeben von einem Ring aus Brandungsstreifen. Weit draußen die Leuchtfeuer von Moholmen und Skrova, die sich für Monate das Leuchten schenken.

Dahinter, mehr als 50 Seemeilen entfernt, steigt die Insel ENGELØYA aus dem Vestfjord – steil, graublau und sagenhaft –, während sich noch weiter östlich keine Gipfel mehr zeigen, sondern ein Schneefeld, eine Schneewüste, die über dem Kaledonischen Gebirge liegt wie ein rosafarbenes Tischtuch. Im Norden aber, karmesinrot ausgeleuchtet, erhebt sich LILLE MOLLA an der Kimmung des Meeres, während rechts von uns die STEILWAND des VÅGAKALLEN alles Licht absorbiert und als »schwarzes Loch« aufsteigt.

Wer hier ohne Kamera die Sinne öffnet und sich selbst zum Sucher macht, gewinnt etwas Einzigartiges, etwas nicht von dieser Welt Scheinendes – erlebt, wie es ist, wenn die Welt der Lofoten im Licht ertrinkt. Wie schön, dass es schon so spät und der sachlich bewertende Teil unseres Bewusstseins sich zur Ruhe begeben hat; Hand aufs Herz: Wer würde sonst die Kamera unbenutzt lassen?

Vor 10 Uhr morgens rührt sich niemand im Bett, aber gegen 10.30 Uhr wollen alle duschen. Man steht also Schlange, vertreibt sich die Zeit mit Plauderei und mit dem Suchen nach Superlativen, um zu beschreiben, wie man's hier findet. Nichts für Morgenmuffel, aber auch die Griesgrame unter den Wartenden sollten die Ohren offen halten, denn die meisten der Campingplatz-Besucher sind langjährige Stammgäste und wissen so manche Anekdote zu berichten, halten so manchen »Geheimtipp« parat.

Von der Schäre SAGØYA zum Beispiel hören wir hier zum ersten Mal, und so folgen wir der Empfehlung, mieten ein Boot und rudern raus. Wir sind rasch am Ziel, denn die Schäre liegt nur rund 1 km südlich und kann gar nicht verfehlt werden: an ihrem Westrand nämlich, wo sie einer Nachbarschäre sehr nahe kommt, sticht eine gemauerte und in Beton gefasste »Landungsbrücke« ins Auge. Leinen fest und hoch über die Steigeleiter. Oben empfangen ein paar Poller, die Überreste eines kleinen Ladekrans und ein verrostetes Geländer, das einen Steinweg säumt. Alles Zeichen, dass auf diesem ca. 300 x 100 m messenden Eiland mal Menschen gewohnt haben. Genauer ein Mensch, nämlich der Leuchtturmwärter, der arbeitslos ist, seit man hier ein elektrisches Feuer einrichtete. Das *fyr* findet sich in einem kleinen weißen Türmchen am Süd-»Kap«, während die ehemalige Wohnung des Feuermeisters eine Anhöhe im Norden krönt. Dazwischen eine Wiesenmulde, in der ein halbes Dutzend Schafe damit beschäftigt ist, Gras auszurupfen. Sie staunen nicht schlecht, als sie Besuch bekommen, aber auch wir staunen. Nicht wegen der Schafe, sondern weil die Lofoten-Wand von hier, von draußen betrachtet, alles in den Schatten stellt, was wir bisher gesehen haben: vielfarbig blaues Meer, dahinter Wiesen – das kennt man schon. Aber wer hätte je vermutet, dass die senkrechten Flanken der Wand von tropengrünen Farben sein können? So grün wie die Hänge von Bora Bora in Französisch Polynesien? Wäre da nicht der Schnee, der die oberen Lagen bis Ende Juni bedeckt, man könnte – etwas Fantasie vorausgesetzt – glauben, wirklich auf einer Insel im Tuamotu-Archipel der Südsee zu stehen. Dazu gibt's Blaubeeren in Fülle und die Grundmauern des ehemaligen Wärterturms, die aus Granitquadern gelegt sind und aussehen, als seien sie geschliffen worden. Etwas unterhalb klafft das (leidlich abgedeckte) Loch einer gut gefüllten Zisterne im Fels – plötzlich spürt man Lust, Lebensmittel zu bunkern, zurückzukehren und Robinson zu spielen.

Aber vorher gilt es, die Gestade der benachbarten Küste genauer zu unterzusuchen. Wir nehmen Kurs auf Süd-Südwest, lassen die bewohnte Bucht von Ørsnesvika rechts liegen, pullen um die glatten Felsbuckel herum, die den Küstensaum bilden, und nehmen jede Einfahrt wahr, um herauszubekommen, was am hinteren Ende wartet. Das erste Mal auch nur Felsbuckel, aus klarer Tiefe aufsteigend, in der Fischschwärme hin und her eilen; das zweite Mal eine kinderreiche PRACHTEIDERENTEN-Familie, die rasch Reißaus nimmt und uns mit kollernden Rufen verflucht. Dann eine weitere, fast 500 m lange Passage, und gerade wollen wir umkehren, als voraus, hinter einer im Fahrwasser liegenden Klippe, das hellgoldene Band eines Sandstreifens auftaucht. Baden und Schwimmen kann man nicht, denn ein Tangwald wogt im flachen Meer. Aber herrlich ist's, auch romantisch, sich auf den Sand oder die angrenzende Wiese zu legen und zu sonnen, Taschenkrebse zu ärgern, Muscheln zu sammeln, oder was man sonst als angehender Robinson zu tun pflegt.

Zu berücksichtigen ist jedoch, dass dieser Strand sowie das angrenzende Umland in Privatbesitz stehen. Die Eigentümer wohnen am Ende der am Strand beginnenden Wiesenmulde und möchten nicht ständig von neugierigen Besuchern gestört werden. So bleibt man fern, vermeidet unnötigen Lärm und nimmt hinterher all den eventuell angefallenen Müll wieder mit.

Wir stöbern ein wenig in der Gegend herum, finden reichlich Beeren, eine spaltbreite Höhle – treffliche Kulisse für einen Film über die Steinzeit –, stoßen überall auf Gezeitentümpel mit Fischen und Meeresfrüchten darin. An der nächstwestlichen Bucht, der BREIDVIKA, auch auf Spuren von Menschen, die dort irgendwann einmal eine Landungsbrücke an den Fels bauten. Nur Ruinen sind übrig, auch viele alte Holzbalken, und mit diesem Brennmaterial beladen kehren wir schließlich zu unserer Insel zurück: Heute Abend wird es selbst gefangenen und sogleich gegrillten Fisch geben; dazu Wasser aus der Zisterne, Licht vom Himmel – lieber Gott, was geht es uns gut!

Route 3: Austvågøya – Kabelvåg

EIN STÜCK VON GESTERN
Kabelvåg ist eine Stadt aus Hellgrau, Kupferrot und Zimt; sie ist AUS HOLZ GEBAUT, entsprechend altersspröde. Fassaden aus horizontal oder vertikal geschichteten Brettern überall, dort eine Säule aus Holz, gestrichen in elfenbeinaltem Weiß, da eine farblich abgesetzte Fenstereinfassung oder Dacharchitrave – SCHMUCKWERK, das den Bauten den Charme von altmodischen Manschetten verleiht und von besseren Tagen berichtet. Etwa von denen, als Kabelvåg noch die erste Geige auf dem Archipel spielte, weil es über den größten Hafen und die größte Fischereiflotte verfügte. Das war noch im vorletzten Jahrhundert so, auch vor deren fünf, ja sogar vor fast einem Jahrtausend, als der erste in überlieferten Schriften erwähnte Lofoter, Tore Hjorth, Häuptling in dieser Siedlung war, die damals noch STORVÅGAN hieß – Storvågan, gegründet von Wikingern im 9. Jh., gilt als älteste permanent bewohnte Ortschaft Nordnorwegens.

Seit dem frühen Mittelalter war sie das Handelszentrum von Nordland, DREHSCHEIBE des Stockfisch-Exportes, und es ist nicht übertrieben zu sagen, dass Bergen, damals Norwegens heimliche Hauptstadt und Handelsmetropole mit fast 500-jähriger hansischer Vergangenheit, niemals solche Blüte erlebt hätte, hätte es nicht die Lofoten, mithin Storvågan gegeben. Auch die Lofoten-typischen Fischerkaten, Rorbuer, sah man zuerst hier, wo sie auf Weisung von König *Øystein* neben der ersten Lofoten-Kirche 1120 errichtet wurden. Seine Majestät hatte die wirtschaftspolitische Bedeutung des jährlichen Kabeljausegens erkannt und sich durch den Rorbu-Bau seinen Anteil gesichert: fünf Stockfische pro Mann und Saison, was viel war in jenen Zeiten und eine gut gefüllte Staatskasse garantierte.

Wenn es irgendwo ein Denkmal für den KABELJAU geben würde, müsste es hier stehen, denn Kabelvåg verdankt alles nur *gadus morrhua:* Glück und Hoffnung, Reichtum und Brot ebenso wie Verzweiflung und Tragödie, Armut und Hunger. Seit dem 20. Jahrhundert auch den Niedergang, denn der Hafen ist versandet, die Kutter sind anderswo registriert, in Svolvær und Henningsvær. Am Hafen ein paar wenige Krabbenpötte, Heringslogger und Fischkutter, dahinter eine Sammlung altersschwacher Speicher, man wird sie abreißen oder vielleicht »Designer«-Wohnungen darin einrichten. In der Tat: Schiffsbauer oder Bootsführer, Fischer oder Reeder mag man nicht sein im heutigen Kabelvåg.

Man möchte dort einen schwarzen Winter lang in einem Dachzimmer am Tisch sitzen, oder vor der Leinwand. Kabelvåg ist ein Platz für die KUNST, viele Künstler wohnen hier, auch solche, die es werden wollen, denn die Kunstschule (www.kunstfilm.no) genießt einen landesweit guten Ruf. Die Institution an der Tore Hjortsgate grenzt an die Hauptgasse mit Café, Geschäften, Postamt und Bank.

Ein Hauch von Provinzialität und vor allem Melancholie liegt über diesem alten, heute etwa 1.990 Einwohner zählenden Städtchen, das sich einen schmucken MARKTPLATZ *(torget)* zugelegt hat. DIREKT AM MEER bildet er das eigentliche Zentrum, auch wenn viele Lofoter die angrenzende *Præstenbrygga* so bezeichnen. In diesem zum Pub und Restaurant umgebauten SPEICHERHAUS gibt's frisch gezapftes Bier vom Fass; man kann herrlich sitzen, auch draußen, und dabei das Treiben auf dem Platz beobachten. Ansonsten kann man im Zentrum allerdings nichts unternehmen.

DIE LOFOTEN-KATHEDRALE

An der E 10, unübersehbar groß und ockerfarben, steht die VÅGAN KIRKE – das größte Gotteshaus aus Holz nördlich von Trondheim wurde 1898 erbaut und ist mit 1.200 Sitzplätzen – für jeden Kabelvåg-Einwohner einen – längst zu groß für die auch hier ständig kleiner werdende Gemeinde der praktizierenden Christen. Die KREUZKIRCHE – flankiert von einem Turm mit einem spitzen Helm über der Vierung – sieht aus wie irgendeine Landkirche und ist kein »Muss« für Besucher. Ihr Inneres ist enorm in den Ausmaßen und geschmückt mit einigen Portraits von Pastoren, von denen eines *Hans Egede* abbildet, der hier predigte und auch *Gertrud Rask* heiratete, bevor er nach Grönland ging und als »Grönland-Apostel« seine Rolle in der Geschichte fand.

◎ **VÅGAN KIRKE**: während der Saison täglich ab 9/10 und bis 18/20 Uhr geöffnet. Es wird ein (geringes) Eintrittsgeld verlangt, was in erster Linie manche deutsche Besucher in Rage bringt bzw. dazu verleitet, durch die Fenster zu linsen, um Geld zu sparen. Die Norweger machen sich nur lustig über solche Knauserer, denn was sind schon die paar Kronen, die in die Entlohnung des Wärters fließen? Der wurde notwendig, seit sich fehlgeleitete Touristen an einer alten Bibel vergriffen, die im Kircheninneren ausgestellt war, indem die Kretins ein paar der kunstvollen, nicht minder wertvollen Seiten herausrissen!

IN DER ZEIT ZURÜCK: KULTURPFAD NACH STORVÅGEN

◎ Folgt man der Straße ab der Kirche ein paar Meter südlich zur anderen Seite der Kirchenbucht, fällt ein großer Findling auf, der **TROLLSTEIN**, der von Rätseln wie von Sagen umrankt ist, gilt er doch als der einzige in Norwegen, in den ein KREUZ eingemeißelt wurde.

Gut 1.000 Jahre soll das schon her sein und war gemäß der Sage die Antwort der Christen auf den Angriff des Teufels gegen die soeben erbaute Kirche: Wie es heißt, schleuderte der Satan nämlich den besagten Findling in seinem Zorn von dem angrenzenden Kjellbergtinden (auch: Tjeldbergtinden) hinab. Nach einer anderen Überlieferung diente der Stein, ein Überbleibsel der Eiszeit, während des ersten Gottesdienstes auf den Lofoten als Altar – obwohl jüngere Untersuchungen davon ausgehen, dass der Findling einst hier ansässigen Sámi als OPFERSTEIN diente, so zu seinem Namen kam und und durch das Einmeißeln des Kreuzes eine Stätte der neuen Religion wurde.

◎ Ein weiterer Felsblock sei erwähnt, der ein paar Meter südlich über dem

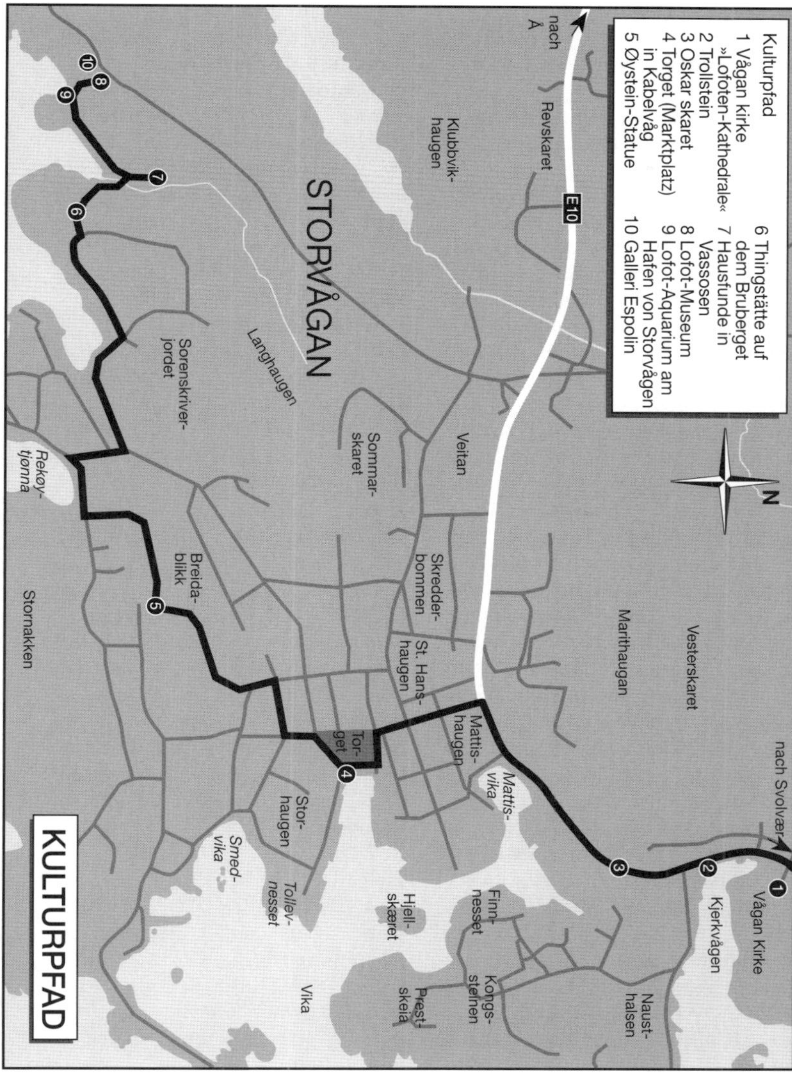
KULTURPFAD
Kulturpfad
1 Vågan kirke »Lofoten-Kathedrale«
2 Trollstein
3 Oskar skaret
4 Torget (Marktplatz) in Kabelvåg
5 Øystein-Statue
6 Thingstätte auf dem Bruberget
7 Hausfunde in Vassosen
8 Lofot-Museum
9 Lofot-Aquarium am Hafen von Storvågen
10 Galleri Espolin
N
nach Å
E10
nach Svolvær
STORVÅGAN
Revskaret
Klubbvik-haugen
Langhaugen
Sorenskriver-jordet
Rekøy-tjønna
Veitan
Sommar-skaret
Skredder-bommen
Breida-blikk
Stornakken
Marithaugan
Vesterskaret
St. Hans-haugen
Mattis-haugen
Tor-get
Mattis-vika
Stor-haugen
Smed-vika
Tolle-nesset
Hjell-skæret
Finn-nesset
Kongs-steinen
Prest-skeia
Naust-halsen
Vika
Vågan Kirke
Kjerkvågen

Meer gelegene **OSKAR-SKARET,** auf dem sich sämtliche norwegischen Könige seit *Oskar II.* (1873) verewigten. Die Namenszüge prunken in reinstem GOLD.

◎ An der Abzweigung nach Finnesset (ehemalige Pfarrstelle) vorbei sind es wenige Gehminuten durch die Gassen Kabelvågs bis ins Zentrum des aus dem Namen *kapelvåg* (Kapellen-/Kirchenbucht) hervorgegangenen Ortes, der als Kapellvågen erstmals 1352 in den Quellen auftaucht. Es gibt nicht viel zu sehen, aber auf **TORGET**, dem Marktplatz, kann man prächtig sitzen und sich in der angrenzenden »Præstenbrygga« erfrischen, bevor es weitergeht auf einer von nun an markierten Fußstrecke (siehe Karte) nach Storvågan, der Keimzelle des Ortes.

◎ Nur wenige Gehminuten sind es, bis die Anhöhe Breidablikk erreicht ist, an deren Ostende die 1935 vom Bildhauer *Artur Gustavson* geschaffene **KONG ØYSTEIN-STATUE** aufragt. In der frühen lokalhistorischen Literatur wird dieser von 1103 bis 1123 herrschende Regent als der Gründer von Storvågan genannt; er blickt kurioserweise auf Kabelvåg hinunter und nicht auf das eigentliche Storvågan – da man 1935 noch gar nicht wusste, welche Bedeutung Storvågan für die Lofoten hatte. Die Statue selbst ist weniger beeindruckend als das PANORAMA über den Ort sowie die Küstenlinie.

◎ Folgt man weiter der markierten Strecke, erreicht man die ehemalige **THINGSTÄTTE BRURBERGET**. Da keine bauliche Zeugen auf diesen politisch wichtigen Schauplatz des Mittelalters hinweisen, bleibt nur, sich in Gedanken in die große Zeit des Hafens von Storvågan zu begeben, von wo aus zwischen dem 11. und 14. Jh. vermutlich alle politisch und rechtlich relevanten Entscheidungen in Hålogaland – damals die nördlichste Provinz Norwegens – gefällt wurden.

◎ Gehen wir nun weiter, auch in der Zeit noch weiter zurück, denn wie neueste Ausgrabungen erwiesen haben, war der nur einen Steinwurf vom Thingplatz entfernte Siedlungsplatz **VASSOSEN** schon in der Zeit vor Christi Geburt bewohnt. In dem mit Steinen durchsetzten Moränenboden finden sich Überreste von fünf, bis über 2.000 Jahre alten Hausbauten. Bei dem rätselhaftesten Fund, der hier zum Vorschein kam, handelt es sich um eine tierähnliche BRONZEFIGUR, zu der bislang in Europa kein Gegenstück bekannt ist. Fachleute schrieben sie samischem Ursprung zu, was wiederum zu der Theorie führte, dass DIE ERSTEN LOFOTER SÁMI waren.

In Vassosen nun befinden wir uns bereits mitten in Storvågen, dem mittelalterlichen Vågan und damit »Wiege des Stockfischexports«, der ab dem 11. Jahrhundert nachgewiesen werden konnte. Drei hochinteressante Sehenswürdigkeiten warten auf Besucher:

EINE KULTUR-INSTITUTION

Dort wo heute das LOFOTMUSEET steht, lag vor langer Zeit einer der wichtigsten Höfe von Vågan; die zentralen THEMEN des Regionalmuseums sind dementsprechend die Frühgeschichte, der Lofoten-Fischfang sowie die Entwicklung des Trockenfischexports im Mittelalter. Die Ausstellung ist allemal einen Besuch wert; wem der oben beschriebene Spaziergang hierhin zu beschwerlich scheint, kann von der E 10 aus auch über eine Straße (südlich von Kabelvåg ausgeschildert) anreisen.

Die zweigeschossige Holz-»Villa« gehörte dem früheren værkonge (Fischerort-König oder -Besitzer, auch: Fischgrund-König) von Kabelvåg (siehe Seite 72). Das Hauptgebäude beherbergt Exponate über die Lofoten-Wohnkultur und -Fischerei, im Flur hat man eine schematische Darstellung der Nordlandboote arrangiert.

Im angrenzenden Zimmer verschafft ein Lageplan Übersicht auf die Ausstellungen in den anderen Räumen, von denen man als erstes das ehemalige Wohnzimmer des »Herrn der Fischer« betritt. Das stilvolle Dekor stammt aus der Mitte, das Mobiliar aus der zweiten Hälfte des 19. Jhs. Das überaus ELEGANTE INTERIEUR erregt Staunen, hätte man es doch eher in Bergen und niemals hier oben auf den Lofoten vermutet. Es ging ihnen wirklich nicht schlecht, diesen mächtigen Fischgrund-Königen; die Vitrinen, die Standuhr und besonders der Kachelofen dürften ein kleines Vermögen wert sein.

In dem angrenzenden Raum, einst das Frühstückszimmer, informieren zahlreiche Schwarzweiß-Fotos über die Kunst der Dorsch-Filetierung, vorgestellt am Beispiel einer FILETFABRIK in Henningsvær.

Im Obergeschoss rechts betritt man das frühere ARBEITSZIMMER, das mit einem Sekretär, Regalen voller Konto-Bücher, alten Papieren und diversen Rauchutensilien den Eindruck hervorruft, als wäre die Bürokraft nur kurz außer Haus.

Der nächste Raum erzählt von der WOLL- UND TEXTILVERARBEITUNG: Neben zwei gewaltigen Webrahmen sind Spinnräder, Haspeln, ein paar Hosen aus hausgesponnener Wolle, ein Wandteppich und ein geknüpfter Vorleger ausgestellt. Sodann betritt man das einstige Esszimmer mit Möbeln und einer aufdringlichen, pinkrosafarbenen Streifentapete.

Das »Blaue Zimmer« beherbergt eine permanente Fotoausstellung von *Thomas Røjmyr,* der sich um die Darstellung von HENNINGSVÆR in den 1970er Jahren verdient machte.

Schräg gegenüber dieses Gebäudes findet sich ein Bootsschuppen; in den beiden Räumen findet sich ein wenig von dem, was die Archäologen 1986 dem historischen Boden, auf dem das Museum steht und einst Storvågan stand, entlocken konnten. Die wichtigsten Exponate wurden freilich nach Tromsø gebracht und sind dort zu besichtigen. Vor Ort blieben alte Tonkrüge und Töpfe, Nägel, ein Fausthandschuh, Handwerkzeuge der Fischer – allesamt Dinge, die man auf das 11.–15. Jh. datieren konnte. Interessanter wirken die Europakarte, die die Wege des Stockfischhandels im 14. Jh. nachzeichnet, eine mit Liebe zum Detail nachgebaute Feuerstelle mit Fischern davor, ein alter Webrahmen, Fotografien aus den Tagen der Daguerreotypie, zahlreiche Schiffsmodelle (bis 1,5 m lang), eine Gips-/Holzkreation (Fischer beim Netze-Flicken) sowie vieles andere mehr, das zusammengenommen den Lofoten-Fischfang auf vorbildliche

Weise darstellt. Etwas aus dem Rahmen fällt die »Dame in Blau«, die im Vorraum steht und angeblich so aussieht, wie Damen im 14. Jh. in Storvågan aussahen. Schön die Tracht, der Schmuck und interessant zu lesen, woraus ihre Mitgift bestand: zwei Matratzen, einem Kissen aus Seide, einer Wolldecke, einer deutschen Tischdecke, einer Kiste mit deutschem Eisenbeschlag.

◎ **LOFOTMUSEET**, Tel. 7606 9790: 1.6.–31.8. täglich 9–18 Uhr, Mai Mo–Fr 9–15 Uhr, Sa+So 11–15 Uhr, 1.9.–30.9. So 11–15 Uhr, sonst Mo–Fr 9–15 Uhr. Eintritt 50 NOK, Kinder (ab 7 Jahre) 15 NOK; günstiger mit Storvågan-Billett 130 NOK (gilt auch für Lofotakvariet und Galleri Espolin nahebei).

WO MEER UND LAND EINANDER BEGEGNEN

Am alten Hafen von Storvågan, der im Mittelalter der bedeutsamste des gesamten Nordens war und seine Blütezeit im 13./14. Jahrhundert erlebte, lädt heute das moderne, dank seiner einprägsamen Architektur reizvolle LOFOT-AQUARIUM ein. Das Gebäude mit den großen Glasfronten fällt ähnlich ins Auge wie die benachbarte Galleri Espolin Johnson (s.u.).

»Wo Meer und Land einander begegnen« ist das Motto dieser Lofot-Institution. Dementsprechend die erste Attraktion ist das große Freiluft-SEEHUNDBECKEN, durch das mehrere der possierlichen Säugetiere ihre Kurven ziehen. Je nach Saision ein- bis dreimal täglich werden sie mit Fisch gefüttert, wenn sie mit putzigem Verhalten die Herzen der Zuschauer im Sturm erobern.

An dem CAFÉ mit Meerblick im Hauptgebäude kommt man kaum vorbei, zumal die Preise für Kaffee, Kuchen, Waffeln, Bier, Wein sowie für die leckeren Fisch- und Fleischgerichte unschlagbar günstig sind. Obendrein sitzt man sehr schön im Wintergarten oder auf der Terrasse über dem Fjord, wo ein NORDLANDBOOT die Glanzzeiten des Hafens heraufbeschwört.

Offene Becken, von Pflanzen üppig umrankt, erfreuen insbesondere die Kinder, die hier kein gestrenger Wärter zurückpfeift, wenn sie ins Wasser greifen, um einen Taschenkrebs zu ärgern. Hineingreifen ist erwünscht, die Lofoter zeigen's dem Nachwuchs, nehmen ihm so die Angst und wecken Interesse an Flora und Fauna des allgegenwärtigen Meeres. Natürlich sind da auch die richtigen AQUARIEN, gleich 23 an der Zahl und alle überaus groß und so angelegt, dass man auf »Du und Du« mit den vor den Lofoten heimischen Fischen und Meerestieren steht und gleichzeitig einen Einblick in das marine ökologische System erhält. Dorsch und Seelachs, Aal und Steinbeißer, Heilbutt und Flunder, Hummer, Krebse, Garnelen und so weiter sind ebenso zu besichtigen wie Otter und Süßwasserfische nebst den Strandzonenbewohnern wie Muscheln, Tange und Algenarten.

Eine NATURGESCHICHTLICHE AUSSTELLUNG informiert über Themen des hiesigen Breitengrads. Weitere Höhepunkte dieser jährlich mehr als 50.000 Besucher zählenden Sehenswürdigkeit sind die technisch aufwändige DIAVORTRÄGE, die in stündlichem Wechsel »Die vier Jahreszeiten«, »Die Lofoten-Fischerei« und das

Lofotakvariet am Fjord (oben); Kabelvåg Ende des 19. Jahrhunderts ▶

»Nordlicht« prächtig in Szene setzen. So ästhetisch wie die bestimmt nicht alltäglichen Lichtbilder präsentiert sich die musikalische Untermalung.

◎ **LOFOTAKVARIET**: Tel. 7607 8665, www.lofotakvariet.no. 1.6.–31.8. jeden Tag 10–19 Uhr, Mai täglich 11–15 Uhr, ab 1.2. sowie bis 30.11. Mo–Fr und So 11–15 Uhr; die Fütterung der Seehunde findet während der Hochsaison um 12, 15 und 18 Uhr statt. Eintritt 80 NOK, Kinder 40 NOK; günstiger ist das Storvågan-Billett, das 130 NOK kostet und auch für Lofotmuseet und Galleri Espolin gilt.

GENIALE PINSELSTRICHE

»Endlich sind meine Bilder nach Hause gekommen«, soll der Maler *Kaare Espolin Johnson* (1907–1994) gesagt haben, als er 1992 seine eigene Galerie in Storvågan besuchen konnte.

Der landesweit bekannte Künstler gilt als einer der außergewöhnlichen Maler Norwegens, hat er es doch zeit seines Lebens wie kein anderer verstanden, in unzählbaren Werken Entbehrungen, Sehnsüchte, Ängste und Mühen der KÜSTENBEVÖLKERUNG zu schildern.

Seinen poetischen Pinselstrich prägt die Liebe zu den Nordländern, vor allem zu den Lofot-Fischern, deren Leben er meisterhaft darstellte. Nicht umsonst war es eben Kaare Espolin, der in den 1970er Jahren den begehrten Auftrag erhielt, eine norwegische SCHMUCK-AUSGABE des berühmten Romans »Die Lofotfischer« von Johan Bojer mit Kunstwerken zu bereichern.

Espolin gilt als einer der großen des Landes – allein in der Osloer NATIONALGALERIE hängen 39 seiner Werke. Doch die größte Sammlung seiner Kunst ist sicherlich hier zu finden, wo es ständig mindestens 100 Bilder zu betrachten gibt.

Das Gebäude selbst, ansprechend aus Holz, Beton und Glas unter einem sattgrünen Grasdach ausgeführt, erinnert uns ein wenig an isländische Architektur und bildet den perfekten Rahmen.

Auch eine Bibliothek gehört dazu, des Weiteren ein Videoraum. – Die ESPOLIN-KUNSTPOSTKARTEN, die hier für relativ wenig Geld zu erstehen sind, gehören zu den beliebtesten Mitbringseln aus dem Archipel.

◎ **GALLERI ESPOLIN**, Tel. 7607 84 05, www.galleri-espolin.no: 15.6.–15.8. täglich 10–19 Uhr, 1.6.–14.6. und 16.8.–31.8. täglich 10–18 Uhr, Mai täglich 11–15 Uhr, ab 1.2. und bis 20.12. So–Fr 11–15 Uhr. Eintritt 50 NOK, Kinder (ab 7 Jahre) 15 NOK; oder 130 NOK für das Multi-Ticket Storvågan (s.o.), zusammen mit Lofotakvariet und Lofotmuseet.

Route 4: Austvågøya – Svolvær

HAUPTSTADT, KLEIN UND FEIN

»Noch verdeckte Nebel die Berge... Aber dann! Der Nebel begann sich aufzulösen ... Das unterste Stück der schneebedeckten, von der Sonne beschienenen Bergseite wurde in seiner strahlenden Pracht sichtbar. Mehr und mehr zog sich die Nebeldecke nach oben, und unter der untersten Kante sahen wir die steilen, wilden Berghänge, die zu sinken schienen, während sich die Nebeldecke hob. Höher und immer höher stieg sie. Immer mehr Berge, immer mehr Steilwände, große, schneebedeckte Berghänge und dazwischen schwarze, spitze Gipfel in überraschenden Formen wurden sichtbar. Endlich wurden die höchsten messerscharfen Gipfel frei und ragten nun dem tiefen blauen Himmel entgegen, wo sich der Nebel augenblicklich auflöste. Ja, es kann nicht abgestritten werden – ein imponierender Anblick: Das Reinste des Reinen, das Kälteste des Kalten, das Unberührteste des Unberührten, das Vornehmste, was man sich denken kann.«

Von solcher Art also war – in den Worten von *Christian Krohg* (»Der Kampf ums Dasein«) – der Lofoten-Anblick von Svolvær aus, der Archipel-Metropole, gegen Ende des 19. Jhs. Auch der Reisende unserer Tage wird das Bild stimmig finden, die Kulisse hat nichts von ihrer Dramatik verloren. Svolvær breitet sich auf den Halbinseln Storøya und Litløya sowie auf den Schären Svinøya und Kjeøya aus, und zählt als größte Stadt des Inselreiches rund 4.150 Einwohner.

Als Fischerdorf existiert Svolvær schon seit dem Mittelalter, 1760 erhielt der Ort die Handelsprivilegien, 1918 die Rechte einer Landstadt. Heute ist Svolvær Verkehrsknotenpunkt und Verwaltungszentrum der Region, Sitz der Lofoten-Fischereiverwaltung und auch einer der größten Zeitungen Nordnorwegens, der »Lofotposten«. Ein paar Industriebetriebe gibt es auch – deren Metier sind Schiffsbau und -ausrüstung sowie Fischverarbeitung. Einen guten Namen hat sich die Stadt im In- und Ausland durch ihre KÜNSTLERKOLONIE gemacht (siehe Seite 103).

»Wenn Sie auf Hektik aus sind, auf pulsierendes Stadtleben, Urbanität – wir bieten es.« So steht es im Prospekt. Wer diesen Slogan für bare Münze nimmt, erhält ein Bild vor Augen, das nicht stimmt und vor Ort ganz kräftig korrigiert werden muss. Wenn Lofoter von Hektik, Stadtleben und Urbanität reden, dann bedeutet das – nach deutschem Verständnis interpretiert – nicht viel mehr, als dass dort keine Menschenleere herrscht und dass Sie eine reelle Chance haben, viele Autos zu sehen. Man muss das verstehen, denn hier im Inselabseits leben Lofotgesamt nur gut 24.000 EINWOHNER, und eine Stadt, die so viele Menschen bewohnen, wie Røst, Værøy, Flakstadøya sowie Moskenesøya zusammen aufbringen, die muss schon hektisch sein. Kurz und gut, nach halbwegs urban geprägtem Verständnis sind hier in Svolvær die »Bürgersteige hochgeklappt«. Formidable Sehenswürdigkeiten gibt's keine, und so ist die Stadt für den Touristen nicht viel mehr als ein Ort, an dem man mehrere Super-

Die Lofoten Temagalleri am Hafen Svolvær widmet sich Fischerei und Walfang, Natur und Kultur auf den Inseln, inklusive Kurzfilm. Parkgata 12, Tel. 7607 0336. Im Sommer 10–15 und 18–21 Uhr. Führung 12 und 19 Uhr. Eintritt 50/25 NOK.

märkte sowie andere praktische Einrichtungen beieinander hat.

STADTSPAZIERGANG

Einen Stadtbummel möchte man als Urlauber wohl trotzdem unternehmen, denn irgend etwas Gewohntes braucht der Besucher: Die Lofoten-Landschaft und die Menschenleere – das alles ist doch recht ungewohnt für uns Mitteleuropäer, denen meistens schon nach ein paar Archipel-Tagen der »Himmel auf den Kopf fällt«.

◎ Beginnen wir den Bummel also da, wo alle beginnen, da eben alle dort parken: auf dem Platz vor dem **MEGA-SUPERMARKT** an der Sivert Nilsengt. Dann sehen wir, schräg gegenüber, das **SENTER,** die moderne Entsprechung eines Kaufhauses und selbstredend ganzer Stolz der Stadtväter. »Hundert« Läden unter einem Dach – alles vom Friseur bis zur Apotheke, mittendrin ein paar Gummibäume. Kneipe und Restaurant fehlen, aber dafür gibt's ein Café in Etage Zwei.

Der Komplex ist lichtdurchflutet, immerhin nicht von Kunstlicht, sondern von dem, was durch das Glasdach fällt.

◎ Aus dem Hauptausgang raus, die Straße Torggata überquert, und man steht vor dem **RATHAUS,** das sich nicht sonderlich von solchen zu Hause unterscheidet. Allerdings können Sie in der Gemeindehalle, in der das Kino untergebracht ist, KUNSTKONTAKT aufnehmen, denn dort hängt das Hauptwerk von *Gunnar Berg* – eine sieben Bilder zählende Serie von der »Trollfjordschlacht«.

◎ Die Storgata führt, vorbei am Rathaus, auf die Roald Amundsen gt., der wir nach links folgen, dort wo ein geschmackvoll dekoriertes Schaufenster einlädt, **GALERIE & ATELIER** von DAGFINN BAKKE zu besuchen, ein bekannter Lofoten-Künstler. Etwa 10.6.–25.8. Mo–Fr 11–15 Uhr, Sa 11–14 Uhr, sonst nur Sa und nach Absprache: Tel. 7607 1998. www.dagfinnbakke.no.

◎ Geradeaus erhebt sich der graue Steinbau der früheren Hauptpost, der jetzt das neu eingerichtete **LOFOTEN KRIGSMINNEMUSEUM** beherbergt. Es ist der Kriegszeit auf den Lofoten gewidmet und zeichnet mit vielen Fotos, Dokumenten etc. ein authentisches Bild der für die Norweger durch Deutsche dunklen Zeit. 1.6.–30.9. täglich 10–16 Uhr, ab 1.5. und bis 31.10. Mo–Fr 18.30–22 Uhr, sonst nur nach Absprache. Eintritt 50/20 NOK. Tel. 9173 0328, www.lofotenkrigmus.no.

◎ Rechter Hand neben dem Gebäude finden sich die Haltestellen für sämtliche LOFOTBUS-Verbindungen. Links, nur ein paar Meter entfernt, öffnet sich der **TORGET**, der Marktplatz, das wirkliche Zentrum von Svolvær. Am Meer grenzt der alte Fährkai an, direkt links liegt das deutlich ausgeschilderte Touristenbüro, und davor bieten im Sommer ein paar mobile Händler günstiges Obst und Gemüse an. Schräg gegenüber, direkt am Hafenbecken, führt ein Kiosk gängige fremdsprachigen ZEITUNGEN und Zeitschriften und kann man sich darüber informieren, wann das nächste AUSFLUGSBOOT ZUM TROLLFJORD ablegen wird.

◎ Dort wo die Vestfjordgata vom Torget abzweigt, passiert man ein Schaufenster mit SÜNDHAFT teuren Auslagen, wohl die meistbetrachte-

Elch-Tipp: Auf der Homepage von Dagfinn Bakke gelangt man via Link Lofoten Art zu einer umfangreichen Galerie mit der Lofoten-Malerei vieler Künstler.

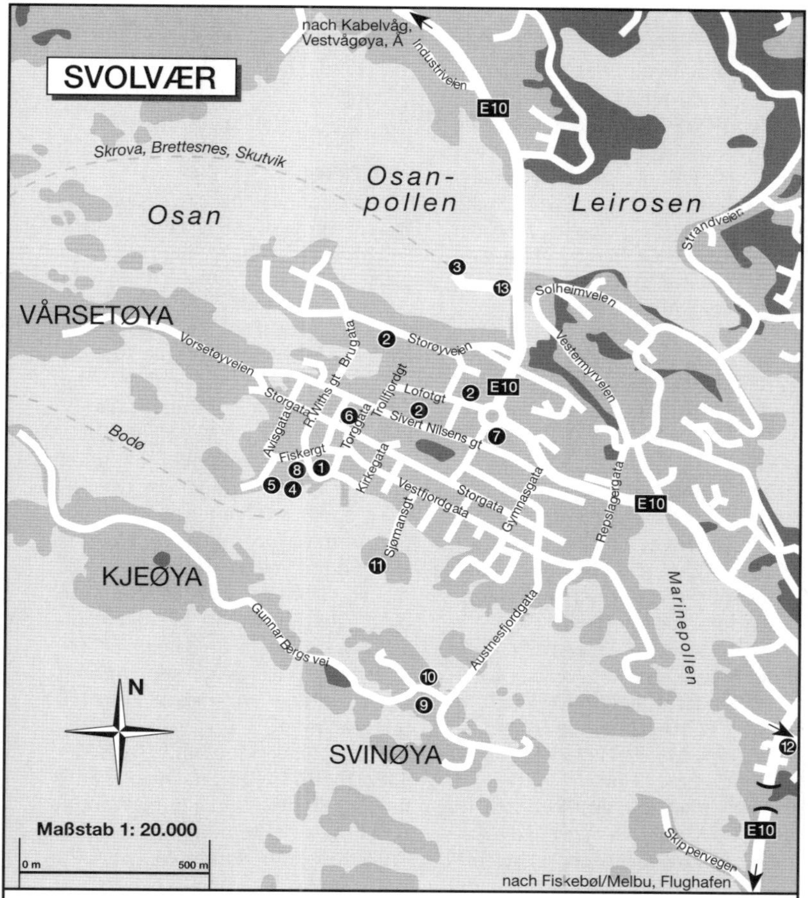

1 Torget (Marktplatz): Touristenbüro, Banken, Alkoholshop, Ausflugsboote
2 Supermärkte
3 Fähranleger Skutvik / E 6
4 Fähranleger Schnellboote nach Narvik via Holand sowie nach Bodø via Skutvik, Steigen
5 Anleger für die Hurtigrute (»Postdampfer«)
6 Rathaus
7 Postamt / Geldwechsel
8 Kriegsmuseum
9 Nordnorwegisches Künstlerzentrum
10 Svinøya Rorbuer
11 Lamholmen mit Anker Brygge und Rica Hotel
12 Richtung Svolværgeita
13 Parkplatz für die Ankunftsnacht / Fähranleger

ten auf dem Archipel. Es handelt sich um Flaschen, gefüllt mit Alkoholika – hier ist **POLET** niedergelassen, die einzige staatliche Verkaufsstelle für Wein und Branntwein auf Austvågøya. Abends werden schwere Stahlgitter vor die Tür gezogen, denn der TEUFEL ALKOHOL hat in der Vergangenheit so manch schwachen Menschen zum Einbruch verleitet.

◎ Schräg gegenüber, an der Ecke Vestfjord-/Kirkegata, der für Wanderer und Kajakfahrer wichtigste Laden: die **BUCHHANDLUNG**, die ein KOMPLETTES SORTIMENT TOPOGRAFISCHER KARTEN vorrätig hat.

Gegenüber der einzige Spielwarenladen auf der Insel. Biegt man hier nach rechts, ist es nur ein kurzes Stück vorbei am Café »Du Verden« zur Insel Lanholmen mit der »Anker Brygge« sowie dem „Rica Hotel«.

◎ An der nächsten Querstraße, Kong Øysteinsgata, erhebt sich das weißblaue Gebäude der **BIBLIOTEKET,** wo mehrere PCs den Internet-Zugang ermöglichen. Mo–Fr 11–15 Uhr, Do bis 19 Uhr, Sa bis 14 Uhr.

◎ Folgt man der Vestfjordgata für weitere 300 m, stößt man auf die Austnesfjordgata, die nach rechts hinüber zur Insel Svinøya führt. Von der Höhe der Bogenbrücke aus genießen wir ein tolles Bild auf einen Teil des Fischereihafens sowie mehrere kleine Werften. Wo die Brücke auf die Insel stößt, liegt rechter Hand das **NORDNORSK KUNSTNERSENTRUM,** wo man sich über Kunst und Kunstmilieu informieren und wechselnde Ausstellungen besuchen kann (siehe auch Seite 103 f.). 15.6.–15.8. täglich 10–18 Uhr, sonst Di–So 11–15 Uhr. Eintritt 30 NOK, Kinder (unter 15) frei, Kombi-Ticket mit Galleri Gunnar Berg 50 NOK. www.nnks.no (auch auf Englisch).

WANDERN / KLETTERN

Damit sind zwar die Sehenswürdigkeiten von Svolvær erschöpft, doch Sehenswertes gibt es mehr, nämlich gleich zwei famose Aussichtspunkte oberhalb der Stadt.

◎ Der TURMGIPFEL der **SVOLVÆRGEITA** ragt 300 m hoch über Svolvær auf, zu besteigen vom Friedhof an der E 10 aus, nahe der Ortseinfahrt aus Fiskebøl (siehe auch Seite 130 und 209).

Aufgrund der extremen Steigung und der Anforderungen ist der Anstieg jedoch erfahrenen Bergsteigern und Kletterern vorbehalten. Wer den »Postkarten-Felsen« bezwingen will, macht das am besten im Rahmen von organisierten Touren, die in der Saison u.a. täglich die Bergsteigerschule »Den siste Viking« in Henningsvær (siehe unter »Ferien aktiv, Bergsteigen«) anbietet.

◎ Trotz seiner Höhe von 367 m ist der **TJELDBERGTINDEN** auch von Familien mit Kindern und älteren Wanderern gut zu meistern. Er beherrscht als TAFELBERG den gesamten Abschnitt zwischen Svolvær und Kabelvåg und bietet auf beide Orte sowie auf den Vågakallen und den gesamten Vestfjord mit Skrova und Lille Molla das schönste Panorama. Bis zum Gipfel muss man, je nach Kondition, zwischen 1,5 und 2 Std. ansetzen, und der Weg beginnt nahe der unübersehbaren Osan-Werft, an der E 10 Richtung Kabelvåg; parken Sie am besten an der gegenüber der Werft befindlichen Esso-Tankstelle.

Die »Galleri Gunnar Berg« befindet sich ebenfalls auf Svinøya, Tel. 7606 9930. Öffnungszeiten und Eintritt wie Nordnorsk Kunstnersentrum (siehe oben).

Von der Tankstelle aus einfach der Straße (nicht der E 10) ein Stück inseleinwärts folgen, auf einen niedrigen Hügel hinauf, von wo eine mit einer Schranke versperrte Schotterpiste nach links abzweigt. Diese Piste markiert nun den Weg hinauf bis ungefähr 120 m Höhe und hat einen Sendemast zum Ziel (ungefähr 45 Min. bis 1 Std.), wo eine Bank samt nettem Panorama wartet.

Hier endet die Straße, und gehen wir nun zurück, so ist es nur ein kurzes Stück bis zu einem links der Piste aufragenden großen Findling, neben dem ein ausgetretener Pfad beginnt, der sich deutlich sichtbar auf den angrenzenden Tafelberg zieht. Es kann mitunter ein wenig rutschig sein, hier und da auch recht steil, aber diese Hürden kann eigentlich jede/r nehmen. Dann ist das Plateau des Tafelbergs (nach weiteren 45–60 Min.) erreicht, und schon von dort aus ist die Aussicht schier fabelhaft! Doch sie kann noch eine Steigerung erfahren, und zwar dann, wenn man dem auch weiterhin deutlich sichtbaren Pfad (ca. 15 Min.) bis auf den eigentlichen, im Hintergrund wartenden Gipfel folgt. Das bedeutet im letzten Abschnitt ein wenig leichte Kletterei, wie auch der vom Gipfel aus nach hinten, zum Storkongsvatnet hin absteigende Pfad streckenweise recht steil ist, weshalb alle, die nicht trittsicher sind, den Gipfel meiden und auch den Hinweg wieder zurück nehmen sollten; was ungefähr 1–1,5 Std. in Anspruch nimmt, so dass man inklusive Verschnauf- und Panorama-Pausen um 4–5 Stunden für die gesamte Tour ansetzen darf.

Route 5: Austvågøya – Nach Henningsvær

IM ÜBERBLICK

◎ **STRECKENVERLAUF**: Kabelvåg – Galerie von Ola Strand (6 km) – Tunnel (4 km) – Rørvik (3 km) – Henningsvær (8,5 km).

◎ **LÄNGE/DAUER**: 21,5 km / Weg, dennoch eine Halbtagesfahrt; inklusive Abstecher ca. 30 km.

◎ **TRANSPORT**: Die unter »Abstecher« genannten Ziele sind nur mit eigenem Fahrzeug erreichbar, Henningsvær hingegen wird von Svolvær aus via Kabelvåg 6–8x täglich bedient; die letzte Rückfahrmöglichkeit besteht gegen 21 Uhr; Bushaltestelle in Kabelvåg am Torget sowie u.a. an der E 10 vor der Einfahrt zu den beiden Campingplätzen.

◎ **ANSCHLUSSMÖGLICHKEITEN**: mit den Routen 1–4 sowie 6.

◎ **ABSTECHER**: Ørsnes, Hopen, Kalle Rorbu.

◎ **PROFIL**: Die anstehende Strecke ist zwar kurz – ideal wäre ein Fahrrad oder auch Seekajak –, aber dennoch für einen halben Tag mindestens gut, denn Henningsvær gilt als »die« typische Fischersiedlung auf den Lofoten und ist allein schon für mehrere Stunden gut.

Auch am Strand von Rørvik kann man gut und gern einen halben Tag »vertun« – zumindest bei Sonnenschein. Eilige Touristen haken diese Route in einer halben Stunde ab; aber wer so vorgeht, der glaubt dann auch nach einem Tag, während dem er jede Straße mal abgeklappert hat, dass er die Lofoten kennt...

VENEDIG DES NORDENS

Ausgangspunkt dieser Route ist KABELVÅG. Wir folgen der Hauptstraße nach links, in Richtung Westen, und genießen den kontrastreichen Ausblick über die ØRSVÅGEN-BUCHT, die angrenzenden Felder, Wiesen und Gehöfte, über denen der sagenumwobene **VÅGAKALLEN** wie ein steinerner Zuckerhut in den Himmel ragt. Nahezu senkrecht steigen seine dunkelgrauen Flanken aus dem Vestfjord, und wenn die nach Kabelvåg und Ørsvågvær blickende Seite verschneit ist, kann man mit ein bisschen Fantasie ein dämonenhaftes Gesicht unter seiner Kuppe erkennen. Genau dem verdankt der imposante Berg seinen Namen – übersetzt bedeutet der in etwa »Våga-Kerl«; die abergläubigen Lofoten-Fischer der alten Tage fuhren nicht auf den Vestfjord hinaus, ohne zuvor ihre Vågakallen um Glück und gesunde Heimkehr gebeten zu haben. Und obwohl es in Norwegen reichlich Berge gibt, die ihn überragen, äußerten nicht wenige die Meinung, »dass es keinen höheren Berg in ganz Norwegen gäbe, weil man diesen Berg noch 12 Seestrecken weit draußen auf dem Meer sehen kann, und die Fischer brauchen ihn als Landmarke für ihre Fischgründe ... Sie haben Markierungen und Zeichen auf diesem Berg, um zu wissen, wann sie den Plätzen, wo der Fisch steht, nahe sind und wann weit davon entfernt.« So geschrieben vom Vogt Schönneböl im Jahr 1591. Heute genießt der 1885 erstmals bestiegene Vågakallen unter Bergsteigern und Felskletterern einen guten Ruf (siehe unter »Ferien aktiv / Bergsteigen«). Die Kletterschule »Den siste Viking« in Henningsvær hält vor Ort Kurse ab.

Kurz bevor es nach links gen »Ørsnesvika« (Sackgasse, keine Stellplätze für Zelt/Wohnmobile) ausgeschildert ist, passieren wir das rechts an der E 10 gelegene MINIMUSEUM – ein Schild informiert über die Öffnungszeiten: Håkon Sandholm und seine Frau zeigen und verkaufen teils fein gearbeitete Holzschnitzereien.

Kurz danach passieren wir das vielfarbig braun daliegende Ørsnesmyran, das auch der bekannte Lofoten-Künstler OLA STRAND vor Augen hat, wenn er aus seinem Atelier blickt. Die (zu kaufenden) Linolschnitte stellen bevorzugt Natur und Alltag auf den Lofoten dar. GALERIE 1.6.–31.8. Mo–Fr 11–19 Uhr, Sa 11–17 Uhr, sonst nach Absprache: Tel. 7607 7461, 9577 4412.

Dort wo das Moor endet, etwa 1 km westlich, zweigt eine Straße links zur Ortschaft HOPEN ab (2,5 km). An ihrem Ende zeugen verkommene Landungsbrücken und Fischspeicher davon, dass die große Zeit des Lofoten-Fischfangs vorbei ist.

Fahren wir zurück, trifft man auf halber Strecke zur E 10 eine nach links abzweigende und mit »Kalle« ausgeschilderte Schotterpiste, die an der Felswurzel des Vågakallen entlang verläuft und nach ca. 1,5 km zur Ferienanlage *Kalle Rorbu* führt, die auf Pfählen im lang gestreckten Hopenpollen steht und vor allem bei Anglern beliebt ist. Folgt man der (gut befahrbaren) Piste über den angrenzenden Buckel hinweg, liegt der **KALLESTRANDA** im Saum einer großen grünen Wiese voraus. Bei diesem Strand

Elch-Tipp: Die Piste nach Kallestranda ist Ausgangspunkt für die Wanderung zum Glåmtinden (siehe Seite 273).

handelt es sich um einen der BELIEBTESTEN BADE- UND SONNENPLÄTZE Austvågøyas; eben darum ist wildes Campen auf der angrenzenden Wiese (Toilette und Trinkwasser vorhanden) während der Saison verboten.

Auf der anderen Seite der den Strand säumenden Kallebukta beginnt ein schmaler Pfad, der hinunter an den Fuß des Vågakallen führt, der steil aus dem Bremholmsund aufragt. Der Pfad passiert den fast mystisch schönen See KALLEVATNET und verläuft sich vor der mit »Riesen-Hinkelsteinen« gespickten Küste auf einer Wiese, die Teilnehmern an Kletterkursen im Sommer öfter als Basecamp-Zeltwiese dient: In der Tat kann man hier trefflich zelten, denn Trinkwasser fließt in einem Bach vorüber; ab Kallestranda ist man nur etwa 15 Gehminuten bis hierhin unterwegs.

Auf die E 10 zurückgekehrt, passieren wir sofort den oberen Rand des Hopspollen, den nur einen Wiesengürtel vom fast kreisrunden See Hopsvatnet abtrennt. Links der Straße bestehen Möglichkeiten zum Wildcampen, wie man auch rechter Hand und dort, wo eine Schotterpiste abzweigt, (wenn auch nicht schön) stehen kann. Diese Piste markiert den früheren Verlauf der E 10, die auf die RØRVIKSKARDET führte, um am See Rørvikvatnet wieder ins Tal zu stoßen. Heute ist diese Route mit Top-Aussicht vom ca. 100 m hohen PASS den Wanderern vorbehalten, während der Straßenverkehr den Skardet im TUNNEL unterquert. Fast 1 km lang, verschlucken die Felswände das Scheinwerferlicht, so dass fast 40 km/h als heikel erscheinen.

Ans Tageslicht zurückgekehrt, finden wir uns in einem 200 m schmalen TROGTAL wieder, das der lang gestreckte See RØRVIKVATNET fast vollständig ausfüllt. Schilder weisen darauf hin, dass das Baden verboten ist. 2 km weiter, an der westlichen Stirnseite des glasklaren Sees, zweigt die Straße 816 links ab. Sie hat Henningsvær zum Ziel, der Lofoten berühmtestes Fischerdorf. Wir biegen ab, passieren einen größeren Parkplatz, der den Bussen zum Wenden dient (Wildcampen verboten) und an sonnigen Wochenenden teils stark von Lofotern frequentiert wird: da sich direkt unterhalb die geschützte Bucht **RØRVIKA** in den Henningsværstraumen öffnet – das Wasser schimmert verlockend, das Meer ist flach, der feinsandige schneeweiße Halbmondstrand gut zum Schwimmen, Baden, Sonnen geeignet (Toilette und Trinkwasser).

Auf den folgenden 2,5 km umrundet die Straße das Sørfjellet, schwingt sich dann über den Djupfjord und verläuft an der Wurzel des Festvågtinden weiter bis zum Südzipfel von Austvågøya, dem der Henningsvær-»Archipel« vorgelagert ist. Im gesamten Verlauf der Strecke genießen wir ein grandioses Berg-, Meer- und Schärenpanorama, denn jenseits des mit zahllosen »Granitscherben« gespickten Straumen steigt die zerfranste KÜSTE von Vestvågøya aus dem Vestfjord, den man bei klarem Wetter bis hinunter zur über 80 km entfernten Insel Værøy überlickt. Gerne würden wir hier einen Stellplatz für die Nacht finden, aber die Straße ist entweder in den nackten Fels gesprengt oder windet sich zwischen haushohen Bergtrümmern, so dass wir es beim Wunsch belassen müssen – schwer genug, hier einen Parkstreifen auszumachen.

Dann liegt auch gen Süden der Vestfjord vor uns, aber das fällt kaum auf bei all den Inseln und Inselsplittern, auf die wir blicken und die zusammen **HENNINGSVÆR** bilden. Seit 1983 führen drei Brücken hinüber – eine steiler geschwungen als die andere und alle nur fahrzeugbreit: erst von Festvåg zur kaum besiedelten Felsinsel Engøya, dann auf eine Schäre und weiter nach Sauøya (links abbiegen) oder nach Heimøya, der zusammen mit Hellandsøya größten Insel vor Ort. Beide verlaufen parallel zueinander, nur durch eine im Süden geschlossene, ca. 100 m breite Wasserstraße getrennt, die einen riesigen natürlichen und vor allem geschützten Hafen abgibt. Zwischen Januar und März, zur Zeit des Lofoten-Fischfangs, liegen hier dutzende TRAWLER vor Anker – mehr als irgendwo sonst auf dem Archipel – die bunten Schiffe vor der Kulisse der bunten Häuser und der beschneiten Lofoten-Wand – das ist ein Anblick, den man sein Lebtag nicht mehr vergessen wird.

Aber auch im Sommer bietet die Sicht über das von Landungsbrücken und Bohlenstegen, Holzspeichern sowie -häusern umschlossene Rechteck ein faszinierendes Bild, und ein paar Trawler sowie kleine Kümos sorgen stets für Farbtupfer. Bis gegen Ende Juni hängt ein gewisser Geruch in der Luft, der in Schwaden von den Stangenwäldern der unzähligen Stockfischgerüste herüberweht, die jedes freie Stück Boden von Henningsvær bedecken. Paarweise am Schwanz zusammengebunden baumeln die vom Seewind zu knöchernen Mumien getrockneten Fische an ihren Galgen – auch ihre Köpfe, aber separat, denn während die Leiber in Europa ihre traditionellen Märkte haben, ist das Gros der Köpfe für Schwarzafrika bestimmt, insbesondere für Nigeria. Anders die Zungen: die werden direkt nach dem Fang von der Jugend herausgetrennt und gen Paris geflogen, wo sich Feinschmecker darum reißen.

Von der letzten Bogenbrücke zum Ort hinuntergefahren, sind es nur ein paar Meter bis zu einem großen Parkplatz, der links der Straße ausgeschildert ist und direkt vor dem Hafenbecken liegt. Hier sollte man unbedingt das Fahrzeug abstellen und sich sodann aufmachen, Henningsvær zu Fuß zu erkunden, denn die Dorfgassen sind schmal, für Urlaubsverkehr definitiv nicht ausgelegt. Auf jeden Fall wäre es schade, würde man es mit einem Blick dabei bewenden lassen und wieder zurückfahren. Sicher, außer der GALERIE am Parkplatz (siehe unten) hat die Ortschaft keine klassischen Sehenswürdigkeiten zu bieten; aber dafür eine kleine, morgen vielleicht schon verschwundene Welt zum Selbst-Entdecken – dort ein paar Seebären beim Debattieren über die Fangquoten, wenn ab und zu ein schwarzer Strahl Kautabaksaft ins Meer schießt; da ein Fischer beim Netze-Flicken; ein Kutter, der die Anker lichtet oder festmacht, Ladung löscht; Kinder, zum Teil noch nicht mal im Schulalter, die mit einem ordentlich motorisierten Schlauchboot das Hafenbecken durchpflügen...

Blickfang: der Hafen von Henningsvær im Winter ▶

FUENO
SVOLVÆR

◎ Man sollte wenigstens einmal auf Bohlenstegen den **HAFEN** umrunden, auf der Caféterrasse des *Fiskekrogen* gesessen und geschlemmt haben, ein wenig durch die schmalen Gassen schlendern, Details entdecken, den Weg zum Ziel machen. Henningsvær von innen. Wer den Ort so entdeckt, mag zu dem Schluss kommen, man müsse sich wirklich ein paar Stunden Zeit nehmen; oder aber sich für einige Tage in einer ortsansässigen Rorbu-Anlagen einquartieren.

◎ Direkt an den genannten Parkplatz grenzt die **GALLERI HARR** mit der **GALLERI LOFOTENS HUS,** die UMFANGREICHSTE KUNSTSAMMLUNG NORDNORWEGENS. Hunderte Werke von *Karl Erik Harr* und *Otto Sinding, Gunnar Berg, Even Ulving, Ole Juul, Thorolf Holmboe* – wie die Künstler alle heißen – sind zu betrachten.

Die Säle 1 und 2 im Erdgeschoss widmen sich den Höhepunkten der BILDENDEN KUNST um die vorletzte Jahrhundertwende, während im ersten Geschoss käufliche Bilder ausgestellt sind. – Im zweiten Geschoss stehen der Lofoten-Fischfang und speziell die Entwicklung des FISCHERORTS HENNINGSVÆR im Fokus: Prachtvolle Fotografien, geschichtliche Darstellungen, Publikationen, Gerätschaften u.v.a. beleben die Vergangenheit.

Ins Erdgeschoss zurückgekehrt, überrascht die DIASHOW »Das magische Inselreich« von Frank A. Jensen mit einzigartigen Bildern von den Lofoten. Die Show dauert rund 20 Minuten und wird mehrmals täglich vorgeführt. Auch die sich anschließende Fotoausstellung »Seeadlerland« von Frank A. Jensen ist sehenswert.

10.6.–10.8. täglich 9–19 Uhr, ab ca. 25.5. und bis Ende August 10–18 Uhr, im März 12–15 Uhr, April und Rest Mai nach Vereinbarung: Tel. 9159 5083. Eintritt 60 NOK, Kinder (unter 14 Jahre) 25 NOK.

Nach der Besichtigung der Galerie empfehlen wir allen, die noch keinen Streifzug durch Henningsvær unternommen haben, den Kaigassen vom Parkplatz aus zur südlichen Begrenzung des Hafenbeckens zu folgen, da man von dort aus die wohl schönste Aussicht über den Hafen und den Ort überhaupt genießt.

◎ Auf dem Spaziergang am Hafenbecken entlang passiert man auch die direkt beim Torget (mit Kiosk) am Wasser gelegene **ENGELSKMANNSBRYGGA**, erstens eine Keramikwerkstatt, zweitens eine Glasbläserei und drittens eine Fotogalerie. Man kann den Kunsthandwerkern bei der Arbeit zuschauen und ihre Produkte natürlich auch kaufen, in der Relation auffallend günstig. Die Qualität ist sehr ansprechend. 15.6.–10.8. täglich 10–20 Uhr, sonst Di–Fr 12–17 Uhr, Sa+So 12–16 Uhr. Tel. 7607 5285, Fax 7607 8788. www.engelskmannsbrygga.no.

◎ Sehr zu empfehlen ist auch der Blick von oben auf Henningsvær, was man am eindrucksvollsten vom **FESTVÅGTINDEN** aus genießen kann, wohin eine Wanderung führt (siehe Seite 274).

◎ **INFORMATION**: Ein Touristenbüro gibt es nicht vor Ort; zuständig ist Svolvær. Die informative, vielseitige Website www.henningsvaer.com war bei Redaktionsschluss abgeschaltet – probieren Sie es ganz einfach wieder einmal...

Route 6: Gimsøya

IM ÜBERBLICK

◎ **STRECKENVERLAUF**: Kabelvåg – Rørvik (13 km) – Lyngværet (3 km) – Kleppstad (6 km) – Sydalen Gravplass (6 km) – Brenna (6 km) – Gimsøyastraumbrua (10 km) – Sand (11 km) – Vinje (2 km) – Saupstad (2 km) – Golfplatz (3 km) – Årrstranda (6 km) – E 10 (9 km) – Kabelvåg (23 km).

◎ **LÄNGE/DAUER**: ca. 100 km, als Halbtages- oder Tagestour (inklusive Abstecher).

◎ **TRANSPORT**: Die Route kann man lediglich in der Theorie auch mit dem Inselbus nachvollziehen, denn man müsste mehrmals umsteigen, die Zeiten überschneiden sich, man könnte es an einem Tag nicht schaffen.

◎ **ANSCHLUSSMÖGLICHKEITEN**: mit Route 1–5, insbesondere mit 5, sowie mit Route 7 und 8.

◎ **ABSTECHER**: Wanderung zum Festvågneset oder Nedreneset (Länge 4 bzw. 11 km), Wanderung Nr. 3; außerdem zum 368 m hohen Hoven, dem leicht zu besteigenden »Haus- bzw. Inselberg« von Gimsøya (siehe Seite 276), sowie zur Kleppstadheia (siehe Seite 275).

◎ **PROFIL**: Bis Rørvik folgt diese Route der zuvor beschriebenen; dann geht es weiter am oberen Henningsvær- sowie am gesamten Gimsøyastraumen vorbei bis Brenna. Retour bis zur Straumenbrücke, darüber hinweg und dann am Straumen-Ostufer nach Sand, mit herrlichen Stränden. Im folgenden Verlauf umrundet die Strecke komplett die Insel Gimsøya, die inzwischen mit einem der nördlichsten Golfplätze überhaupt aufzuwarten vermag. Es schließen sich weitere Strände am offenen Nordmeer an; auf dem Weg zurück zur E 10 am Sundklakkstraumen vor Vestvågøya durchquert man das größte Moor des Archipels.

TUNDRASTEPPEN IM ATLANTIK

Ausgangspunkt auch dieser Tour soll KABELVÅG sein; für die ersten 13 km bis Rørvik folgen wir der zuvor unter Route 5 beschrieben Strecke.

Aber wir biegen dort nicht auf die Straße 816 ab, sondern folgen weiterhin der Richtung Leknes und Å ausgeschilderten E 10, die 1 km westlich von Rørvik an den hier nur knapp 4 km breiten Henningsværstraumen heranführt, sich nordwärts wendet, um die Ausläufer der Austvågøya-Wand zu umfahren. Baumlos und leer gleiten die Linien und Flächen des Nord- und Lyngværfjellet in den Straumen; ungeheure, jedoch leere Bilder aus Braun, Grau und Schwarz, die in einem satten Kontrast zum strahlenden Blau des Meeresenge stehen, in der VEGETATIONSLOSE SCHÄREN wie die Spitzen eines untergegangenen Gebirges liegen. Die Inseln – zusammen **LYNGVÆRET** geheißen – tragen RINGE von weißen Stränden, und unter der Wasseroberfläche, die durchsichtig ist, setzen sie weitere Ringe an: zuerst einen türkisfarbenen, dann hellgrünen und schließlich dunkelblauen. Genießen kann man dies eindrucksvolle Bild von der Straße aus sowie auch vom *Lyngvær Bobilcamp,* einem wunderschön direkt am Meer auf Wiesenterrassen gelegenen, großzügig ausgestatteten Campingplatz.

Bei km 18 sehen wir den Felsklotz von Gimsøya aus dem Straumen aufragen – was der bis 800 m aufragende Koloss ins Licht stellt, ist ein graugelber Farbton, der aus dem Meer zu stammen scheint, gleich einer Patina zahlloser kleiner Fossilien. Vor seinem Südkap teilt sich der HENNINGSVÆR-STRAUMEN in den links vorbeifließenden SUNDKLAKK- und den rechts verlaufenden GIMSØYASTRAUMEN, der eine 300 m, der andere gar 1 km breit und beide von BOGENBRÜCKEN überspannt, deren geometrische Linienführung die »Disharmonie« der umgebenden Bergwelt unterstreicht.

Um Berg- und Landschaftsszenen soll es auch bei der bald nach links ausgeschilderten Sehenswürdigkeit gehen: Folgt man dem deutlichen Hinweisschild, stellt sich unweigerlich die Frage, wo um aller Welt hier eine Sehenswürdigkeit sein soll. Man sieht einen alten Fähranleger und eine 2,50 m hohe Box aus Glas und rostfreiem Stahl. Genau diese Box ist eben besagte Sehenswürdigkeit, die der amerikanische Künstler *Dan Graham* im Rahmen des Projekts »Skulpturlandschaft Nordland« kreierte. Das Projekt geht von dem Gedanken aus, dass ein Kunstwerk durch sein Vorhandensein einen eigenständigen Ort schaffe und die jeweilige Umgebung anschaulicher mache. So erhielten Ort und Situation eine neue Dimension – steht man vor diesem »Kunstwerk« ohne Titel, kann man sich rege vorstellen, dass das Projekt zu einer lebhaften Debatte über Gegenwartskunst führte. – Wir jedenfalls schütteln den Kopf und setzen die Reise fort.

Nach 2 km zweigt rechts die nach Litlhaugen (siehe Wanderung Nr. 1) führende Piste ab, dann queren wir den Ausgang des Olderfjords, dessen Ränder versumpft sind, und erreichen die kleine Ortschaft KLEPPSTAD, von wo bis vor wenigen Jahren die Fähren nach Gimsøya verkehrten. Neben dem alten Anleger (und einem großen Parkplatz: Wildcampen) klettert die E 10 steil zum Bogenscheitel der Brücke empor; geradeaus weiter verläuft eine nach Brenna ausgeschilderte Straße , wo sie auch endet. In ihrem 10 km langen Verlauf folgt sie dem Ostufer des Gimsøyastraumen bis zu jener Stelle, wo er ins offnene Nordmeer übergeht und man am Felsklotz von Gimsøya vorbei auf die ausgedehnten Moorflächen dieser Insel blicken kann. 3 km nördlich der Straumenbrücke breitet sich das Dörfchen RYSTAD am Ufer des glazial geprägten SYDALSPOLLEN auf einem Wiesenstreifen aus.

Wo sich der Pollen als weit ausladendes Trogtal inseleinwärts fortsetzt, liegt der Ort Sydalen. Folgt man hier dem rechts abbiegenden schmalen Fahrweg, erreicht man nach 1 km und da, wo die Holperpiste endet, den **SYDALEN-GRAVPLASS** (die Nr. 18 auf der Karte »Zeitzeugen«), mit über 20 Gräbern aus der frühen Eisenzeit einer der größten auf dem Archipel. Dem Laien fällt es freilich schwer, den links des Weges gelegenen Friedhof als solchen zu erkennen, denn außer (bis zu 6 m) durchmessenden, 0,5 m hohen Erdhügeln ist nichts zu sehen.

Eindrücklicher ist das Bild, das man von der 3 km weiter gen Brenna gelegenen Ortschaft Gravermarka genießen kann, blickt man nach rechts durch das Gravermarkdal in die Höhe: dort thront der 736 m hohe SVARTTINDEN über dem Halbrund einer Felswand, und dieser Gipfel ist Ziel der Wanderung Nr. 3, die im 4 km entfernten **BRENNA** beginnt. Dort endet die Straße. Wer zwar Lust auf Wandern, aber nicht auf Gebirgswandern verspürt, kann dem Pfad vom Wegende im Dorf an der Küste entlang zum 2 km entfernten FESTVÅGNESET folgen, von wo aus sich ein famoses Panorama auf Gimsøya zur Linken, Sunnlandsfjord und Matmora (siehe Wanderung Nr. 2) zur Rechten sowie auf die weit im Norden aufragenden SCHROFFEN der Vesterålen eröffnet.

Zurückgekehrt nach Kleppstad, biegen wir auf die **GIMSØYASTRAUMBRUA** ab, die mit 840 m Länge ein Meisterwerk der norwegischen Ingenieure darstellt. Der Scheitelpunkt liegt rund 50 m über dem Meer, und wenn es der Verkehr zulässt, sollte man aussteigen und das Panorama aufs Nordmeer sowie den Vestfjord mit Henningsvær in der Nähe und dem Festland in der Ferne genießen. Wo die Brücke endet, BEGINNT Gimsøya, und direkt links unterhalb, am alten Fähranleger, lassen sich mitunter Wildcamper nieder; aber schön steht man dort wirklich nicht.

Hier verlassen wir die E 10, die nach links weist, und folgen nun der rechts hoch, in Richtung Norden führenden Straße, die auf dieser Seite des GIMSØYASTRAUMEN verläuft und gigantische Bergbilder vermittelt.

Nach 2 km blicken wir hinüber in den Sydalspollen, nach 4 km taucht Gravermarka mit dem Svarttinden auf und liegt rechts, unterhalb der Straße am Straumen, der an seinen Grasdächern leicht zu erkennende *Gimsøy Gjestegaard,* wo man trefflich und günstig wohnen und zudem ausgezeichnet essen kann.

Ein Stückchen weiter dann erreichen wir **SAND,** wo ein Strand seine goldene Zunge ins Meer streckt, um (bei Ebbe) die ca. 1 km^2 große Schäre Sandsøya mit dem »Festland« zu verbinden. Gegenüber liegt Brenna, weit hinten Laukvika und die geschlossene Kette der Vesterålen. Die kleine Ortschaft Sand selbst, die den Namen des hier so reich vorkommenden Verwitterungsproduktes trägt, gefällt mit bunten Häusern und einer hübschen Holzkirche, deren Fenster nach Norden blicken.

Auch in **VINJE,** nur 2 km entfernt, haben die Bewohner »Farbe bekannt«. Saftig grüne Wiesen säumen Meer und Strand und die winzige Ortschaft aus blauen, gelben und roten Häusern, die als eine der ältesten konstant besiedelten von Nordnorwegen gilt. Schon um die Zeitenwende herum sollen hier Menschen gelebt haben, wie archäologische Ausgrabungsarbeiten zu beweisen scheinen. Im inseleinwärts angrenzenden Moor hat man die Überreste eines vermutlich aus dem 4. Jh. stammenden Bootsanlegers gefunden; es ist bemerkenswert, dass sich dieser rund 2 km südlich der heutigen Küste befindet, was die Geologen in ihrer Annahme bestätigt, dass sich der ARCHIPEL auch noch in geschichtlicher Zeit GEHOBEN haben muss. Aber noch etwas anderes wurde bei Vinje gefunden, genauer: zwischen Sand und Vinje, nämlich ein 154 cm hoher, behauener Runenstein (mit Runen versehener Stein), der aus dem 10. Jh. stammt, wahrscheinlich von den Wikingern gesetzt wurde und seit 1886 im Historischen Museum von Bergen als *Gimsøya-monumentet* ausgestellt ist.

Wir ignorieren eine nach links abzweigende Piste (die zur E 10 zurückführt) und fahren geradeaus an der von Stränden und Wiesen gesäumten VINJEVIKA entlang. Es folgt das Dörfchen **SAUPSTAD,** und blickt man von hier aus gen Süden, so hat man die mit 4 km Länge und ebensolcher Breite größte MOORFLÄCHE des Archipels vor Augen, die für Jahrhunderte den wichtigsten Brennstoff der Lofoter hergab: Torf, der hier bis vor einigen Jahren im großen Stil gestochen wurde. Im Frühsommer spannt sich die von Tümpeln und Kanälen zergliederte Fläche eintönig braun zwischen den Felsklotz im Osten und den Tafelberg des Hoven im Westen; im Sommer ertrinkt das Land in einem Meer von Blumen, während es sich im Herbst in ein flammendes Feuermeer verwandelt. Und immer hat man das Gefühl, hier nicht auf einer Insel zu stehen, sondern in einem monumentalen Gebirgstal, da man sich – außer im Norden – von steilen Schroffen umgeben vorfindet.

3 km westlich von Saupstad ducken sich die Puppenhäuser von HOV in eine Senke, um Schutz zu finden vor den Winden aus Nordwest. Die Küste ist vom steten Angriff des Meeres geprägt und mit Felsbrocken übersät, und man kann sich vorstellen, welcher Aufwand entstand, um hier, direkt hinter der Küstenlinie, die **LOFOTEN GOLFBANE** zu errichten. Bei dieser gepflegten, perfekt in die Landschaft integrierten Anlage handelt es sich um nichts weniger als einen der »nördlichsten Golplätze der Welt« sowie um den einzigen auf Erden, auf dem die Sonne die Sportler im Sommer 24 Stunden lang begleitet. Das Meer ist an mehreren Stellen ein natürliches Hindernis, die Sandstrände sind natürliche »Bunker«, so dass der Golfplatz auch für erfahrene Spieler eine Herausforderung darstellt. In diesen Jahren wird der Platz von neun Löchern zum 18-Loch-Turnierplatz (Par 31, 1.986 m) ausgebaut. Im (noch schlichten) Clubhaus kann man Erfrischungen sowie einfache Gerichte erhalten, zudem Golfausrüstungen ausleihen und kaufen. Die Saison währt von Mai bis Oktober, im Sommer ist die Anlage rund um die Uhr geöffnet. Kostet die Mitgliedschaft momentan 800 NOK, so kommt die Jahreskarte auf 1.650 NOK, das Green fee entweder auf 200 NOK oder auf 250 NOK (für Gäste) – die Preise sind also günstig. Für 1.450 NOK kann man hier zudem einen Golfkurs belegen wie auch Privatstunden nehmen, und wer sich mit dem Platz schon zu Hause vertraut machen will, findet im Internet alle Informationen sowie herrliche Bilder: www.lofoten-golf.no. Tel. 7607 2002.

Hinter dem Golfplatz setzt der 368 m hohe HOVEN-Berg malerische Akzente; wer ihn besteigen will, lese weiter auf Seite 276.

Lofoten Golfbane auf Gimsøya –
Das Langhaus des Wikingermuseums (siehe Seite 169 ff.) ▶

FÜR SONNENANBETER

Auf der West- und Nordseite der Lofoten kann die Mitternachtssonne in der Zeit vom 27. Mai bis 17. Juli beobachtet werden; auf Værøy und Røst ist die Periode etwas kürzer. Folgende Orte bieten die besten Aussichten, die Mitternachtssonne zu erleben:

- **RØST**: auf der ganzen Insel
- **VÆRØY**: Nordlandet
- **FLAKSTAD**: Fredvang, Ramberg, Vikten, Myrland
- **VESTVÅGØYA**: Utakleiv, Unstad, Eggum, Sandøy, Kvalnes, Grunnstad
- **VÅGAN**: Gimsøy, Brenna und Laukvik

Fahren wir nun weiter auf der bald zur Schotterpiste werdenden Straße, sind es nur ein paar Meter bis zum linker Hand an einem Wiesenhang gelegenen *Hov Feriegård,* bei dem es sich um einen kleinen Campingplatz mit Rorbuer handelt. Hier wohnt man prächtig mit Aussicht auf die Mitternachtssonne sowie einen rund 150 m langen Traumstrand.

Die Piste passiert nun die Abzweigung nach Hovsund (1 km, Sackgasse) und zieht sich am Vikspollen vorbei nach ÅRRSTRANDA und damit hinunter bis zum Sundklakkstraumen. 3 km weiter und vorbei an einem kleinen, aber für seinen Vogelreichtum bekannten Naturreservat stoßen wir mitten im Moor auf die von Vinje kommende Piste, der wir nach rechts folgen, um die Sundklakkstraumbrua zu erreichen. Auch diese 6 km lange Strecke führt durch menschenleere MOORLANDSCHAFT – einmal mehr fällt es schwer zu glauben, dass es eine Insel im Atlantik ist, auf der wir uns befinden, denn alles hier erinnert rege an die Kältesteppen des zentralen Lapplands.

Aber dann tauchen Brücke, Meeresenge und Austvågøya auf und rücken das etwas schief gewordene Lofoten-Bild wieder gerade.

Direkt vor der Brücke stoßen wir auf die E 10 und müssen uns entscheiden, ob wir entweder Route 7 oder 8 (Vestvågøya) anschließen oder nach Austvågøya zurückkehren. Die Gimsøyastraumenbrua ist 4 km entfernt; von dort aus sind es weitere 23 km bis nach Kabelvåg zurück.

Route 7: Vestvågøya – Auf Seitenwegen nach Leknes

IM ÜBERBLICK

◎ **STRECKENVERLAUF**: Brücke Sundklakkstraumenbrua – Moland (4 km) – Stokkelvika (8 km) – Valberg (2 km) – Rolvsfjorden (4,5 km) – Straße 817 (8,5 km) – Stamsund (6 km) – Steine (3 km) – Straße 815 (5 km) – Sennesvika (7 km) – Pass (2 km) – Mortsund (6 km) – Hol (8 km) – Museum (2 km) – Leknes (1 km) – Gravdal/Busknes (5 km) – Ballstad (5 km) – Nappstraumen (10 km) – Leknes (7 km).

◎ **LÄNGE/DAUER**: ca. 94 km, nur als Tagestour sinnvoll.

◎ **TRANSPORT**: Diese Route ist nur mit eigenem Fahrzeug zu machen.

◎ **ANSCHLUSSMÖGLICHKEITEN**: mit Route 6 (Anfahrt), Route 8 oder Route 9.

◎ **TIPPS FÜR RADFAHRER**: Die Lofoten-Radroute folgt der hier vorgestellten Strecke bis Ballstad, von wo aus im Sommer eine Radfähre nach Nusfjord auf Vestvågøya verkehrt.

◎ **ABSTECHER**: Ure (6 km), Insel Holsøya mit Steinzeitgräbern (im Sommer organisierte Bootstouren ab Vestvågøya-Museum, 2 Std.), Haugbukta (alter Fähranleger für Flakstadøya, ca. 2 km).

◎ **KÜRZERE VARIANTE**: bei Storfjord an der Str. 817 (km 27) nicht nach links (Richtung Stamsund), sondern nach rechts, der Str. 815 folgen – 12 km Ersparnis. Lässt man Sennesvika, Mortsund und Hol aus, folgt man also der Str. 815 weiter direkt nach Leknes, bestehen 20 km Einsparpotenzial; und der Abstecher nach Ballstad und zurück macht 27 km aus.

Die kürzeste Variante beträgt somit insgesamt nur rund 35 km, aber wer sich dafür entscheidet, bringt sich um die schönsten Ansichten.

◎ **PROFIL**: Diese Tour führt an der Vestfjord-Seite der Insel vorbei und beeindruckt weniger mit dramatischen Ansichten der Lofoten-Wand als mit schönen Meer- und Schärenpanoramen. Die Berge sind niedrig – oft glaubt man kaum, auf den Lofoten zu sein. Wir passieren eine Reihe Fischerorte (von denen Mortsund und Ballstad als die schönsten gelten), zudem mehrere einladende Strände, Rorbu- und Campinganlagen, das interessante Vestvågøya-Museum und erreichen schließlich Leknes, die Inselhauptstadt. Hier können wir Route Nr. 8 anschließen, um Vestvågøya zu umrunden; oder Route 9, die auf die benachbarte Insel Flakstadøya führt.

Ausgangspunkt dieser Route rings um Vestvågøya ist die SUNDKLAKKSTRAUMENBRUA, die sich zwischen Gimsøya und Vestvågøya spannt und der die E 10 folgt. Auf der Westseite der Brücke verlassen wir die »Hauptstraße des Lofoten-Tourismus« und biegen nach links auf die Str. 815 ein, die, wie die E 10 auch, Leknes zum Ziel hat, aber der zerfransten Südküste dorthin folgt.

Auf den ersten 3 km (unterwegs ein kleiner Rastplatz, ideal auch für eine Übernachtung) ist die Straße größtenteils in den Fels gesprengt und eröffnet Aussicht auf den gen Süden zusehends breiter werdenden Hen-

Elch-Tipp: noch ein Abstecher – am Rolvsfjord beginnt die Wanderung Nr. 6, rings um den Brattflogan.

ningsværstraumen, die Insel Austvågøya und auf den Schären-Archipel von Henningsvær, aus dem markant ein LEUCHTTURM emporragt. Dann geht es an der morastigen Molandsvika entlang, an derem Südrand die Ortschaft **MOLAND** liegt. An der Stelle, wo die ungefähr 300 m breite Küstenebene ansteigt, fanden Archäologen 1974 die Fundamente von drei Langhäusern sowie zehn Hügelgräber aus der Eisenzeit, aber als Laie kann man an den bezeichneten Stellen nichts ausmachen, was auf die bedeutsamen Funde hinweist.

Auch auf den folgenden Kilometern bleibt die Aussicht im Großen und Ganzen auf Austvågøya beschränkt. Bei km 8 passieren wir das Dörfchen DAL, an das sich das weitläufige Dals-Moor anschließt. 4 km weiter, gerade zieht sich die Straße um den 450 m hohen Dalstinden herum, öffnet sich direkt unterhalb der Straße der Sandstrand der Bucht **STOKKELVIKA.** Geschützt von tausend Schären, ist sie zum Schwimmen, Baden, Sonnen ideal und dient bunten Fischerbooten sowie ein paar Yachten als sicherer Ankerplatz. Es schließt sich das gleichnamige Dorf an, und auf den kurvenreichen 2 km bis Valberg fahren wir an der Flanke des Breidtinden entlang, der die Küstenebene mit seiner graubraunen, vegetationslosen Verwitterung dominiert.

Noch vor einer Generation bestand die Insel aus vier Kommunen anstatt aus einer: VALBERG, gegründet im ausgehenden Mittelalter und kaum mehr als 100 Einwohner fassend, war eine von ihnen. Das Gemeindegebiet reichte vom nordöstlichsten Inselpunkt bis hinunter nach Stamsund, umfasste mehr als ein Drittel von Vestvågøya und lag gewissermaßen »mittschiffs« auf der Insel – wie die Lofoter sagen würden. Eine auffallend große Kirche, schon vom Dichter *Peter Dass* im 17. Jh. lobend erwähnt, ist einziges Zeugnis der früheren Bedeutung von Valberg. Durch das sanft ansteigende Valbergsdal blicken wir ins Innere von Vestvågøya – erst ganz weit hinten taucht das Alpine auf, das Lofoten-Übliche, das wir auf dieser Insel bisher vermisst haben.

Anschließend umfahren wir den Spirtinden – gen Südwesten blicken wir in gerader Linie auf Stamsund –, kurven dann in den Rolvsfjord hinein, dessen Flanken aussehen, als wären sie von einem riesigen Hobel bearbeitet worden. Am Fjordende, etwa 4,5 km von Valberg entfernt, passieren wir die **ROLVSFJORD**-Ortschaft und das auf einer Landzunge gelegene *Brustranda-Sjøhuscamp*, das sich mit Rorbuer hinter einer Campwiese ausbreitet. Hier kann man komfortabel wie günstig wohnen, im Café mit Fjordterrasse prächtig sitzen und die zu Skulpturen zusammengestellten »Hinkelsteine« bewundern; die dem Café angeschlossene Steinbua ist mit Abstand die größte STEIN-/MINERALIEN-Ausstellung der Lofoten und beeindruckt mit tausenden Steinen, aus aller Welt zusammengetragen und teils wunderbar geschliffen. Sämtliche Steine sind zu kaufen, die Preise erscheinen uns sehr moderat. Zudem beginnt vor Ort die Wanderung Nr. 6 zum Brattflogan (siehe Seite 232).

Auch auf den folgenden 6 km bis zum Skifjord genießen wir immer wieder mal einen Blick auf Stamsund hinunter, und je weiter wir dorthin fahren, desto »untypischer« wird die Landschaft. Von der Wand fehlt hier jede Spur, die Berge haben das Gepräge von Höhenrücken angenommen und tragen die Farben von Moos, Heidekraut und Wiese. Bei km 27 stößt die Str. 815 auf die Str. 817, der wir nach links folgen. Die Berge machen sich noch niedriger – auf den nächsten 4 km glaubt man kaum, auf den Lofoten zu sein, wohl eher in Südschweden am Schärengürtel.

Die Besiedlung wird dichter; und bis km 33, dem Hafen und Zentrum von **STAMSUND,** zählen wir mehr Häuser, als es beispielsweise auf Moskenesøya insgesamt gibt. Der Ort zählt mit seinen rund 1.500 Einwohnern nahezu so viele wie Kabelvåg, ist einer der wichtigsten Fischerorte auf dem Archipel, Stützpunkt der größten Trawlerflotteund seit dem Jahr 2000 um eine internationales Aufsehen erregende Attraktion reicher – die einzige Anlage für alpinen WINTERSPORT auf den Lofoten, die mit den Weltmeisterschaften im SNOWBOARDFAHREN startete; die Veranstaltung war auch dank des fantastischen Wetters zu diesem Zeitpunkt ein prächtiger Erfolg, als die Traumbilder eines dunkelblauen arktischen, sonnigen Himmels über tief verschneiten Bergen samt Snowboardpiste um die Welt gingen. Die Piste ist so angelegt, dass sie via TV den Eindruck vermittelt, als würden die Sportler von 300 m Höhe direkt ins Meer hinunterstürzen.

Bei km 31 passieren wir die Ortseinfahrt sowie das links und schön an der Hellvika gelegene *Stamsund Vandrerhjem* – eine typische Pfahlbauanlage. Aber der Rest des Ortes enttäuscht, hier gibt es nichts Pittoreskes, viele Häuser sind aus Stein gebaut. Auch das Zentrum mit dem Trawlerhafen, modernen Kaianlagen, Speichern sowie Fischfabriken lässt Liebreiz vermissen. Man sieht es dem Ort an, dass er nicht gewachsen ist, sondern um 1900 von einem »Fischgrundkönig« gegründet wurde. Alles, was hier steht, sogar die Kirche, entstand auf Befehl von *Julius M. Johansen,* seinerzeit der größte Guano- und Stockfischproduzent in Norwegen.

Gut 3 km hinter dem Hafen geht es an der fotogenen, da von zahlreichen Pfahlbauten gesäumten Hafenlage von **STEINE** vorbei. Der hier beginnende Storfjord zeugt mit seinen unzähligen Holmen und Schären vom ewigen Kampf des Meeres, aber die Eilande erinnern zur Abwechslung mal nicht an Fischrücken oder lange Tuschestriche, sondern heben sich steil und zerklüftet aus der Flut – wie Felsbrocken, die eine Explosion ins Meer geschleudert hat. Die Berge zur Rechten sind zerfurcht wie das Gesicht eines Greises; in Senken und Nischen, wachsen – kontrastreich – von Menschen dort gepflanzte Fichten in großen Gruppen vor sich hin.

Bei km 41 haben wir den Nordrand des schmal gewordenen Storfjords erreicht. Damit auch wieder die Str. 815, der wir jetzt nach links, Richtung Leknes folgen: an der hübschen Dorfschule von STORFJORD vorbei, ebenso an der Abzweigung zum *Storfjord Camping* und am Wiesenufer des Storfjordvatnet, und dann, bei km 42, links ab Richtung Ure auf eine bald die Stoßdämpfer stark beanspruchende SCHOTTERPISTE, die dem Westufer des Storfjords gen Süden folgt. 6 km rumpeln wir dahin durch eine von Wiesen und Hügeln geprägte, »alpenschöne« Landschaft, dann ist die **SENNESVIKA** samt dem gleichnamigen Dorf erreicht. Geradeaus weiter sind es noch 3 km bis Ure, aber dort endet die Straße. Die Landschaft zeigt nichts Außergewöhnliches, und so biegen wir bei Sennesvika nach rechts in ein weit klaffendes und wiesengrünes Trogtal ab, in dem zahlreiche verlassene Gehöfte davon zeugen, dass Land und Meer die Anwohner nicht mehr ernähren können.

Wir machen sanft, aber konstant Steigung und erreichen nach 2 km einen 100 m hoch gelegenen **PASS,** dessen Wiesensattel einen idealen Picknickplatz abgibt. Die Rast ist noch aus anderem Grund empfehlenswert, denn während der ganzen bisherigen Strecke kam die Aussicht zu kurz; hier ist sie – und was für eine: Richtung Osten blicken wir durch das Trogtal hinweg auf Sennesvika und den bis zum norwegischen Festland offenen Vestfjord, während wir gen Westen auf den schärenreichen BUSKNESFJORD blicken, der uns zu Füßen in grüne Schafwiesen ausläuft und auf der anderen Seite vor Gravdal mit dem rot-weißen Holzbau der im »Stabkirchenstil« erstellten Dorfkirche. Noch weiter westlich stapeln sich die bizarren Felsgiganten FLAKSTADØYAS gen Himmel.

Hier, wo wir sitzen, vermag das Auge viel Interessantes zu erfassen, wenn es archäologisch geschult ist: Der Sattel nämlich trägt einen der größten GRABHÜGEL von Nordnorwegen (1. Jh. n.Chr.).

Serpentinen führen zum Busknesfjord hinunter, und die Schafe, die uns hier den Weg verstellen, scheinen die sturaten auf dem Archipel zu sein: über 20 Min. hupen und fluchen wir sie an, bis sich ein Lofoter erbarmt und die Wolltiere mit gezielten Tritten in die dicken Hinterteile vertreibt. Kurz vor dem Fjordufer stoßen wir auf eine Querstraße. Links geht es nach Mortsund, rechts nach Leknes – der 5 km lange Abstecher nach Mortsund ist zu empfehlen. Er führt »über Land« zur Pettvika hinunter, die nebst mit Schären mit zahlreichen Pontons von LACHSZUCHTANLAGEN gespickt ist. AQUAKULTUR als Antwort der Fischer auf die arg schwächelnde Lofoten-Fischerei! Die Fischzucht hat das Experimentierstadium verlassen und sich vielmehr zu einem beachtlichen Wirtschaftsfaktor entwickelt: Vom gezüchteten Lachs auf dem Weltmarkt stammen schon ca. 500.000 t aus den norwegischen Anlagen. Die natürlichen Voraussetzungen für die neue Produktion sind ideal – klares, absolut sauberes Wasser und starke Gezeitenströmungen (die das Fischfleisch festigen und kräftigen). Selbst die Gourmets bescheinigen dem Zuchtprodukt eine exquisite Qualität, und da man hier auf die Beimischung des umstrittenen Färbemittels Canthaxanthin verzichtet, sind die Produkte denen aus Schottland, Irland, Kanada auf dem Weltmarkt überlegen.

Auch Dorsch wird inzwischen gezüchtet, und die Farmhaltung brachte eine sensationelle ENTDECKUNG: Während »natürlich« geschlüpfte Dorschbrut in die Barentssee abwandert, bleibt die gezüchtete, die erst nach sechs Monaten in die Freiheit entlassen wird, »zu Hause«, also im Bereich der Zuchstation. Wie man annimmt, verliert der Dorsch im halben Jahr seiner Gefangenschaft den Wandertrieb; als Folge kann er dann nach 5–7 Jahren, wenn er ausgewachsen ist, in herkömmlicher Weise direkt vor der Haustür gefischt werden. Wenn es so klappt, wären die Russen angeschmiert (die drauf und dran sind, die Barents-See leer zu fischen) sowie die Lofoten-Küstenfischerei gerettet.

Bei km 56 erreichen wir **MORTSUND,** am Südzipfel einer schmalen Felsnase gelegen. Der Blick auf die bunten Fischerhäuser und die Netzschuppen, auf den Vestfjord und die Häuser von Ballstad im Südwesten hat einfach etwas Wunderschönes. Schön und zudem komfortabel sind die Rorbuer des *Statles rorbusenter*, die ein richtiges kleines Dörfchen für sich bilden und wild romantisch über rund geschliffene Felsbuckel verstreut liegen.

In Mortsund endet die Straße. So fahren wir zurück, an der Abzweigung zum Pass vorbei, und auf den folgenden 4 km ist die Straße – eine Lehmpiste – in wahrlich schlechtem Zustand. Aber wir wollen uns nicht beklagen, denn noch vor gut 20 Jahren sahen alle Straßen auf den Lofoten so aus, und selbst die E 6 durch Norwegen präsentierte sich auf langen Abschnitten nicht wesentlich besser. Bei km 64 durchfahren wir das Dorf HOL, dessen Kirche im Jahr 1859 gebaut wurde. Ganz in der Nähe, bei der Holneset, befinden sich die Reste eines Bootsschuppens, der einst das größte (von 60 Rudereren angetriebene) Wikingerschiff der »norwegischen« Flotte beherbergt haben soll. Aber von dem Boot ist nichts mehr übrig, und die Schuppenfundamente sind nun wirklich nicht von Interesse. So fahren wir also weiter, um nach 1 km wieder auf die Straße 815 zu stoßen, die von Storfjord her kommt, wo wir sie verlassen haben.

2 km verbleiben von der Kreuzung bis Leknes. Wir biegen zwar dorthin ab (nach links), dies allerdings nur, um lediglich 1 km weiter dem Schild **VESTVÅGØYA MUSEUM** zu folgen, das wir direkt rechts neben der Str. 815 entdecken. Die Sammlung mit ihren rund 2.000 Exponaten dokumentiert vorbildlich das ALLTAGSLEBEN der Fischer und Bauern gestern und heute, behandelt aber auch Themen aus der Kulturgeschichte der Insel und stellt diverse Gebrauchsgegenstände aus der jüngeren Steinzeit aus. Kaffee, Kuchen und Waffeln sind erhältlich, dazu Souvenirs, wozu hier auch Stockfisch gezählt wird. Er ist in kleine Portionen abgepackt, aber leider nicht in Plastik eingeschweißt: Wer ihn mit nach Hause nehmen will, riskiert, dass das ganze Gepäck einen Geruch annimmt, den es so schnell nicht wieder los wird. Das Museum ist in der alten Schule von Fygle (1898) beheimatet. 1.6.–31.8. Di–So 12–16 Uhr. Eintritt 35 NOK, Kinder 20 NOK, Familie 80 NOK. Tel. 7608 4900.

Dann liegt **LEKNES** voraus, das politische, wirtschaftliche und Verwaltungszentrum Vestvågøyas und nach Svolvær größte Stadt des Archipels. Dem Touristen kann sie, abgesehen vom Einkaufen, nicht viel bieten, (siehe Seite 165, nebenan).

Also links ab, den Schildern Richtung Gravdal und Ballstad nach. Auf den ersten 3 km folgt die Straße der alten Str. 19, die früher mal zum Fähranleger für Flakstadøya führte; dann wird sie zur Str. 818 und erreicht nach weiteren 2 km und vorbei an Häusern dicht an dicht die Ortschaft **GRAVDAL,** die mit dem Nachbardorf BUSKNES zusammengewachsen ist und über den Busknesfjord auf den Sattel oberhalb von Sennesvika blickt, auf dem wir eine Rast eingelegt hatten. Gut 1.000 Menschen leben hier, ungewohnter »Rummel«: Lofoten-wichtig ist die Stadt wegen ihrer FISCHEREIFACHSCHULE. Auch das ZENTRALKRANKENHAUS der Lofoten ist hier beheimatet – und die unübersehbare BUSKNES KIRKE, ein pittoresker Holzbau, rot und weiß, 1905 im norwegischen »Stabkirchen-Stil« erstellt und vermutlich das am häufigsten fotografierte Gotteshaus der Lofoten.

Aber das schönste Motiv gibt die Kirche womöglich nicht direkt von Busknes, sondern von **BALLSTAD** aus, 5 km weiter südlich und am Ende der Straße gelegen. Von Größe und Kapazität des Hafens, der Landungsbrücken und Speicher her kann dieser 1.000 Einwohner zählende Fischerort durchaus mit Henningsvær konkurrieren, ebenso in Sachen Panorama. In einer Reihe mit Henningsvær, Reine, Hamnøy und Å darf sich Ballstad zu den typischen, pittoresken Siedlungen im Inselreich zählen, und entsprechend gut lassen sich die zahlreichen und von Stil und Einrichtung her vergleichsweise traditionellen Rorbuer an Touristen vermieten.

Ein Erlebnis sind auch die Wanderungen, die sich von hier aus anbieten: Währt die Rundtour auf die ca. 200 m hohe Ballstadheia sowie nach Grena und retour rund 4–5 Std., so der auch für Kinder geeignete Spaziergang um das Südkap von Vestvågøya ca. 3 Std. Mehr etwas für Cracks ist die Besteigung des 671 m hohen Skottind. Über all diese Wege und andere mehr informieren die Unterkünfte im Ort.

Auf der Rückfahrt nach Leknes ist ein kurzer Umweg via Rishaugen zu empfehlen: In Gravdal biegt man zu diesem Zweck nach links ab; man passiert das Legdmyran und stößt nach 3 km an das Wiesenufer des **NAPPSTRAUMEN,** dem gegenüber – fürwahr fotogen – die Insel Flakstadøya aufragt. Wir halten uns nach rechts, erreichen 3 km weiter den Ort Hauge, wo wir wieder auf die alte Str. 19 stoßen. Nach links sind es noch 800 m bis zur alten Fähranlegestelle (schöne Fotomotive), und nach rechts muss man knapp 1 km zurücklegen bis zu der Stelle, wo die neue E 10 nach links, Richtung Offersøya und Nappstraumen-Tunnel abzweigt (weiter siehe Route Nr. 10). Leknes ist von hier aus noch 3 km entfernt; dort schließt sich die Route 8 an.

Route 8: Vestvågøya – Kontinent im Kleinen

IM ÜBERBLICK

◎ **STRECKENVERLAUF**: Leknes - Leitet (5 km) - Haukland (6 km) - Utakleiv (5 km) - Vik (4 km) - E 10 (4 km) - Liland (7 km) - Kleivskardet (7 km) - Unstad (2 km) - Norddalselva (2 km) - Borgelva (13 km) Wikingermuseum - Bøstad (1 km) - Eggum (9 km) - Tøan (2 km) - E 10 (11 km) - Hauklandsvatnet (6 km) - Limstrandpollen (5 km) - Sundklakkstraumenbrua (12 km).

◎ **LÄNGE/DAUER**: etwa 100 km; als Tagestour möglich, aber zu empfehlen sind 2 Tage oder mehr.

◎ **TRANSPORT**: Mit öffentlichen Verkehrsmitteln kann man sechs- bis achtmal täglich der E 10 folgen (Bus 100 von Leknes nach Svolvær), zweimal täglich Utakleiv (via Vikpollen) erreichen sowie einmal täglich auch Unstad und Eggum. Doch sind die Verbindungen zeitlich nicht aufeinander abgestimmt; wer die komplette Route per Bus nachvollziehen will, benötigt deshalb 2–3 Tage.

◎ **ANSCHLUSSMÖGLICHKEITEN**: in Verbindung mit Route 7 zur Umrundung von Vestvågøya; oder mit Route 9 (Rückfahrt von Moskenesøya / Flakstadøya); außerdem von Haukland nach Utakleiv sowie entlang der Bucht Sortlandsvika.

◎ **ABSTECHER**: Wanderung Nr. 4, außerdem von Haukland nach Utakleiv sowie entlang der Sortlandsvika; Umrundung der Haveren-Halbinsel (plus 15 km), Hellosan (6 km).

◎ **KÜRZERE VARIANTE**: indem man den Schlenker zum Vikpollen und nach Utakleiv auslässt (21 km), ebenso den nach Unstad (18 km) und Eggum (22 km) - so ist die Route auf nur 36 km zu verkürzen, aber das Sehenswerte Vestvågøyas bleibt damit verborgen.

◎ **PROFIL**: Die Route folgt der E 10 zwischen Leknes und der Sundklakkstraumenbrua; sie bietet sich in Verbindung mit Route 7 (Umrundung von Vestvågøya) sowie Route 9 an (damit man auch auf der Rückfahrt von Moskenesøya/Flakstadøya noch positiv überrascht wird). Aber nicht die E 10 präsentiert die landschaftlichen Superlative, denn die Hauptstraße führt durch die fruchtbare, eher ereignislose Talsenke der Insel, sieht man einmal vom größten Wikingermuseum des Nordens ab. Anders die drei Abstecher, die allesamt das offene Nordmeer zum Ziel haben: Hauklands Strand ist hinreißend, Unstad liegt in einem atemberaubenden, gut überschaubaren Trogtal, während Eggum/Tøan als populäres Refugium für Wildcamper mit höheren Ansprüchen gilt.

In den 1960er Jahren zogen die damals noch auf vier Gemeinden verteilten Einwohner von Vestvågøya unter einem »Dach« zusammen, das man dort hochzog, wo sich die Straßen der alten Kommunen Valberg, Hol, Busknes und Borg trafen. So entstand **LEKNES,** das heutige Inselzentrum, das inzwischen mit Gravdal / Busknes, Fygle und Hol zusammengewachsen ist und eine der wenigen Ortschaften des Archipels darstellt, die nicht der Fischfang prägt. Das

Städtchen mit ungefähr 2.050 Einwohnern liegt vielmehr inmitten eines fruchtbaren Landwirtschaftsgebiets, das in den letzten Jahrzehnten rapide an Bedeutung gewonnen hat. Doch selbst das »Bäuerliche« sucht man vor Ort vergebens. Die Stadt strahlt etwas Sachlich-Kühles aus, beherrscht von einer 2 km langen Geschäftsstraße. Es gibt wirklich nichts, was einen längeren Aufenthalt rechtfertigt, und so folgen wir der E 10 in Richtung Norden.

Am Ortsausgangsschild passieren wir den links liegenden FLUGHAFEN. Noch immer ist die Straße ziemlich nahtlos von Häusern gesäumt; bald prägen weite Wiesen und sanfte Bodenwellen das Land, in das einzelne Seen, Moore und pastellfarbene Gehöfte eingestickt sind. Hier betreibt man Milchwirtschaft und nicht Schafzucht. Schaut man nicht gerade zum im Nordwesten aufragenden HIMMELTINDAN – eine fast 1.000 m hohe Felspyramide, die BIS IN DEN JULI hinein eine SCHNEEHAUBE krönt –, werden Assoziationen an plattes friesisches Land geweckt. Bei km 3 blicken wir links über den stark verästelten SKULLBRUPOLLEN – bei Ebbe ein riesiges Schlickwatt. 1 km weiter verlassen wir die stark frequentierte E 10 und biegen nach links auf eine Richtung Haukland und Utakleiv ausgeschilderte Straße ab.

Zur rechten Seite öffnet sich sofort der 3 km lange und fast 1 km breite Fastadvatnet, den nur eine schmale Wiesenzunge vom nahezu kreisrunden Reppvatnet trennt. Beide Seen laufen in den Skullbrupollen ab, und bei km 5 ist der Isthmus zwischen den Seen und dem Meeresarm nicht mal 200 m breit. Es rinnt, plätschert und gluckst überall, und mitten in der amphibischen Landschaft liegt die winzige Ortschaft LEITET, die zusätzlich auf einen dritten See, den Vikvatnet blickt und eine Straßenkreuzung markiert. Wir biegen links ab, folgen dem Ufer des Skullbrupollen für rund 2 km, queren hinüber zum Vågjepollen und können uns nicht satt sehen an den Skalen von Grün und Blau, in denen Land und Wasserflächen leuchten.

Doch ist all dies nur ein Vorgeschmack auf das, was uns bei km 11 erwartet, wo wir unvermittelt mit dem **HAUKLAND**-Strand konfrontiert werden. Der 2 km lange, bis zu 300 m breite und durch eine Klippe zwei geteilte HALBMONDSTRAND schlägt uns in seinen Bann: Landeinwärts geht die blendend weiße Fläche ins Sattgrün eines weit ausladenden Wiesentroges über, wo Schafe zwischen einer Handvoll gelb gestrichener Häuser Gras ausrupfen. Der Strand selbst bildet die 3 km breite Verlängerung des Trogtals, flankiert von 500 m hohen, teilweise zartgrün bemoosten Steilwänden und in einem atemberaubenden TÜRKIS schillernd, bevor er in das SCHWARZBLAU des tief abfallenden Nordmeeres übergeht. Es ist wahrscheinlich nicht übertrieben zu sagen, dass man in Nordeuropa vergeblich nach einem Pendant suchen dürfte.

Wo die Straße an das Sandband führt, finden wir sogleich eine Möglichkeit zum Parken, doch das Wildcampen ist hier überall verboten. Dort steht man ohnehin schlecht im Vergleich zu dem großen Platz am nördlichen Strandende, den ein WC-Häuschen ziert und wo nahebei in einem mobilen Kiosk süße Sachen, Imbiss und Eiscreme verkauft werden – sofern die Sonne scheint und der 1. Mai ins Land gegangen ist. Zu diesem Zeitpunkt nämlich beginnt hier die Saison, und schon im Juni sind viele Lofoter beim Schwimmen und Baden zu beobachten. Nachmachen wollen wir es ihnen allerdings nicht, noch nicht, denn um sich bei 12°C Wassertemperatur wohl zu fühlen, muss man im hohen Norden geboren sein...

Wer die angrenzenden Wiesenflanken hinaufsteigt, kann die besten Ausblicke auf den weißen Strand und das verführerisch grünblau schimmernde Meer genießen; wer ein wenig wandern will, folge, zum Beispiel, der hinter dem Strand beginnenden, mit einer Schranke versperrten Piste bergauf: Sie zieht sich für ca. 40 Gehminuten in die Höhe, spürt versteckte Bergseen auf und endet schließlich vor einer Höhlung in der Felswand des Himmeltindan. Die Öffnung ist mit einem Gitter versperrt – käme man hinein, würde man sich bald vor einem Fahrstuhl wiederfinden, der im Inneren des Berges zum 964 m hohen Gipfel hinaufführt, auf dem sich nichts anderes befindet als einer der wichtigsten NATO-Lauschposten im Nordatlantik. Auf der Höhe kann man (von der E 10 aus) eine Art Radarscheibe ausmachen. Wer dort oben beschäftigt ist, ist wirklich um den Arbeitsplatz zu beneiden.

Wer zu Fuß lieber einen Rundweg begehen möchte und etwas mehr an Zeit zur Verfügung hat, kann der o.g. Piste für etwa 200 oder 300 m bis zu jener Stelle folgen, wo sich die Strommasten nach links über den Wiesenbuckel ziehen: dort hinauf zu einer Art Sattel, von wo aus man dann ins Trogtal von Utakleiv (s.u.) sehen und über den alten, deutlich sichtbaren Karrenweg auch hinabwandern kann. Der Pfad führt am Ende ans Meer und geht dort in die alte Straße nach Utakleiv über, die sich um Felsnasen herumzieht und wieder bis zum Ausgangspunkt Haukland zurückführt.

Wer mit dem Auto nach **UTAKLEIV** will, muss ab Haukland den 1998 fertig gestellten, rund 1 km langen Tunnel dorthin nehmen. Der wurde gebaut, da die Straße im Winter häufig von Lawinen verschüttet wurde, doch bei alldem darf man sich fragen, ob das den enormen Aufwand rechtfertigte, leben doch in Utakleiv heutzutage kaum mehr als eine Handvoll Menschen. Das Dorf, rund 4 km von unserem »Traumstrand« entfernt, breitet sich in einem keilförmigen Einschnitt am offenen Meer aus (schöner Strand und Mittsommersonne).

Wir fahren zurück, denn hier endet die Straße. Bei VIK biegen wir ins Troginnere auf eine Schotterpiste ab. Sie steigt bis auf 80 m Höhe an, erreicht dort einen Pass, und zurückblickend genießen wir noch einmal das Panorama auf den Strand, während voraus der See Vikvatnet eine felsgerahmte Mulde füllt. 2 km weiter stoßen wir bei Leitet wieder auf die »Hauptstraße«, die uns schnell zur E 10 zurückträgt, von der wir vor rund 21 km abgebogen sind.

Wir halten uns links. Auf den folgenden 7 km folgt die Straße wieder dem fruchtbaren und mit Seen gespickten Talgebiet, das die Insel durchschneidet. Dann erreichen wir die kleine Ortschaft **LILAND** und entscheiden uns, erneut einen Abstecher ans Meer zu unternehmen. Zu diesem Zweck biegen wir nach links auf die Richtung Unstad ausgeschilderte Straße ab und folgen ihr am Ostad- sowie Holddalsvatnet vorbei, passieren das Dörfchen Elltoft und fahren 1 km weiter, nach einer Steigungsstrecke mit Blick auf den links unten schimmernden Tangstadpollen, in einen rund 500 m langen TUNNEL ein. Auf der anderen Seite bietet sich ein famoses Panorama auf den schmalen, felsverbrämten STEINSFJORD, an dessen schroffe Nordküste sich die rot getünchten Häuser von MÆRVOLL klammern. Die Straße schlängelt sich zum Fjordschluss mit der Siedlung Saupstad hinunter, und ein kurzes Stück weiter zweigt links eine Stichstraße ab, die Mærvoll zum Ziel hat. Der Abstecher ist zu empfehlen, denn am Ende der Straße beginnt die leichtere Wanderung Nr. 5.

Die Straße steigt an und führt bald in einen weiteren TUNNEL hinein. Wer auf ein neues Panorama aus ist, parkt hier und folgt der alten Passstraße zu Fuß bis zum 160 m hohen KLEIVSKARDET. Dieser Pass liegt direkt über einem absolut geometrisch geformten TROGTAL, das sich keilförmig zum Meer hin öffnet: im Wiesengrund Bauernhäuser, frisch in den Farben, dahinter ein weißer Brandungssaum und Gischtflecken auf dem Ozean. Einmal mehr verstehen wir, wieso Vestvågøya von den Einheimischen ein »Kontinent im Kleinen« genannt wird, denn was wir auf unserer bisherigen Rundfahrt schon an geografischer Vielfalt gesehen haben, übertrifft jede noch so kühne Erwartung.

Wer Lust auf Bewegung verspürt, kann dem zu Tal führenden Karrenweg folgen und die Wanderung Nr. 4 nach Eggum anschließen.

Zum Tunnel zurückgekehrt, verbleibt ein kurzes Stück nach **UNSTAD** hinunter. Die vielleicht zwei Dutzend Holzkaten dieses Einöddorfes liegen völlig verloren in dem GIGANTISCHEN TAL. Wir halten uns rechts, erreichen den Kiesstrand der Bucht Unstadvika, wo ein sperrendes Gatter geöffnet und durchfahren werden darf. 1 km weiter, auf dem Wendeplatz mit Holzbrücke über das Flüsschen NORDDALSELVA, ist endgültig Schluss. Hier beginnt der markierte Wanderweg nach Eggum (s.o.). Die einzige Unterkunft weit und breit ist der kleine *Unstad Camping* auf dem Gelände des ehemaligen Schulhofes.

Rund 11 km sind es von dieser idyllisch gelegenen Stelle zurück bis zur E 10, die bei km 54 wieder erreicht wird und der wir nach links, wiederum durch ein fruchtbares Landwirtschaftsgebiet folgen. 2 km weiter überqueren wir den BORGELVA, der zur Rechten in die riesige Wasserfläche des Indrepollen mündet. Im Fluss fand man die Fundamente einer Brücke aus der Wikingerzeit, und bis heute gibt der Boden rings um den kleinen Strom Zeugen der Vergangenheit her: so Weinkrüge, Glasper-

Im Wikingermuseum (siehe auch die folgenden Seiten) ▶

len, Schmuckstücke aus Silber und Gold sowie vieles mehr. Nationale Berühmtheit jedoch erlangte das Gebiet, als hier die Überreste eines für Skandinavien einzigartigen, da schon um die Zeitenwende herum existierenden Häuptlingssitzes im Erdreich gefunden wurden.

Über dem Fluss und rechts der Straße thront die KIRCHE von Borg auf einem Hügel, 1986 fertig gestellt und der modernste Sakralbau auf dem Archipel. Die Lage ist gut gewählt, denn nirgends sonst fanden sich zur Wikingerzeit die »Heiligen Höhen«, wo bereits um das Jahr 500 ein Häuptlingssitz gegründet wurde. Es folgten viele Generationen am selben Ort, doch um 900 verließ der Herrscher seinen Hof. Vermutlich handelte es sich um *Olav Tvennumbruni,* von dem bekannt ist, dass er sich wenig später im Südwesten von Island niederließ.

Eine Ära ging zu Ende – sie tauchte erst 1981 wieder aus dem Dunkel der Geschichte auf, als hier ein Bauer an einem Sommertag ein wenig tiefer pflügte als üblich und unverhofft auf fette schwarze Erde stieß, aus der bald schon über 1.000 Jahre alte Glasperlen und Keramikscherben aus dem FRÄNKISCHEN REICH zu Tage kamen. Ein solcher Fund im hohen Norden war außergewöhnlich: 1983 begannen archäologische Ausgrabungen, in deren Verlauf das bislang größte Gebäude aus der Wikingerzeit überhaupt in Skandinavien gefunden wurde. Mit dem Fortschreiten der bis 1989 währenden Ausgrabungen ließ sich die Nachbildung des Gebäudes konzipieren: Seit 1996 thront der originalgetreue, mit Holzschindeln gedeckte Nachbau dieses 83 m langen und 9 m hohen Wikinger-Langhauses auf einem Hügel neben der Straße und dominiert die umgebende Landschaft. Selbst erklärte Museumsmuffel dürften den Besuch nicht bereuen, gilt das **LOFOTR VIKINGMUSEET PÅ BORG** doch als »die« Sehenswürdigkeit auf den Lofoten. Nicht weniger als 55.000 Besucher werden hier jährlich gezählt. So fahren wir den großen Parkplatz an, steigen hinauf zur Höhe, betreten die Ehrfurcht gebietende Halle und fühlen uns durchaus in die Wikingerzeit versetzt: Tranlampen leuchten von der Decke, der Geruch von Holzteer und von Hammelsuppe dringt in die Nase, und vom flackernden Herdfeuer her dringen gedämpfte Stimmen herüber... Das Langhaus ist innen ebenso authentisch wie von außen, und in Wikingerdress gekleidete Führer geleiten die Besucher durch den Wohnraum sowie die festliche Gildehalle, durch das Lager und den angrenzenden Stall. Eine Ausstellung mit einzigartigen Originalfunden gehört ebenso dazu wie eine rekonstruierte Schmiede aus der Eisenzeit, und vom 15.6. bis 15.8. kann man hier täglich zwischen 12 und 16 Uhr von einer nach Originalrezepten gekochten Hammelsuppe kosten. Im gleichen Zeitraum beginnt täglich um 14 Uhr die Rundfahrt mit dem WIKINGERSCHIFF »Lofotr«, bei dem es sich um den originalgetreuen Nachbau des GOKSTADSCHIFFES handelt: Es ist 23 m lang und wird mit 32 Riemen gerudert. Die Überreste des Originals hat man im Osloer Wikingermuseum ausgestellt.

Alles in allem ist der Besuch des

Museums ein faszinierendes Erlebnis und sicher ein kultureller Höhepunkt der Lofoten-Reise. 1.6.–31.8. täglich 10–19 Uhr, ab ca. 10.5. sowie bis 12.9. 11–17 Uhr, sonst nach Absprache mit Tel. 7608 4900. Eintritt 15.6.–15.8. 90 NOK, Kinder (8–15 Jahre) 45 NOK, Familien 250 NOK, sonst 80/40/250 NOK.

Wer schon zu Hause neugierig ist, findet alles Wesentliche im Internet unter www.lofotr.no.

Ein paar hundert Meter weiter erreichen wir BØSTAD, den »bedeutendsten Ort« neben Leknes in der Agrarzone Vestvågøyas, was man auch daran erkennen kann, dass es hier eine Tankstelle gibt.

Wieder biegen wir nach links ab, diesmal Richtung Eggum. 9 km sind es bis zu dieser am offenen Meer liegenden Ortschaft: Erst geht es am Borgpollen entlang, den der schmale Lauvåsstraumen mit dem Lauvåspollen verbindet; es schließt sich der Jellvollsstraumen an, der in Höhe des Eggum-Hafens mit dem Mjåsund verschmilzt. All diese Wasserflächen säumen saftige Wiesen, und bei Ebbe treten herrliche Sandstrände zu Tage, aber baden kann man dann leider nicht, denn das meiste Wasser läuft ab, und was übrig bleibt, sind fischig stinkende Tümpel im Schlicksaum.

Je weiter wir nach Norden vorstoßen, desto DRAMATISCHER werden die links der Straße aufragenden Berge. Der JELLVOLLSTINDEN, der den Hafen überschattet, misst mehr als 740 m Höhe; imposanter jedoch ist die 570 m hohe MIDDAGSHEIA, deren steile Flanken aus dem schmalen Wiesensaum der Küste aufragen.

Das weniger pittoreske **EGGUM** war im Zweiten Weltkrieg Standort einer Radarstation. Von hier blickt man direkt auf BORGVÆR hinüber, eine große, unscheinbare Schäre im Nordosten, die über Jahrhunderte das wirtschaftliche Rückgrat Vestvågøyas bildete: Von dort legten die Händler ab, um den Stockfisch nach Bergen zu bringen; dort legten sie wieder an, schwer mit Korn beladen. Im frühen 19. Jh., während der Napoleonischen Kriege, machten dort die Schiffe aus Russland halt, um Weizen gegen Fisch zu tauschen.

Fahren wir durch Eggum, um den Eggumneset herum, müssen wir unser voreiliges Urteil über den Ort korrigieren. Links der zur Piste gewordenen Straße erstreckt sich ein langer schmaler See im Schatten der Middagsheia, rechts der Piste reihen sich ein gutes Dutzend feuerrot gestrichener Bootsschuppen aneinander, wie wir sie schöner bisher nicht gesehen haben. Es schließen sich mit Wiesen bewachsenen Sandflächen und Dünen an, die sich ideal zum Campen eignen. Direkt am Meer hält der alte Turm von TØAN einsame Wacht, der dem Gebiet seinen Namen verleiht. 200 m weiter steht man am Ufer des gut 2 km langen Sees Heimredalsvatnet, den nur ein schmaler Sandisthmus vom offenen Nordmeer trennt, überragt vom 622 m hohen Blåtinden. Hier endet der Wanderweg aus Unstad. Gerne zahlt man die 20 NOK Übernachtungsgebühr, die vor Ort fürs »Wildcampen« erhoben wird.

Wir fahren wieder zur E 10 zurück, um unsere Rundreise fortzusetzen, die uns sogleich über eine Landenge zwischen Borg- und Indrepollen nach Straumgård führt. Jenseits der kleinen Siedlung geht es steil bis auf 80 m, wo wir rückblickend ein letztes schönes Bild über die fruchtbare Talsenke von Vestvågøya, die »Hügelkirche« von Borg und das Langhaus des Wikingermuseums erhaschen. Im Norden dagegen erstreckt sich ein weit verzweigtes Fjord-, Insel-, Pollen- und Straumensystem, und an windstillen Tagen liegen die SCHÄREN, deren Zahl hier wirklich in die Tausende geht, so einmütig wie Sternbilder in der gleißenden See. Es schließt sich eine Talfahrt an: Wir passieren die große Braunfläche des Kallhaugmyra, und wieder windet sich die Straße bis auf 80 m empor. Kurz unterhalb der Höhe hängt linker Hand ein Rastplatz über dem Moor, das 1 km weiter mit dem ausgefransten Meer verschmilzt. Von hier aus ergibt sich das schönste Panorama über den gar nicht so fruchtbar wirkenden nördlichen Teil der Insel. 1 km weiter stehen wir am HAUKLANDSVATNET, wo die E 10 gen Osten abknickt.

Geradeaus weiter ist es Richtung Kvalnes ausgeschildert: Die Straße führt nördlich um die Halbinsel von Haveren herum, stets im direkten Küstenbereich, um nach 19 km wieder in die E 10 zu münden. Der Abstecher bedeutet einen Umweg von ungefähr 15 km, bringt aber nicht mehr viel an neuen Eindrücken. So folgen wir der Hauptstraße, die bald schon an die ausgedehnte Wasserfläche des STEIRAPOLLEN führt. Auf der anderen Seite des Meeresarms, der eher ein See zu sein scheint, steigt eine dunkelgrüne Moosschräge bis zur Fels- und Geröllzone des 808 m hohen HAVEREN an. Wir folgen dem Pollen bis zum Ablauf in den südöstlich angrenzenden Altadpollen, wo die Straße aus Kvalnes schließlich wieder auf die unsere stößt.

Es schließt sich die Umrundung des **LIMSTRANDPOLLEN** an, der mit dem Sundklakkstraumen verbunden ist. Von hier aus betrachtet, steigt das riesige Felsoval der Halbinsel Haverens wie ein schräg liegender TAFELBERG aus dem Meer. Sein Pendant HOVEN steht schräg gegenüber auf Gimsøya; die beiden Berge umrahmen den 2 km breiten Straumen wie zwei gigantische Sphinxe.

Die E 10 verläuft von jetzt an im direkten Küstenbereich, gibt schöne Blicke aufs Meer, die Schären und Moorebenen von Gimsøya frei, knickt bei Haugen gen Süden ab und folgt dem hier nur knapp 100 m breiten Sundklakkstraumen bis zur SUNDKLAKKSTRAUMENBRUA, wo wir bei km 101 diese eindrucksvolle Route beenden.

Route 9: Flakstadøya

IM ÜBERBLICK

◎ **STRECKENVERLAUF**: Leknes – Nappstraum-Tunnel (8 km) – Napp (3 km) – Vareiskardet (2 km) – Vikten (6 km) – Vareid (4 km) – Kilan (4 km) – Nusfjord (7 km) – Flakstad (12 km) – Skagsanden (2 km) – Ramberg (3 km) – Vestre Nesland (11 km) – Østre Nesland (1 km) – Fredvang (13 km) – Kåkersundetbrua (13 km) – Sund (2 km) – Fischereimuseum (1 km).

◎ **LÄNGE/DAUER**: ca. 82 km; einen Tag sollte man sich mindestens Zeit nehmen; mit Wanderungen/Abstecher ist die Route für 4–5 Tage gut.

◎ **TRANSPORT**: Der Inselbus 101 bedient lediglich die direkte Strecke entlang der E 10: Leknes, Napp, Vareid, Kilan, Flakstad, Ramberg, Kåkersundetbrua, weiter Richtung Å; Nusfjord und Nesland werden nicht bedient.

◎ **ANSCHLUSSMÖGLICHKEITEN**: mit Route 7 sowie Route 10.

◎ **ABSTECHER**: Myrland (4 km je Weg ab Napp); Wanderung Nr. 7 und 8; Krystad und Selfjord (ca. 8 km je Weg ab Fredvang), die Wanderung zur Stokkvika und zur Mulstøa (ab Ytresand 1,5 km bzw. 2 km je Weg).

◎ **TIPPS FÜR RADFAHRER**: Da der Nappstraum-Tunnel für Radfahrer nur bedingt geeignet ist, weil mäßig belüftet und mit Steigung, verkehrt während der Saison eine spezielle Bike-Fähre von Ballstad (siehe unter Route 7) nach Nusfjord.

◎ **KÜRZERE VARIANTE**: Die kürzeste (ohne Vikten, Nusfjord, Nesland und Fredvang) misst ca. 42 km, lässt das Schönste jedoch aus.

◎ **PROFIL**: Flakstadøya ist nur rund 180 km^2 groß. Was sich auf dieser Fläche vereint, ist selbst für Lofoten-Verhältnisse einzigartig: Strände, die einen nordisch-wild, die anderen fast tropenschön; Fischerdörfer, eines malerischer und musealer als das andere; Fjorde in Schluchten und gischtende Wasserfälle, verschwiegene Seen; Berge, so Furcht einflößend, so bizarr, wie der Fantasie eines Poe oder Lovecroft entsprungen... – alle paar Meter möchte man anhalten und fotografieren. Traumhafte Stellplätze für Wildcamper gibt es ebenso wie offizielle Campingplätze und Rorbuhütten. Und wer ein begeisterter Wanderer ist, findet ein vielversprechendes Terrain vor, sogar markierte Pfade.

EIN KLEINOD UNTER JUWELEN

Von LEKNES, dem Zentrum Vestvågøyas und Ausgangspunkt dieser Route, folgen wir der E 10 in Richtung Å gen Süden. Nach rund 4 km passieren wir die 800 m lange, harmonisch geformte Bogenbrücke Offersøystraumenbrua nach Offersøya (seit 1990).

Vorbei geht es an einem über dem Meer liegenden, großen Rastplatz, bevor wir die Felsheia umrunden und dem **NAPPSTRAUMEN** gegenüber stehen, der knapp 2 km breiten Enge zwischen Vestvågøya und Flakstadøya, deren gigantische Bergwelt uns hier offenbar wird.

Einst galt der Straumen als das »Nadelöhr« im Lofoten-Verkehr, und im Sommer musste man öfter 1–2 Std. am Anleger der zwischen Leknes und Gravdal gelegenen Haugbukta warten, um einen Platz auf dem kleinen Fährschiff zu bekommen, das die Verbindung mit Napp aufrecht erhielt. Damit ist es vorbei, denn seit 1990 unterquert der **NAPPSTRAUMENTUNNEL** die Meerenge: 1.800 m lang sowie mit 8-%-igem Gefälle führt die Röhre bis auf 55 m unter den Meeresspiegel, und es ist schon ein seltsames Gefühl, über sich eine 20 m mächtige Wasserdecke zu wissen. Die ungefähr 160 Millionen Kronen teuren Arbeiten refinanzierte man durch eine Benutzungsgebühr, die seit 2003 nach der Amortisierung in der Tat entfallen ist.

Das Tageslicht hat uns wieder, die E 10 weist die weitere Richtung und geleitet uns schnell zur 2 km entfernten Fischersiedlung NAPP. Ein Stückchen weiter, noch im Ort, ermöglicht eine Abbiegung nach links eine 13 km lange Küstenwanderung (siehe Wanderung Nr. 7).

Die Straße macht konstant Steigung, erklimmt nach 2 km den 60 m hoch gelegenen **VAREIDSKARDET,** und von hier aus wird offenbar, dass das Trogtal, dem wir folgen, eine regelrechte Scharte in die nur wenige Kilometer breite Insel gesägt hat. Uns im Rücken liegt Napp vor Straumen und Vestvågøya, doch voraus – viel eindrucksvoller – öffnet sich das wannenförmige Tal, dessen Schenkel saftig grüne Wiesen schmücken, während die Sohle von dem nierenförmigen See Storvatnet nahezu ausgefüllt wird. Hier und da verliert sich ein Bauernhof im Idyll, ein paar Schafherden, und unten, am Mündungstrichter, erstreckt sich der betörend schimmernde VAREISUND, jenseits dem wir ein Chaos kreuz und quer aufragender, teils bis Juli verschneiter Bergriesen erblicken.

Dieses Panorama muss man erst einmal verkraften, und schon hier will es uns scheinen, als sei Flakstadøya eine Zusammenfassung von all dem, was wir bisher auf dem Archipel zu sehen bekommen haben. Der Eindruck hält sich auch während der Talfahrt am Storvatnet vorbei, an dessen Ufer Butter- und Sumpfdotterblumen in großer Zahl gedeihen. Kurz vor Erreichen der Küste setzen die Hauskuben von Vareid rot-weiße Akzente, und hier gabelt sich die Straße. Die E 10 knickt nach links ab, doch bevor wir ihr folgen, möchten wir wissen, wohin es in die andere Richtung geht.

So biegen wir ab – und bereuen es nicht: Die Straße folgt dem Nordostufer des Vareisunds, ist in den steilen Fels gesprengt und blickt gleichermaßen aufs offene Meer wie über den Sund hinweg nach Flakstad mit seiner roten Zwiebelturmkirche vor kilometerlangen Sandstränden; im Südwesten versperren schwarze Felsmonolithen den Blick und deuten an, wie Moskenesøya aussehen mag. Nach 3 km ist der Hestneset umfahren; voraus, hinter den Häusern von **VIKTEN**, können wir erkennen, dass dort die Straße endet. Über den Ort braucht man nicht viele Worte zu verlieren, aber direkt an der Ortseinfahrt liegt links die Glasbläserei GLASSHYTTA. Das direkt ans Meer mit Strand grenzende Gebäude präsentiert sich als ein Architekten-Traum aus Glas, Massivholz und großen »Hinkelsteinen«, 1992 von lokalen Handwerkern errichtet. In der Eingangshalle bestellt man Speisen und Getränke, die man in den Sitzecken am Kamin zu sich nehmen kann. Die ausgestellten und zum Verkauf stehenden Glas- und Keramikwaren sowie anderen kunstgewerblichen Gegenstände zeigen sich geprägt von den mächtigen Inselbergen, von der Nachbarschaft zum Eismeer, von Farben und Licht; sie geben ansprechende und ausgefallene Lofoten-Souvenirs ab. Auch der Meerblick durch die großen Glasfronten ist einzigartig, und wer kunsthandwerkliche Ambitionen verspürt, kann sich hier für verschiedene Lehrgänge des Traditions- und Kunsthandwerks (in Herbst und Winter) anmelden: Tel. 7609 4442. – 1.5.–30.8. täglich 10–19 Uhr, sonst nur nach Absprache; etwa 25.6.–20.8. Glasblasen und Keramikproduktion. Eintritt 20 NOK.

Bevor es nun wieder zurück geht, lohnt noch der links vor dem Zentrum aufragende »Fels mit Loch« einen Blick, bei dem es sich um eine Natur-Skulptur handelt, geschaffen vom Gletschereis und den Wellen.

Bei km 25 stehen wir wieder in VAREID – erst während der Rückfahrt von Vikten konnten wir sehen, dass oberhalb am Hang noch Teile des alten Karrenweges verlaufen, der bis vor drei Jahrzehnten die Verbindung zu dem Einöddorf aufrecht erhielt. Wir folgen wieder der E 10, die jetzt exakt nach Süden ausgerichtet ist, um den wie einen Bocksbeutel geformten FLAKSTADPOLLEN zu umrunden. Nach 2 km stehen wir an seinem Ausgang in den Vareisund: Was sich uns darbietet, ist fast zu schön, um in Worte gefasst zu werden: Es ist Ebbe, und rings um den Pollen zieht sich ein UNUNTERBROCHENES SANDBAND – mal schneeweiß, bald goldgelb –, spora-

◀ **Einfahrt in den 1.800 m langen Nappstraumtunnel – in den Sommermonaten können Fahrradfahrer auf eine Fähre ausweichen!**

disch mit hausgroßen Felsbrocken durchsetzt und mal nur wenige Meter schmal, dann wieder so breit, dass man die Bucht fast trockenen Fußes queren könnte. Zur Mitte hin und die Form des Pollens wiederholend, breitet sich eine türkisfarbene Wasserfläche aus; den Rahmen dieses beinahe schon göttlichen Schauspiels aus Farbe und Licht bilden mehr als 800 m hohe Berge, die Schneezungen fast bis auf Meeresniveau herabschicken. WASSERFÄLLE gischten an den glatt polierten Flanken herab, lösen sich in Sonnenrauch auf und zerlegen das Licht in seine Spektralfarben. Wir kommen aus dem Staunen nicht heraus, wissen es jetzt: Die Lofoten sind ein Reich, in dem die Natur in ihren spektakulärsten und unwahrscheinlichsten Erscheinungsformen auftritt!

2 km weiter, beim Dorf **KILAN**, bereichern Wiesen und Felder das Bild; diejenigen, die sie anlegten, waren noch vor rund 75 Jahren nahezu Leibeigene der Kirche (von Flakstad), der der ganze Ort gehörte. Der Klöckner von Flakstad trug dafür Sorge, dass seine »Schäfchen« ordentlich fleißig waren, weshalb Kilan im Volksmund auch *klokkerjorda* hieß – Klöcknergrund. Nirgends auf dem Archipel, so ist es verbürgt, wurden Pächter so hart rangenommen wie hier: Von den 30 Tagen eines Monats mussten sie 24 unentgeltlich FÜR DEN KLERUS SCHUFTEN. Am Sonntag aber war Beten angesagt, und was blieb, um das eigene Land zu bewirtschaften, das eigene Brot zu erwerben, das waren die hellen Sommernächte. Erst 1929 wurde die gottgefällige Fron per Gesetz abgeschafft – die Pächter erhielten das Recht, das Land, das sie seit Generationen bebauten, auch zu kaufen, und 10 Jahre später hatte die Kirche ausgedient in Kilan.

Kurz hinter dem Ortsausgang liegt rechter Hand ein Rastplatz mit Wanderinformationen, denn hier beginnen zwei Fußtouren, deren eine nach Napp führt, während die andere Nusfjord sowie Nesland zum Ziel hat (siehe Wanderung Nr. 7). Um Nusfjord geht es ebenso 500 m weiter, wo eine Straße dorthin abzweigt. Wir biegen ein, und auf den folgenden 6 km verfestigt sich unser Eindruck, dass Flakstadøya ein Kleinod unter den Juwelen den Lofoten-Inseln ist. Schon nach ein paar Minuten erreichen wir den Storvatnet: Noch nie sahen wir einen See, den eine 900 m hoch lotrecht aufsteigende Felswand begrenzt. Das Gestein ist schwarz, so glatt wie poliert und von der unbewegten Wasseroberfläche gespiegelt, weshalb auch der See schwarz erscheint. Wo der Abfluss liegt, klafft eine wenige Meter breite Schlucht, und in sie führt die Straße hinein. Auf ihrer rechten Seite liegt eine Aufzuchtanlage für Junglachse, in der Computer Fütterung und Wassertemperatur überwachen und steuern; Besucher sind willkommen, werden aber – als Schutz vor Krankheiten – in steriles Plastik gesteckt.

Ja, und dann der NUSFJORD, der da beginnt, wo die Schlucht endet. Erst ist er nur zwei, drei Meter breit und dunkelgrün, während er 1 km weiter rund 100 m misst, schwarzblau, und dort liegt **NUSFJORD,** eingekeilt von senkrechten Schroffen, die nur zum Vestfjord hin etwas zurücktreten. Der Ort hat etwas von einem Dorf im Hochgebirge und ist schlicht wunderschön! So sehr, dass er 1975 im Europäischen Natur- und Denkmalschutzjahr zusammen mit Røros und dem alten Stavanger als norwegisches Pilotprojekt ausgewählt und obendrein auf die *World Heritage Liste* der UNESCO gesetzt wurde. Nahezu alle Häuser des Dorfes – und fast alle sind rot, nur ein paar wenige weiß – stammen noch aus dem 19. Jh., als »Wir Carl Johan, von Gottes Gnaden König von Schweden und Norwegen, der Goten und Wenden«, einem Herrn Dahl das Eigentum an Nusfjord überschrieb. *Hans Grön Dahl* konnte zwar nicht schreiben, aber rechnen. Er legte den Grundstein für einen Handelsplatz, der über vier Generationen hinweg eins der größten Kaufmannsdörfer (*nessekongevær*) auf den Lofoten gewesen ist. Hier gab es bereits damals eine Post nebst Café, Bäckerei, Krämerladen sowie Gefängnis, bald selbst ein Telegrafenamt, schließlich eine Dampfschifffahrtsgesellschaft, Ställe voller Schweine, Kühe und Pferde sowie – man staune – ab 1907 ein eigenes Kraftwerk, das dritte in ganz Nordnorwegen, das 15 kW elektrischen Strom lieferte. Von alldem blieb so gut wie nichts; nur noch Lebensmittel kann man erstehen. Auch daran ist der Niedergang der Lofoten-Fischerei Schuld, denn kamen Anfang des 20. Jhs. noch über 2.000 Fischer allein nach Nusfjord, sind es ja heute weniger als 2.000 auf dem gesamten Archipel. So bleiben auch viele Rorbuer leer, die zum Ort gehören wie die Berge zum Inselreich – bzw. sie blieben leer, denn heute strömen Touristen in »Scharen« herbei, um Quartier zu nehmen im Dorf, das eigentlich ein großes Museum ist. Die Rorbuer sind zumeist traditionell eingerichtet. Bevor jemand sich entscheidet, hier den Urlaub zu verbringen, sollte man Für und Wider abwägen: das Für ist klar, aber das Wider bedeutet kaum Sonne, dementsprechend niedrige Temperaturen, kein Platz zum Sich-Ergehen und wenig Aussicht. Trotz aller Schönheit kann die enge Schlucht bedrückend wirken.

Nach so vielen Superlativen, wie uns Flakstadøya bisher beschert hat, erwarten wir mehr allzu viel. Aber da verkennen wir die Lofoten. Zum Flakstadpollen zurückgekehrt, biegen wir links auf die E 10 ein. Jetzt ist Flut, die Bucht gefüllt und weniger spektakulär. 5 km weiter treten die Berge allerdings zurück, breitet sich vor uns eine weite Wiesenebene aus, wie sie grüner gar nicht sein könnte. Und mittendrin, wie zum Schmuck hineingestellt, liegt **FLAKSTAD,** das Namen gebende Dorf und einstige Zentrum der Insel, »deren Einwohner im Allgemeinen roh und ungebildet sind und sichtlich geprägt vom Fischereiwesen, von dem sie abstammen. Eigennutz, ein Hang zur Lethargie, ein sklavischer Geist und Trinkfestigkeit beherrschen sie ... Nicht nur die kahlen Berge, der Sturm und Nebel machen den Ort unbehaglich, selbst die besten Höfe bestehen nur aus Meersand und sind von einer dünnen Grasschicht bedeckt und folglich die Mühen der Bauern nicht wert. Die Einwohner sind demzufolge im Sinne des Wortes Eingeborene, und kennen keine anderen Gewohnheiten und Bräuche als die, die aus der zermürbenden Fischerei und ihrem Hang zur Mystik und Zauberei entstanden.« – Diese wenig schmeichelhaften Sätze entstammen der Feder von *Erik Andreas Colban,* »Probst auf den Lofoten und Vesterålen«, wurden im Jahr 1818 geschrieben und stimmen nicht mit dem überein, was wir heute von Flakstad zu sehen bekommen: Dunkelgrün breiten sich fette Wiesen über dem Meer aus, ein Haus ist schöner als das andere, und mittendrin thront der Kreuzbau der 1783 gezimmerten und 1938 restaurierten FLAKSTAD KIRKE. Ihr Inneres, künstlerisch vom Bergenser Kirchenmaler *Gotfred Ezechiel* gestaltet, beherbergt eine Altartafel von 1765 und eine Kanzel von 1766.

Direkt hinter Flakstad führt die Straße an die Küste, und was wir sehen, lässt das Herz höher schlagen: ein kilometerlanges und einige hundert Meter breites SANDBAND, weit geschwungen, teils von Dünenkliffs gesäumt, teils von Felsen und Wiesen. Der Strand **SKAGSANDEN** ist nicht lieblich, sondern ganz im Gegenteil wild, wild romantisch, denn nahezu ständig rollen vom offenen Ozean her die Brandungswellen gegen das Gestade, tragen ein Donnern und Tosen in die Luft, in der Möwen, getragen vom fast ständig wehenden Wind, zu Tausenden schweben.

Auf dem rechts an die Straße grenzenden *Skagen Camping* kann man aussichtsreich übernachten, obwohl viele Wohnmobilisten dafür den bald erreichten Rastplatz (mit Touristeninformation, Toilette und Wasser) bevorzugen, der ebenfalls direkt am Meer einlädt. Andere Touristen sieht man im Verlauf der weiteren Strecke rechts der E 10 beim Zelten im hügeligen Küstenland; abzuwarten bleibt, wie lange diese lockere Auslegung des Allemannsretten (das für motorisiert Reisende nicht gilt) vor Ort noch geduldet wird – da ausreichend Campingplätze zur Verfügung stehen.

2 km weiter erreichen wir den Ort Justnes, der mit **RAMBERG** zusammengewachsen ist und an einem ca. 1 km langen Halbmondstrand liegt, der dem soeben verlassenen nicht nachsteht. 400 Menschen leben hier im Gemeindezentrum – von Jahr zu Jahr werden es allerdings weniger, innerhalb der letzten 20 Jahre haben ca. 25 % der (heute noch 1.540) Einwohner Flakstadøya verlassen. Es gibt wenig Arbeit, seit der Fischfang stagniert. Inwieweit der Tourismus Rambergs Abgleiten in den Dornröschenschlaf verhindern wird? Immerhin hat der einst wegen Kundenmangels geschlossene Supermarkt wieder geöffnet, im Ortszentrum, wo sich, direkt am Strand, auch *Ramberg Gjestegård* befindet. Auf der Camperwiese über dem Meer kann man prächtig stehen, die Hütten sind gut und komfortabel, das angeschlossene Restaurant verdient einen Platz unter den besten der Insel, versteht sich außerdem als Pub und ist »der« Treff im Dorf. Unbedingt das Flakstad-Menü probieren!

Gegenüber von Ramberg und durch einen Meeresarm getrennt, liegt der

Die Flakstad Kirche ist nur in den Sommermonaten während der Feriensaison geöffnet (10–17 Uhr); falls geschlossen: Tel. 7609 3145.

Ort Fredvang auf MOSKENESØYA, aber bevor wir dorthin fahren, steht ein Abstecher nach Nesland am Südzipfel von Flakstdøya an: 2 km hinter Ramberg zweigt eine ausgeschilderte Straße ab; an der Kreuzung stoßen wir auf ein weiteres Kunstwerk jenes Projekts »Skulpturlandschaft« Nordland (siehe auch Seite 154), sein Titel: »Epitaph«, der Künstler, *Toshikatsu Endo* aus Japan, möchte mit dem 5 m hohen, 8,5 m durchmessenden zylinderförmigen Objekt die ewigen Gesetzesmäßigkeiten des fernöstlichen Zeitbegriffs symbolisieren, der sich vom »linearen Denken des Westens unterscheidet«. Nicht allzu viele Besucher freilich kämen aus eigenen Stücken auf diese Interpretation...

1,5 km weiter erreichen wir den Skjelfjord, der nicht zum Nordmeer, sondern Vestfjord gehört und dessen Ostufer die bald zur Piste werdende Straße folgt. Die säumenden Berge sind bis zu 800 m hoch, aber das kann man nicht sehen, und alles in allem ist die Fahrt ganz nett, bietet aber nicht das Gewohnte – also keinen Superlativ. Der kommt erst 1 km vor Schluss der Straße ins Bild und trägt den Namen **VESTRE NESLAND.** Dieses Dorf hat sich im Felsigen eingerichtet. Dort ein Haus in einer Kluft, ein anders zwischen rund geschliffenen Granitblöcken, an denen sich die kurvenreich und schmal gewordene Straße entlang windet. Der Anblick ist dramatisch; wir nehmen an, dass die Menschen der Steinzeit einen Sinn für das Wildromantische besaßen, denn warum sonst hätten sie sich ausgerechnet hier niederlassen sollen, wie archäologische Grabungen bewiesen.

1 km weiter endet die Straße an der schroff gewordenen Küste. Und hier, wo niemand mehr Menschen vermuten würde, stehen die Häuser von **ØSTRE NESLAND.** Dieses Dorf wurde erst 1852 gegründet, und zwar – man glaubt es kaum –, weil in Vestre Nesland die Bevölkerungsdichte zu groß wurde. Ole Iver war es, der sich hier als Bauer, Fischer und Händler in Person niederließ und das große weiß gestrichene Haus erbaute, das noch immer steht. Hinter diesem Haus – am kleinen Fluss, der von den Bergen herabspringt – befindet sich *mølna,* die alte Mühle, die renoviert wurde und die einzigartig ist auf dem Archipel. Eine kleine Lachsräucherei gibt es ebenso wie eine Bäckerei (das Haus mit dem Torfdach), aber längst wird hier kein *flatbrød* mehr gebacken, und auch der Krämerladen mit der Aufschrift *Betal kontant – gå fri og frank* (Bezahle bar und gehe frei und frank) hat geschlossen. So viele Touristen sind es nicht, die den Weg in dieses Einöddorf finden. Aber wer ihn genommen hat, sollte nicht missen, dem hier beginnenden und nach Nusfjord führenden FLAKSTADSTIEN zu folgen.

Bei km 74 stoßen wir wieder auf die E 10, und es ist ein Abstecher in den Norden der Insel Moskenesøya, den wir 2 km weiter bei Finnbyen anschließen wollen. Das Ziel liegt schon klar vor uns: von der Eiszeit bearbeitete Berge, Kathedralen aus schwarzgrau-braunem Gneis, fast so alt wie die Welt, nämlich mehr als 2,5 Mrd. Jahre, die von monströsen Trogtälern durchschnitten werden. Angesichts der düsteren Pracht sehnen wir uns ein wenig nach schlichten »Landkirchen«, aber wenn wir erst einmal die beiden schmalen Bogenbrücken über den Røssøystraumen überwunden und den Hauptort **FREDVANG** erreicht haben (vor Ort Lebensmittelladen, ausgezeichneter Bäckerei, kleinem Fischrestaurant, Zimmervermietung), bleiben 2 km bis zum *Fredvang Strandcamping*. Dort finden wir, was wir suchen: mehrere kleine separate Sandbuchten, eine lieblicher als die andere; direkt links das wahre Sandmeer des Sandbotnen und inseleinwärts eine große grüne Kuhwiese, die zum Kampieren dient sowie zu den schönsten organisierten Plätzen auf dem Archipel gehört.

Direkt nebenan erstreckt sich das Örtchen YTRESAND. Dort wo die Straße endet, beginnt ein Fußweg, der die Mulstøa, das Nordkap der Insel, zum Ziel hat (1,5 km je Weg). Ein anderer Wanderweg zweigt im Dorf nach Nordwesten ab und führt zum Strand der Stokkvika.

Fahren wir nach Fredvang zurück und folgen dort den Schildern Richtung Selfjord, lässt sich so manche Fußtour anschließen; die beiden beschriebenen (siehe Wanderung Nr. 8) sollte man sich wirklich gönnen, denn was man entlang dieser Pfade sieht, sieht man von keiner Straße aus, auch von keiner Traumstraße. Im Bereich des Dorfes Krystad warten übrigens ein paar idyllische Stellplätze (mit Sandstrand) für Wildcamper – aber dies nur am Rande, denn der Abstecher über die Piste nach Selfjord (wo sie endet) legen wir nur denen nahe, die wirklich wandern wollen.

Wer wandern und anschließend bei herrlicher Aussicht übernachten will, kann das in der Fredvang-Hytta, die in dramatisch-schöner Umgebung liegt und den Einwohnern von Fredvang gehört. Die Miete für die Hütte (mit Wohnraum/ Küche, Schlafraum, Bollerofen) ist relativ günstig; eine Lagebeschreibung und den Hüttenschlüssel bekommt man bei Finns Handel (dem Lebensmittelgeschäft, Tel. 7609 4224) in Fredvang.

So kehren wir nach Flakstadøya zurück. Bis zum Ziel der Route, Sund, bleibt die E 10 der Küste treu. Erst geht es am **SELFJORD** entlang, dem gegenüber wir bald jenes Dörfchen Krystad ausmachen. Und fortlaufend genießen wir hier den Ausblick auf die »Mondberge« des Nordens von Moskenesøya, die, von hier aus betrachtet, noch Furcht erregender scheinen als von Finnbyen aus.

Dann passieren eine Stelle mit Namen STRAUMSNES, wo der zu Beginn nur 80 m breite Sundstraumen vom Fjord abzweigt, um das Nordmeer mit dem Vestfjord zu verbinden. Gegenüber ein Gehöft – traumhaft, diese Lage.

3 km weiter reckt sich die neue Brücke KÅKERSUNDETBRUA über den Straumen. Bevor wir auf ihr endgültig nach Moskenesøya hinüber wechseln, biegen wir links ab in Richtung **SUND.** Knapp 2 km sind bis zur Ortseinfahrt zurückzulegen.

Hier gabelt sich die Straße in zwei Sackgassen; und beide sollte man befahren. Die rechts abzweigende passiert die kunterbunt gestrichene Dorfschule und begleitet das von Felsen geschützte Hafenbecken – Rorbuer stehen im Wasser, und ihr roter Anstrich kontrastiert mit dem elfenbeinalten Weiß eleganter Herrenhäuser – solche gravitätischen Bauten, nordisches Barock, hätten wir hier draußen nicht vermutet; zu verdanken sind sie dem Fischreichtum der Vergangenheit. Dort wo die Straße endet, empfiehlt es sich zu parken: Das sehenswerte **FISCHEREIMUSEUM SUND** ist aus dem ehemaligen Schmiedemuseum Sund hervorgegangen und ebenso klein wie fein. Hauptthema ist die Motorisierung der Fischereiflotte in den vergangenen gut 100 Jahren (»Vom Riemen zum Motor«); die Exponate umfassen Bootsmotoren, von denen mehrere auch zu starten sind, und andere technische Einrichtungen der Fischereiflotte. Ein Bootshaus ist das Domizil alter Nordlandboote, die alte Fischerhütte beherbergt ein Raritätenkabinett. Und in der Kunstschmiede »Galleri Ambolten« wird nach alter Handwerkskunst so wie früher gearbeitet; die von Hand geschmiedeten Kormorane des alten Schmieds *Hans Gjertsen* werden verkauft. Sund Fiskerimuseum og Smie, Tel. 7609 3629 oder 9766 8129. 1.6.–15.8. täglich 10–18 Uhr, ferner ab Anfang Mai sowie bis Anfang September täglich 10–16 Uhr, sonst nach tel. Absprache (siehe oben). Eintritt 40 NOK, Kinder (über 7 Jahre) 10 NOK. www.sundfiskerimuseum.no im Entstehen.

Route 10: Moskenesøya

IM ÜBERBLICK

◎ **STRECKENVERLAUF**: Kåkersundetbrua – Mølnarodden (2 km) – Hamnøy (7 km) – Reine (3 km) – Djupforden (2 km) – Moskenes (2 km) – Å (4 km).

◎ **LÄNGE/DAUER**: nur rund 20 km, dennoch eine Tagestour.

◎ **TRANSPORT**: Bus 101 (Leknes – Å) verkehrt 5–8 x täglich auf der Strecke (morgens und nachmittags), Bus Nr. 202 bedient 6–8 x täglich die Strecke Hamnøy – Å via Reine.

◎ **ANSCHLUSSMÖGLICHKEITEN**: mit Route 9 sowie Route 11.

◎ **ABSTECHER**: Bootsfahrt in den Kjerkfjord ab Reine (Rostad – Kirkfjord – Vinstad – Reine; 2–3 x täglich, Dauer rund 1 Std. Fahrplaninfos über Tel. 9485 0943, 9527 2792 und 7609 2090, Fax 76092091; außerhalb der Fährzeiten kann man den Skipper *Edgar Kibsgård* über Tel. 7609 1278 erreichen. – Wanderung Nr. 9, 10, 11 und 12, auch geführte Wanderungen (siehe unter »Ferien aktiv«). – Wanderung um den Åvatnet ab Å. – Ebenfalls ab Å sowie Reine/Hamnøy Bootsausflüge hinaus auf den Vestfjord, ferner in den Moskenstraumen sowie zur Außenseite der Lofoten (siehe unter »Ausflüge«).

◎ **PROFIL**: Wer diese Route fährt, hat die anderen Hauptinseln der Lofoten schon kennen gelernt und meint vielleicht, dass nach all den Superlativen eine knapp 20 km lange Strecke nicht mehr viel Neues bieten kann. Das Gegenteil ist der Fall, denn die beiden Dörfer Hamnøy und Reine etwa halten wir – persönlich gesprochen – für die aufregendsten auf dem Archipel, denn nirgends sonst im Inselreich hat der (bauende) Mensch die Landschaft derart verschönert wie hier. Å, das Dorf am Ende des Lofoten-Highways, wirkt wie ein einziges Museum. Überall in den drei Siedlungen kann man trefflich wohnen, ist das Programm an Ausflügen und Aktivitäten umfassender als auf allen anderen Inseln. Die Berglandschaft stellt sogar noch eine Steigerung gegenüber der von Flakstadøya dar, gleich vier (beschriebene) Wanderungen warten auf Natur-Liebhaber. Wer sich für diese Route eine Woche schenkt oder Moskenesøya als Urlaubsdomizil wählt, wird es nicht bereuen.

WO DIE WAND AM MONUMENTALSTEN IST

Die funkelnagelneue Brücke **KÅKERSUNDETBRUA** verbindet Flakstadøya mit Moskenesøya. Der darunter rauschende Gezeitenstrom bildet ein Wurzelwerk aus blaugrün kreisenden Wirbeln, die glatt und durchsichtig sind wie Glas und bis auf den 40 m tiefen Meeresgrund blicken lassen. Direkt hinter der Brücke zweigt rechts die nach Andopen ausgeschilderte Straße ab, aber die endet bald, immerhin mit Blick auf den Straumen.

Anders die E 10, die uns zuallererst nach **MØLNARODDEN** bringt: Der kleine Ort blickt gleichermaßen auf die Halbinsel von Sund, den Vestfjord und, gen Osten, auf einen Fjellriegel, den man besteigen (die Wanderung Nr. 9) kann. Dort wo das Dorf endet, queren wir einen 2 m breiten, smaragdgrün funkelnden Fjordarm: Für die folgenden 5 km führt die Straße 50–70 m lotrecht über dem Vestfjord dahin. Zur rechten Seite steigt der SOLBJØRN auf, seine Flanken sind senkrecht, die Felsen brüchig, Steinschläge keine Seltenheit, so dass hier ein System aus Tunneln entstehen soll – wir fahren entsprechend langsam, auch um den Rastplatz nicht zu verpassen, der bei km 6, direkt an der Solbjørnneset, über das Meer auf das Festland schaut und bei Wildcampern beliebt ist.

Wir passieren eine in den Fels eingelassene, mit norwegischen Fahnen geschmückte Bronzetafel mit dem Namenszug von König *Olav V.*, die an die Einweihung der Lofoten-Straße im Jahr 1963 erinnert.

Ein Stück weiter füllt der kreisrunde Hamnøyvatnet einen rechts der Straße liegenden Felskessel aus, und an seinem Ufer kann man ebenso ein paar akzeptable Stellplätze finden. Dann treten die säumenden Flanken zurück – unvermittelt genießen wir eine ebenso hinreißend wie bedrückende Aussicht entlang Moskenesøya bis hinunter nach Å, wo die Straße endet. Der Blick erfasst eine Küstenlinie im Urzustand, bestehend aus zerhackten Granit- und Gneisflächen oder muldigen Hügeln von großen polierten Granitkissen, oft mit hellen Schichtungen durchflochten; hin und wieder eine Fjordöffnung, im Hintergrund die Gebirge, oder schmale Sunde zwischen lang gestreckten, locker besiedelten Eilanden, in deren Häfen die Fangboote der Fischer liegen.

Langsam fahren wir weiter, zum Meer hinunter. Dort zieht sich ein schmaler Damm, den Granitquader vor der

Brandung schützen, zum Fischerdorf **HAMNØY** hinüber – dem zusammen mit Reine und Å zweifellos traditionsverbundendsten Fischerdorf der Südinsel, das sich auf der (früheren) Insel Hamnøya ausbreitet, aus roten sowie ockerfarbenen Holzwürfeln besteht und, genau wie der benachbarte Ort Reine, sowohl auf den Vestfjord als auch auf die vielarmige, grünspanfarbene Wasserfläche von Vor-, Kjerk-, Bunes- und Forsfjord blickt, über der SCHWARZ POLIERTE BERGE ANS ARCHAIKUM ERINNERN. Diese steil aufragenden, vom Meer zernagten Gneisgiganten haben scharfe Umrisslinien, so dass es scheint, sie ritzten den kristallharten polaren Himmel. Reminiszenzen an Wagner und an die Nibelungen scheinen in der Luft zu schweben – wir atmen Edda-Stimmung und können uns nicht satt sehen an diesem Zusammenklang der Elemente, der durch den (bauenden) Menschen keineswegs geschmälert, sondern vielmehr gesteigert wurde.

An der Stelle, wo es rechts zum Hafen ausgeschildert ist, direkt links vor der Bogenbrücke zur Nachbarinsel Toppøya, klafft eine schmale Felsschlucht, die sommers die Touristen umlagern, weil sie Hunderten von DREIZEHENMÖWEN Nistplätze bietet. Wer nicht nach Værøy oder Røst übersetzen will, kann sich hier ein kleines Bild davon verschaffen, wie es in Seevogelkolonien zugeht.

Folgt man nun der vor der Bogenbrücke nach rechts führenden Straße, ist es ein kurzes Fahrstück bis zur komfortablen Rorbuanlage *Eliassen Rorbuer* mit rot gestrichenen Rorbuhäusern, die den Hafen von Hamnøy säumen und in punkto Panorama kaum zu überbieten sind.

Die Brücke nach TOPPØYA ist nur schmal und schwer einzusehen; die Fahrer von größeren Wohnmobilen oder Caravan-Gespannen kommen hier oft ordentlich ins Schwitzen.

Auf der anderen Seite, auf der Insel SAKRISØY, gilt in DAGMARS DUKKE- OG LEKETØYMUSEUM »zurück in die Kindheit«. In dem Puppen- und Spielzeugmuseum versammeln sich mehr als 1.500 Puppen und Teddybären aus der Zeit von 1860 bis 1965 neben vielen anderen Zeitzeugen aus Kinderstuben. Die Ausstellung ist einmalig in Norwegen. Ca. 20.6.–20.8. täglich 10–20 Uhr, ab 1.6. und bis 31.8. 10–18 Uhr, Mai Sa+So 12–17 Uhr, sonst nach Absprache mit Tel. 7609 2143. Eintritt 40 NOK, Kinder 20 NOK.

Weiter geht es, direkt am Fjord an hübschen Rorbuhütten auf Stelzen *(Sakrisøy Rorbuer)* vorbei und über die nächste Bogenbrücke auf die Insel OLNILSØYA, die nun bereits zu **REINE** gehört, einem der schönsten Fischerdörfer von Norwegen:

»Plötzlich entdeckte ich die Stadt, die am Fuße dieses großartigen Gebirges lag. Ich hatte sie vorher nicht bemerkt. Ich verstand nicht, wie sie dort liegen konnte. Ich verstand nicht, wie sie es wagte, die Stille zu durchbrechen. Sie wirkte wie eine Entheiligung, wie ein Anachronismus, wie ein vorläufiges Arrangement... Und wieder sah ich auf die Berge, und wieder sah ich auf die Stadt. Es war beinahe unmöglich, beides auf einmal zu sehen. Zehn Farben, Formen und Begriffe dringen in die Augen und Gedanken: Die Stadt dringt nicht in die Landschaft ein, sie fällt heraus, wie die Maler sagen... Und über diese warme, schmutzige, kleine Stadt legt sich der Qualm und Rauch der Tranfabrik und der Dampfschiffe. Der Widerspruch ist zu brutal, zu hart, es ist hässlich, es ist bizarr. Keine Farbtöne, keine vollkommene Stimmung. Jedes ist für sich schön und großartig. Zusammen ist es unmöglich... Je länger man darauf sieht, desto krasser wird es. Zum Schluss schwarz und weiß – wie eine Zeichnung.«

Dies ist Reine in den Worten von *Christian Krohg* (Der Kampf ums Dasein), einem Großen unter den norwegischen Malern. Seinen einfühlsamen Worten ist einiges hinzuzufügen. Etwa dass es keinen Widerspruch zwischen Stadt und Land mehr gibt, schon gar nicht einen brutalen, denn die Tranfabrik ist längst demontiert, die Schiffe stoßen keinen Qualm und Rauch mehr aus. Ja, wir möchten behaupten, nie einen stärkeren Zusammenklang von Natur und den Werken des sie transzendierenden Menschen gesehen zu haben, als hier, in Reine, der unseres Erachtens schönsten und schönstgelegenen Siedlung auf den Lofoten! Schon Olav V. zeigte sich tief beeindruckt von der 600 Einwohner zählenden Ortschaft, und der damalige Bundeskanzler *Helmut Schmidt* verbrachte hier 1979 seinen Urlaub; dutzende Maler ließen sich von Reine inspirieren, wo sich zum Beispiel *Otto Sinding* das Motiv zu seinem Bild »Reine auf den Lofoten« holte.

Es reicht nicht, auszusteigen und ein bisschen ins Gelände zu wittern, mit Fotoapparaten Rechtecke aus der Stadt und ihrer Kulisse zu stanzen. Hier muss man selber zum Sucher werden. Muss sich die Muße nehmen, ohne Kamera herumzuschweifen, eine kleine Ewigkeit lang aufs Meer zu blicken, wo sich fester Boden mit dem Flüchtigen berührt, – aufs Hafenbecken, wo die Fischer ihren Fang löschen, zerhacken, ausnehmen und verpacken, – über den Ort, dessen bunte Holzhäuser sich an jedes freie Stückchen Stein klammern und oft genug bis zu den Knien im Wasser stehen – und natürlich in die Fjordwelt hinein, in der Gletscher eigenartige Landschaftsgebilde geformt haben: eine zerhackte Linie spitzer Sägezähne, eine Horizontale aus nadelstarren Spitzen, die ein seltsam dunkles Leuchten in die Helle stellen. Hier ist man versucht, die Natur als Gestalt zu begreifen – eine Natur, die die gleichen physischen und mythischen Erfahrungen auslöst, wie etwa die Kathedrale von Chartres oder ein Bild von Dali – wir ahnen, dass es einmal Aufgabe der Ästhetik sein muss, das zentrale Problem der Naturwissenschaften zu umkreisen: den Nachweis der Existenz von Geist in der Materie.

Stundenlang blättern wir in dieser Bilderbuch-Ortschaft, heute das VERWALTUNGSZENTRUM der Gemeinde Moskenes und seit 1743 von der Familie Sverdrup geprägt. 1891 errichtete *Hartvig Sverdrup*, der ungekrönte König von Reine, die kleine Kirche, und direkt nebenan hat die *værkong*-Familie auch ihren eigenen Friedhof. Noch heute sind die Sverdrups der größte Arbeitgeber der Stadt: Ihre Exportfirma verkauft den Stockfisch bis ins ferne China. Auch die meisten

Lachszucht im Reinefjord sowie an Land ▶

Rorbuer gehören der Familie, viele Trawler und die Stockfischgalgen, an denen bis in den Juni hinein die kopflosen Dorschleiber baumeln; hölzern klingt es, und knöchern, wenn der Wind durch die Fischmumien fährt.

ES IST HERRLICH, TOURIST IN REINE ZU SEIN. Auch wegen der Rorbuer, teils noch mit Torfdach – wegen der Wandermöglichkeiten (siehe Wanderungen Nr. 10–12, aber auch Nr. 7–9) – wegen der Bootsausflüge auf dem Reinefjord (siehe unter »Ausflüge«) – wegen des Aktivitätsprogramms des Touristenbüros (siehe unter »Ferien aktiv«) – und nicht zuletzt dank der *Gammelbua* (siehe unter »Essen und Trinken«), die am Hafenbecken eine denkbar gemütliche Kneipe mit Restaurant abgibt.

Am liebsten möchte man nicht wieder weg aus Reine. Aber 9 km liegen noch vor uns bis ans Ende des Lofoten-»Highways«, und so brechen wir auf – mit dem festen Vorsatz, einen längeren Aufenthalt anzuschließen.

Am Reinehalsen stoßen wir wieder auf die E 10, die wir verlassen hatten, um ins Zentrum zu gelangen. Direkt neben uns, ähnlich geformt wie der Zuckerhut Rios, türmt sich der 448 m hohe REINEBRIGGEN auf: ein Panorama-Berg der besonderen Art, auf den uns die Wanderung Nr. 10 führt.

Ein Tunnel ist nun zu durchqueren, 1,5 km weiter überwinden wir den nur schmalen Ausgang des **DJUPFJORDS** auf einer neuen Brückenkonstruktion. Während die betörend schimmernden Wasser des Meeresarmes direkt unter uns an der Mündungsschwelle nur 10 m tief sind, so schon 100 m weiter über 60 Faden (rund 120 m) – wie die Seeleute und Fischer sagen. Dieses Fjord-typische Phänomen resultiert daraus, dass die Gletscher der Eiszeit, die diese Relieftypen schürften, an ihren Mündungen ins Meer an Dicke abnahmen, dort dementsprechend auch einen geringeren Druck ausübten. Fjord-typisch ist ebenfalls, dass an den Mündungsschwellen ein immenser Fischreichtum auftritt – man spricht in diesem Zusammenhang von Fischbänken; entsprechend viele Sportangler beobachtet man auf oder im Bereich der Brücke beim Angeln.

An der Hängebrücke beginnen zwei Wanderungen (siehe Nr. 11 und 12). Die eine hat **MOSKENES** zum Ziel, das wir auf der Straße nach weiteren 2 km erreichen. Den Ort, mit dem südlich angrenzenden **SØRVÅGEN** zusammengewachsen (650 Einwohner) und mit ihm auch den Hafen teilend, prägen moderne Kaianlagen und eine schützende Betonmole. Viel an Atmosphäre ist hier nicht zu verspüren, sofern Hamnøy und Reine die Messlatten sind. Ein Aufenthalt am Hafen sei dennoch empfohlen, befindet sich dort doch die Hauptstelle der Touristenbüros für Flakstadøya und Moskenesøya. Das Personal ist sachkundig, es gibt Berge an gedruckten Prospekten, und vor allem kann man sich vor Ort über diverse Aktivitäten informieren und sogleich buchen. Fahrräder stehen zur Vermietung. Ein Internet-Service existiert ebenfalls. Als Sehenswürdigkeit sei die oberhalb aufragende KREUZKIRCHE genannt, im Jahr 1819 erbaut und mit teils mehr als 400 Jahre altem Inventar.

Leser fanden zwischen Reine und Å bereits im September viele Unterkünfte geschlossen vor, loben aber ausdrücklich den Mieträder-Service.

Sørvågen ist Ausgangspunkt für eine Wandertour zur MUNKEBU-WANDERHÜTTE (siehe Wanderung Nr. 11). – Das NORSK TELEMUSEUM vollzieht die nicht unwichtige Rolle der Lofoten in der norwegischen sowie (nord-)europäischen Geschichte der Telekommunikation nach: Hier nahm 1908 eine der ersten Funkstationen überhaupt die Kommunikation mit Schiffen auf See per Funktelegramm auf. Geöffnet 20.6.– 20.8. täglich 15–17 Uhr, sonst nach Absprache: Tel. 7609 1488. Eintritt 30 NOK.

Fast übergangslos gelangen wir zur Ortschaft TIND, an deren Ende, schon zu Å gehörig, das **LOFOTEN TØRRFISKMUSEUM** wartet, das Trockenfischmuseum, das einzige seiner Art. Zentrale Themen sind Herstellung und Verkauf von Trockenfisch. So beeindruckend wie die Lokalität – ein altes Lagerhaus – ist die Ausstellung selbst, die das Thema Trockenfisch erschöpfend, interessant, ja spannend behandelt und selbst über die unterschiedlichen Trockenfisch-Qualitäten Auskunft gibt. Da der Besitzer *Steinar Larsen* auch fließend Deutsch spricht, sollte man sich die Führung nicht entgehen lassen. Den Abschluss bildet eine Videovorführung. – 15.6.–20.8. täglich 10–17.30 Uhr, 1.6.–14.6. sowie Rest August täglich 11–17 Uhr, sonst nach Vereinbarung: Tel. 9115 0560. Eintritt 40 NOK, Kinder (ab 10) 25 NOK, Kombi-Ticket für Trockenfisch- sowie Fischerdorfmuseum in Å 65/45 NOK. www.lofoten-info.no/stockfish.htm. Dem Museum angeschlossen ist übrigens die empfehlenswerte Rorbuanlage *Å Hamna,* zu der auch ein sogenanntes Independent-Hostel gehört, in dem man für 100 NOK (!) ein Bett erhält, was billiger kommt als in der Jugendherberge von Å.

Bei der Einfahrt nach Å ist zu berücksichtigen, dass es sommers im Dorfzentrum stets zu längeren Verkehrsstaus kommt, weshalb man lieber nicht links Richtung »Vandrerhjem« mit Zentrum abbiegen, sondern geradeaus durch den Tunnel fahren sollte, an dessen Ende sich ein großer Parkplatz, der Busbahnhof und ein Kiosk des Touristenbüros befinden.

Å, das Dorf am Ende der Straße und am Ende des berüchtigten Moskenstraumen (siehe Route 11), mit bunten Holzhäusern, fast wie hingestreut über die abgerundeten Klippen der Åvatn-Mündung. Und im Rücken DIE WAND, DIE DEN HORIZONT FÜLLT, so weit das Auge reicht, doch gen Osten der VESTFJORD, OFFEN BIS ZUM FESTLAND. Im Ort, durch den sich die Straße kurvenreich und schmal schlängelt, verteilen sich die Filetierfabrik und unzählige *hjeller,* jene zeltförmigen Stangengerüste, an denen die Dorsche baumeln, das *Vandrerhjem,* ein Lebensmittelladen und natürlich, und nahezu jedes rot gestrichene Haus betreffend: das FISKEVÆRSMUSEET, das Fischerdorfmuseum: Die 23 Gebäude aus dem 19. Jahrhundert stehen vollständig unter Denkmalschutz, so *bakeriet* (die Bäckerei), *butikken* (der Kaufladen), *fjøset* (der Stall), *Bekkhaugen* (die heutige Jugendherberge), Rorbu-Hütten (auch zu mieten) *Anna-Bua, Bjørn Johansa Bua, Bollabua, salteriet* (die Salz-Kote), *bedehuset* (das Gebetshaus), ferner *smia* (die Schmiede), *båtnaustet* (der Bootsschuppen – mit einigen Nordlandbooten) sowie *trandamperiet*, die (zum Glück) nicht mehr in Betrieb stehende Trankocherei aus dem Jahr 1850 – eine Rarität in Norwegen. Alle Gebäude näher vorzustellen würde den Rahmen sprengen; so verweisen wir auf die nützliche Broschüre (auch auf Deutsch), die im Kontor des Museums (unter der Jugendherberge) für ein paar Kronen verkauft wird. Geöffnet ist das interessante Museum (das auch diverse Aktivitäten organisiert und Lofoten-Publikationen verkauft): 20.6. bis 20.8. täglich 11–18 Uhr, sonst Mo–Fr 11–15 Uhr. Eintritt 45 NOK, Kinder 25 NOK; oder 65 NOK für das Kombi-Ticket mit Tørrfiskmuseum. www.lofoten-info.no/nfmuseum. Tel. 7609 1488 (Kontakt auch für Telemuseum, siehe Seite 186).

Dann ist da noch das *Brygga*, ein in einem alten Speicherhaus am Hafen eingerichtetes Restaurant mit Panorama-Terrasse, und nicht zu vergessen der ÅVATN, den man wandernd umrunden kann (und wo uns Dohlenschwadronen attackierten).

Der Höhenzug über dem *Moskenstraumen Camping* und die Anlage selbst, vor allem die Ferienhütten, die hoch über dem Meer liegen, lassen den Besucher in Widerstreit geraten, ob man sich hier oder in Reine einquartieren soll – was auch eine Nationalitätenfrage zu sein scheint, denn während es die Deutschen zumeist mit Reine halten, bevölkern Å sommers u.a. viele Franzosen. Wer hier im Zelt übernachten möchte, benötigt jedenfalls ein windstabiles Exemplar.

Route 11: Værøy und Røst

IM ÜBERBLICK

◎ **STRECKENVERLAUF**: Å – Moskenstraumen – Værøy-Ort – Mostadheia – Røst – Røstlandet – Vedøya – Værøy – Å.

◎ **LÄNGE/DAUER**: rund 160 km mit dem Schnellboot, etwa 5,5 Std.

◎ **TRANSPORT**: Diese Route führt übers Meer, entweder mit der Festland-Fähre ab Moskenes bzw. Bodø oder mit dem Schnellboot ab Reine.

◎ **ANSCHLUSSMÖGLICHKEITEN**: mit Route 10; oder ab Værøy bzw. Røst per Flugzeug oder mit der täglich verkehrenden Fähre die Rückreise zum norwegischen Festland (nach Bodø) antreten.

◎ **ABSTECHER**: als Bootsfahrt oder Wanderung zu dem Vogelfelsen von Værøy (siehe unter »Ferien aktiv, Vogelbeobachtung« sowie Wanderung Nr. 13). – Vogelbeobachtung auf Vedøya, wohin man (ab Røst) mit einem Boot übersetzen muss; dies organisiert das lokale Touristenbüro (siehe »Information«) und die Jugendherberge (siehe »Unterkunft«).

◎ **KURZBESCHREIBUNG**: famose Bootsfahrt entlang der Lofoten-Wand und über den Moskenstraumen hinweg via Værøy (Paradies für Wanderer und Vogelkundler) nach Røst, ein 60 Seemeilen vor der Küste gelegener eigener Archipel, bestehend aus zahllosen Schären und Holmen, einer von Menschen bewohnten Insel sowie mehreren Vogelklippen, wo sich, zusammen mit denen Værøys, große Seevogelkolonien einfinden.

Elch-Tipp: Å ist ein idealer Ausgangspunkt für Aktivitäten und Ausflüge, zum Beispiel nach Værøy und Røst.

LETZTE SCHANZEN GEGEN DAS MEER

Wo der Lofoten-Highway endet, liegt – wie ein Symbol für die Wortkargheit der Lofoter – Å, das Dorf, das Lofoten-Übliches auch -Einmaliges kennt: so den freien Blick gen Süden über das Meer, wo – fast 40 km entfernt – die Insel Værøy aufragt.

Zwischen Værøy und Moskenesøya zwängt sich im Rhythmus der Gezeiten der gefürchtetste aller »Mahlströme«: der **MOSKENSTRAUMEN** (*straum:* Strom). Selbst bis ins ferne Arabien war schon vor Jahrhunderten der berüchtigte Ruf des »Nabels der Welt« gedrungen, die älteste erhaltene Quelle stammt aus der Feder eines Seefahrers namens *Amund,* der Ende des 17. Jhs. mit dem dänischen (und auch über Norwegen herrschenden) König Christian IV. an den Rand des Strudels geriet, den er von einem Felseiland aus überblicken konnte: »Die See hob sich mehrere Fuß höher als sonst und stand wie eine schwarze, polierte Mauer im Mondlicht. Dann vernahm ich das Donnern und Brüllen des Stromes. Die Wassermassen jagten in der Runde und formten dabei einen so weiten und tiefen Tunnel, dass man schon beim Zusehen schwindelig werden konnte.«

Auch *Edgar Allan Poe* setzte dem mächtigen Strudel ein Schrecken erregendes literarisches Denkmal: »Nie werde ich das Gefühl des Grauens und der Bewunderung vergessen können. ... Das Boot schien wie durch ein Wunder an der inneren Fläche eines Trichters von ungeheurer Weite und Tiefe zu hängen. ... Mit sinnverwirrender Schnelle wirbelten wir im Kreis herum. ... Da gewahrte ich, dass unser Boot nicht der einzige Gegenstand in den Fängen des Strudels war. Sowohl über wie unter uns sah man Schiffstrümmer aller Art – Massen von Bauholz und Baumstämmen wirbelten mit allerlei Hausrat, zerbrochenen Kisten und Tonnen bunt durcheinander.« (Im Strudel des Mahlstroms)

Der Irrglauben, der sich bis in das 18. Jh. hielt, besagte, dass der Strom »ein Abgrund sey, der durch die Erdkugel hindurchgienge, und seinen Ablauf in einem entfernten Land hätte« bzw. – wie Pater Kircher meinte – »in den bothnischen Meerbusen.«

Erst der Bischof zu Bergen, *Erik Pontoppidan,* wies diesen Glauben in seinem 1755 erschienenen Buch »Versuch einer natürlichen Historie von Norwegen« zurecht. Er beschrieb die natürlichen Ursachen des Gezeitenstroms: »Sein wütendes Toben übertrifft dasjenige eines Wasserfalls und kann pausenlos auf große Entfernungen vernommen werden, mit Ausnahme einer Viertelstunde nach je sechs Stunden, was also mit dem Zeitpunkt des Gezeitenwechsels zusammenfällt.« Aber auch er kam nicht umhin, voller Anerkennung den Chronisten Rasmus zu zitieren: »Die Wirbel oder Löcher des Stroms sind so tief und groß, dass, wenn ein Schiff hineingeriete, solches sinken oder untergehen müsste.... Es trägt sich auch oft zu, dass, wenn große Walfische dem Strom zu nahe kommen..., sie schrecklich brüllen und blöken, wenn sie hinuntergezogen werden.«

Die ungeheuere Gewalt des Moskenstraumen ist nicht nur Legende: Mit beinahe 10 Knoten (18,5 km/h) presst sich der Meeresrücklauf durch die Enge und befördert so bei jedem Tidenwechsel zig Millionen Kubikmeter Wasser, was ihn – neben dem Saltstraumen vor Bodø – zum stärksten Mahlstrom der Erde machen soll. Unzählige Schiffe hat er zertrümmert; und nicht ohne Grund heißt das Südkap Moskenesøyas *Hell* (Glück), denn die Lofoten-Fischer – abergläubig aus Passion – beten um Glück, wenn sie sich dieser Düse, durch die auch riesige Fischschwärme gepresst werden, annähern.

Auch große und moderne Schiffe sind dem Straumen nicht gewachsen; vor allem dann, wenn Sturm und Gezeitenrichtung entgegenstehen und so die gefürchtete kochende Strudelsee hervorrufen, in der, nur ein Beispiel, im Herbst 1977 der Rostocker Frachter »Karlshorst« kenterte. Der von der Bergeprämie herbeigelockte Hochseeschlepper »Atlas« wurde von einer Sturzsee gegen die »Karlshorst« geschleudert und sank sofort.

Wen wundert es da, dass nach den Sagen der Wikinger dieser Moskenstraumen geschaffen wurde, um das Menschengeschlecht von den Inseln der Götter fernzuhalten? Oder – wie die Lofoter glaubten –, dass Trolle für *Nordlands Trompet* (wie ihn der dichtende Priester *Peter Dass* taufte) verantwortlich zeichnen:

Nach dieser Sage hausten einst ein weiblicher Troll auf Moskenesøya und ein männlicher auf Værøy. Beide waren verheiratet und lebten schon seit Beginn der Zeit von Fischsuppe, die sie in dem riesigen natürlichen »Kochtopf«, der Meeresenge zwischen den Inseln, zubereiteten. Eines Tages machten Meerjungfrauen das Gebiet unsicher, und Troll-Mann stieg in die Tiefe, sie zu vertreiben. Aber wie er die Schönen sah, legte sich sein Zorn, und Kraft stieg ihm in die Lenden. So verließ er den Pfad der Tugend, und als er wieder auftauchte, in einer Vollmondnacht, da war seine Angetraute so erbost über das schamlose Tun ihres Alten, dass sie wie eine Furie mit dem Kochlöffel in der Suppe rührte, wodurch riesige Flutwellen entstanden. Er fand das albern und äffte ihr nach. Doch weil er in die andere Richtung rührte, entstanden Wirbel und Sturzseen. Und weil sie nicht gestorben sind, rühren sie noch heute, am schlimmsten aber bei Vollmond, weil sie sich dann daran erinnern, wie der Ehekrach begann.

Hoch schlagen die Wellen der Erregung, als wir zusammen mit ein paar Dutzend anderer Touristen an Bord des Fährbootes gehen. Jede/r hier hat schon einmal vom berühmt-berüchtigten Moskenstraumen gehört, und niemand möchte das »Gefühl des Grauens und der Bewunderung« verpassen, das sich zwangsläufig einstellen muss, wenn das Schiff 10 km weiter südlich, wo das Land endet, in die Fänge des Strudels geraten wird. Auge in Auge mit der Gefahr, so stellt man sich das vor, und dementsprechend bleiben alle an Deck. Zur Bewegungslosigkeit verdammt hocken wir im Kreis der Unerschrockenen vorne am Bug, als die paar hundert Pferdestärken der zwei Diesel das Schnellboot auf über 20 Knoten beschleunigen. Å und die Wand rauschen vorüber: Das bis über 700 m hohe Bollwerk gegen den offenen Atlantik sieht von draußen betrachtet einzigartig imposant und Ehrfurcht gebietend aus.

Knapp 15 Minuten später nähern wir uns der Stelle, wo das Land im Meer versinkt. Und dann vertrauen wir uns dem Moskenstraumen an. Gut 50 Augenpaare spähen respektvoll auf das offene Nordmeer, Kameras und Fotoapparate sind gezückt. Aber nichts! Keine mörderischen Trichter, keine brüllenden Wale. Nur spiegelglatte, gleißende See. Man hätte es sich denken können, dass der Fahrplan auf die Gezeiten abgestimmt ist. Der Skipper grinst, die Touristen murren. Man fühlt sich ein bisschen geprellt, und schon wird es leer auf Deck, denn in der klimatisierten Kabine sitzt man unvergleichlich bequemer. Wir harren aus und umgehen so nicht nur die Seekrankheit, die im warmen Inneren des Schiffes viele trifft, sondern erleben bald ein richtiges Schauspiel:

Erst ist es nur ein Papageitaucher, den wir sehen, aber bald sind es hunderte, die voraus auf dem Meer sitzen, sich putzen oder, die Beute noch im Schnabel, vom »Fischfang« ausruhen. Mit fast 40 km/h rasen wir auf die Alken zu; gerade wollen wir die Augen vor dem Unvermeidlichen schließen, als sich die ganze Vogelschar wild flatternd erhebt. Nur sind sie keine guten Flieger, haben Schwierigkeiten mit dem Start, denn das Meer ist ihr eigentliches Element. Als sie erkennen, dass die Flucht unmöglich ist, geben sie auf. Die einen stürzen sich kopfüber in die Fluten, andere setzen sich nieder, stecken das Köpfchen in die Tiefe, das »Schwänzchen in die Höh'«, zeigen uns ihre roten Schwimmfüße und tauchen einfach unter, um nach Verzug der Gefahr wieder aufzutauchen – wie Gummibälle.

So geht's die ganze Zeit. Schwarm um Schwarm taucht ab, taucht auf. Ab und an gleiten Kormorane wie schwarze Schwertblätter an uns vorbei, setzt sich eine Möwe auf die Reling, um uns aus Knopfaugen anzustarren. Die Minuten vergehen wie im Flug – schon haben wir MOSKEN passiert, eine mitten aus dem Moskenstraumen aufragende, fast 400 m hohe Felsinsel. Voraus erhebt sich – braun und hoch – das Ziel, Værøy, und weit unten im Süden tauchen die Hut-ähnlichen Berggipfel von Røst aus dem Meer. Das Schiff beschreibt einen Bogen, kurvt langsam in die geschützte Hafenbucht von **VÆRØY** hinein, wo wir aussteigen, um die rund 18 km² große Insel mit einer der größten Seevogelkolonien der Welt wandernd zu erkunden (siehe Wanderung Nr. 13) oder per Boot zu erreichen (siehe unter »Ferien aktiv, Vogelbeobachtung«).

Nach drei Tagen stehen wir erneut am Anleger, um die Schiffsfahrt fortzusetzen. Weitere 40 km liegen noch bis Røst vor uns; konnten wir während der ersten Etappe hunderte von Papageitauchern beobachten, so geht ihre Zahl während der nächsten Stunde in die tausende. Vor allem im Bereich der MOSTADHEIA – dem Vogelberg am Südwestzipfel der Insel, wo wir heute morgen erst wandernd aufgebrochen sind – ist das Meer mit diesen drollig ausschauenden Alkvögeln förmlich gespickt. Seltsam berührt es, dass die »Clowns der See« noch vor einigen Jahren in beachtlicher Anzahl gefangen und verspeist wurden. Anfang Juni begann die Saison, in der die Männer mit V-förmigen Netzen an langen Stöcken und mit Schlingen auf Jagd nach Papageitauchern gingen.

Mostad, der heute verlassene Ort am Fuße des Vogelbergs, war das Zentrum der Vogelfänger, und einen Hund gibt es, den Mostad- oder LUNDEHUNDEN, den scheint die Natur eigens zum Zweck des Papageitaucher-Fangs konstruiert zu haben, für den er gehalten wurde. Darwin hätte seine helle Freunde an dieser KYNOLOGISCHEN RARITÄT gehabt, auch wenn der Hund das Gewand eines ganz normalen Straßenköters trägt: Die Evolution stattete ihn nämlich mit einer zusätzlichen Zehe aus, die sicheren Halt beim Klettern gewährt; dann gab sie ihm Ohren, die er beim Kriechen einfach einklappen kann, denn kriechend holte er die Vögel aus ihren oft meterlangen Nisttunneln; und weil dabei normale Schultergelenke hinderlich wären, ist das seinige so gebaut, dass er die Vorderbeine waagerecht vom Körper abspreizen kann. Doch damit nicht genug, kommt Lundehunden weltweit nur auf Værøy vor – wie die Wissenschaftler vermuten, handelt es sich bei ihm um einen Urhund, um ein lebendig gebliebenes Stück früher Entwicklungsgeschichte, das sich über die letzte Eiszeit hinweg gerettet hat. Heute ist der PAPAGEITAUCHER gesetzlich geschützt, können die Einwohner von Værøy auch problemlos auf das Verzehren der Vögel verzichten. Früher, in den Jahrhunderten der Armut, war der Vogel dagegen notwendiger Fleischlieferant, konnte man seine Federn als Bettfüllung verwenden oder, lebenswichtig, gegen Salz, Zucker, Mehl, Tabak und Branntwein eintauschen.

Etwa 50 Minuten nach dem Aufbruch von Værøy erreichen wir die felsigen Außenposten des Archipels von **RØST,** und angesichts der überall aus dem Meer ragenden »Granitsplitter« – alle mit Wiese bewachsen und unbewohnt – schließen wir uns den Worten des Dichters Carl Dons an, der die Inselgruppe als »Land der tausend Inseln« taufte. Mehr als 60 Seemeilen liegt sie mutterseelenallein vor der Küste, letzte Schanze gegen das offene Meer. Aber sie ist nicht nur isoliert, sondern hat auch ihre eigene Entstehungsgeschichte. Wie es heißt, streifte der Herrgott, vom Schöpfungswerk ermüdet, den Lehm von seinen Händen, und wo er ins Nordmeer fiel, entstand Røst. Manche Lehmklumpen breiten sich als Pfannkuchen-flache Inseln aus, andere krönen Hut-ähnliche Gipfel: Die drei höchsten Berge des zerrissenen Inselreiches messen immerhin 148, 209 und 267 m Höhe.

Bewohnt ist nur ein Eiland: RØSTLANDET, ein 6 km langes und 3–4 km breites Tellergebilde. Hier ist die Bevölkerungsdichte mit über 60 Menschen/km^2 die größte der Lofoten. Sie leben von Fischfang und Schafzucht: Über 3.000 Tiere weiden ganzjährig im Freien, da es dank Golfstrom auch im Winter nie knackig kalt wird. Lofoten-Wolle ist landesweit gefragt. Bereits 1432 berichtete der Italiener *Pietro Querini,* der mehrere Monate auf Røst verbrachte: »Das Volk ist in die derbe Wolle von Schafen gehüllt ... Und alle Menschen sind freundlich und hilfsbereit, man vertraut sich voll-

Am Anleger von Værøy: links Säcke mit Salz aus Nordafrika ▶

ständig, ja die Häuser werden nie abgeschlossen. Sie sind rund und aus Holz, und inmitten des Daches ist ein Fenster, das im Winter mit Fischhaut zugedeckt wird. Darin leben die Menschen, aber meist sind sie draußen, und sie sind gut abgehärtet, denn wenn die neugeborenen Kinder vier Tage alt sind, werden sie nackt unter das Dachfenster gelegt, so dass der Schnee auf sie fallen und stärken kann.« Solche Sitten sind Vergangenheit, die Häuser – damals Unikate in Norwegen – sehen nun aus wie überall. Abgeschlossen werden sie aber noch immer nicht, jeder kennt jeden.

Langsam tuckert das Schiff durch schmale Wasserstraßen, an Untiefen vorbei in den Hafen. Auf den Fensterbänken einiger Schuppen hat eine Kolonie Dreizehenmöwen Nester gebaut. Touristen auf Røst sind entweder passionierte Seekajak-Fahrer – oder Ornithologen, denn sonst ist hier nicht viel zu unternehmen.

Auf unserer Fähre sind keine Vogelkundler, und so steigt niemand aus. Aber jeder will einen Blick auf die berühmten, so reich bevölkerten Vogelberge werfen. Der Skipper hat ein Einsehen: Nachdem sich am verwaisten Kai keine neuen Passagiere blicken ließen, legen wir ab, um die am dichtesten besiedelten Vogelklippe anzusteuern: VEDØYA. Der Fels steigt markant aus dem Meer, bald dröhnen die Ohren vom Rufkonzert mehrerer Millionen Vögel, und der beißende Gestank von Guano dringt in die Nase. Untiefen zwingen uns, in relativ großer Entfernung zu verharren, so dass wir nichts außer weißen Punkten vor einem von Vogelkot weiß getünchten Fels zu sehen bekommen – das war nicht mal den kurzen Umweg wert. Wer schon Værøy besucht hat, kann sich Røst wohl sparen; es sei denn, man möchte tatsächlich auf Vogelerkundung gehen. Aber dann muss man Zeit mitbringen und möglichst auch ein Zelt (und Trinkwasser), um sich mehrere Tage auf Vedøya aufhalten zu können.

Wir nehmen Abschied, und an ein paar Riffen vorbei, auf denen Reihen von KORMORANEN sitzen, um ihre Schwingen zu trocknen, erreichen wir wieder das offene Meer. Kurs auf Værøy, nochmaliges kurzes Anlegen, und zurück nach Å.

Wege in die Bergwildnis

Sir James Bryce, Bergsteiger und früher Präsident des englischen »Alpine Club«, sagte einmal, dass, wenn sich der Meeresspiegel am Fuße von Chamonix befände, man etwa das charakteristische Bild der Lofoten-Gipfel vor Augen hätte: »Alpenkulisse, die aus Wogen steigt«. Ob man dieses hundert Kilometer lange Bollwerk gegen die arktische See aus der Ferne betrachtet – wenn es den Horizont füllt, so weit das Auge reicht – oder aus der Nähe – wenn der Grat der Lofoten-Wand auch Risse zeigt und sich aus dem homogen Geschmiedeten scharf profilierte Gipfel lösen: Stets scheint es ausgeschlossen, die Granitbastion auf Pfaden überwinden zu können.

Doch der Schein trügt: Wer sich die Mühe machen würde, die topografischen Karten des Archipels zu studieren, könnte wohl dutzende möglicher Wanderrouten aufspüren: solche, die fast hochalpine Konditionsanforderungen stellen ebenso wie andere, die auch für normal trainierte Bergwanderer taugen – sogar Touren, die den ans Flachland gewöhnten Urlaubern keine großen Strapazen abverlangen, ließen sich entdecken.

Doch die Mühe scheint sich bislang kaum jemand gemacht zu haben, denn die einschlägige Literatur beschränkt sich auf (spärliche) Hinweise für Bergsteiger und Bergwanderer. Die Lofoter selbst blicken aufs Meer, haben die Wand im Rücken und anscheinend keinerlei Ambitionen, sich umzudrehen und hinaufzusteigen.

Kurz und gut: Die Bergwelt des Archipels – und sie macht seinen allergrößten Teil aus – ist überwiegend JUNGFRÄULICHES LAND. Wer es betritt, findet liebliche Täler vor, in die ein komplettes Ensemble nordischer Gebirgsflora eingestickt ist; dort ein See, tiefblau und unwirklich, als bestünde er aus geschmolzenem Lapislazuli; da ein Wasserfall, der von opalgrauen Kathedralen herabsprüht; SKULPTUREN aus Pfeilern und Pfeilen, aus Türmen und Spitzen, allesamt voller Patina; goldgelbe STRÄNDE tun sich auf, HOCHSTEPPEN im unwirklichen Lichtspiel von Walt-Disney-Farben. Und schließlich, ganz oben, EISBEKRÄNZTE WEITEN, bis zu den Knien im türkisfarbenen Meer stehend. Dort hat man das Universum einmal für sich allein, die Welt erscheint als Riesenschale, man spürt: FREIHEIT.

Man muss sich einmal überwinden, das »Unmögliche« möglich machen, und wird erstaunt sein, wie es leicht es fällt, in die Zonen der Autarkie vorzustoßen, denn obwohl hier Gehen fast stets auch Steigen bedeutet, ist die Bewegung im Resultat keine Mühe, sondern ein Fest. Dennoch gilt es einiges zu beachten:

SICHERHEIT

Alles hängt von der realistischen Einschätzung der eigenen LEISTUNGSFÄHIGKEIT ab. Wer sich seiner Kondition nicht sicher ist, sollte zu Beginn leichten Wandertouren den Vorzug geben; dann stellt sich eine längere von alleine ein. Mit ihr wächst allerdings auch die Risikobereitschaft, die schnell zu LEICHTSINN verführt. Und Leichtsinn ist der Ursprung der meisten Unfälle in den Bergen, die auf den Lofoten fatale Folgen haben können, eben weil viele Wanderungen in eine menschenleere Wildnis führen und da kein organisierter Rettungsdienst auf solche Einsätze wartet. Auch wer falsches Schuhwerk trägt, unzureichend bekleidet ist, ohne ein Orientierungs-Hilfmittel aufbricht oder gegen das eherne Gesetz der wandernden Zunft verstößt – niemals alleine wandern –, riskiert Kopf und Kragen.

Deshalb zusammengefasst einige Verhaltenstipps, die auch der erfahrene Wanderer nicht auf die leichte Schulter nehmen sollte, vergeht doch kaum ein Sommer auf den Lofoten, während dem nicht Bergunfälle mit tödlichem Ausgang zu beklagen sind!

◎ Bergtouren **NIEMALS ALLEINE** unternehmen; und falls es nicht anders geht, dann niemals, ohne zuvor jemanden informiert zu haben, wohin man geht und wann man ungefähr wieder zurückkommen wird!

Wer ein HANDY dabei hat, muss in der Lage sein, zumindest auf Englisch eine möglichst präzise Ortsbeschreibung an den Empfänger des Notrufs durchzugeben.

◎ Niemals von der **WANDERROUTE** abweichen!

◎ Auf **WEGMARKIERUNG** bzw. Orientierungspunkte achten!

◎ Sollte man sich **VERIRREN**, oder verläuft der Weg anders, als es die Karte oder die Wegbeschreibung eigentlich anzeigt – nicht auf eigene Faust weitergehen, sondern umkehren bis zum letzten Orientierungspunkt und von neuem beginnen! – Sich zu verirren kann vor Ort übrigens schnell geschehen, da die sommers in den Bergen lebenden Schafe Pfade anlegen, die rasch mit Wanderwegen verwechselt werden können!

◎ Und immer den **WETTERBERICHT** Ernst nehmen: Nach starken Regen- oder Schneefällen sowie bei Nebelbildung sollte man auf Bergtouren verzichten. Ebenso bei starkem Wind (in den Wetterberichten beispielsweise der Zeitungen meist als *kuling* bezeichnet), da nämlich bei einer steifen Brise auf Meeresniveau in den Höhenlagen rasch Sturm herrschen kann!

◎ In höheren Berglagen kann das Wetter launisch sein: bei plötzlichem **NEBEL** (der selbst bei eitel Sonnenschein auftreten kann: Temperaturunterschied zwischen der Innen- und Außenseite der Lofoten) die Wanderung sofort unterbrechen und so lange an der selben Stelle verweilen, bis die Sicht wieder gut ist!

◎ Auf **SCHNEEBRÜCKEN** achten, sie möglichst gar nicht erst betreten, lieber einen noch so langen Umweg in Kauf nehmen: Es ist stets mit Einsturzgefahr zu rechnen und, bei geneigten Schneebrücken oder Schneefeldern, mit Abrutschen!

◎ **MOOS UND FLECHTEN** auf Fels gilt allergrößte Vorsicht, da sich diese bei Betreten oft vom Stein lösen und den Wanderer mit in die Tiefe reißen können: Sie sind für die allermeisten TODESFÄLLE auf den Lofoten verantwortlich!

◎ Immer geeignetes **SCHUHWERK** tragen, das heißt WANDERSCHUHE und nicht, wie häufig zu sehen, Turnschuhe oder Gummistiefel. Selbst die Norweger, die zum Teil Gummistiefeln mit verstärkter Knöchelpartie bevorzugen, sind für uns IN DIESEM TERRAIN keine Vorbilder.
◎ Bei den extremen Steigungs- und Gefällstrecken, die hier manche Wandertour auszeichnet, danken es die Bänder, Sehnen, Kniescheiben, wandert man mit einem (höhenverstellbaren) **TREKKINGSTOCK** oder zumindest mit einem Wanderstock, der auch hilft, Kräfte zu sparen, Stabilität und Trittsicherheit zu erhöhren!
◎ **OBLIGATORISCH** mitzunehmen: VERBANDSZEUG, selbstverständlich TOPOKARTE, je nach Tour HÖHENMESSER, ein SIGNALGERÄT (zur Not Trillerpfeife, Spiegel, obwohl Leuchtraketen auffallender sind), ein FELDSTECHER (auch gut, um eine evtl. verlorene Orientierung wiederzufinden), ein TASCHENMESSER (am besten ein »Schweizer Messer«), FEUERZEUG, SONNENBRILLE, ERSATZ-SCHNÜRSENKEL, TOILETTENPAPIER, PLASTIKTÜTEN für den Picknick-Müll!
◎ Stets, also ganz egal, wie das Wetter ist, **REGENKLEIDUNG** und WARME Kleidungsstücke mitnehmen!
◎ Reichlich **PROVIANT,** 1–1,5 kg pro Person (bedeutet ca. 3.000 kcal) sollte man einplanen. WASSER mitzunehmen erübrigt sich auf den Lofoten, so wie auch Wasser-Entkeimungstabletten überflüssig sind.

SCHWIERIGKEITSGRAD

Für ihn gibt es keine Messlatte, denn was für den einen leicht, ist für die andere schwer, weshalb wir auf die den einzelnen Wanderungen vorangestellten Kurzinformationen verweisen. – So kann sich jede/r selbst ausrechnen, was auf sie / ihn zukommt. Generell waren wir bemüht, die Touren so auszuwählen, dass sich leichte, mittelschwere und schwere die Waage halten. Nach alpinen Maßstäben wären sie alle als einfach zu bezeichnen, denn spezielle Berg-Erfahrung und -ausrüstung ist nie erforderlich; wohl aber Gehtüchtigkeit, Schrittsicherheit und – manchmal auch – Schwindelfreiheit.

ORIENTIERUNG

Auf dem Archipel gibt es nur wenige durchgehend markierte Wanderwege, und selbst an den Startpunkten sucht man vergeblich Markierungen. Hier und da finden sich im Berggelände sporadisch aufgestellte STEINHÄUFCHEN, oder es ziert ein ROTER PUNKT den ein oder anderen Stein – aber damit hat es sich auch schon. Pfade im eigentlichen Sinn machen sich rar, und so führen die meisten der nachfolgenden Wanderungen durch WEGLOSES TERRAIN. Das erschwert zwar die Orientierung; aber einerseits gibt die Topografie die Marschrichtung vor, zum anderen wollen wir so detailliert auf die Wegbeschreibungen eingehen, dass es unserem Ermessen nach stets möglich sein müsste zu wissen, wo es langgeht.
◎ Trotzdem ist das Risiko nicht auszuschließen, dass man sich verläuft; um in diesem Fall unbeschadet auch wieder aus den Berglagen herauszufinden, ist es – außer wo wir es anders angeben – unumgänglich, eine **TO-**

POGRAFISCHE KARTE nicht nur im Wandergepäck zu haben, sondern die Route ständig auf der Karte zu verfolgen und mit ihr umgehen zu können. Ein Kompass ist eher überflüssig; sinnvoller hingegen erscheint uns die Mitnahme eines Höhenmessers.

Welche Karten erforderlich sind, finden Sie in den jeweils vorgeschalteten Kurzinformationen aufgeführt. Das Material (stets 1 : 50.000) ist von guter Qualität; man kann die Karten entweder von zu Hause mitbringen (siehe unter »Vor der Reise, Karten«) oder vor Ort erstehen, was insbesondere in den Buchläden bzw. Shops in Svolvær auf Austvågøya, Leknes auf Vestvågøya, Ramberg auf Flakstadøya sowie in Reine und Moskenes auf Moskenesøya möglich ist. Auch die Touristenbüros der einzelnen Inseln (siehe unter »Praktische Informationen, Information«) verkaufen in aller Regel Topo-Karten. Der Preis je Karte liegt bei rund 90 NOK.

Aber ACHTUNG: In den auf den Lofoten erhältlichen Karten (sowie auf den von den Touristenbüros herausgegebenen Kartenkopien) sind einige Wanderungen eingezeichnet, wobei die rot markierten für »Trails on Roads« in leichtem Terrain stehen, die blau markierten für »Trails off Roads« in schwerem Terrain. Diesen Angaben darf man nur BEDINGT GLAUBEN SCHENKEN, denn viele auf Karten rot markierte Pfade folgen definitiv keinem Weg, sind also keine »Trails on Roads«, sondern eher wahre Klettersteige. Während die blau markierten Wege zwar in der Tat »off road« verlaufen, jedoch oftmals durch extrem schweres Gelände. – So sind die verzeichneten »Wege« ausschließlich als Vorschläge für mögliche Wegverläufe zu nehmen, niemals jedoch für bare Münze! (Auch Zeitangaben auf anderen norwegischen Wanderkarten sind häufig nur so erklärbar, dass die Zeitnehmer im Laufschritt unterwegs gewesen sein müssen.) Im Anschluss an die ausführliche Beschreibung der Hauptwanderwege auf den Lofoten stellen wir fünf relativ gefahrlos begehbare »Trails on Roads« auf Austvågøya näher vor.

LÄNGE, DAUER, HÖHENANGABEN

Die zu jeder einzelnen Wanderung unter »Länge« aufgeführte Distanz ist stets ein Schätzwert und sagt bei dem üblichen Auf und Ab nicht viel darüber aus, wie lange man tatsächlich unterwegs sein wird. Darüber informiert das Stichwort »Dauer«, wobei die aufgeführten Zeiten die von uns benötigten darstellen, also NICHT unbedingt ALS FIXE WERTE AUFGEFASST WERDEN DÜRFEN.

Anders die Höhenangaben, die wir mit einem Höhenmesser ermittelt haben und die etwas darüber aussagen, in welchem Maße es hinauf und wieder hinab geht.

WANDERZEIT

Die Wandersaison auf den Lofoten beginnt etwa zwei Monate früher als in Festland-Norwegen – nämlich bereits Mitte Mai – und endet rund vier Monate später gegen Mitte September mit Beginn der Herbststürme.

Am aufregendsten präsentiert sich der Archipel etwa von Mitte Mai bis Anfang Juli, wenn die Höhenlagen der Berge noch das weiße Kleid des

BEGRIFFE AUF DEN TOPOGRAFISCHEN KARTEN...

aksla: Ausläufer
austre: östlich
bekk, bekken: Bach
berg, berget, bergi: Berg(e)
botn, botnen, botnane: Talmulde
bre, breen: Gletscher
bukt, bukti, bukta: Bucht
dal, dalen: Tal
dokk, dokki: Loch, Höhle, Senke
egg, egga, eggi: Gebirgskamm
eid, eidet: Landenge
elv, elva, elvi: Fluss
fjell, fjellet: Berg, Gebirge
foss, fossen: Wasserfall
hallet, halline: Abhang
halsen, halsane: Enpgass
hamar, hamrane: Steilfels
haug, haugen, haugane: Hügel, Anhöhe
hav: Meer
hei, heiane: Gebirgsrücken (flach)
holm, holmen: kleine Insel/Schäre
hovd, hovda: Hügel
hø, høene: Höhe(n), Gipfel
høgda: Hügel, Berg
hølen: Fluss-/Seetiefe
jord: Land
jøkul: Gletscher
kløft: Kluft
kvelven: Wölbung
lang: lang
li, lii, lia: Abhang
lille, litle: klein
mellom, middels: mittel
myr: Moor
ned, nedre: untere, -es, -er

Winters tragen, in den tieferen Region aber schon der Frühling Einzug gehalten hat, wenn sich die Wasserfälle noch in ungezähmter Macht die Felswände herabstürzen und auf Meeresniveau längst der Sommer sein Stelldichein gibt – wenn obendrein die Tage am längsten sind, ja die Nächte mit umfassen. In dieser Zeit wandert man zwar streckenweise noch über geschlossene Schneeflächen, können bestimmte Wegabschnitte recht morastig sein. Diese Mühen nimmt man allerdings gerne in Kauf für das Erleben, als WANDERER ZWISCHEN DEN JAHRESZEITEN auf den Lofoten unterwegs zu sein.

Ab Anfang Juli, dem Beginn der Hauptreisezeit, schmilzt die Schneedecke selbst auf den höchsten Gipfeln mit rapider Geschwindigkeit ab. Gegen Mitte bis Ende des Monats liegen die »Mont Blancs« des Inselreiches als schwarz-braun-grau-grüne Felstürme über dem nun ÜPPIG ERBLÜHENDEN LAND. Und sofern die letzten Wochen nicht zu regenreich waren, trocknen die Feuchtstellen aus. Noch immer ist es TAG UND NACHT HELL und sind die Temperaturen von solcher Art, dass man hier und da ein kurzes, erfrischendes BAD im Bergsee einlegen kann.

Im August werden die Tage schon wieder merklich kürzer. Kälte und Feuchtigkeit kriechen nun nachts die Berge hinunter, schlagen sich als Nebel nieder und sorgen gegen Ende des Monats dafür, dass die Birken und Eschen, aber auch das Heidekraut und viele andere Pflanzen ihre farbenfrohen HERBSTKLEIDER überstreifen. In den Höhenlagen können Seen und Tümpel frühmorgens bereits mit einer dünnen Eisschicht bedeckt sein, die tagsüber noch kraftvoll scheinende Sonne lässt die Vorboten des Winters aber rasch wieder verschwinden.

Bis sie gegen Mitte bis Ende September – wenn das Wetter mit Temperaturstürzen einhergeht und erste gewaltige Stürme vom offenen Atlantik gegen die Lofoten-Wand hämmern – endgültig die Oberhand gewinnen und bald das ganze Bergland unter einem weißen Leinentuch begraben. Selbst der SPÄTHERBST hat seine Wanderreize – wie manche meinen, die schönsten. Jedoch ist er von kurzer Dauer und launisch, und wer jetzt wirklich noch in die Hochlagen der Lofoten-Wand vorstoßen will, muss viel Erfahrung und eine gute Ausrüstung mitbringen.

TREKKINGKÜCHE LEICHT GEMACHT

Wer nie mit TROCKENNAHRUNG wandernd unterwegs war, weiß gar nicht, mit wie wenig man sich abschleppen muss, mit wie wenig der Körper auskommen und wie gut man sich dabei fühlen kann. Sicher ist diese Nahrung »nüchterner Resignation, resignierter Nüchternheit« kein Hochgenuss für verwöhnte Gaumen und einen an Mengen gewöhnte Magen – aber sie reicht im Großen und Ganzen aus, Wanderer zumindest über die Trekkingdauer hinweg ausreichend zu ernähren. Sie wiegt dabei nicht mehr als 600 g pro Tag bei einer Energieabgabe von rund 2.500 kcal. Bei Wintertreks erhöhen wir auf 800 g, gleich ca. 3.200 kcal. So oder so ist das nicht viel, man wird nicht dick dabei, schlafft jedoch auch nicht ab, und wer kann,

...NACH NORWEGISCHEM ALPHABET SORTIERT

nibba: Gipfel
nordre: nördlich
nut, nuten, nutane: Gipfel, Bergspitze
os osen: Flussmündung
pigg, piggen: Gipfel, Bergspitze
rygg, ryggen: Gebirgskamm, Rücken
sjø, sjøen: See
skog: Wald
skar, skard, skardet: Pass, Sattel
stein, steinen: Stein
store: groß
strupen: Pass, Sattel
straumen: Gezeitenstrom
sund: Meerenge
sør: südlich
tangen: Landzunge, Landenge
tind, tinden, tindan, tindane: (hoher) Gipfel
tjørn, tjine, tjørnan: See, Teich
topp, toppen: Gipfel, Spitze
ur, urd, urdi, urda: Geröllhang
utløper: Ausläufer
varde, varden: Steinhaufen
vatn, vatnet: See
vesle: klein
vestre: westlich
vi, viki, vika: Bucht
voll, vollen: Bergwiese
vær: Fischerdorf
øv, øvre: obere, -es, -er
øy, øya: Insel(n)
å, åi, åa, åni: Bach
ås, åsen: Bergrücken

Hand aufs Herz, nicht auf ein paar Pfunde Körpergewicht verzichten?

◎ Stellen wir unsere einzelnen Mahlzeiten vor. Zum **FRÜHSTÜCK** sind uns Körner (ca. 350 kcal je 100 g) ein Bedürfnis: Nachdem wir sie leicht in einer Pfanne angeröstet haben, schroten wir sie in einer »Taschen«-Körnermühle (wiegt nur 500 g, zu bekommen in Bioläden etc.) und geben rund 100 g gehackte Nüsse und/oder Mandeln dazu sowie schließlich Trockenmilch und Wasser. – Macht alles zusammen ca. 1.000 kcal bei 200 g, sättigt enorm, füllt jedoch nicht ab, so dass das Wandern eine Freude bleibt.

◎ **MITTAGS** gibt es je 50 g *tørrfisk*, also luftgetrockneten Dorsch, und als »Nachtisch« Schokolade. Haben wir keinen Trockenfisch, weichen wir auf Trockenfleisch aus oder nehmen nur Schokolade. – Energiewert ungefähr 500 kcal.

◎ Nur **ABENDS** gibt's bei uns was Warmes: angebratenen oder mitgekochten Trockenfisch (oder -fleisch) plus in Wasser aufgequollenes Trockengemüse plus Naturreis. Von allen Bestandteilen rund 100 g, macht wiederum ca. 1.000 kcal, was 2.500 kcal bei 600 g Gewicht ergeben.

◎ Auf **WINTERTREKS** nehmen wir zusätzlich fetten Speck mit (100 g pro Tag und Person) – und mehr Schokolade. Zudem haben wir Würzhefe dabei, Zucker und Kaffee sowie ein wenig Butter für die Fladenbrote, die wir uns ab und zu aus gemahlenen Körnern und Wasser bereiten: einfach mischen, bis ein zäher, nicht mehr klebriger Teig entsteht; dünn ausrollen, in einer Pfanne (oder auf einem Stein) über dem Feuer ohne Fett »backen«.

FARBSEITEN 201 – 208:

Seite 201:
Privater Lofoten-Fischfang im Februar
(Fotos: Arnstein Larsen)

Seite 202:
Winter am Vestpollen
(Foto: Annette Ster)

Seite 203 oben:
Unterwegs auf Walsafari
(Foto: Jann H. Engstad)

Seite 203 unten:
Winterspaß draußen auf dem Meer:
Loipe bei Ørsnes / Vågakallen
(Foto: Annette Ster)

Seiten 204 und 205:
Winter in Henningsvær
(Fotos: Annette Ster)

Seite 206 oben:
Ruhepause nach üppiger Fischmahlzeit
(Foto: Jann H. Engstad)

Seite 206 unten:
Vogelfelsen mit Dreizehenmöwen
bei Hamnøy auf Moskenesøya
(Foto: Birger Holtermann)

Seite 207 oben:
Maritime Puppenstube an einem
kühlen Tag Mitte Mai: spiegelglatt
die See in der Bucht von Hamnøy
(Foto: Alexander Geh)

Seite 207 unten:
Aussicht vom Svarttinden:
die Brücke über den Gimsøyastraumen
(Foto: Annette Ster)

Seite 208:
Licht über Lofot:
Der Vestfjord vor Kabelvåg im Janaur-Licht
(Foto: Annette Ster)

FLADEN

Johs. H. Giæver

Bei den Körnern *(helkorn)* nehmen wir meist eine Mischung aus *hvete* (Weizen), *bygg* (Gerste), *rug* (Roggen) sowie *havre* (Hafer), Trockenfisch gibt's auf den Lofoten zu kaufen, Trockenfleisch und -gemüse in Ausrüstungsläden, was aber recht teuer kommt. Viel billiger geht das »handmade«: Zu diesem Zweck nehmen wir mageres Fleisch, so dünn wie möglich, schneiden es in Scheiben und trocknen es bei ca. 60° C im Backofen bei leicht geöffneter Klappe; es ist gut, wenn ganz trocken, jedoch nicht brüchig. Mit dem Gemüse geht es ähnlich; vor dem Trocknen muss es, bis auf Paprika, blanchiert werden (wir nehmen oft diverse Kohlsorten, Blanchierzeit 3 Min.). Ist es trocken, packen wir es einige Tage in einen dichten Gefrierbeutel, um zu sehen, ob sich Feuchtigkeit niederschlägt (dann nochmals trocknen); falls nicht, wird es in lichtundurchlässige Plastikbeutel gefüllt und luftdicht verschlossen.

Den Fisch und das Fleisch können Sie auch ohne weitere Zubereitung essen, das Gemüse hingegen sollte vor dem Kochen 24 Stunden in Wasser eingeweicht werden, weshalb wir morgens unsere Abendration zusammen mit Wasser in eine andere, natürlich wasserdichte Tüte packen.

ORGANISIERTE WANDERUNGEN

◎ **GEFÜHRTE WANDERUNGEN**: Wer kein Risiko eingehen möchte, sollte lieber an den geführten Bergtouren teilnehmen, die die Touristenbüros zwischen dem 15. Juni und dem 15. August unter tatkräftiger Mitarbeit des lokalen Wandervereins LOFOTEN TURLAG organisieren.

Die Ziele variieren je Insel und Woche: Auf dem PROGRAMM stehen u.a. der Nappstind auf Flakstadøya, der Hermannsdaltind auf Moskenesøya (siehe Wanderung Nr. 11), der Matmora auf Austvægøya (siehe Wanderung Nr. 2), der Småtindskardet auf Austvågøya (siehe Wanderung Nr. 1), der Himmeltind auf Vestvågøya, Hell auf Moskensøya, der Flakstadstien auf Flakstadøya (siehe Wanderung Nr. 7) und Kvalvika (siehe Wanderung Nr. 8).

Kontakt: *Lofoten Turlag,* P.O. Boks 90, N–8370 Leknes, Tel. 7609 1278 u. 7607 1845, www.lofoten-turlag.no.

Die Website stellt rund 30 Wanderungen auf allen Inseln mit Angabe der Schwierigkeitsgrade kurz vor und enthält Informationen (u.a. über Wanderhütten, Karten, Gefahren) ebenso wie Links zu weiteren Wandervereinen im hohen Norden (u.a. Vesterålen Turlag, teils für Touren auf Hinnøya und im Trollfjord-Bereich zuständig).

◎ **BERGFÜHRER** stehen ebenso zur Verfügung; die Touristenbüros vermitteln deutschsprachige Guides.

Die Kletterschule DEN SISTE VIKING mit Domizil in Henningsvær bietet begleitete Bergwanderungen an, u.a. von Mitte Juni bis August täglich die Besteigung des berühmten Felsens Svolværgeita bei Svolvær (siehe unter »Route 1« auf Seite 130 sowie unter »Route 4« auf Seite 143 ff.).

Auf diesen Berg sowie auf alle anderen, die für eine Besteigung in Frage kommen, führt zudem *Jann Engstad* von JANN'S ADVENTURE, der einen auch auf normale Wanderungen im Archipel begleitet und ganzjährig unterwegs ist.

Adressen s.u. »Ferien aktiv«.

Wanderung 1 – Austvågøya: Über das »Dach« der Inselwelt

IM ÜBERBLICK

◎ **DAUER**: zwischen 4,5 und 6 Std. reine Laufzeit.

◎ **WEGVERLAUF / HÖHEN-/ENTFERNUNGSANGABEN** – AUFSTIEG: Litlhaugen (5 m) – Jorden (10 m, rund 15 Min.) – Storvika (10 m, 10 Min.) – Höhe 250 m ü.d.M. (45 Min.) – Kamm (350 m, 15 Min.) – Finnmarkdal (250 m, 15 Min.) – Småtindskardet (550 m, 1 Std.);

Alternativroute: Litlehaugen (5 m) – Jorasmusdal (20 m, 30 Min.) – Finnmarkdal (250 m, 30 Min.) – Småtindskardet (550 m, 1 Std.).

◎ **WEGVERLAUF/HÖHEN-/ENTFERNUNGSANGABEN** – ABSTIEG: Småtindskardet (550 m) – Storkongsvatnet (35 m, nach 2 Std.) – E 10 (5 m, nach 30 Min.);

Alternativ: Småtindskardet (550 m) – Damvatnet (133 m, 1,5 Std.) – Turbinenhaus beim Storkongsvatnet (5 m, 30 Min.) – E 10 (5 m, 1 Std.).

◎ **WEGBESCHAFFENHEIT**: im ersten Abschnitt (beider Aufstiegsrouten) überwiegend durch morastiges Terrain, danach über Fels und Geröll bis zum Pass; ab Småtindskardet Fels und Geröll (direkter Abstieg zum See Storkongsvatnet) bzw. mit Geröll durchsetztes Wiesenterrain (Alternativabstieg via Damvatnet).

◎ **ORIENTIERUNG**: via Jorden zum Teil schwierig ohne Erfahrung im Lesen von Topokarten; via Finnmarkdal problemlos; ab Småtindskardet sollte man für den Direktabstieg ebenfalls schon ein wenig versiert sein (da kein Weg sichtbar), wohingegen die Alternativroute via Damvatnet recht problemlos ist.

◎ **KARTEN**: Topokarte Nr. 1131 III, »Stamsund«. – Besser und aktueller ist die auf den Lofoten erhältliche Topokarte »Vågan Kommune«, die den gesamten Kommunen-Bereich darstellt und die Wanderung selbst (mit Alternativabstieg) enthält.

◎ **ANFAHRT**: von Svolvær/Austvågøya aus über die E 10 bis 2 km nördlich der Sundbrücke nach Gimsøya, wo in einer Linkskurve von 90° eine Schotterpiste rechts abzweigt; diese Straße führt dann nach 2 km zum Ausgangspunkt.

4 x täglich in den Morgenstunden bis 10 Uhr verkehrt zwischen Svolvær und Leknes ein Bus, der direkt an der Abbiegung nach Litlhaugen entlangfährt; ab dort noch 2 km zu Fuß zum Ausgangspunkt der Tour.

◎ **RÜCKFAHRT**: Nachmittags fahren drei Busse der Linie 100 über die E 10 am Zielpunkt vorbei Richtung Leknes, die auch die Abzweigung nach Litlhaugen passieren. Taxi im Zentrum von Kabelvåg auf dem Parkplatz vor dem Supermarkt (rund 1,5 km ab dem Endpunkt der Tour).

◎ **ZELTTOUR**: Der Småtindskardet gibt einen wild romantischen Zeltplatz ab.

◎ **ANSCHLUSS-/ALTERNATIVWANDERUNGEN**: Der Damvatnet (Alternativabstieg) bietet sich als Ausgangspunkt für eine Anschlusswanderung zu dem direkt oberhalb gelegenen See Vestrenøkkvatnet an: Der Weg ist deutlich zu erkennen, man folgt nämlich einfach der unüberseh-

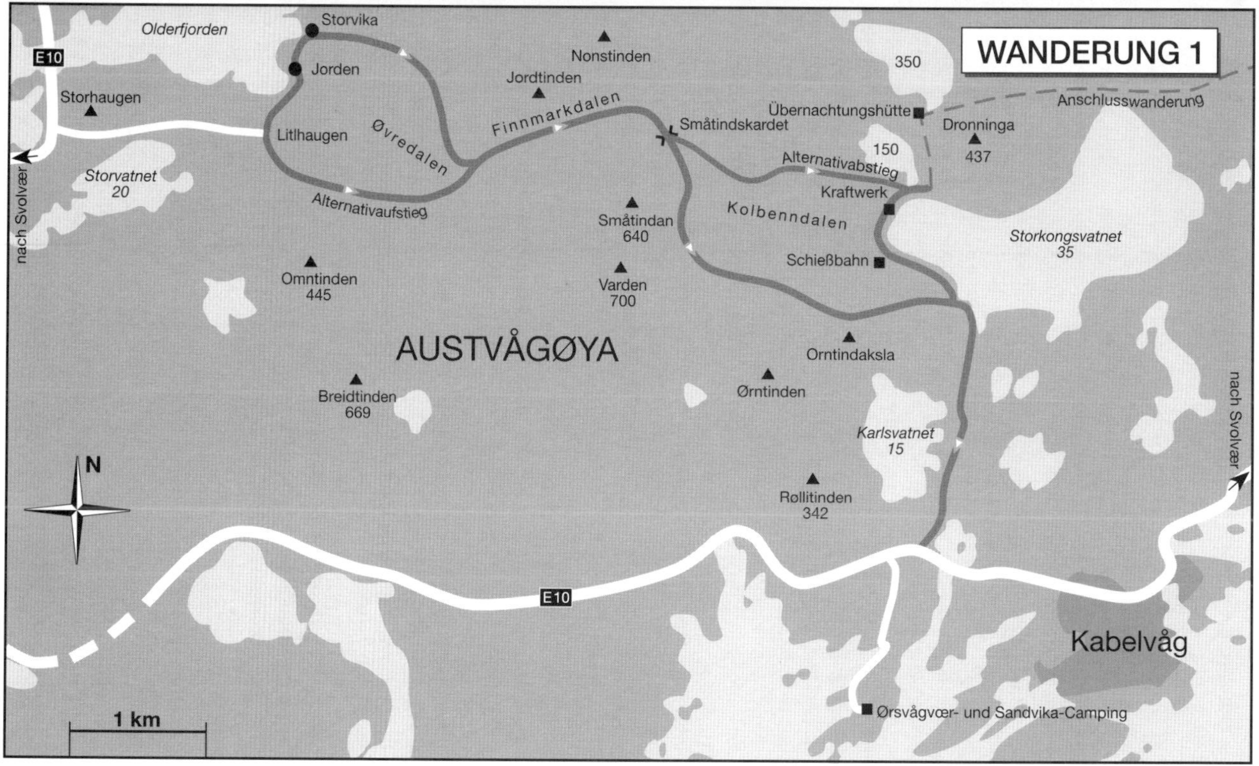
WANDERUNG 1
Olderfjorden
Storvika
Jorden
E10
Storhaugen
Litlhaugen
Øvredalen
Storvatnet
20
Alternativaufstieg
nach Svolvær
Nonstinden
Jordtinden
Finnmarkdalen
Småtindskardet
Übernachtungshütte
350
150
Dronninga
437
Anschlusswanderung
Alternativabstieg
Kraftwerk
Kolbenndalen
Småtindan
640
Schießbahn
Storkongsvatnet
35
Omntinden
445
Varden
700
AUSTVÅGØYA
Orntindaksla
Ørntinden
Breidtinden
669
Karlsvatnet
15
N
Røllitinden
342
nach Svolvær
E10
Kabelvåg
Ørsvågvær- und Sandvika-Camping
1 km

baren Rohrleitung, die zum Vestrenøkkvatnet hinaufführt. Der Pfad ist mitunter rutschig, an den gefährlichsten Stellen aber durch ein Seil gesichert. Aufstieg für die rund 200 Höhenmeter etwa 45 Min.

Oben angekommen, erwartet die Wanderer wieder einmal ein wahres Traumpanorama (noch imposanter als vom Damvatnet aus), findet man sich einem wunderschönen, teils von Wiesenmatten gesäumten Bergsee gegenüber. Hier steht eine 1997 errichtete Wanderhütte, die stets geöffnet ist und in der zwei Etagenbetten (4 Personen), ein Gaskocher sowie ein Bollerofen zu finden sind. Bezahlen muss man nur eventuell benutztes Brennholz (100 NOK), im Hüttenbuch finden sich Benutzungshinweise auch auf Deutsch. Hier wohnt man wild romantisch: Draußen auf einem Panorama-Balkon lädt eine Bank mit Tisch ein. Von der Hütte als Basecamp sind einige einfache Anschlusswanderungen auf die Gipfel der Umgebung möglich.

Wer ein wenig knapp an Zeit ist, kann diese Wanderung auch anstatt der eigentlichen Tour machen und wandert zu diesem Zweck von der E 10 entlang der Schotterstraße am Schießstand vorbei bis ans Wegende beim Kraftwerk samt Turbinenhaus. Oberhalb befindet sich ein altes, heute unbewohntes Gehöft, neben dem rechts ein ausgetretener Pfad in mäßiger Steigung den Hang zum Damvatnet hinaufsteigt. Laufzeit ab E 10 bis Kraftwerk ca. 45 Min., dann 30 Min. bis zum Damvatnet plus 45 Min. bis zum Vestrenøkkvatnet – macht total etwa 2 Std./Weg.

◎ **ANMERKUNGEN**: Bis etwa Mitte Juli zeigt sich der Småtindskardet von Schnee bedeckt, wie auch die direkte Abstiegsroute zum Storkongsvatnet dann mitunter noch Schneefelder behindern – dann besser auf den Alternativabstieg ausweichen.

◎ **KURZBESCHREIBUNG**: Wer die komplette Tour begehen will, die eine Überquerung der Lofoten-Wand darstellt, braucht KONDITION, denn die Wanderung gehört zu den drei extremen, die wir vorstellen. Wer nicht fit ist im Lesen von Topokarten, soll den Aufstieg durch das Jorasmusdal wählen und den Abstieg via Damvatnet. Die ganze Strecke, egal welche Route, prägen einzigartige Landschaftsbilder, wie auch die Anschluss-/Alternativwanderung für stundenlanges Landschafts-Bestaunen gut ist.

Ausgangspunkt der Wanderung ist **LITLHAUGEN,** ein aus drei, vier Häusern bestehendes Dorf am Olderfjord, das kaum als solches zu erkennen ist. Wir folgen der bei Storhaugen von der E 10 nach Westen abzweigenden Stichstraße für etwa 2 km und parken an der dritten, links abzweigenden Hauseinfahrt; gegenüber führt ein weiterer Fahrweg zu einem rechts liegenden Gehöft mit Scheune. Unsere Tour auf das Dach von Austvågøya wird der am westlichen Talschluss klaffenden Kerbe des Finnmarkdals folgen. Zwei »Wege« gibt es dorthin, beide sind beschwerlich. Welchen man wählt, hängt von der Jahreszeit ab, oder besser: vom Wasserstand der ausgedehnten Feuchtstelle, die sich westlich an Litlhaugen anschließt und ins Finnmarkdal übergeht.

Leser-Erfahrung: Einstieg schwer zu finden, Terrain steil, unwegsam, absturzgefährdet; darum Tour ab E 10 bei Kabelvåg begonnen, dort leicht zu finden...

Früh im Jahr, etwa bis Anfang Juli, wenn die Schmelzwasser noch reichlich fließen, sollte man die Route via Jorden und Storvika wählen, die einen weiten Bogen nach Nordost beschreibt, bevor sie unterhalb des Jordtinden in die Talkerbe absteigt. Der andere Weg ist in der Orientierung viel einfacher, aber erst begehbar, wenn besagte Feuchtstelle auszutrocknen beginnt. Er zweigt rechts ab, führt also zunächst nach Westen, umrundet so die Feuchtstelle, durchquert nach ca. 1 km den aus dem Jorasmusadal abfließenden Bach und steigt in das vorausliegende Finnmarkdal ein, durch das sich ebenfalls ein Bach ergießt. Einfach geradeaus durch die tief eingeschnittene Felskerbe bis zu ihrem Ende – dem Småtindskardet, einem Pass im Zentrum der Lofoten-Wand. Das hört sich einfacher an, als es ist, denn im ersten Teil behindern Morast – wie gesagt – und schwer zu durchdringendes Weidegehölz, ebenso wie Geröllfelder zu schaffen machen.

Nicht anders verhält es sich mit der ALTERNATIVROUTE, der wir während der Recherche (Mitte Juni) den Vorzug geben mussten. Aber zumindest das erste Wegstück ist einfach und folgt dem links abzweigenden Fahrweg, der zu einer Kiesgrube führt und hier endet. Wir steigen auf den links angrenzenden Erdwall hinauf, von dem aus man deutlich das noch etwa 500 m entfernte Gehöft von Jorden ausmachen kann, das etwas oberhalb des Olderfjords am Wiesenhang liegt. Dorthin wollen wir wandern, folgen dazu dem Erdwall, überqueren einen Bach und halten durch lichtes Birkengestrüpp auf das Haus zu. Wenn das Terrain zu feucht ist, läuft man direkt am Fjordufer entlang. Wir passieren **JORDEN** rechter Hand und kommen nicht umhin, die zu beneiden, die hier einst gewohnt haben: Über saftige Wiesen blickt man auf den niedrigen, daher türkisfarbenen Fjord vor Gimsøyastraumen und Vestvågøya sowie, im Westen und Süden, auf die Zackenlinie der Austvågøya-»Wand«.

Hinter dem Haus lässt sich mit etwas Glück ein Trampelpfad ausmachen. Aber auch wenn nicht, ist es egal, denn die Richtung steht fest: nahe am Fjordufer entlang, über Wiesen und durch lichte Birkenhaine nach **STORVIKA,** einem verlassenen und vielleicht noch idyllischer als Jorden liegenden Gehöft. Etwa 100 m vor diesem Etappenziel biegen wir rechts ab, queren die Wiese, laufen unter den dort entlangführenden Stromleitungen hindurch und betreten einen bewaldeten Hang. Von einem Pfad fehlt ab jetzt jede Spur, man muss sich seinen Idealweg hinauf suchen. Bis auf 100 m Höhe etwa geht es durch dicht gewebte Vorhänge aus eng stehenden Birken und Fichten, bis 200 m muss man sich durch ein Dickicht aus sperrigen Weidengerten mühen: Die Bewegungen, mit denen man sich hinaufkämpft, können durchaus etwas Verzweifeltes, Tobendes haben...

Aber dann darf man aufatmen: Die Weiden werden niedriger, und auf **250 M HÖHE** weichen sie Heidekraut und glatten Felsbahnen; das weite Panorama entschädigt für alle An-

Fortsetzung: Weg zum Storkongsvatnet - Schranke steht oben bei Schießbetrieb. Aufstieg zum Damvatnet gut erkennbar rechts vom Turbinenhaus...

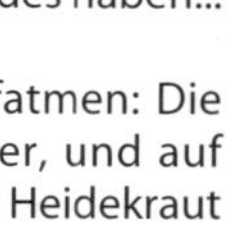

strengungen. Im Süden erstreckt sich das Moor bei Litlhaugen zu Füßen des Lyngværsfjellet, dessen Geröllfelder in den Gimsøyastraumen stürzen. Auch die Bogenbrücken nach Gimsøya und von dort nach Vestvågøya sind im Bild, und voraus, gen Westen, ragt die kleine Felspyramide des JORDTINDEN auf, dessen rechten Rand wir anvisieren. In gerader Linie geht es hinauf, das Felsterrain hilft zügig voranzukommen: Schon nach etwa 15 Min. ist eine Höhe von 350 m genommen, ist die Grenze zwischen Hochheide und der nackten Felswelt überschritten.

Wir stehen auf einem **KAMM,** der in einem Bogen nach Südosten um den Jordtinden herumführt, wo deutlich die Kerbe des Finnmarkdals auszumachen ist. Wir folgen ihm, steigen dabei leicht, aber konstant ab, so dass die Höhe nur noch 300 m beträgt, als kurze Zeit später der obere Rand des **FINNMARKDALS** erreicht ist, in das es nun über eine (nicht zu) steile Wiesenflanke hinuntergeht.

Knapp 105 Min. sind seit dem Aufbruch von Litlhaugen vergangen. Der Alternativweg, der hier mit dem von uns begangenen zusammenläuft, ist schneller, aber ohne Ausblick. Zur Zeit der Recherche (Mitte Juni) war der Talgrund noch komplett mit Schnee bedeckt, so dass wir keine Aussage darüber treffen können, wie er sich ab Mitte Juli präsentiert, wenn das Winterkleid endgültig geschmolzen ist. Die weitere Richtung ist immerhin klar ersichtlich. Während des folgenden Kilometers sind rund 300 Höhenmeter zu überwinden; 1 Sunde sollte man für diese Steigungsstrecke schon ansetzen. In der Höhe öffnet sich bald das »V« eines Sattels am Himmel, aber als wir es erreichen (400 m), wird klar, dass gerade erst die Hälfte der Strecke zu einem weiteren »V« in der Höhe zurückgelegt ist.

Die letzten Meter sind vermutlich die anstrengendsten, aber dann ist es geschafft: Man steht in dem mit Felsbrocken übersäten Einschnitt des **SMÅTINDSKARDET,** der die Wasserscheide markiert und mitten im Zentrum der Lofoten-Wand liegt. In elegantem Schwung fällt das Dach zum Osten der Insel hin ab. Wir sehen Svolvær, die Schären, den rotbraunen Felkskoloss der Insel Lille Molla, überspannen den Vestfjord, verharren vor der in stetem Dunst liegenden Zyklopen-Mauer des Kaledonischen Gebirges, das in dem Widerspiel von Licht und Schatten mal blau und golden glänzt, bald wieder bleifarben droht.

Es fällt schwer sich zu lösen, aber noch haben wir nicht den gesamten Luftraum überblickt, der sich vom Inseldach aus erfassen lässt. Etwas weiter in den von einem kleinen See mit Wiesenufern ausgefüllten Passsattel hinein, dann liegt auch Kabelvåg mit der ockerfarbenen »Lofoten-Kathedrale« zu Füßen, während sich links im Felsrahmen das graue Oval von Store Molla gegen das Meer abhebt.

Schließlich haben wir uns satt gesehen und denken mit Schrecken an den Abstieg. Es scheint unvorstellbar, dass von hier ein gangbarer Weg hinunter nach Kabelvåg führen soll. Um zu erkennen, dass der Schein trügt,

Fortsetzung: ab Schleusenhaus Damvatnet über den Damm, Seeufer verlassen, nach links, zunächst leicht bergab halten durch unwegsames Birkengestrüpp...

muss man, direkt am Saum der rechten Berglehne entlang, ca. 30 m absteigen. Jedoch nicht in gerader Linie dem offenen Kolbenndal entgegen, sondern vielmehr rechts herum auf die Felsnase des Ørntindaksla (»Ørntind-Ausläufer«) zu, die rechts über dem Kolbenndal aufragt und sanft nach Südwesten abfällt.

Während der Recherche begingen wir den Fehler, der Talmulde zu folgen. Es ging steil hinab, schließlich mit solchem Gefälle über spiegelglatte Felsbahnen, dass an ein erneutes Aufsteigen nicht zu denken war; wir hatten uns hoffnungslos verstiegen, benötigten rund 3 Std., um lotrecht abfallende Felswände kletternd zu bezwingen – dies nur als Warnung, nicht dem einfach scheinenden Weg durch das Tal zu folgen, sondern stets oberhalb seiner rechten Flanke zu bleiben. Das Gefälle ist gering, erst nach rund 1,3 km (unterhalb von zwei kleinen Seen) überschreitet man die 300-m-Marke. Jetzt erkennt man die Nasenform des Bergausläufers, auch den Storkongsvatnet an dessen Wurzel, den eine Straße umrundet. Zu der gilt es abzusteigen. Wir halten uns einfach gen Westen, auf die nach unten geneigte Nasenspitze zu; ab Höhe 200 m behindern wiederum Weidedickicht und Gestrüpp, bald auch Geröll, aber es geht so zügig voran, dass mal gerade 2 Std. seit der Passhöhe vorbei sind, als das Ufer des **STORKONGSVATNET** (35 m) im Bereich einiger Ferienhäuser vor uns liegt.

Der ALTERNATIVABSTIEG ab Småtindskardet ist ebenfalls von der Passhöhe nicht erkennbar: Anstatt nach rechts halten wir uns nun unterhalb des Sattels links und steigen, direkt am Saum der linken und mit Wiese bewachsenen Berglehne, sanft auf einen (noch nicht erkennbaren) Kamm hinunter. Streckenweise macht man deutlich einen Pfad aus; sofern man nicht zu weit nach rechts läuft (wo der Kamm bald über Steilwände ins Tal fällt), kann eigentlich gar nichts schief gehen. Bald taucht voraus der Vestrenøkkvatnet (siehe als Anschlusswanderung) auf mit dem unterhalb gelegenen Damvatnet, an den es hinuntergeht. Zuletzt ist der Pfad morastig, führt durch Weidendickicht, aber die Orientierung ist kein Problem. Der **DAMVATNET** ist ereicht, es geht an seinem Ufer mit Mini-Staudamm und Schleusenhaus entlang, ein paar Meter weiter den Hang (teils morastig) zum Turbinenhaus am STORKONGSVATNET hinunter.

Wer die Anschlusswanderung anhängt, hält sich vom Damvatnet hinter Schleusenhaus Richtung Wasserrohr, wo ein Pfad bergauf verläuft.

Wir folgen der Schotterstraße nach rechts, passieren dann Svarttj- und Karlsvatnet und stehen 30 Min. später am Mølnosen-Meerarm, den die **E 10** überspannt.

Fortsetzung: Nach rund 5 Minuten hört das Gestrüpp auf, Pfad gut ausgetreten auf der Talschulter links vom Damvatnet hinauf zum Småtindskardet.

Wanderung 2 – Austvågøya: Alpine Bergwelt zwischen Fjorden

IM ÜBERBLICK

◎ **DAUER/LÄNGE**: ca. 6–7 Std./9 km.

◎ **WEGVERLAUF/HÖHEN-/ENTFERNUNGSANGABEN** (Streckenwanderung): Nordpollen/Schotterpiste (15 m) – Rangeldal (200 m, nach 45 Min.) – Rangeldalsvatnet (240 m, 15 Min.) – Sattel (400 m, 45 Min.) – Steindalsvatnet (450 m, 20 Min.) – Matmora (850 m, 90 Min.) – Storskardet (560 m, 1 Std.) – Gjersvollheia (450 m, nach 30 Min.) – Delpen (400 m, 45 Min.) – Küstenstraße (1 m, 20 Min.).

◎ **WEGBESCHAFFENHEIT**: bei dem Aufstieg zum Matmora teils über loses Gestein, Geröllfelder; bis zum Ziel über größtenteils weichen und leicht zu begehenden Heideboden.

◎ **ORIENTIERUNG**: problemlos; der Weg folgt weitgehend einem Pfad, und sporadisch sind Steinhaufen als Markierungen gesetzt.

◎ **KARTEN**: Topokarte Nr. 1131 I, »Austvågøya«; die angegebene Höhe des Matmora (788 m) ist nicht richtig; er misst 850 m. – Besser ist: »Vågan kommune« (siehe Seite 210).

◎ **ANFAHRT**: ab E 10 bei Vestpollen (15 km nördlich von Svolvær) auf die Straße nach Straumnes abbiegen und ihr ca. 13 km folgen. 2 km nördlich der Ortschaft Sandsletta (Camping/Hütten, am Ufer des Nordpollen, zweigt rechts die parallel zur Küstenstraße verlaufende Schotterpiste ab, die den Ausgangspunkt der Tour markiert.

◎ **RÜCKFAHRT**: Der Endpunkt der Wanderung ist 9 km vom Ausgangspunkt entfernt; dorthin sind es rund 2 Std. über die Straße, aber auch Trampen sollte kein Problem sein.

◎ **ZELTTOUR**: unbedingt geeignet, zahlreiche mögliche Stellplätze für's Zelt; kein Brennmaterial.

◎ **ANMERKUNGEN**: letztes Trinkwasser im Steindal (am See), wo man die Wasserflasche auffüllen sollte.

◎ **KURZBESCHREIBUNG**: Wir kennen keine Wanderung auf den Lofoten, die so hoch (auf 850 m) hinausführt, während nahezu ihrem ganzen Verlauf so ein hochalpines Panorama freigibt und gleichzeitig Meerblick nach drei, manchmal vier Seiten, bei all diesen Superlativen so relativ unbeschwerlich ist wie diese – die das »Dach« der Wand nicht überschreitet, sondern gewissermaßen auf ihrem »First« verläuft. Nur das erste Teilstück bis zum Gipfel des Matmora ist streckenweise Schweiß treibend und die Muskeln ermüdend – da steil. Für die folgenden 5 km bis zum Abstieg ans Meer folgt der Weg erst einem (nicht zu schmalen) Grat, dann einem Hochplateau. Auch botanisch interessierte Zeitgenossen kommen auf ihre Kosten, denn alle lokalen Vegetationsstufen werden der Reihe nach durchschritten. Und wer in dem faszinierenden Buch geologischer Entwicklungsgeschichte lesen will, findet die ersten Kapitel – *Archaikum* und *Proterozoikum* – aufgeschlagen.

Direkt unterhalb des Startpunktes erstreckt sich der **NORDPOLLEN**, ein nur 2-8 m tiefer (und darum akzeptable Badetemperaturen aufweisender)

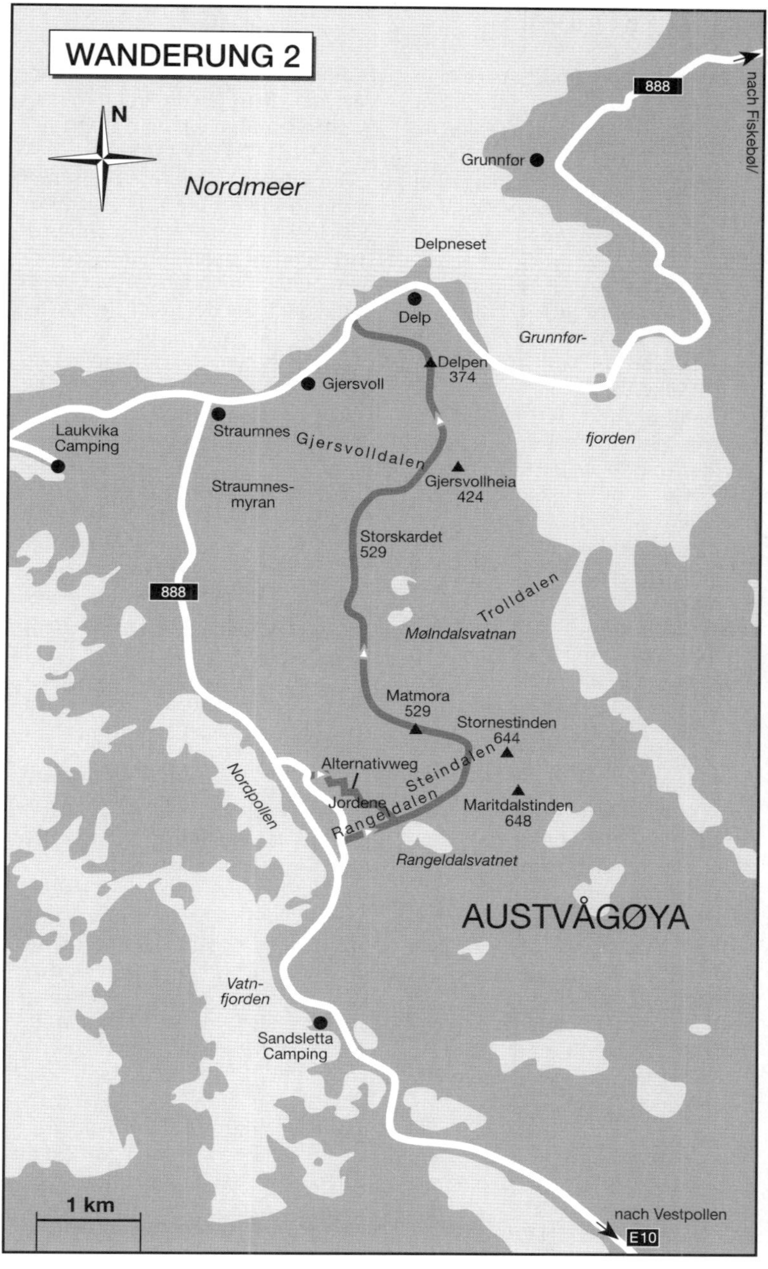

WANDERUNG 2
N
Nordmeer
888
nach Fiskebøl/
Grunnfør
Delpneset
Delp
Grunnfør-
Delpen
374
Gjersvoll
Laukvika
Camping
Straumnes
Gjersvolldalen
fjorden
Gjersvollheia
424
Straumnes-
myran
Storskardet
529
888
Trolldalen
Mølndalsvatnan
Matmora
529
Stornestinden
644
Alternativweg
Steindalen
Nordpollen
Jordene
Rangeldalen
Maritdalstinden
648
Rangeldalsvatnet
AUSTVÅGØYA
Vatn-
fjorden
Sandsletta
Camping
1 km
nach Vestpollen
E10

Seitenarm des Vatnfjords. An seinem Südufer zweigt parallel zum Pollen eine SCHOTTERPISTE nach Osten ab, die 2 km oberhalb wieder auf die Asphaltstraße mündet. Sie markiert den Startpunkt. Zwei Routen erklimmen den östlich angrenzenden Hang:

Der auf den Karten des Touristenbüros von Svolvær eingezeichnete Weg beginnt im südlichen Abschnitt an der Stelle, dort wo die Piste den RANGELDALSELVA auf einer Holzbohlenbrücke überquert. Am nördlichen Bachufer entlang geht es in gerader Linie den gut 45° steilen Hang hinauf. Ein Pfad ist nicht zu erkennen, Geröll behindert das Fortkommen ebenso wie dicht stehende Birken 30 Min. muss man mindestens bis zu der Stelle ansetzen, an der sich der Hang ins **RANGELDAL** öffnet. Hier empfängt ein TROLLWALD mit knorrigen, wild verdrehten Birken. Auch weiterhin markiert das linke Bachufer den Weg, Lichtungen bieten ideale Zeltplätze.

Wenn es irgendwo auf dem Archipel Nymphen oder Feen gibt, dann hier – so mystisch entrückt und romantisch ist das Gepräge der Landschaft. Die Vegetation in diesem sogenannten Wiesengrund-Birkenwald gibt sich üppig, artenreich: Zwischen den Birken wachsen Eschen, ein paar wenige Erlen und Weidengebüsche, während auf dem Boden die Troll- und Sumpfdotterblume, der Eisenhut und das Christophskraut, Baldrian und Mädesüß und viele andere Blumen mehr große Farbflecken bilden.

Man gewinnt sanft, aber konstant Höhe, bei 260 m wird die Baumgrenze überschritten, und rund 15 Min. nach dem Betreten des trogförmigen Hochtals stoßen wir an das Ostufer des **RANGELDALSVATNET.**

Auch der ALTERNATIVWEG hat den nierenförmigen See zum Ziel. Er ist schneller (etwa 30 Min.), fast ohne Anstrengung zu begehen und folgt einem Serpentinenpfad, der als sichtbare Spur nahe der nördlichen Mündung der Schotterpiste auf die Asphaltstraße den Hang hinaufsteigt. Oben angekommen, verläuft er am linken Talschenkel entlang durch lichten Birkenwald, bevor er durch morastiges Terrain auf den Wiesenrand des Sees zuläuft. Unterwegs streift er die Fundamente eines ehemaligen Hauses – Überreste aus jener Zeit, als am Talschluss Eisenerz abgebaut wurde.

Rings um den See, den ein weites Felsrund umgibt, verteilen sich mehrere Zeltplätze – die Aussicht durch den Trog zurück südwestwärts reicht über Sunnlandsfjord und Gimsøyastraumen bis nach Vestvågøya.

Nach Norden jedoch reckt sich das Steindal in die Höhe eines Sattels. Wir umrunden den See an seinem Ufer entlang nach Norden, stoßen auch hier auf die Überreste eines Hauses, biegen dann nach links ab und halten uns einfach in gerader Linie auf das Steindal zu. Der Pfad, der während der letzten Minuten führte, verläuft sich, aber die Richtung ist eindeutig. Bis 300 m Höhe stehen noch ein paar krumme Birken Spalier, dann kommen Geröllfelder ins Bild (die rechts zu umgehen sind). Auf 350 m bleiben die kleinwüchsigen Weiden zurück; da sich die den (ca. 30° steilen) Hang be-

Elch-Tipp: Für weniger geübte Wanderer empfiehlt sich der Alternativweg zum Rangeldalsvatnet (siehe rechte Spalte).

deckenden Steine gut als Stufen nutzen lassen, kommt man zügig voran.

Nach ca. 30 Min. wird der auf knapp 400 m Höhe gelegene **SATTEL** überschritten. Voraus steigt die Pyramide des Stornestinden markant in den Himmel, rechts ragt der Maritdalstinden auf. Grau und Braun sind die Farben des Felses, der hauptsächlich aus MANGERIT besteht, einer magmatischen Gesteinsart, die vielerorts als Bau- oder Dekorationsstein Verwendung findet.

Die Richtung – geradeaus auf den Stornestinden zu – ist klar, das Fortkommen mühsam: von Felsblock zu Felsblock, ein Geröllfeld folgt dem anderen: 20 Min. muss man schon ansetzen, bis der auf 450 m gelegene und vom Sattel nur 400 m entfernte See **STEINDALSVATNET** erreicht ist. Dieser 30 m durchmessende See kann bis in den Juli hinein teilweise von Eis bedeckt sein. Nach Norden und Osten zu bilden steile und wüst erodierte, weil uralte Felswände seine Begrenzung, und gen Westen steigt ein von Geröll übersäter Hang gut 45° steil in die Höhe. Die Schräge markiert fortan den Weg, aber bevor man sich an den Aufstieg macht, sollte man noch einmal die Wasserflasche füllen, denn bis zum Ziel der Wanderung lässt sich nichts Trinkbares mehr auftreiben.

Auf einer Distanz von rund 1 km ist jetzt ein Höhenunterschied von fast 400 m zu überwinden. Ob man in spitzem oder rechtem Winkel vom See her aufsteigt, ob in gerader oder Serpentinenlinie: es bleibt gleich, sofern man einfach den höchsten Punkt des Hangs zum Ziel macht. »Schritt ..., Schritt ..., Schritt« – flüstert schon bald das innere Metronom, und es dauert nicht lange, bis sich Schmerzen in Waden und Oberschenkeln melden, das Blut heftig durch seine Bahnen pulst. Wir laufen wie auf einem Kugellager aus Felsmurmeln – vielleicht bereut man jetzt, sich überhaupt auf den Weg gemacht zu haben. Auf einer Höhe von 550 m nimmt das Panorama dem Anstieg von seiner Schwere, denn schon wachsen im Osten die ersten Zipfel der Lofoten-Wand ins Bild, und von Meter zu Meter werden sie größer. Auf 580 m Höhe wird eine Felsterrasse erreicht, die man aus der Tiefe fälschlich für das Ziel gehalten hat. 120 m höher kann der Blick schon einen Halbkreis schlagen, ohne auf Hindernisse zu stoßen, und nochmal 40 m weiter, nach insgesamt etwa 1 Std. ab See, dehnt sich das PANORAMA AUF 270° aus.

Jetzt gilt es durchzuhalten: Nur noch etwa 20 Min. wird die Mühe währen, nur noch 100 m Höhenunterschied wollen bewältigt sein, bis der **MATMORA** erreicht ist. Höher und höher geht es, und was gerade noch unser Himmel war, liegt bald darauf zu unseren Füßen. Dauernde VERWANDLUNG – und plötzlich: geöffnetes Blau über einem unermesslichen Luftraum, der zu allen Seiten seine Grenzen gesprengt hat. Blickt man nach Süden und Osten, glaubt man auf einer Insel im aufgeregten Meer von Gebirgswogen zu stehen, denn dort, wie hingemalt von Sonnenstrahlen, erstreckt sich eine atemberaubende Komposition aus weißen Zacken und Zinnen, Pyramiden und

Kegeln: das Lofoten-Dach von oben. Im Westen umfasst der Blick tausende von winzigen Felseilanden, bevor er sich an Gimsøya und Vestvågøya vorbei auf dem offenen Meer verliert. Gen Norden schimmert der Grunnførfjord so türkis wie eine Lagune in den Tropen, hinter dem kilometerbreiten Hadselfjord heben sich die wild modellierten Berge der Vesterålen dunkel gegen das blaue Nordmeer ab. Zu unseren Füßen jedoch m– und so tief, dass einem schwindelig wird – stürzt der Blick über meterbreite Schneewechten senkrecht in einen gigantischen Felskessel, aus dem die beiden Seen Mølndalsvatnan grün emporleuchten.

Dieses Panorama ist jede Mühe wert, und die, die wir hatten, scheint uns jetzt schon minimal. Zumal wir wissen, dass keine Strapazen mehr folgen, der Weg einfach um den Kessel herum nach Norden führen wird, um auf dem geneigten Plateau eines schief liegenden Tafelberges weiterzulaufen. Die Richtung ist klar: nach links, wo man sogar die Spur eines Pfades ausmachen kann. Während des folgenden Kilometers wandern wir stets im Angesicht des Felskessels, der ein Kraterloch sein könnte. Aber zu nahe sollte man nicht an den Abgrund herantreten, denn die Felsen hängen über, wie auch die Schneewechten, die sich bis Mitte Juli blendend weiß ins Bild fügen, keinen Boden unter sich haben – wer sie betritt, begibt sich in Lebensgefahr.

Nach 15 Min. ist man eher sanft bis auf 700 m abgestiegen. 10 Min. später ist der Kessel halb umrundet und blicken wir nach links über eine fast schon geometrisch exakte Schräge auf das vielfarbig braune Straumnes-Moor, das sich bis zu den Orten Straumnes und Gjervoll erstreckt, wo das Meer an grünen Wiesen leckt. Ungefähr 1 Std. ist seit dem Matmora vergangen, da betreten wir die 100 m tiefer als das Umland gelegene Kerbe des **STORSKARDET** – der rechts abzweigende Pfad ist zu ignorieren! –, aus der sich ein Pfad wieder 70 m emporwindet, einem Steinhaufen entgegen.

Für die folgenden 30 Min. verläuft die (teils von Schafen getretene) Spur etwa 20 m unterhalb des Grat-Scheitelpunktes auf seiner linken Seite. Dann öffnet sich voraus das vom Heidekraut rote Hochplateau der **GJERSVOLLHEIA.** Bis zu ihrem Nordrand, wo sie sich steil über den Delpneset ins Meer stürzt, ist das Wandern eine reine Freude, denn der Boden ist angenehm nachgiebig, das Terrain ist eben und das Panorama unbegrenzt. Wer Augen hat für das Kleine, Zarte, kann zwischen Steinen, Heidekraut und Moospolstern eine Kollektion an nordischer Gebirgsflora ausmachen; Schafe bimmeln durch das Land, über dem nicht selten Greifvögel ihre weiten Kreise ziehen. Rund 30 Min. wandert man so dahin. Dann läuft die Heia zur Felsnase von **DELPEN** aus, die ein weißer Holzpflock markiert. Rechter Hand schwingt sich der Straßendamm durch das Türkis des Grunnførfjords, voraus erstrecken sich die Feld- und Wiesenparzellen von DELP ans Meer, dort wo rote Bootsschuppen leuchten, und zur Linken setzt der Tafelberg von Gimsøya Akzente in braun, grau und schwarz. Dieser Anblick ist ein letzter Höhepunkt, dem ebenso eine abschließende Anstrengung folgt: der Abstieg zur Küste.

Der Pfad führt links unterhalb des Holzpflocks vorbei auf einen tiefer gelegenen Felsbalkon zu, wo er endet. Das Ziel, die Straße, liegt deutlich im Bild; der einfachste Weg dorthin folgt der links, westwärts abfallenden Flanke von Wiesenstufe zu Wiesenstufe. Teils überwachsene Bodenlöcher, gegraben von Lemmingen, erfordern ebenso Konzentration wie die Geröllfelder in einem (ab Mitte Juni ausgetrockneten) Bachbett, durch das man von 120 m auf Meeresniveau absteigt. Dort wartet eine Wiese; wir halten uns rechts zur **KÜSTENSTRASSE,** jenseits der sich kleine Sandbuchten im Wiesen- und Felssaum zum Meer öffnen.

Wanderung 3 – Austvågøya: Hoch über dem Gimsøyastraumen

IM ÜBERBLICK

◎ **DAUER/LÄNGE**: rund 6 Std. / rund 11 km.

◎ **WEGVERLAUF/ENTFERNUNGS-/HÖHENANGABEN** (Rundwanderung): Brenna (20 m) – Nedrevatnet (45 Minuten, 53 m) – Trolldalsvatnet (50 Min., 241 m) – Pass (1 Std., 600 m) – Svarttinden (45 Min., 715 m) – Wiesenbalkon (50 Minuten, 300 m) – Gravermarka (60 Min., 20 m) – Brenna (45 Min., 20 m).

◎ **WEGBESCHAFFENHEIT**: Das Terrain ist weitgehend weglos; es geht über Wiese und Heide, »Stock und Stein«, bis Juli teilweise über Schneefelder; auch mehrere Geröllgeschiebe sind zu überqueren.

◎ **ORIENTIERUNG**: ist problemlos, die Topografie weist die Richtung.

◎ **KARTEN**: Topokarte Nr. 1131 IV, »Gimsøya«. – Besser ist: »Vågan kommune« (siehe Seite 210).

◎ **ANFAHRT**: der E 10 bis zum Gimsøyastraumen bei Kleppstad / Austvågøya folgen, jedoch nicht über die Sundbrücke nach Gimsøya, sondern entlang der nach Brenna ausgeschilderten Straße bis zum Ende mit Wendeplatz unterhalb Brennas.

◎ **ZELTTOUR**: geeignet; mögliche Stellplätze bei der Passhöhe über der Kerbe, in der Mulde direkt unterhalb des Svarttinden u.a.

◎ **ANSCHLUSSWANDERUNGEN**: Empfehlenswert ist es, ab Brenna ent-

◄ Felder und Bootsschuppen von Delp, gesehen vom 374 m hohen Delpneset

lang der Küstenlinie um das Felskap herumzuwandern; dieser Weg ist bis Festvåg als Piste ausgebaut, stets gut zu begehen, macht kaum Steigung, folgt der Stromleitung und ist nicht zu verfehlen. Endstation ist die »Siedlung« Nedreneset, die ansonsten nur per Boot erreichbar ist. Schönes Panorama auf den Sunnlandsfjord und die zahllosen Schären in seiner Mitte. Je Strecke etwa 5,5 km. Die Tour ist mit Kindern machbar und am schönsten zur Nachtzeit (Mitternachtssonne).

◎ **KURZBESCHREIBUNG**: Von den anstehenden 6 Std. dieser Wanderung nehmen die Steigungsstrecken rund 4 Std. in Anspruch, diejenigen mit Gefälle etwa 2 Std. – beide Abschnitte sind dermaßen extrem, dass man der Tour den Schwierigkeitsgrad »schwer« verpassen muss. Von Brenna aus geht es durch das Mølndal bis zum Talschluss; ein Aufstieg zum See Trolldalsvatnet schließt sich an; bis dahin kann man die Wanderung als Spaziergang bezeichnen. Wer wenig Kondition hat, für den ist die nun folgende Strecke zum höchsten Punkt der Tour ebenso eine Tortur wie der Abstieg zur Küste zurück. Die Wanderung fordert viel, aber gibt auch viel – nämlich Panorama.

Ausgangspunkt ist das Einöddorf **BRENNA.** Hier endet die parallel zum Gimsøyastraumen verlaufende Straße. Der zerhackten, auf das offene NORDMEER blickenden Küstenlinie sieht man an, dass sie seit Jahrtausenden die Kampflinie bildet, an der Meer und Land aufeinanderprallen. Eher gewöhnliche Winterstürme donnern mit über 6 m hohen BRECHERN gegen die Granit- und Gneisgestade, wobei die Wucht der Wogen der eines Autos entspricht, das mit etwa 140 km/h gegen eine Mauer rast. Aber nicht nur die Brandung setzt dem Nordwestzipfel Austvågøyas hart zu. Der Gimsøyastraumen, der sich in den 2–4 km breiten Sund zwischen Austvågøya und Gimsøya zwängt, ENTFESSELT solche Kräfte, dass das Meer häufig wie ein Fluss dröhnt und rauscht und flatternde Schaumfahnen aufwirft.

Wir parken unser Fahrzeug auf dem Wendeplatz zwischen Küste und dem 30 m höher liegenden Dorf, zu dem wir in wenigen Minuten aufsteigen. Die ersten fünf Häuser sind passiert – farbige Quadrate, die etwas Charme in die zeitlose Fels- und Meerwelt zaubern –, sodann ein weißes, von einer Steinmauer eingefasstes Gebäude, an das sich eine Scheune anschließt, vor der wir nach rechts, in die weit gestreckte Mulde des Mølndals, abbiegen. Diese führt uns auf einen niedrigen Wiesendamm, dem, über offenes Weideland, in Richtung auf ein einzeln stehendes, weißes Haus zu folgen ist, das nach ca. 5 Min. am Weg liegt. Zur Rechten erstreckt sich ein kleiner Fußballplatz; es folgen die Grundmauern eines ehemaligen Gehöfts, und nach weiteren 10 Min. geradeaus treten wir durch ein Gatter.

Alternativer Einstieg: ab Parkplatz der bergan führenden Teerstraße (mit Sackgassen-Schild) nach Brenna folgen; nach knapp 10 Min. (1 km) zweigt rechts ein Feldweg ab, der nach 20 m von einer Schranke mit selbst angefertigtem, gelbem Stopp-Schild gesperrt ist, daneben ein Gittermast mit Satellitenantennen. Dieser Feldweg

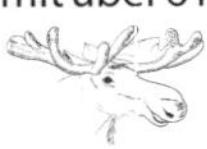

Leser-Erfahrung: Einstieg am Gehöft mit Steinmauer nicht gefunden, deshalb oben alternativen Einstieg bis zum See Nedrevatnet hinzugefügt.

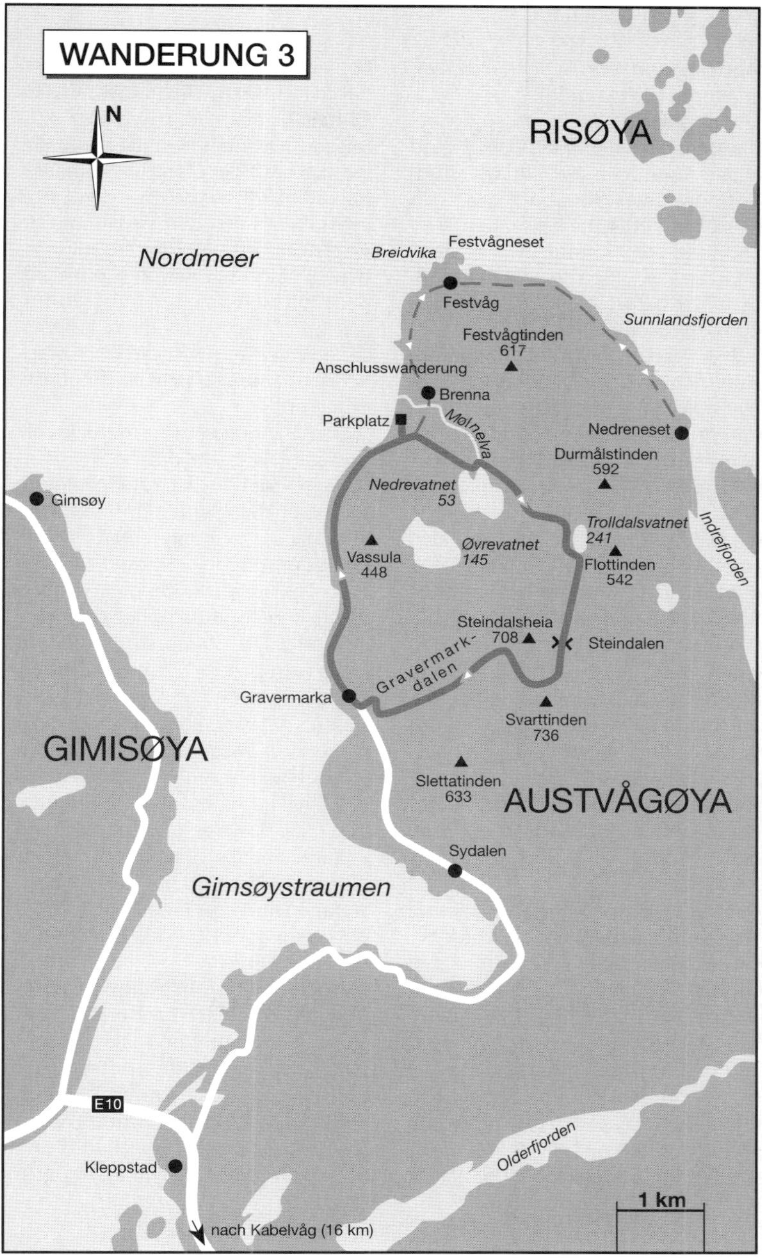
WANDERUNG 3
N
RISØYA
Nordmeer
Breidvika
Festvågneset
Festvåg
Sunnlandsfjorden
Festvågtinden
617
Anschlusswanderung
Brenna
Parkplatz
Mølnelva
Nedreneset
Durmålstinden
592
Gimsøy
Nedrevatnet
53
Trolldalsvatnet
241
Indrefjorden
Vassula
448
Øvrevatnet
145
Flottinden
542
Steindalsheia
708
Steindalen
Gravermark-
dalen
Gravermarka
Svarttinden
736
GIMISØYA
Slettatinden
633
AUSTVÅGØYA
Sydalen
Gimsøystraumen
E10
Olderfjorden
Kleppstad
1 km
nach Kabelvåg (16 km)

führt direkt ans nördliche Ufer des Nedrevatnet (siehe unten).

Die Schenkel des MØLNDALS sind näher zusammen gerückt, die Trogform des Tales offenbart, dass sich hier einst ein Gletscher seinen Weg gebahnt hat. Sobald man rechter Hand und zu Füßen der von tiefen Regenrillen gefurchten Felsflanke den dunklen Spiegel eines Sees gewahrt, müssen wir uns leicht links halten, auf einen lichten Gürtel aus jungen Fichten zu. Wir folgen der Schonung, nach rund 45 Min. ab Brenna steht man vor dem nördlichen (linken) Ufer des Sees **NEDREVATNET,** der direkt an seinem Ablauf in den Mølnelva erreicht wird. Ein Damm führt über den schmalen Fluss hinüber; vorbei am linken Ufer des vielleicht 500 m durchmessenden Sees geht es auf den unübersehbaren Talschluss zu: einer recht steil zu einem Sattel ansteigenden Wiesenmulde, durch die ein Bach hinabplätschert. Mit etwas Glück ist (rechts des Wasserlaufes) ein schmaler Pfad auszumachen, der sich die bald zur Kerbe werdende Mulde hinaufzieht. Findet man ihn nicht, markiert der Bach die Richtung.

Nach etwa 15 Minuten hat uns die mit Wiese und vereinzeltem Weidegestrüpp bestandene Kerbe zum Sattel geführt. Im letzten Teil ging es gut und gerne 40° steil hinauf, und ziemlich außer Atem erreichen wir die auf 240 m Höhe gelegene Landmarke, die sich für eine Rast anbietet. Voraus fällt der Blick in das 150 m durchmessende Rund eines von 400 m hoch aufsteigenden Felswänden gebildeten Kessels, dessen Sohle vollkommen der tiefschwarze **TROLLDALSVATNET** füllt. Mehr als 30 m ist dieser »Kratersee« tief; er markiert die *Kar*-Stelle, wo sich einst der Gletscher aufbaute, bevor er als Eiswalze über den Sattel ins Mølndal hinabglitt. Weit unten, an der Trichteröffnung des Trogtals, liegen die Farbtupfen von Brenna vor dem mit vereinzelten Schären gespickten Gimsøyastraumen, auf dessen anderer Seite wir die typisch braune Moorlandschaft der Nachbarinsel erblicken.

Das Panorama ist eindrucksvoll, und wäre der Sattel das Ziel der Wanderung – sie hätte sich auch gelohnt. Aber wir haben gerade ein Fünftel der Strecke geschafft und sollten vorsichtig mit unserem Fotomaterial umgehen: Der Ausblick von hier ist noch nichts im Vergleich zu dem, der sich in rund 2 Std. öffnen wird. Aber ihn muss man sich im Schweiße des Angesichts erarbeiten. Der Weg zieht sich als unübersehbarer Pfad nach rechts zum Südrand des Sees hin, wo er vor einem schmalen Bachlauf endet. Ein Blick hinauf, in die Felskerbe, durch die das Wasser plätschert, und es kann einem schon angst und bange werden angesichts der steil ansteigenden Rinne, die sich in Schwindel erregender Höhe ins Dreieck des Himmels öffnet.

Noch mal tief durchatmen, dann überqueren wir den Bach und steigen – das ist wichtig! – am linken Kerbenrand (nicht am rechten, wo ein paar Spuren verwirren können) hinauf. Mühsam kommen die Schritte, denn die Steigung beträgt zwischen 45 und 60 %; wäre sie noch ein wenig größer, hätte man das Gefühl, in einem senkrecht verlaufenden Kamin zu wandern. Nach 15 Min., auf ca. 300 m Höhe erscheint hoch oben die wie ein Pass-Wächter aufragende Steindalsheia-Pyramide (708 m), in deren Angesicht man von jetzt an steigen wird. Das Terrain ist weglos, aber auf dem mit Steinen bedeckten Wiesengrund kommt man recht gut voran. Nach einer weiteren Viertelstunde liegt der Trolldalsvatnet 200 m unter uns, und noch mal 100 m höher beeindruckt links, über einen Sattel hinweg, ein von jetzt an ständig imposanter werdendes Panorama auf die Lofoten-Wand von Zentral-Austvågøya.

Die Steigung nimmt noch zu, und etwa mindestens 1 Std. ist seit dem Aufbruch vom See vergangen, als wir (mit letzter Kraft) einen **PASS** erreichen, der das Ende der Kerbe markiert. – Das ist das erste, was auffällt; erst wenn der Atem sein Gleichmaß wieder findet, bemerkt man auch, dass der Blick auf 270° ins GRENZENLOSE reicht. Das Meer im Norden – 600 m tiefer – scheint nicht eben: Fischerboote kriechen wie Fliegen die Böschung des Ozeans hinauf, aus dem die Konturen der Vesterålen aufsteigen. Davor die Stadt Melbu auf Hadseløya – Geisterquadrate aus schlummerndem Ultramarin. Im Osten liegen als lange Tuschestriche ein paar Holme in der See, gen Westen spannt sich – einem Kunstwerk aus zerknitterter Alufolie gleich – die Lofoten-Wand über dem halbrunden Kamm des Flottinden in den Raum.

Zu diesem Kamm ist es ein Katzensprung von 15 Min. Wer die Kraft dazu verspürt, biegt hinter dem Pass links ab; ein freier Blick hinunter auf den SUNDLANDSFJORD ist der Lohn. Der weitere Wanderweg schlägt die entgegengesetzte Richtung ein, indem er der hinter dem Pass aufsteigenden Mulde nach rechts folgt. In diesem Abschnitt ist es nicht mehr die Steigung, die zu schaffen macht, sondern der Schnee, der hier bis Mitte / Ende Juli eine geschlossene Fläche bildet. Als Zielpunkt thront der 736 m hohe **SVARTTINDEN** voraus, ein im Sinne des Wortes »schwarzer Berg«, dem man ansehen kann, dass er schon gut 2 Mrd. Jahre auf dem Buckel hat. Ihm zu Füßen endet die Mulde; wir halten uns rechts, einen sanft geneigten Wiesenhang hinauf.

Wieder hinaus ins Weite, hinein in die Augen-Verführung: Vom oberen Rand des Hangs, nur einem schmalen Grat, fällt der Blick 715 m senkrecht hinab auf den Gimsøyastraumen. Die Schären krümmen sich gleich Walrücken in der dunklen, gläsernen Flut, über der ein Prisma aus Wasserstaub die Sonnenstrahlen zerlegt. Gimsøya liegt als dunkles Tafelland unter dem Gegenlicht, zur Rechten öffnet sich das Nordmeer, links der Vestfjord, aus dem sich wie ein halbversunkenes Riesen-Skelett Vestvågøya, Flakstadøya und Moskenesøya heben.

So beeindruckend das Panorama ist: Lange währt es nicht, bis die bange Frage aufsteigt, wie denn von hier aus der anstehende Abstieg gelingen soll. Zugegeben, es scheint knifflig, vom Svarttinden-Grat ins 400 m tiefer gelegene Gravermarkdal abzusteigen:

Würde man gerade hinunter gehen, wo sich Geröllbänder über 70° steil herabziehen – es wäre lebensgefährlich. Relativ problemlos jedoch ist es, folgt man dem Grat für etwa 5 Min. nach rechts, wohin er einen Bogen beschreibt und als Felswulst ausläuft. Dort ist die Hangneigung akzeptabel – vielleicht noch 45°. Man kommt gut voran, es geht über Wiese, Heide und mehrere schmale Geröllbänder hinab; nach ca. 30 Min., 500 m hoch, ist das Schlimmste geschafft. Auf dieser Höhe wächst links die Sundbrücke über den Straumen ins Bild, ist der Boden angenehm nachgiebig und einfach zu begehen. Auch die Straße gen Henningsvær kann man bald ausmachen, nach 40 Min. taucht die nach Brenna auf, wenig später endet das Trogtal auf einem **WIESENBALKON,** 300 m über dem Ort Gravermarka.

Das Gefälle ist noch einmal beachtlich, aber der Wiesenhang erlaubt zügiges Schreiten. Dann versperrt ein Grüngürtel den Weg: geradeaus wird er aus Weidegehölz gebildet, rechts aus eng stehenden Fichten. Wir bevorzugen den direkten Abstieg, der zwar dank der sperrigen Weidengerten mühsam ist, allerdings nur von etwa 10 Min. kurzer Dauer. Am unteren Rand des Hindernisses, nur noch 50 m hoch, ist ein Zaun gespannt, dem wir über einen Trampelpfad so weit nach rechts folgen, bis er sich über einen Wiesenhang zieht und übersteigbar ist. Noch rund 10 Min. trennen von **GRAVERMARKA** sowie der Küstenstraße, die uns in 45 Min. nach BRENNA, dem Ausgangspunkt, zurückführt.

Wanderung 4 – Vestvågøya: Am offenen Nordmeer

IM ÜBERBLICK

◎ **DAUER/LÄNGE**: ca. 4 Std. / 9 km.

◎ **WEGVERLAUF/HÖHEN-/ENTFERNUNGSANGABEN** (Streckenwanderung): Passhöhe (160 m, nach 20 Min.) – Unstad (4 m, 45 Min.) – Norddalselva (10 m, 20 Min.) – Kleivheia (60 m, 30 Min.) – Utdalsvatnet (13 m, 1 Std.) – Tøan (10 m, 45 Min.).

◎ **WEGBESCHAFFENHEIT**: über weite Strecken angenehm zu begehender Wiesen-/Erdpfad, wobei insgesamt 6 km davon über Fahrzeugbreite Wege. Allerdings gibt es auch einige recht schwierige Abschnitte zu meistern, wo kein Pfad zu erkennen und das Terrain recht glitschig ist.

◎ **ORIENTIERUNG**: ist problemlos.

◎ **KARTE**: Topokarte »Vestvågøya« (ohne Nummer); diese Karte ist nur in Norwegen (Svolvær) erhältlich, aber nicht unbedingt erforderlich.

◎ **ANFAHRT**: von der E 10 auf Vestvågøya bei Liland (ca. 12 km nördlich Leknes') auf die nach Mærvoll und Unstad ausgeschilderte Straße abzweigen und an Mærvoll (Sjøhus-Vermietung) vorbei bis zum Tunnel unterhalb der Passhöhe über dem Trogtal von Unstad. Wer die Wanderung um 3,5 km abkürzen will, fährt nach Unstad hinunter, folgt der Küstenstraße nach rechts bis zum Wendeplatz vor dem breiten Bach Norddalselva.

◎ **ZELTTOUR**: unbedingt geeignet; Stellplätze fürs Zelt am Utdalsvatnet (Wasser / Treibholz vorhanden) sowie

WANDERUNGEN 4/5

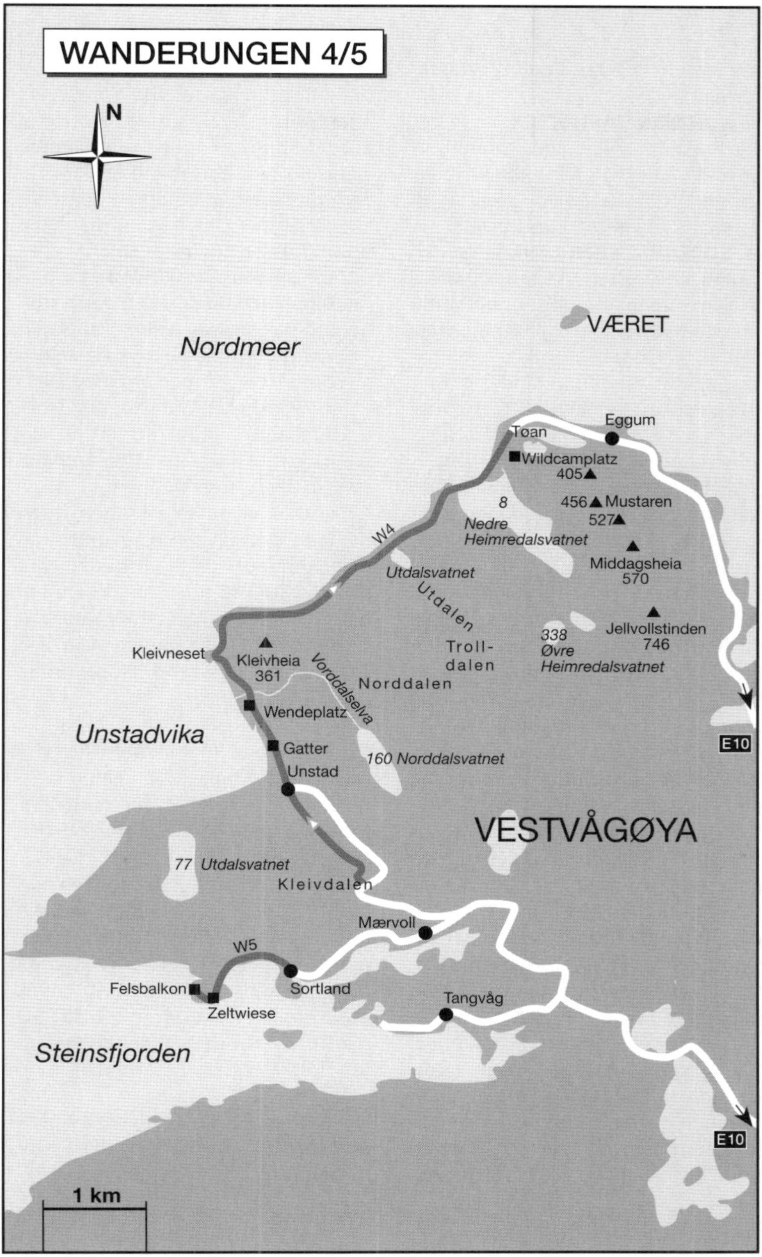

am Wanderziel bei Eggum (Wasser vorhanden).

◎ **KÜRZERE VARIANTEN**: nicht auf der Passhöhe beginnen, sondern in Unstad (2 km / 30 Min. kürzer) oder am Ende der Straße vor dem Norddalselva (3,5 km / 50 Min. kürzer).

◎ **KURZBESCHREIBUNG**: eine relativ einfache Küstenwanderung, die es aber in einigen Abschnitten ein wenig »in sich hat« (weglos, glitschig), weshalb sie sich nur bedingt als Familientour eignet. Für ältere Kinder mit Erfahrung okay, jedoch sind Trittsicherheit, auch ein wenig Kondition (und unbedingt adäquate Schuhe) erforderlich. Geht man zur sommerlichen Nachtzeit, ist man im goldenen Licht der Mitternachtssonne unterwegs.

Was den Berlinern ihr Grunewald, das ist den Bewohnern von Vestvågøya ihr KYSTSTIEN. Der Küsten-Wanderweg zwischen Unstad und Eggum erfreut sich recht großer Beliebtheit – an sonnigen Wochenenden kann es allemal passieren, dass einem auf der etwa 9 km langen Strecke drei oder vier einheimische Wanderer entgegenkommen: Rekord nach Lofoten-Verständnis! In klaren Sommernächten hingegen, wenn überschwängliches Orange auf dem Meer liegt, während die Berge eine Sinfonie aus goldenem Ocker, pompejanischem Rot und violetten Schatten sind, dann kommen die ausländischen Besucher, um die Botschaft des Lichts zu empfangen. Häufig kraxeln auch ein paar Naturfreunde an den Hängen entlang, um Seevögel zu beobachten oder die kalkreichen Böden nach seltenen Florenarten abzusuchen. Nur bei Westwetter ist man alleine. Dann wälzen sich die schweren Wogen des Nordmeers – schwarz in den Tälern, weiß zerfetzt auf den Kämmen – gegen die Klippen, während die Sturmböen am Körper zerren und eigenartige, unmenschliche Töne ans Ohr tragen: mal helle und schrille Klagegesänge, mal eher dumpfes Hämmern wie von einem titanischen Schmiedefeuer; dann steigen überall steigen wilde, Schrecken erregende, gespenstische Gestalten aus dem Meer, ist man umgeben von einem Pantheon fantastischer Troll- und Klabautermann-Figuren und versteht, warum alte Sagen den Archipel »Inseln der Götter« nennen.

Sonst ist nicht viel zu sagen, denn der Weg ist rasch gefunden und dann nicht mehr zu verlieren. Er beginnt auf der **PASSHÖHE** oberhalb des 160 m tiefer gelegenen Wiesen-Trogtals, in dessen Mitte und nahe am Meer sich das etwa drei Dutzend Häuser große Unstad ausbreitet.

Die Fahrstraße folgt ab dem Pass der rechten Felsflanke, doch einen breiten Karrenweg gibt es, der steigt über Serpentinen in den vielfarbig grünen Trog hinunter. Er ist mit Wiese bewachsen, angenehm zu begehen und bietet reiche Aussicht auf Unstad, die geschwungene Bucht und die bemoosten Schenkel der Berge. Etwa 45 Min. muss man für diesen Abschnitt ansetzen. Im Zentrum von **UNSTAD** dann drei enge Gassen zwischen bunten Holzkaten.

Die nach rechts zur Küste abzweigende Asphaltstraße markiert die weitere Richtung. Wo sie in Schotter übergeht, muss ein Gatter durchschritten werden, und mit Blick auf den Kiesstrand der Bucht Unstadvika wandert man noch etwa 15 Min. bis zu einem kleinen Wendeplatz vor der Brücke über den **NORDDALSELVA,** der als breiter Bach weiter rechts an einem Kiefernhain entlang verläuft und bei Lofotern als Picknickplatz beliebt ist.

Ein rotes »T« markiert den eigentlichen Beginn der Route. Unmerklich steigt der noch Jeep-taugliche Weg zum Kleivneset an. Nach 20 Min. ist ein weiteres Gatter zu durchschreiten, jenseits dem die Piste zum breiten Trampelpfad wird. Der windet sich hangaufwärts, umrundet die Felsklippe von Kleiv auf 60 m Höhe. Zur Linken stürzt das Land senkrecht ins Meer, aber auch für ängstliche Naturen ist diese spektakuläre Passage machbar, denn entlang des Abgrunds und der noch folgenden sind sichernde Ketten gespannt. 10 Min. später, während deren ein paar Geröllbänder zu übersteigen sind, umrundet man die **KLEIVHEIA**, die ein Leuchttürmchen schmückt.

Über den jetzt schmaler werdenden Pfad blickt man in gerader Linie über den ganzen Wanderweg bis zu seinem Ziel vor Eggum. Auch hier sichert eine Kette den folgenden Abstieg zur Küstenlinie hinab. Im weiteren Verlauf geht es in ständigem Wechsel hangauf- oder -abwärts, und nach insgesamt 1,5 Std. ab Wendeplatz hat dieser etwas anstrengende Abschnitt ein Ende. Die Bergflanken treten weiter nach rechts zurück, das Terrain ist eben und ermöglicht leichtes Wandern direkt über dem Kies- und Geröllsaum der Küste. 1 km weiter ist eine eine leichte Anhöhe zu nehmen, von der aus man einen Blick in den Trichter des rechts klaffenden Utdals werfen kann. Zu Füßen liegt der See **UTDALSVATNET,** über dessen Ablauf ins Meer sich eine kleine Holzbrücke schwingt. Am nördlichen Ufer der langen, schmalen Wasserfläche lädt ein Tisch mit Bänken zum Picknicken ein, und wer zelten will, findet hier viele geeignete Wiesenplätze. Treibholz ist in Massen vorhanden, hinten im Utdal stürzt ein Wildbach über Felsstufen, es rauscht das Meer – romantisch, hier die Nacht zu verbringen.

Der Weg ist jetzt wieder breit und ausgebaut, wäre 1 km weiter auch Jeeptauglich, passiert winzig kleine Sandbuchten und eröffnet ein Panorama auf den zerhackten Felsgiganten der Middagsheia, die den Blick auf Eggum verstellt. Ihr zu Füßen erstreckt sich eine von Meter zu Meter größer werdende Wasserfläche: der Heimredalsvatnet, der immerhin fast 2 mal 1 km misst. An sein jenseitiges Ufer schmiegen sich zwei Ferienhütten, und über einen sandigen Isthmus gelangen wir über den abflusslosen See und damit an den Fuß der begrünten Dünengürtels von **TØAN,** eines der beliebtesten Refugien bei Wildcampern.

Wanderung 5 – Vestvågøya: Am Steinsfjord

IM ÜBERBLICK

◎ **DAUER / LÄNGE**: ca. 75 Min. / etwa 2,5 km.

◎ **WEGVERLAUF/ENTFERNUNGS-/HÖHENANGABEN** (Streckenwanderung, stets auf Meeresniveau): Sortland – Geröllstrand (20 Min.) – gespaltener Findling (5 Min.) – Zeltwiese (5 Min.) – Felsbalkon (5 Min.).

◎ **WEGBESCHAFFENHEIT**: simpler Pfad entlang der an Geröll reichen Küstenlinie, im letzten Abschnitt über Felsbänder.

◎ **ORIENTIERUNG**: problemlos, da die Richtung entlang der Küste durch die Topografie klar vorgegeben und das Ziel nicht zu verfehlen ist.

◎ **KARTE**: passend, aber nicht erforderlich, ist die Topokarte »Vestvågøy Kommune«, im Maßstab 1 : 50 000.

◎ **AN-/RÜCKFAHRT**: In Liland (nur knapp 2,5 km südlich des Wikingermuseums an der E10 gelegen; siehe Route 8) dem Hinweisschild Richtung »Unstad/Tangstad« folgen und dann via Eltoft (Abzweig nach Tangstad ignorieren) und durch den Tunnel nach Saupstad, wo sich die Strasse gabelt: Wir biegen links ein (geradeaus geht es weiter nach Unstad) und folgen der zur Schotterpiste gewordenen Fjorduferstraße für rund 2,5 km via Mærvoll bis Sortland, wo sie endet. Kurz vor dem letzten Haus befindet sich rechter Hand ein kleiner Parkplatz.

Mit dem Bus 407 kann man Mærvoll (rund 1,5 km vor Startpunkt) im Sommer nur Di und Do (Abfahrt jeweils um 11.50 Uhr) sowie Sa (13 Uhr) ab Leknes erreichen (rund 1,5 Std.); außerhalb der Ferienzeit verkehrt der Bus Mo–Fr um 14 Uhr ab Leknes.

Im Sommer Di, Do, Sa verkehrt Bus Nr. 407 ab Mærvoll um 8.25 Uhr nach Leknes (ca. 1 Std.), außerhalb der Ferienzeit Mo–Fr ebenfalls um 8.25 Uhr.

◎ **ZELTTOUR**: In direkter Nähe des Ziels lädt eine wunderschöne kleine Zeltwiese ein, die zudem direkt am Steinsfjord gelegen ist – höchst idyllisch, dort zu übernachten, nur muss man Trinkwasser mitbringen.

◎ **ANSCHLUSSWANDERUNGEN**: Von Mærvoll/Saupstad aus ist es nur ein etwa 2 km langes Wegstück bis zur Abzweigung der nach Unstad führenden Passstraße, wo sich jene Küstenwanderung nach Eggum (siehe Wanderung 4) anschließt.

◎ **ANMERKUNGEN**: Trinkwasser ist mitzubringen, bei Bedarf außerdem Bade- und Angelzeug.

◎ **KURZBESCHREIBUNG**: Ziel dieser denkbar leichten, kurzen und daher auch für Familien (selbst mit kleineren Kindern) geeigneten Streckenwanderung ist ein landschaftlich sehr eindrucksvoll gelegener Felsbalkon direkt über dem Meer. Dort kann man sich herrlich sonnen, auch ins kühle Nass springen (und schwimmen sowie schnorcheln) und vor allem direkt von der Klippe aus angeln; im Hintergrund finden die Kleinsten einen ihn genehmen Badetümpel; gar traumhaft ist es, hier an dieser abgelegenen Kante zu zelten.

Schon die Fahrt nach **SORTLAND,** die vorbeiführt an malerisch in schmale

Die Karte zur Wanderung 5 finden Sie auf Seite 227.

Fjorde geschmiegte Dörfer, wird die Lust wecken, die Straße mit dem Wanderweg zu tauschen, und nachdem wir den kleinen Parkplatz angesteuert haben, der sich ca. 100 m vor dem letzten Haus und dem Schluss der Schotterstraße findet, machen wir uns mit »Kind und Kegel«, Picknick- und Badezeug sowie natürlich Angelausrüstung auf den nicht zu verfehlenden Weg. Er verläuft zwischen dem letzten Haus und der seitlich angrenzenden Hütte, führt dann direkt ans Nordufer der Sortlandsvika heran und folgt der Geröll- und Felsküste als klar sichtbarer Pfad.

Nach ca. 15 Min. erreichen wir ein Geschiebe bis hausgroßer Felsblöcke, in längst vergessenen Zeiten vom Steilhang des Bjørnskardryggan herabgestürzt. Hier kann das Laufen ein wenig Mühe bereiten, was aber ein kurzes Zwischenspiel bleibt, stehen wir doch bald schon am Westrand der Vika, gebildet durch eine in den Steinsfjord reichende und bis maximal 20 m hoch aufragende Halbinsel. An deren Südwestzipfel liegt das Ziel unseres Spaziergangs, der uns nun am Rand eines aus kugelrunden Steinen bestehenden **GERÖLLSTRANDS** entlangführt. Linker Hand wird diese ehemalige Strandlinie von einer kleinen und sehr seichten Wasserfläche begrenzt, die nur bei Hochflut vereinzelt mit dem Meer in Verbindung steht und daher im Sommer entsprechend warm ist.

Am Westende dieses idealen Baby-Badepools geht der Geröllstrand in flache Felsbahnen über. Wir queren nach links und halten direkt auf einen gut 2 m hohen und in der Mitte **GESPALTENEN FINDLING** zu.

Durch die Kerbe und in gerader Linie weiter, sind es nur ein paar Minuten bis zu einer idyllischen **ZELTWIESE** dunkelgrünen und (von den Schafen) kurz gefressenen Grases. Dieser Platz, eben und trocken und direkt an den Fjord grenzend, ist wie kein anderer zum Campen geeignet. Zu bedauern ist eigentlich nur, dass es vor Ort kein Süßwasser gibt; aber dafür Treibholz für ein abendliches Lagerfeuer, ebenso wie alte Feuerstellen, die auch benutzt werden sollten, um die Natur zu schonen.

Die Küste wird hiervon flach ins Meer ragenden Felsbahnen gebildet – allesamt ideal zum in der Sonne dösen –, und geht gen Westen in bis 20 m hohe Felsbuckel über. Von der schnell erreichten Höhe genießt man reichstes Panorama zurück in die Fjordkerbe bei Mærvoll, hinauf aufs offene Nordmeer, hinunter auf die markanten Gebirgszacken von Flakstadøy, und über den etwa 2 km breiten Steinsfjord hinweg auf den Tangstadpollen und insbesondere auf den jäh aus dem Meer aufsteigenden Himmelstindan, der als 964 m hoher Felsendom seinem Namen alle Ehre macht. Auf dem Gipfel machen wir eine rotierende Radarschüssel aus, die als »Auge« der Nato das Nordmeer nach verdächtigen Schiffen absucht. Ein paar Soldaten versehen dort ihren Höhendienst in einer in den Fels gesprengten Kammer, erreichbar nur durch einen inmitten des Himmelstindan nach oben führenden Fahrstuhl; der (verschlossene) Eingang ist von Haukland aus zu erreichen.

Doch uns lockt jetzt das Wanderziel, jener **FELSBALKON**, der direkt über dem Westkap der Halbinsel liegt und von der Buckelhöhe nach wenigen Metern erreicht ist. Das Panorama ist fast so eindrucksvoll wie das von oben genossene, aber vor allem fasziniert auf diesem etwa 10 m langen, 2–3 m breiten und von Land nicht einsehbaren Aussichtsplatz der Blick in die kristallklare Tiefe des Meeres, dessen Oberfläche 2–3 m weiter unten liegt.

An warmen Sommertagen gibt es nichts Schöneres und vor allem auch Erfrischenderes, als den Sprung hinab, doch ist zu bedenken, dass hier, nahe am offenen Nordmeer, die Temperaturen kaum je zu einem längeren Bad einladen. Also Augen zu, mit Mut hinein, und ganz schnell wieder hinaus, was dank der rauen Felsen und kleiner Vorsprünge kein Problem bereitet. Und dann zum Aufwärmen auf die warmen Felsen legen oder – immer ein Erlebnis – die Angel herausgeholt und mit mehr oder weniger weitem Schwung ausgeworfen: Das Meer erreicht hier direkt an der Küste zum Teil außerordentliche Tiefen: sogar Rotbarsche, bekanntlich Tiefseefische, wurden vor Ort schon gefangen, selbstredend ebenso Seelachse und Dorsche sowie Makrelen (ab ungefähr Mitte Juli/Anfang August), die natürlich über einem Feuer gegrillt am besten schmecken.

Wanderung 6 – Vestvågøya: Rings um den Brattflogan

IM ÜBERBLICK

◎ **DAUER/LÄNGE**: ca. 3,5 Std. / ca. 8,5 km.

◎ **WEGVERLAUF/ENTFERNUNGS-/HÖHENANGABEN** (Rundwanderung): Brustranda Sjøcamp, Strandslett an der R815 (5 m) – Tjønndal oder Tjørndalen (15 Min., 60 m) – letztes Haus im Tal (15 Min., 100 m) – 170-m-Höhe (15 Min.) – 280-m-Höhe (nach 25 Min.) – Bachbett (10 Min., 280 m), Djupdal (15 Min., 360 m), – Brattflogan (15 Min. 420 m) – Hochmoor (30 Min., 320 m) – Steinbakkdal (35 Min., 160 m) – Schotterstraße (20 Min., 50 m) – Brustranda Sjøcamp (20 Min., 5 m).

◎ **WEGBESCHAFFENHEIT**: für etwa 4 km über Schotterpisten, ansonsten über Wiese und Heide, streckenweise durch Feuchtgebiete und vereinzelte Weidendickichte.

◎ **ORIENTIERUNG**: relativ problemlos, da die Richtung durch die Topografie zumeist vorgegeben ist. Ein wenig Erfahrung im Lesen von Topokarten sollte man dennoch haben, da die auf den Karten eingezeichneten Wege nicht markiert sind und zudem die im Sommer vor Ort weidenden Schafe zig Pfade angelegt haben, die leicht in die Irre führen und dadurch Umwege bedingen können.

◎ **KARTEN**: Topokarte »Vestvågøy Kommune«, Maßstab 1:50 000; die eigentliche Wanderroute ist verzeichnet, verläuft aber teils etwas anders als die auf den folgenden Seiten beschriebene Strecke.

Blick vom Brattflogan auf das offene Nordmeer ▶

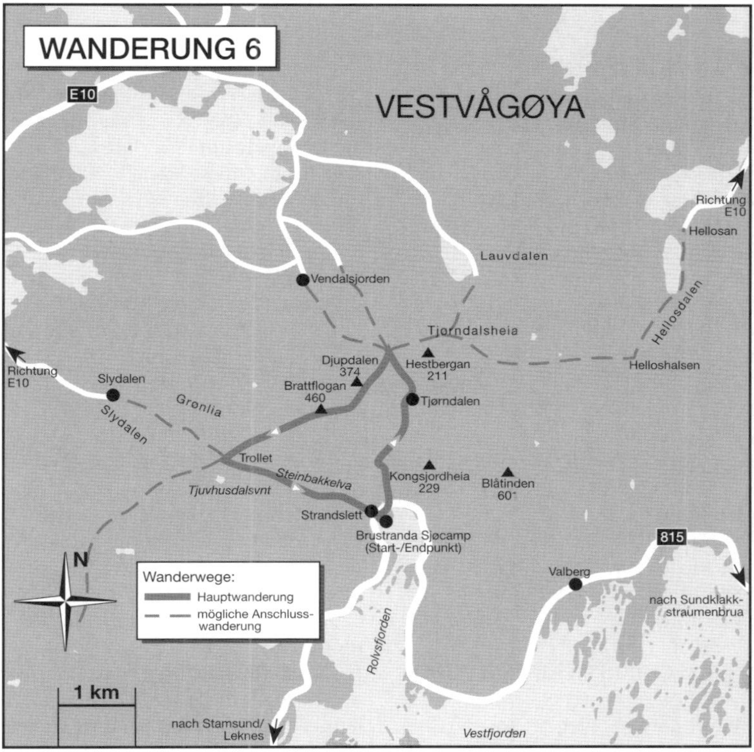

WANDERUNG 6
E10
VESTVÅGØYA
Richtung E10
Hellosan
Lauvdalen
Vendalsjorden
Hellosdalen
Tjørndalsheia
Djupdalen 374
Hestbergan 211
Helloshalsen
Richtung E10
Slydalen
Brattflogan 460
Tjørndalen
Grønlia
Slydalen
Trollet
Kongsjordheia 229
Blåtinden
Steinbakkelva
Tjuvhusdalsvnt
Strandslett
Brustranda Sjøcamp (Start-/Endpunkt)
815
N
Wanderwege:
Hauptwanderung
mögliche Anschlusswanderung
Valberg
nach Sundklakkstraumenbrua
Rolvsfjorden
1 km
nach Stamsund/ Leknes
Vestfjorden

◎ **AN-/RÜCKFAHRT**: Der Straße 815 bis zu dem Campingplatz Brustranda Sjøcamp in Strandslett folgen (siehe Route 7); es stehen ausreichend Parkplätze zur Verfügung, kann man auch einkehren und Wegzehr kaufen.

Mit dem Bus ist Strandslett schwer erreichbar: Verbindungen (Bus 403) bestehen im Sommer nur Mo, Mi und Fr um 9.25 Uhr ab Stamsund (Fahrzeit ca. 30 Min.); außerhalb der Ferienzeit Mo–Fr zusätzlich um 14.40 Uhr.

Mo, Mi und Fr um 11 Uhr kann man Strandslett mit dem Bus Nr. 403 ab dem Sundklakkstraumen an der Kreuzung der E 10 mit der R 815 erreichen (ca. 30 Min.), außerhalb der Ferienzeit Mo–Fr um 8 Uhr.

◎ **ZELTTOUR**: Da viele tolle Zeltwiesen sowie Abstecher und Anschlusswanderungen auf der Route liegen, drängt sich die Wanderung geradezu als Zelttour auf.

◎ **ANSCHLUSSWANDERUNGEN**: Diese Route steht stellvertretend für viele andere, die hier, gewissermaßen im »Herzen« von Vestvågøy, möglich sind. Mehrere Touren sind auf der Topokarte verzeichnet: von der 280-m-Höhe beispielsweise (auf Topokarten mit »Hestbergan« verzeichnet) kann man ins Hellosdalen wandern, wo in Hellosan (ca. 6 km ab der o.g. Höhe) eine Schotterstraße zur E 10 verläuft; ein anderer Pfad führt um den 601 m hohen Blåtinden durch das Valbergsdal nach Valberg (etwa 8 km ab der 180-m-Höhe) an der Str. 815; auch das Lauvdal, Vendalsjorden sowie Li sind von der Höhe aus in weniger als 2 km erreichbar. Von allen drei Orten aus Straßenanschluss an die E 10 beim Indre-/Borgpollen (siehe Route 8).

Vom Steinbakkdal aus schließlich ist, nach nur etwa 1,5 km das ebenfalls mit der E 10 (bei Liland) verbundene Slydal zu erreichen; andere (auch auf den Topokarten verzeichnete) Pfade gibt es ab dem Steinbakkdal, die führen quer durch das Innere der Insel hinüber zum Hagskaret, an der R 81 zwischen Leknes und Stamsund gelegen; oder auch nach Kråklia am Ski-/Vestfjord nördlich von Stamsund nahe der Kreuzung der R 815 mit der R 817.

Wer will, kann in dieser vorgestellten Inselregion mehrere Tage in Wanderstiefeln verbringen und dabei eine Reihe eher einfache Gipfelbesteigungen unternehmen. Diese Vielzahl an Varianten macht den besonderen Reiz von Vestvågøya aus, während alle andere Inseln auf Grund ihrer Topografie eher kürzere (und in aller Regel wesentlich anstrengendere) Touren ermöglichen.

◎ **ANMERKUNGEN**: Trinkwasser ist im Normalfall vorhanden; nur nach längerer Trockenheit kann es in den Höhenlagen schwer fallen, eine Wasserstelle aufzufinden. Auf Grund der Schafe, die hier sommers in Scharen weiden, sollte man das Wasser möglichst filtern, entkeimen oder zumindest abkochen (Koli-Bakterien).

Empfehlenswert ist eine Tour gerade auch zur Zeit der Mitternachtssonne, wenn große Streckenabschnitte herrlich illuminiert werden.

◎ **KURZBESCHREIBUNG**: Diese relativ einfache, auch für Familien (mit älteren Kindern) geeignete Wanderung ist kontrastreich, führt sie doch vom Vestfjord in ein nahezu schon »Irland-schönes« Hochtal, wie es ähnlich kaum ein zweites hier auf den Lofoten

Die Bezeichnung R 815 oder R 817 steht für Straßen, auf Norwegisch: R 815 für Riksvei 815, übersetzt: Reichsstraße 815, eine traditionelle Bezeichnung.

gibt. Hier und auf den angrenzenden Höhen tummeln sich hunderte Schafe, im weiteren Verlauf gelangt man, ohne Schweiß treibende Aufstiege, zu beeindruckenden Aussichtspunkten über weiten Hügel- sowie Hochmoor-Landschaften, mit Ausblicken auf bizarr geformte Gipfeltürme, auf Gimsøya, Vestvågøya und Austvågøya und sogar auf Vesterålen. Auch der Vestfjord und das offene Nordmeer sind Augenverführer, bevor es schließlich wieder zu Tal und sodann zum Ausgangspunkt zurückkehrt.

Ausgangspunkt der Rundwanderung ist das **BRUSTRANDA SJØCAMP** in Strandslett an der R 815, wo man parken sowie Getränke und Marschverpflegung kaufen kann. Ein paar Meter geht es von hier entlang die R 815 am Nordufer des geschützten Rolvsfjords Richtung Valberg/Sundklakkstraumen dahin, bis ein deutliches, gelbes Hinweisschild nach links ins »Tjønndal« (laut Topokarte: »Tjørndalen«) weist. Wir biegen ein in die gut ausgebaute (und für rund 1,5 km auch Fahrzeugtaugliche) Schotterstraße, ignorieren eine bald nach links abzeigende Fahrspur und steigen auf in ein ständig wilder werdendes schmales Kerbtal, oft von dichteren Fichtenhainen eng begrenzt. Hier haben Schneehühner ihre Schlupfwinkel; entsprechend oft kann man den charakteristischen Ruf vernehmen, in den sich das zunehmend lauter werdende Plätschern eines Wasserlaufs mischt.

Nach starken Regenfällen kann statt Plätschern ein regelrechtes Rauschen des zum Wildstrom angeschwollenen Baches zu vernehmen sein, an dessen Lauf wir auf etwa 60m Höhe stoßen. Er entwässert das **TJØNNDAL,** das sich wenige Meter weiter als lang gezogener breiter Wiesentrog vor uns öffnet. Das Tal ist ganz der Weidenwirtschaft unterzogen, überall an den Flanken sieht man die weißen Tupfen zahlloser Schafe, und erst etwa 200 m über dem sattgrünen Talgrund gehen die Wiesenhänge in Fels- und Geröllbänder über, die – nach Lofoten-Verhältnissen – relativ sanft anmutende Gipfel überragen. Hier herrscht nicht die oft bedrückende Enge typischer Lofoten-Täler, sondern die Idylle etwa südnorwegischer Seter- oder Bauerntalungen. Diesen Eindruck, uns nirgends sonst bekannt auf den Lofoten (außer ähnlich im Slydal auf Vestvågøya), verstärken die Farbkleckse einiger kleiner Gehöfte, die sich, weit auseinander gezogen, im vollkommen fels- und selbst steinlosen Talgrund locker verteilen.

Ein kleiner Weiher im Schilf- und Wiesensaum setzt dem lieblichen Bild das i-Tüpfelchen auf, und erst auf den zweiten Blick bemerkt man, dass alle Höfe und Häuser im Tjønndal verlassen sind. Hier lebt niemand mehr, denn schon vor vielen Jahren sind die Bewohner an die Küste gezogen, da das Tal im langen Winter oft monatelang von der Außenwelt abgeschlossen ist. Die Weiden freilich werden weiterhin intensiv genutzt, und eben drum wohl ist auch die bis zum oberen Talschluss führende Schotterstraße noch in recht gutem Zustand. Sie markiert unsere weitere Richtung, und nach insgesamt etwa 30 Min. seit Beginn der Wanderung stehen wir kurz vor dem oberen Talschluss am LETZTEN HAUS und damit auf einer Höhe von immerhin schon 100 m. Den Vestfjord können wir von hier aus nicht mehr einsehen, dafür aber das Tjønndal in seiner gesamten Länge, und wir kommen nicht umhin, die, die hier früher gewohnt haben, um ihr abgeschiedenes und der Zivilisation gleichzeitig doch so nahes Leben in gewissem Sinn zu beneiden.

Ein paar Meter weiter endet die nun ohnehin nur noch spurbreite Piste vor einem Schafgatter, hinter dem sich ein deutlich sichtbarer, recht breiter Pfad fortsetzt. Ihm folgen wir hangaufwärts, und keine 5 Min., da gabelt sich die Spur. Wir wählen die linke, die nun in ihrem weiteren Verlauf als Zickzack-Weg aufsteigt und uns schnell und leicht zur **170-M-HÖHE** führt (die rechts/geradeaus verlaufende Spur steigt für etwa 15 Min. zu einem Höhenrücken auf, wo sie auf eine Schotterpiste stößt: nach rechts geht es gen Hellosan und Valberg, nach links Richtung Lauvdalen und gen Vendalsjord; s.o. unter »Anschlusswanderungen«.

Ein herrlicher Blick über das ganze Tal hinweg ist unser Lohn, doch werden wir bald mit viel eindrucksvolleren Panoramen belohnt, wie die Aussicht von nun an überhaupt mit jedem Schritt an Weite und Schönheit zunehmen wird. Doch erst einmal gilt es, nun verstärkt auf den Weg zu achten, der sich wenige Meter nach Passieren der 170-m-Höhe erneut gabelt. Wir wählen die linke Spur (geradeaus geht es zur Tjønndalsheia hinauf, wo die o.g. Schotterpiste verläuft), die sich mit mittlerer Steigung und bald als recht breiter Pfad den Wiesenhang hinaufzieht.

War gerade nur das Tjønndal sichtbar, so nun schon dahinter auch ein Dreiecks-Ausschnitt auf den Vestfjord vor Stamsund, der ständig größer wird, bald die Schärengruppe vor Stamsund und schließlich ganz Stamsund mit umfasst. Auf 250 m Höhe dann kommt voraus zusätzlich ein Zipfel des offenen Nordmeeres ins Blickfeld, von hier aus etwa beschreibt der Pfad einen Linksbogen, so dass er nahezu parallel zum Tjønndal verläuft. Das baldige Erreichen der **280-M-HÖHE** dann ist auch in Sachen Panorama ein Höhepunkt: in der Tiefe das Tal, dahinter der Vestfjord mit Stamsund; Richtung Nordwesten fällt der Blick auf die gleißenden Wasserflächen von Indre- und Borgpollen vor dem Nordmeer, und im Norden schließlich bildet der von einem weiten Moor-Ring umgebene Hoven-Berg auf Gimsøya einen markanten Augenfang, der dadurch noch gesteigert wird, dass weit jenseits die gezackte Bergkette der Vesterålen aus dem Meer steigt.

Hier wird man eine Zeitlang verweilen, eine Pause einschieben wollen, bevor es, in etwa auf gleicher Höhe bleibend, noch weiter nach Süden, parallel zum Tjønndal, weitergeht.

Dutzende Pfade bieten sich dazu an, angelegt von den Schafen, und jede Spur ist recht, sofern sie nicht stärker ab- oder aufsteigt. Ganz ohne Anstrengung geht es auf einem dieser Saumpfade dahin, bis wir, fast schon auf einer Linie mit dem im Tjønndal liegenden Weiher, an ein von oben her zu Tal führendes BACHBETT kommen, das, mal mit mehr, mal mit weniger Wasser gefüllt, das noch nicht einsehbare Djupdal entwässert, das unsere nächste Landschaftsmarke sein wird. So folgen wir einfach dem Bachbett hangaufwärts, was wegen der Steigung durchaus Schweiß treibend ausfallen kann.

Doch dieser Aufstieg ist kurz, und kaum 15 Min. sind vergangen, da erreichen wir das **DJUPDAL,** das sich als wannenförmiges HOCHMOOR zwischen nur wenige Meter höhere Bergrücken spannt. Halblinks, also im Südwesten, erhebt sich als die einzig nennenswerte Höhe der Felsgipfel des Brattflogan, auf den wir nun in direkter Linie zuhalten. Zu diesem Zweck ist ein Ausläufer (des an möglichen Zeltplätzen reichen) Moores zu queren, und nur der Warnung halber sei gesagt, dass der direkt im Süden das Moor begrenzende Sattel keineswegs unsere Richtung markiert: Der hinüberführende Pfad verläuft sich bald bzw. endet jenseits des Sattels vor einer gefährlichen Abbruchkante in das Steinbakkdal.

Also halten wir auf den Fuß des Brattflogan zu, wo sich wieder zahlreiche Schafpfade finden, die fast alle eine Wiesensenke unterhalb des eigentlichen Gipfels des **BRATTFLOGAN** zum Ziel haben. Das Panorama korreliert mit der erreichten Höhe von nunmehr rund 420 m und wäre, für sich allein genommen, durchaus bereits die ganze Wanderung wert.

Diese Wiesensenke unter dem Gipfel setzt sich auch nach Süden fort, wohin ein breiter und mehr oder weniger auf gleicher Höhe bleibender Pfad verläuft. Entgegen allem Anschein markiert er aber nicht unsere weitere Richtung, denn würde man ihm folgen, stünde man schon nach etwa 10 Min. vor einer unüberwindlich steilen Abbruchkante ins 400 m tiefer gelegene Steinbakkdal. – Dies nur als Hinweis, denn wir wollen uns jenseits, also südlich dieser Wiesensenke, nach rechts halten, so also den Gipfel des Brattflogan entlang seines Fußes in nordwestliche Richtung umrunden. Einen regelrechten Weg gibt es nicht, immer wieder aber wechselnde, gut begehbare Schafspuren, denen entlang wir nach etwa 15 Min. oberhalb eines ausgedehnten Hochmoorplateaus zu stehen kommen. Weit dahinter und etwa in gerader Linie ragt als unübersehbarer Markierungspunkt der 964 m hohe Berggipfel des von einem Radarschirm gekrönten Himmeltindan auf, während das Moorplateau gen links kerbenförmig in ein quer verlaufendes U-Tal abfällt.

Diese Kerbe visieren wir nun an und steigen sodann und oft weglos zum **HOCHMOOR** ab. Feuchtstellen und Weidendickichte können einem hier das Gehen erschweren, aber alles in allem ist der sanfte Abstieg gut machbar, wie auch der Abstieg vom Hochmoor ins linker Hand verlaufende Trogtal recht einfach und flottl getan ist: Auf dem letzten Wegstück visieren wir einfach einen kleineren, im Talgrund gelegenen See an.

Dann ist das Tal erreicht, das hier lediglich noch auf 160 m Höhe gelegene **STEINBAKKDAL**. Wir biegen nach links ein (nach rechts sind es nur etwa 1,5 km bis ins Slydal, mit Straßenanschluss nach Liland an der E 10 (siehe »Anschlusswanderungen«), stoßen dort bald auf einen breiten Pfad und müssen ein wenig später den das Tal durchströmenden Bach auf seine rechte Seite queren.

Sanft, mal mit, mal ohne Weg, steigen wir parallel zum Bachlauf und dem an seinem Ufer verlaufenden Schafzaun ab und erreichen so nach insgesamt etwa 20 Min. das Ende einer ca. 1,5 km weit in das Steinbakkdal führenden SCHOTTERSTRASSE.

Damit ist die Wanderung schon so gut wie beendet, denn am unteren Ende dieser leicht zu begehenden Straße liegt der Ausgangs- und auch Endpunkt der Tour: **BRUSTRANDA SJØCAMP** an der R 815. Ein gelungener Abschluss, jetzt im angeschlossenen Café auf der Fjordveranda einzukehren, Kaffe und Kuchen und natürlich die beeindruckende Aussicht zu genießen. Bleibt noch zu erwähnen, dass auch ein Besuch der angrenzenden »Steinbua« zu empfehlen ist, sind hier doch viele verschiedene Steinarten, Halbedel- sowie auch Edelsteine aus aller Welt, ausgestellt.

Wanderung 7 – Flakstadøya: Der Flakstadstien – mit Vestfjord-Blick

IM ÜBERBLICK

◎ **DAUER / LÄNGE**: rund 2 Std. / ca. 4,5 km.

◎ **WEGVERLAUF/HÖHEN-/ENTFERNUNGSANGABEN** (Streckenwanderung): Nesland – Sloka (20 Min.) – Kvalkeila (30 Min.) – Lyrvika (30 Min.) – Nusfjord (30 Min.); die Höhenunterschiede sind gering, mehrmals steigt man von Meeresniveau auf 50 m, einmal bis 120 m.

◎ **WEGBESCHAFFENHEIT**: relativ gute und leicht zu begehende Pfade, vereinzelt über schmale Geröllfelder, eventuell morastige Wiesen.

◎ **ORIENTIERUNG**: Der Pfad ist weitgehend ausgetreten sowie gut sichtbar, obendrein mit roten Farbklecksen und Steinpyramiden markiert; er folgt der Küstenlinie, was die Orientierung problemlos macht.

◎ **KARTEN**: Topokarte »Leknes«, Nr. 1031 II; für den südlichen (hier präzise beschriebenen) und mittleren Abschnitt des Flakstadstien nicht unbedingt erforderlich, sehr wohl aber für den nördlichen.

◎ **ANFAHRT**: 2 km südwestlich von Ramberg von der E 10 auf die nach Skjelford und Nesland ausgeschilderte Asphalt-/Schotterstraße abbiegen, ihr bis zum Ende nach Nesland folgen (ca. 10 km); Parken auf dem Wendeplatz direkt am Meer.

Nesland ist mit öffentlichen Verkehrsmitteln nicht erreichbar; man

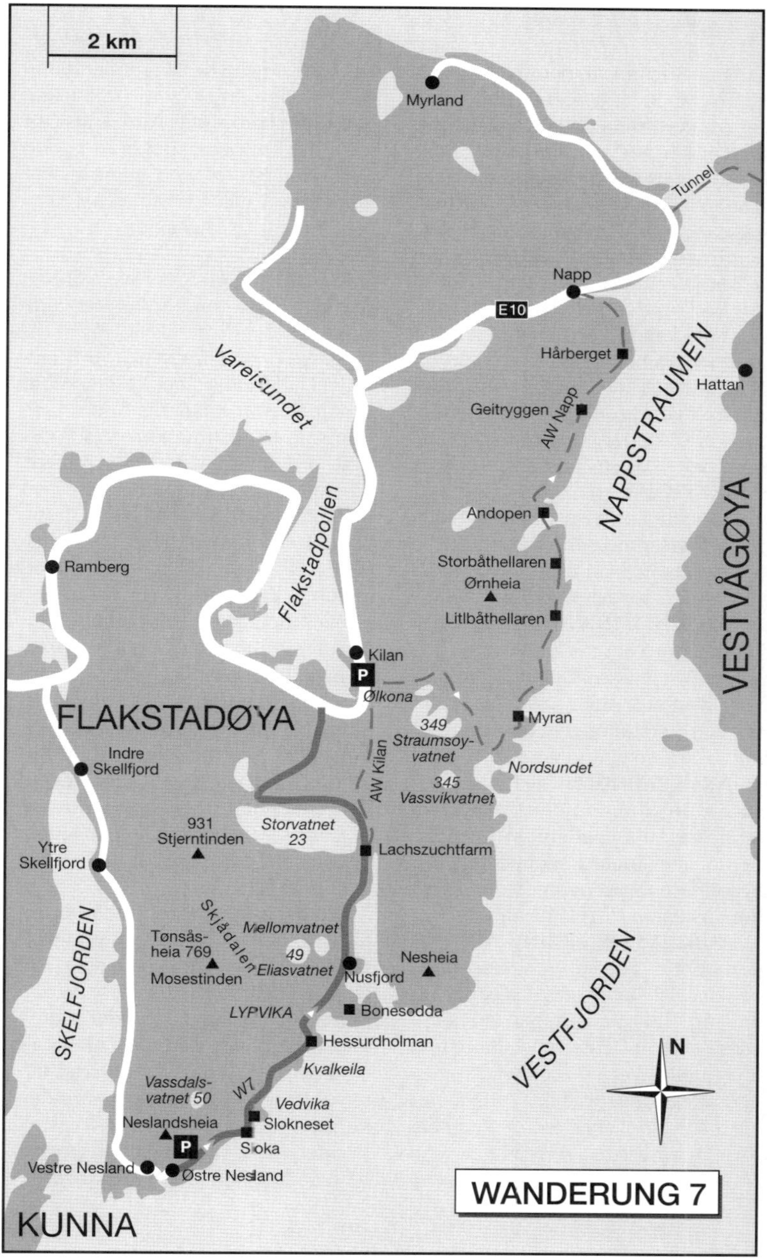
2 km
Myrland
Tunnel
Napp
E10
Hårberget
Hattan
Vareisundet
Geitryggen
AW Napp
NAPPSTRAUMEN
VESTVÅGØYA
Flakstadpollen
Andopen
Storbåthellaren
Ørnheia
Ramberg
Litlbåthellaren
Kilan
P
Ølkona
FLAKSTADØYA
349
Straumsoy-
vatnet
Myran
Indre
Skellfjord
AW Kilan
Nordsundet
345
Vassvikvatnet
931
Stjerntinden
Storvatnet
23
Lachszuchtfarm
Ytre
Skellfjord
Skjådalen
SKELFJORDEN
Mellomvatnet
Tønsås-
heia 769
49
Eliasvatnet
Nesheia
Mosestinden
Nusfjord
VESTFJORDEN
LYPVIKA
Bonesodda
Hessurdholman
Kvalkeila
N
Vassdals-
vatnet 50
W7
Vedvika
Neslandsheia
Slokneset
P
Sloka
Vestre Nesland
Østre Nesland
WANDERUNG 7
KUNNA

kann versuchen, an der Abzweigung von der E 10 zu trampen, aber viele Fahrzeuge nehmen die Strecke nicht.

◎ **RÜCKFAHRT**: Nusfjord ist 27 Straßenkilometer von Nesland entfernt (zurück zur E 10, nach links und via Ramberg zur Abzweigung nach Nesland), wird nicht von Bussen angefahren. Wer die Möglichkeit hat, sollte vor Beginn der Wanderung in Nusfjord ein Fahrrad abstellen. Geht die See nicht zu hoch, kann man sich von Nusfjord aus mit einem Motorboot nach Nesland zurückbringen lassen; mehrere Skipper im Hafen von Nusfjord bieten diese Fahrt an.

◎ **ZELTTOUR**: An der Bucht von Lyrvika und Kvalkeila verteilen sich idyllische Wiesenmulden, die zum Zelten wie geschaffen sind; Frischwasser ist vorhanden, jedoch kein Brennholz.

◎ **ANSCHLUSSWANDERUNGEN**: von Nusfjord aus nach Kilan am Flakstadpollen (5,5 km, 2–3 Std.; leicht). – Von Kilan aus weiter nach Napp, im Norden Flakstadøyas (13 km, mindestens 6 Std.; schwer).

◎ **ANMERKUNGEN**: Die Route führt vorbei an einem interessanten Florenbezirk, kennt außerdem gute Plätze, um Seevögel zu beobachten, insbesondere Dreizehenmöwen, die an der Küste ihre Nistplätze haben.

◎ **KURZBESCHREIBUNG**: Auf Pfaden geht es an der wunderschönen Felsküste der Innenseite Flakstadøyas entlang; stets genießt man ein herrliches Panorama auf den Vestfjord und (bei gutem Wetter) auf den Gebirgsriegel des norwegischen Festlands. Es bestehen Möglichkeiten zur Vogelbeobachtung, ebenso zum Schnorcheln (Wassertemperatur im August etwa 14–16°C). Idyllische Wiesen- und Blumenmulden laden zum Picknicken ein, und sowohl der Ausgangs- als auch der Endpunkt der Wanderung sind einen Besuch wert – eine leichte Wanderung auch für Familien, sofern die Kinder trittsicher sind.

FLAKSTADSTIEN (= der Flakstadpfad) ist einer der wenigen Wanderwege auf den Lofoten, die DURCHGEHEND MARKIERT sind. Er zieht sich vom Südzipfel Flakstadøyas bei Nesland über Nusfjord und Kilan bis hoch nach Napp am Nappstraumen entlang der Vestfjord-Küste hin und misst total ca. 23 km Länge. Aber nur im südlichen Abschnitt – von Nesland bis Nusfjord, 4,5 km – sowie im mittleren – von Nusfjord nach Kilan, 5,5 km – ist der Pfad in gutem Zustand.

Wir beschränken uns darauf, lediglich die südliche Etappe genau vorzustellen, die den landschaftlich beeindruckendsten und ebenso abwechslungsreichsten Teil des Flakstadpfads beinhaltet. Die mittlere wird im Anschluss kurz vorgestellt, der Verlauf der nördlichen nur knapp umrissen. Aber diese Hinweise sollten in jedem Fall ausreichend sein.

Ausgangspunkt dieser »Wanderung für jedermann« ist das am Südwestzipfel von Flakstadøya gelegene Dorf **ØSTRE NESLAND,** das erst gegen Mitte des 19. Jhs. gegründet wurde und trotz seines geringen Alters als eine der besuchenswerten Ortschaften der Insel gilt. Die Lage in einer kleinen Felsbucht am Fuß der steil ansteigenden Neslandheia ist von traumhafter Schönheit, und bei guter Wetterlage genießt man von hier aus einen Fernblick auf die ganzjährig beschneite Zackenlinie des 50 km entfernt aus dem Meer steigenden Kaledonischen Gebirgszuges. Vor knapp zwanzig Jahren noch glich Nesland einer »Geisterstadt«, denn seit 1950 – dem Zeitpunkt, als die Fischereiflotte der Lofoten vollständig motorisiert wurde – verlor dieser Fischerort (der über keinen für Motorschiffe tauglichen Hafen verfügt) rapide an Bedeutung. Die Fischer wanderten ab, ihre Kinder kehrten jedoch zurück, denn heutzutage, wo fast jeder mit einem eigenen Auto ausgestattet ist, macht es nichts, wenn der nächste Hafen ein paar Kilometer entfernt ist.

Eine Handvoll Ruderboote liegen am Ufer, Fischernetze erinnern ans Gestern, und die Hausfassaden aus waagrecht geschichteten Brettern bringen mit grünen, roten und gelben Anstrichen frische Farben in die von Anorthiten und Pegmatiten (metamorphe Gesteine der Feldspat-Gruppe) gebildete Küstenlinie, der wir jetzt für rund 1,5 Std. folgen wollen. Vom **WENDEPLATZ** (der das Ende der Straße markiert; dort wo eine hölzerne Info-Tafel auf den Flakstadstien aufmerksam macht) wenden wir uns nach Norden einem breiteren Schotterweg zu, der sich – zwischen zwei Holzschuppen – den Hang hinaufzieht. Sehenswert ist das alte Torfdach des rechter Hand liegenden Gebäudes, auf dem niedrige Büsche Halt suchen und mehrere Möwenfamilien ihre Nistplätze eingerichtet haben. Ein paar Meter lediglich, dann endet der Bretweg vor einer Felsnische, um gegenüber, wo ein rotes »T« als Markierung dient, als Pfad weiterzuführen.

Die Spur ist ausgetreten, gut sichtbar, steigt innerhalb der nächsten 10 Min. sanft, aber konstant bis auf 50 m Höhe und ist (nur) sporadisch mit Farbklecksen gekennzeichnet. Der Hang kippt schräg zum Meer hin ab, kolonisiert von zahlreichen SEEVÖGELN (vor allem Dreizehenmöwen) und bewachsen mit Heidekraut und vereinzelten Wiesenbüscheln. Weit im Westen – wie in einem Glasgehäuse, das die Unendlichkeit als Relief zeigt – erblickt man die Konturen des Festlands, während die im Rücken liegenden Häuser von Nesland so körperlos die Küsten schmücken, als betrachtete man sie durch eine transparente Folie. Danach verschwindet das Dorf hinter einer Biegung, und weit voraus im Norden können wir die Felszunge von Bonesodda ausmachen, hinter der sich der Nusfjord mit der gleichnamigen Ortschaft versteckt.

Das Meer schillert in seinen bestechendsten Farben und ist so klar, dass man immer wieder bis auf den 40 m tiefen Grund spähen kann, auf dem eine reiche Unterwasserflora hin und her wogt. Am schönsten aber ist der Tiefenblick (nach etwa 20 Min.) während der Umrundung der sich keilförmig öffnenden Kluft von **SLOKA**. Unser Pfad schlängelt sich in diesem Abschnitt direkt auf den senkrecht abstürzenden Felswänden entlang, und nach links abzweigende Spuren führen zu weiter oben liegenden Berghängen, wo Mertensien, Baldrian und Weidenröschen, Sonnentau und Ährenlilien auf satten Wiesen gedeihen.

Die Spuren haben Schafe getreten, und wer ihnen folgt, erreicht nach rund 15 Min. den auf 111 m gelegenen Skardslag-Haugen, von wo es – Richtung Westen – noch rund 20 Min. bis zu diesem interessanten Florenbezirk sind.

Die Felsnase von Slokneset umgehen wir weiträumig; worauf die Bucht von Vedvika voraus liegt, an deren Nordrand wir fast auf Meeresniveau hinabgehen und ein paar Felsblöcke überklettern müssen. Nach einer kurzen Steigungsstrecke – als Wegmarkierung dienen Steinhäufchen – geht es wieder abwärts, über ein schmales Kiesfeld hinweg und hinein in die mit Birken und Weiden sowie vielen Blumen bestandene Wiesenmulde, die direkt an die Bucht von **KVALKEILA** grenzt und einen idyllischen Zeltplatz abgeben könnte. Der von dem 438 m hoch gelegenen Vedvikvatnet kommende Bergbach plätschert durch die Idylle; wir überspringen ihn, steigen ein Stück an, und unser Blick umfasst gleichermaßen das Meer und die Wiesenoase. Wenig später, nach nun insgesamt etwa 50 Min., betrachten wir staunend die Felsnase von Hessurdholman, dermaßen zerfurcht und zerhackt vom steten Wogenschlag, dass sie an ein Felsenmeer erinnern kann. 40 m dann über diesem STEINERNEN KUNSTWERK ist eine schräg liegende Felsplatte zu überqueren, was schwerer aussieht, als es ist. Während der Recherchen konnten wir vor Ort einen SEEADLER beobachten, der, sitzend, mindestens 80 cm Körpergröße maß. Ein anderer Greifvogel zog in der Höhe seine Kreise; wie vor Ort zu hören war, sollen sich oben am MOSESTINDEN mehrere HORSTE verbergen.

Eine weitere Wiesen- und Birkenmulde mitsamt Bachlauf schließt sich an, und zur Rechten liegen fantastische Schnorchelgründe für Unentwegte; eine schmale Kluft mit mehreren (einfach zu querenden) Geröllbändern führt den Hang hinauf, den hier übereinander gestapelte Felsterrassen bilden. Zickzackförmig steigt der Pfad bis auf 120 m und gibt ein imposantes Panorama bis hinunter zur Slokneset und hinüber nach Vestvågøya frei, bevor er durch eine Kiesrinne in die Bucht von **LYRVIKA** abfällt. Diese Passage, steil und rutschig, erfordert sicheren Tritt und adäquates Schuhwerk. Schären, nach außen gebogen wie Fischkörper, tauchen grau aus der türkisfarbenen See auf, während aus dem Zentrum Flakstadøyas der Stjerntinden 931 m hoch aufragt und man selbst in einer feuchten Wiesenmulde steht, in der ein Bachlauf zweimal zu überqueren ist.

Es folgt ein Aufstieg bis auf 80 m, ein Abstieg bis 5 m, noch einmal mühen wir uns bis über 50 m hinauf – dann endlich tauchen rechts unten die ersten kupferroten Fassaden der Rorbuhütten von **NUSFJORD** auf. Ein paar Minuten noch, und der Pfad endet vor der Rückfront eines Wohnhauses. Wir wenden uns nach rechts, der Straße entgegen, die hier einen Wendeplatz ausspart und direkt am Nusfjord verläuft, einer der dramatischsten, weil engsten Fjorde, an seinem Ufer das Dorf aus bunten Holzhäusern, auf Pfählen im Wasser stehend.

Im schmalen Hafenbecken von Nusfjord ▶

Hier endet die Wanderung. Wer noch Lust auf mehr verspürt, kann das 5,5 km lange mittlere Stück des Flakstadstien anschließen (das nach Kilan und zur E 10 führt) sowie von Kilan aus die immerhin 13 km lange Nord-Etappe nach Napp am Nappstraumen.

Die Strecke nach **KILAN** ist recht einfach und in rund 2–3 Std. gut zu bewältigen. Man folgt der Straße ab Nusfjord nach links für knapp 3 km, passiert die linker Hand liegende Lachszuchtfarm, hinter der schon bald ein Holzschild mit der Aufschrift »Kilan« rechts den Hang hinauf weist. Der Pad ist gut sichtbar, auch teilweise markiert, steigt an der Flanke zu einem Kamm auf (120 m), von dem sich eine kontrastreiche AUSSICHT ergibt: Gen Süden umfasst der Blick den ganzen Nusfjord, direkt unterhalb des Kamms breitet sich der Storvatnet aus (den die glatt polierten Felsplanken des halbrund aufragenden Stjerntinden begrenzen), während sich im Norden der nur wenige Meter tiefe und daher seidig grün schimmernde FLAKSTADPOLLEN im Saum weißer Strände zum Nordmeer öffnet. Rechts am Pollenschluss liegt das Dorf Kilan, wohin der Weg sanft abfällt. Die Wanderung endet auf einem Parkplatz am Ufer (mit Info-Tafel).

An diesem Parkplatz nimmt die nördliche Etappe ihren Anfang: Markiert mit roten Farbklecksen, wendet sie sich in gerader Linie nach Westen und steigt zum Ølkonavatnet auf (389 m), um via Vassvikvatnet das Meer bei Norsundet zu erreichen. Diese Strecke misst 3 km, und von Norsundet an verläuft die Route stets entlang der Küstenlinie des Nappstraumen, um nach rund 10 km **NAPP** selbst zu erreichen. Unterwegs werden die zwei verlassenen Ortschaften Andopen sowie Hårberget passiert. Etwa auf halber Strecke kommt man direkt an der Steinzeit-Wohnhöhle Storbåthellaren vorbei, die für den Laien allerdings nicht viel hergibt. Da die Strecke von Kilan bis Napp unzählige Male auf und ab führt, der Pfad streckenweise in einem miserablen Zustand ist und auch mehrere größere Bäche zu überqueren sind (die je nach Jahreswetter bis Mitte Juli von gefährlich hohem Wasserstand sein können), sind für diese schwierigere Tour mindestens 6 Std. ansetzen.

Wanderung 8 – Moskenesøya: Strände von karibischer Schönheit

IM ÜBERBLICK

◎ **DAUER/LÄNGE**: rund 4 Std. / ca. 10,5 km.

◎ **WEGVERLAUF/HÖHEN-/ENTFERNUNGSANGABEN** (Rundwanderung): Marka (10 m) – Markavatnet (24 m, 30 Min.) – Wiesenbuckel (90 m, 25 Min.) – Felssattel (100 m, 35 Min.) – Kvalvikvatnet (4 m, 15 Min.) – Strand Kvalvika (4 m, 15 Min.) – Skoren (100 m, 10 Min.) – Straße (10 m, 30 Min.) – Marka (10 m, 1 Std.).

◎ **WEGBESCHAFFENHEIT**: Von kurzen Passagen abgesehen, läuft man über einfach zu begehendes Terrain: Wiese, Heide, Sand, vereinzelt Geröll.

◎ **ORIENTIERUNG**: Drei Viertel der Strecke etwa geht es über einen gut sichtbaren Pfad, dessen Verlauf obendrein Steinpyramiden kennzeichnen, zumindest teilweise. Zudem lässt die Topografie stets nur eine Richtung zu, so dass die Orientierung einfach ist.

◎ **KARTE**: Topokarte Nr. 1031 III, »Moskenesøya«.

◎ **ANFAHRT**: Von Finnbyen, südlich Rambergs, zweigt von der E 10 eine nach Fredvang ausgeschilderte Straße ab, die mit zwei Bogenbrücken den Fjord überspannt. In Fredvang (Moskenesøya) biegt man an der (einzigen) Kreuzung nach links ab, auf eine Schotterpiste, die sich nach etwa 8 km gabelt: Links geht es Richtung Krystad (1 km), rechts sind es rund 2,5 km bis Marka, dem Ausgangspunkt.

Von Finnbyen aus verkehrt einmal täglich (morgens) ein Bus via Fredvang und Marka nach Selfjord.

◎ **ZELTTOUR**: absolut geeignet, da an/hinter/auf den Dünengürteln der beiden Strände wunderbar gelegene Zeltplätze warten; Trinkwasser ist vorhanden, kann aber von streunenden Schafen verunreinigt sein. Als Brennmaterial dient Treibholz.

◎ **ANSCHLUSSWANDERUNGEN**: Vom Kvalvika-Strand aus kann man in ca. 1,5 Std. (je Weg) den Ryten-Tafelberg (543 m) besteigen, bekannt für Florenreichtum und famose Aussicht auf Meer und Mitternachtssonne.

◎ **KURZBESCHREIBUNG**: Die eigentliche Wanderstrecke misst 6 km, führt für rund 4 km über sichtbare Pfade, kennt nur wenige Steigungs- und Gefällabschnitte und ist, abgesehen von einigen anstrengenden Teilstrecken, leicht zu begehen – eine Tour auch für Familien mit älteren Kindern, obendrein die schönste Küstenwanderung: Mehrere Seen liegen am Weg, der durch eine Schlucht bis zum Nordmeer führt, wo sich zwei weiße Strände an 3,5 Mrd. Jahre alte Felsmonolithen und Tafelberge lehnen.

In den Wochen, wenn die Nacht auf Reisen ist und die Mitternachtssonne die Lofoten im Licht ertränkt, leben wir zeitlos. Schlaf ist ein Fremdwort, und anstatt sich gegen das Wachsein zu wehren, sollte man sich aufmachen, das wunderbare Spiel der ätherischen Farben auf sich wirken lassen. Etwa während der Wanderung zur Außenseite von Moskenesøya...

Ausgangpunkt ist das am Selfjord gelegene Dörfchen **MARKA,** mal gera-

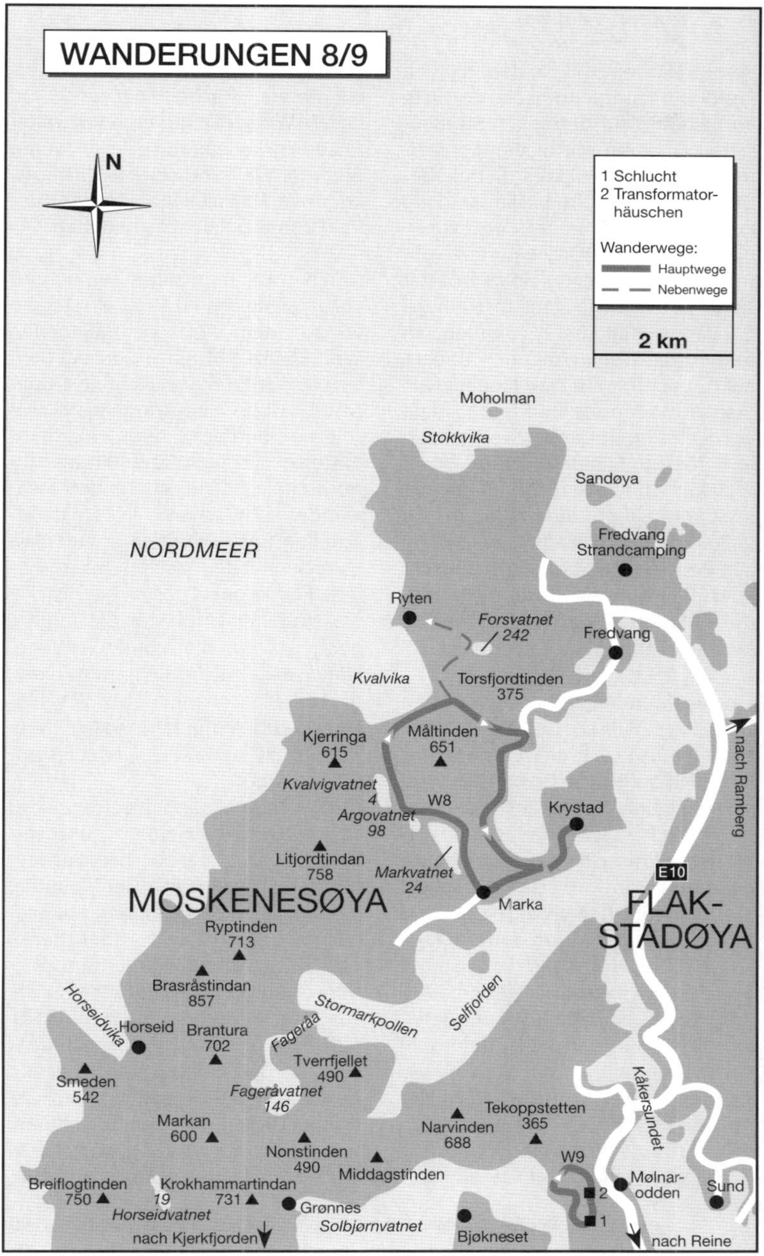
WANDERUNGEN 8/9
N
1 Schlucht
2 Transformator-
häuschen
Wanderwege:
Hauptwege
Nebenwege
2 km
Moholman
Stokkvika
Sandøya
Fredvang
Strandcamping
NORDMEER
Ryten
Forsvatnet
242
Fredvang
Kvalvika
Torsfjordtinden
375
Kjerringa
615
Måltinden
651
nach Ramberg
Kvalvigvatnet
4
W8
Argovatnet
98
Krystad
Litjordtindan
758
Markvatnet
24
E10
MOSKENESØYA
Marka
FLAK-
STADØYA
Ryptinden
713
Brasråstindan
857
Horseidvika
Stormarkpollen
Selfjorden
Horseid
Brantura
702
Fageråa
Tverrfjellet
490
Smeden
542
Fageråvatnet
146
Kåkersundet
Tekoppstetten
365
Markan
600
Narvinden
688
Nonstinden
490
Middagstinden
W9
Breiflogtinden
750
Krokhammartinden
731
19
Horseidvatnet
Grønnes
Mølnar-
odden
Sund
2
1
Solbjørnvatnet
Bjøkneset
nach Kjerkfjorden
nach Reine

de drei Häuser groß, an dem die von Fredvang kommende Schotterpiste vorbeiführt. Auf der linken Straßenseite macht ein mit blauen Fensterrahmen geschmücktes (Schul-)Gebäude auf sich aufmerksam, und ein kurzes Stückchen weiter, direkt vor einem Bach mit Brücke, weist ein rechter Hand aufgestelltes Holzschild mit Aufschrift »Kvalvika« ins Inselinnere. Ein Parkstreifen lässt sich finden, wir folgen dem Wegweiser und wandern auf gut sichtbarem Pfad hinein in ein weit ausladendes Muldental, dass sich Richtung Nordmeer in eine dunkle, schattige Schlucht öffnet. Unser Weg führt durch den Schlund – eingefasst vom Litljordtindan (758 m) zur Linken und dem Måltinden (651 m) zur Rechten. Die klare Luft täuscht aber Entfernungen vor, die nicht stimmen: 1 Std. etwa wird noch vergehen, bis diese Landmarke erst erreicht ist.

Ein paar Minuten erst sind wir in dem baumlosen Wiesen- und Heidetal unterwegs, da gewahren wir eine kleine, künstlich aufgeschichtete Steinpyramide auf einer voraus liegenden Anhöhe. Der Pfad schlängelt sich zu dieser Markierung hinauf, erreicht sie nach insgesamt 10 Min. Man blickt hinunter auf einen winzigen See und hinein in die rund 2 km entfernt klaffende Schlucht. Entlang dem rechten Seeufer geht es zu einer weiteren Anhöhe (mit Steinpyramide), auf deren westlicher Seite sich das Oval eines silbernen Sees, silbern wie ein blind gewordener Spiegel, öffnet. Es ist der **MARKAVATNET,** der auf der rechten Seite zu umgehen ist. Nach 30 Min. ist das Ufer erreicht, mehrere Steinhäufchen geben die Richtung an, und bis zur hinteren Stirnseite der rund 1 km langen Wasserfläche vergehen weitere 20 Min. Im letzten Teil erschweren niedrige Weidendickichte das Fortkommen, aber alles in allem bleibt der Pfad dennoch leicht zu begehen.

Durch etwas morastiges Terrain und vorbei an mehreren Tümpeln steigen wir zu einem 90 m hoch gelegenen **WIESENBUCKEL** hinauf, jenseits dem sich ein weiterer See ausbreitet – der AGOTVATNET. Kein Windhauch kräuselt die Oberfläche, denn er liegt inmitten der Schlucht bzw. füllt sie in ihrer Breite aus. Die säumenden Steilwände, rechts schartig, links glatt geschliffen, treten in der klaren Luft plastisch hervor; der nackte schwarz-violette Fels erinnert uns an die Historie dieses uralten Landes, an die Vergangenheit; schon die Schreie der Vögel wirken wie ein Echo aus fernen Zeiten, die kein Mensch miterlebte. Was hier steht, wurde aufgefaltet vor 3,5 Mrd. Jahren, ein STÜTZPFEILER der Erde.

Der Pfad führt in die Schlucht, wendet sich der rechten Flanke zu und verläuft ein paar Meter oberhalb des Seeufers, wo vereinzelte Geröllbänder, Felsblöcke und – bis Anfang Juli – sogar Schneebrücken zu überqueren sind. Der Abschnitt ist mühsam, aber nur von kurzer Dauer. Hinter dem See steigt der Weg zu einem **FELSSATTEL** auf, der das Zentrum der Schlucht markiert und einen unvergesslichen Ausblick bietet: Die säumenden Felswände rücken so nahe zusammen, sind und von solcher Schwärze, dass der Eindruck eines Tunnels entsteht.

Elch-Tipp: Der Ryten (540 m ü.d.M.) ist dafür prädestiniert, die Lichtbotschaft der Mitternachtssonne in goldener Herrlichkeit zu empfangen (siehe Seite 247).

Trichterförmig öffnet er sich nach Westen, wo er in einen See ausläuft. Ein mit Wiese und Blumen bestandener DÜNENGÜRTEL schließt sich an; dahinter wogt das Meer, das schwarze Monolithen und ein abkippender Tafelberg flankieren. Zur Mittsommernacht ertrinkt das Bild in Skalen von Gelb und Rot, Blau, Violett und Grün; Gold liegt auf dem Ozean.

Rund 90 Min. sind wir jetzt unterwegs. Über Geröll, später auch Moospolster und Wiese geht es hinab zum 15 Min. entfernten **KVALVIKVATNET,** dessen trockene Wiesen- und Sandufer ideale Zeltplätze abgeben. Das letzte Stück ist weglos, aber am See stößt man bald wieder auf einen deutlich sichtbaren Pfad, der zum Strand führt. Die Sandfläche ist WEISS WIE SCHNEE, ca. 300 m lang und bei Ebbe ebenso breit, fällt sanft ins (eiskalte) Meer ab, das zum Baden und Schwimmen wie geschaffen wäre.

Aber noch einen weiteren Strand gilt es zu entdecken, nur 15 Min. entfernt und gen Norden entlang einem Küstenpfad zu erreichen, der am Kvalvikvatnet seinen Anfang nimmt und teils mit Seilen sowie Ketten gesichert ist. Sein Name ist **KVALVIKA,** seine Tönung ebenfalls weiß; er bildet ein großes Dreieck, umgeben von Dünenhügeln umgeben und am Nordrand mit dem Fuß des Ryten-Tafelberges verwachsen. Ein kleiner Bach plätschert von der schräg gestellten Flanke; wo er den Sand beleckt, finden wir sogar einen Picknicktisch samt Bänken und Feuerstelle. Brennmaterial liegt reichlich in Form von Treibholz herum. Sogar 50 m oberhalb der Flutmarke ist es aufzuspüren – es braucht gigantische Wellen, ganze Baumstämme so hoch aufs Land zu schleudern.

Wer einen zusätzlichen Marsch von mind. 90 Min. nicht scheut, kann von hier aus den RYTEN besteigen: dem Bachlauf entlang bis zum Forsvatnet (242 m); links ab, direkt zu dem schräg stehenden Gipfelplateau hinauf (siehe Elch-Tipp ganz unten).

Der Weg zurück zur Uferstraße, von der wir aufgebrochen sind, ist kürzer. Am Kvalvika-Strand halten wir inseleinwärts auf einen Geröllsattel zu, der den Namen **SKOREN** trägt und nach etwa 10 Min. erreicht ist. Einen Pfad sucht man vergebens, aber die Richtung ist klar, geradeaus über den Sattel in das sich anschließende Hochtal.

Nach weiteren 5 Min. steht man auf 140 m ü.d.M. und blickt hinunter auf eine Wiesenmulde, die zum Torsfjord hin abfällt, entlang dem die **STRASSE** verläuft, von der uns noch ca. 20 Min. (1 km) trennen. Auch hier ist das Terrain weglos; so halten wir in gerader Linie auf den Fjord zu, steigen dabei konstant ab, passieren im letzten Teil (direkt oberhalb der Straße) ein verlassenes Gehöft – und stehen unten auf dem festen Schotterbelag, wo ein Holzschild in die Richtung weist, aus der man gekommen ist.

Wir folgen der Piste nach rechts, stoßen nach rund 2,5 km auf eine Querstraße, biegen rechts ab (links ab geht es nach Kyrkstad) und erreichen rund 20 Min. später (1,5 km) den Start- und Endpunkt der Wanderung: MARKA.

Leser-Erfahrung: Es gibt einen befestigten Pfad via Skoren, den viele Wanderer nehmen, der aber landschaftlich nicht so attraktiv wie die Wanderung 8 ist.

#Wanderung 9 – Moskenesøya: Zum See des Sonnenbären

IM ÜBERBLICK

◎ **DAUER/LÄNGE**: ca. 1 Std. / 3 km.

◎ **WEGVERLAUF/HÖHEN-/ENTFERNUNGSANGABEN** (Rundwanderung): Mølnarodden (10 m) – Fjellrücken (50 m, 5 Min.) – Fjordarm (3 m, 5 Min.) – See Solbjørnvatnet (82 m, 15 Min.) – Hütte (81 m, 10 Min.) – Fjellriegel (120 m, 10 Min.) – Mølnarodden (10 m, 20 Min.).

◎ **WEGBESCHAFFENHEIT**: Felsbahnen, etwas Geröll sowie eine Feuchtstelle.

◎ **ORIENTIERUNG**: problemlos; der Startpunkt ist deutlich markiert.

◎ **KARTE**: Topokarte Nr. 1031 III, »Moskenesøya«; nicht unbedingt erforderlich.

◎ **ANFAHRT**: über die E 10 bis Mølnarodden; am Nordrand des Dorfes macht eine direkt an der Straße aufgestellte Info-Tafel (ist nur zu sehen, kommt man aus Richtung Flakstadøya) auf den Wanderweg aufmerksam; hier auf einen Schotterweg abbiegen, der nach kurzer Strecke auf einem Parkplatz endet, dem Ausgangspunkt der Wanderung.

Sowohl von Richtung Leknes als auch von Å her verkehren mehrere Busse nach Mølnarodden.

◎ **KURZBESCHREIBUNG**: gleich einem Spaziergang zum Solbjørnvatnet, einem Bergsee von dramatischer Schönheit. Der Weg ist schnell gefunden, relativ leicht zu begehen, zur Not sogar mit Turnschuhen.

Ausgangsort des Spaziergangs ist das am Kåkersund gelegene Fischerdorf **MØLNARDODDEN**, das gen Osten auf den schönen Ort Sund blickt, im Westen von einem nur 800 m breiten und knapp 120 m hohen Felsrücken vom Solbjørnvatnet getrennt ist. Warum dieser See den Namen »Sonnenbär« trägt, weiß niemand: Bären sind auf dem Archipel seit langem ausgestorben. Möglich aber auch, dass eine Verwechslung vorliegt, dass es anstatt *bjørn* eigentlich *bjørk* heißen müsste, denn eine Felszunge ragt in den See, die *Bjørkneset* heißt und in der Tat mit ein paar Birken *(bjørk)* bewachsen ist, die je nach Stand der Sonne golden angestrahlt werden.

Am Start- und Zielpunkt der Wanderung – dem kleinen PARKPLATZ direkt westlich der E 10 – will eine Karte über den Wegverlauf der Tour informieren. Es gelingt ihr schlecht, denn sie ist ungenau und gibt die Strecke nicht korrekt wieder. Aber das soll nicht stören, denn unser Pfad ist gut sichtbar und kaum zu verlieren. Er beginnt direkt links an der Info-Tafel und zieht sich in gerader Linie auf den parallel zur Küste verlaufenden **FJELLRÜCKEN** hinauf. Nach 5 Min. etwa, auf einer Höhe von 50 m, genießen wir das Panorama auf Mølnardodden und auf den Kåkersund und können im Osten deutlich das Örtchen Sund aus dem Vestfjord aufsteigen sehen. Nach rechts fällt das nur mit Moosen und Flechten bewachsene Felsband in eine Wiesenmulde ab, und voraus, an der südlichen Stirnseite des Rückens, öffnet sich eine Kluft. Auf diese Wegmarke halten wir zu, auch wenn der

Die Karte zur Wanderung 9 finden Sie auf Seite 245.

Pfad jetzt nicht immer klar auszumachen ist.

Nach weiteren 5 Min. ist man wieder bis auf 5 m abgestiegen und steht direkt über einem gerade mal 2 m breiten **FJORDARM,** der sich der rechts klaffenden Felskerbe anschließt. Dort hinein führt der Weg. Wir lassen ein kleines Steinhaus (ein Umspannwerk) rechts liegen und steigen in die Kluft ein, die aussieht, als hätte ein Wildbach sie in Millionen von Jahren ausgewaschen. Ihre Sohle ist lediglich 2 m breit, gesäumt von lotrecht aufragenden Felsschenkeln. Eine schwarze Wasserleitung zieht sich durch das Schattental, und der Pfad verläuft mal rechts, mal links des Rohres, windet sich bald durch ein Geschiebe von mächtigen Felsblöcken und steigt sanft, aber konstant bis auf 80 m an.

Dann öffnet sich die Kerbe, rechts von einer etwa 3 m hohen, künstlich angelegten Felsmauer begrenzt. Dort hinauf geht es, ans Südufer eines kleinen Stausees und geradeaus weiter auf eine zweite, diesmal etwa 10 m hohe Mauer zu. Sie staut den See **SOLBJØRNVATNET,** von dem man hier aber nur einen kleinen Zipfel zu sehen bekommt.

Wir halten uns rechts, folgen einem Felsband parallel zum östlichen Ufer. Nach 10 Min. ist eine direkt am See gelegene **HÜTTE** erreicht. Von hier aus hat man einen prächtigen AUSBLICK auf die mehr als 5 km lange Wasserfläche, die ein so INTENSIV BLAUES LICHT verstrahlt, ab wäre sie von innen erleuchtet. In der Mitte verläuft ein Streifen wie aus geschmolzenem Lapislazuli, das sich in der Ferne zu einem intensiven Ultramarin verwandelt und an den näheren Steilufern zu leuchtendem Kobaltblau wird. Zu unseren Füßen hingegen, dort wo weißgraue Felsplatten eine Bucht umfassen, schimmert das Wasser in einem opalisierenden Veroneser Grün, während sich die wild zerklüfteten Berge, die den Rahmen des Farbenspiels bilden, in düsterem Anthrazit abheben.

Dieser Anblick macht das Besondere der Wanderung aus. Er kann jedoch noch eine Steigerung erfahren. Dann nämlich, wenn man nach halbrechts auf den **FJELLRIEGEL** steigt. Von dort, 40 m über dem Solbjørnvatnet und 120 m über Mølnradodden, besticht nicht nur das See- und Berg-, sondern auch noch das kontrastreiche Fjord- und Meerpanorama mit den Haustupfen von Sund im Osten und dem weit dahinter am Horizont liegenden Kaledonischen Gebirge.

Als WEG ZURÜCK geht man entweder retour, oder man steigt – auf undeutlich markierter Spur – in die östlich angrenzende Wiesenmulde ab, wo auch Stromleitungen verlaufen. Man muss sich den Pfad suchen, von Felsterrasse zu Felsterasse, schließlich durch das morastige Muldental und unter den Leitungen hindurch auf den Fjellriegel hinauf, über den man von Mølnarodden aus aufgestiegen ist. Für diesen Abschnitt sind etwa 15 Min. anzusetzen, und nach weiteren 5 Min. ist der Startpunkt der Tour wieder erreicht.

Wanderung 10 – Moskenesøya: Blicke wie aus dem Flugzeug

IM ÜBERBLICK

◎ **DAUER/LÄNGE**: ca. 3 Std. / rund 3 km.

◎ **WEGVERLAUF/HÖHEN-/ENTFERNUNGSANGABEN**: Kreuzung der E 10 mit der Straße Richtung Zentrum von Reine – 5-stämmige Birke (50 m, 20 Min.) – Panorama-Sattel (420 m, 50 Min.).

◎ **WEGBESCHAFFENHEIT**: sehr steil ansteigender Erd- und Wiesenpfad, nur bei trockener Wetterlage begehbar.

◎ **ORIENTIERUNG**: ist problemlos, obwohl der Weg nicht markiert ist.

◎ **KARTE**: Topokarte Nr. 1830 I, »Lofotodden«; für die Wanderung zum Hausberg von Reine nicht erforderlich, ebenso nicht für die Anschlusswanderung, wohl aber für die (nur für wirklich Berg-erfahrene Kletterer geeignete) Tour zum Helvete.

◎ **ANFAHRT**: über der E 10 nach Reine, wohin von allen größeren Orten des Archipels täglich Busanschluss besteht.

◎ **ZELTTOUR**: Hoch oben über Reine verteilen sich ein paar kleine Wiesennischen am Felskamm/-grat, für die aber nur ein Mini-Zelt oder, besser, ein Biwaksack taugt. Brennholz ist ebenso wenig vorhanden wie Wasser.

◎ **ANSCHLUSSWANDERUNGEN**: Sehr zu empfehlen ist ein kurzer Abstecher vom Panorama-Sattel auf den Gipfel des Reinebriggen (je Weg etwa 10 Min.). Eine andere Anschlussmöglichkeit besteht vom Sattel aus nach links, wo sich ein zusehends zum Grat werdender Felsrücken erstreckt. Für etwa 15 Min. kann »jedermann/-frau« folgen, was jedoch danach ansteht, ist mehr als knifflig und sollte den Bergcracks vorbehalten bleiben.

◎ **KURZBESCHREIBUNG**: Wenn es auf den Lofoten nun eine Wanderung gibt, die man unbedingt unternommen haben muss – dann ist es diese, die auf den Hausberg von Reine führt. Unseres Erachtens gibt es im gesamten Nordskandinavien (wo wir bis dato mehr als 120 Touren erwanderten) keine vergleichbare Wanderung, die in solch kurzer Zeit zum Aussichtspunkt führt, von dem aus man ein derartig atemberaubendes, definitiv nicht in Worte zu fassendes Panorama erleben kann (siehe Coverfoto). Wer einmal oben stand auf dem Reinebriggen, wird sich Zeit ihres/seines Lebens dorthin zurücksehnen. Dabei ist der Aufstieg zwar steil, sehr steil, aber doch nur von etwa 80 Min. kurzer Dauer und kann von allen (auch wenn es bei mangelnder Kondition mehr Zeit in Anspruch nehmen wird) einigermaßen gehtüchtigen Wanderern bewältigt werden.

Trekkingschuhe sind allerdings unverzichtbar, ein Stock ist sinnvoll.

Ausgangspunkt zum »Höhenflug« ist die **KREUZUNG** der E 10 mit der ins Zentrum von Reine führenden Straße, wo sich ein Parkplatz finden lässt. Nun hält man sich auf der E 10 Richtung Å, wo bald ein neuerer Tunnel erreicht wird. Vor diesem biegen wir auf die alte Küstenstraße ab, bis wir nach ungefähr 500 m ab Ausgangpunkt an

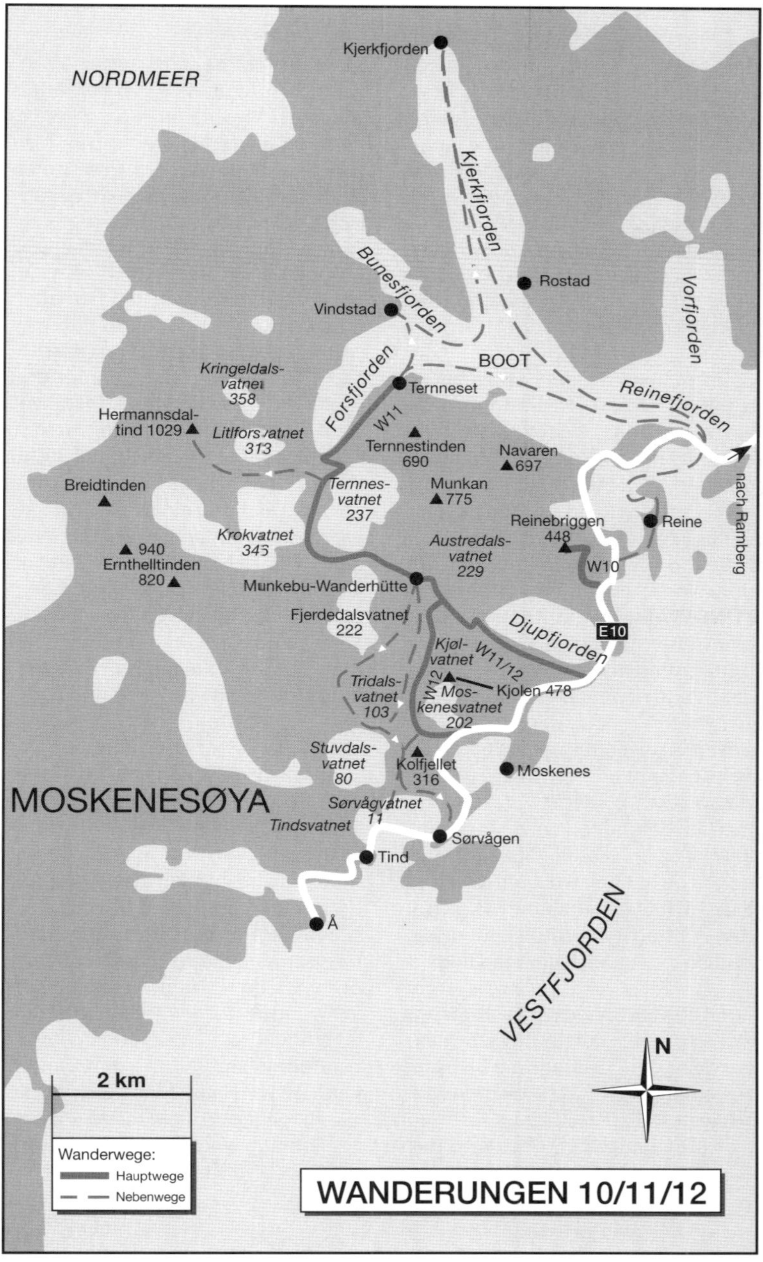

NORDMEER
Kjerkfjorden
Kjerkfjorden
Bunesfjorden
Rostad
Vorfjorden
Vindstad
BOOT
Forsfjorden
Kringeldalsvatnet
358
Ternneset
Reinefjorden
Hermannsdaltind 1029
W11
Litlforsvatnet
313
Ternnestinden
690
Navaren
697
Breidtinden
Ternnesvatnet
237
Munkan
775
nach Ramberg
Reinebriggen
448
Reine
Krokvatnet
345
Austredalsvatnet
229
940
Ernthelltinden
820
W10
Munkebu-Wanderhütte
Fjerdedalsvatnet
222
Djupfjorden
E10
Kjølvatnet
W11/12
Tridalsvatnet
103
W12
Moskenesvatnet
202
Kjolen 478
Stuvdalsvatnet
80
Kolfjellet
316
Moskenes
MOSKENESØYA
Sørvågvatnet
11
Tindsvatnet
Sørvågen
Tind
Å
VESTFJORDEN
N
2 km
Wanderwege:
Hauptwege
Nebenwege
WANDERUNGEN 10/11/12

der Kreuzung rechts am Hang einen ausgetretenen und deutlich sichtbaren Pfad ausmachen, der den Einstieg zur Wanderung markiert. – Die jüngsten Leser-Zuschriften bestätigen den einfachen Einstieg; sogar Schilder mit der Aufschrift »mountain« sollen inzwischen an Kreuzung und am Tunnel aufgestellt worden sein, los geht's etwa auf halbem Weg zwischen den beiden Tunnelenden.

Ca. 10 m oberhalb am Hang markiert ein überübersehbarer Strommast die weitere Richtung. Vom Mast zieht sich eine ca. 2 m breite und rund 10 m lange glatt polierte Felsbahn weiter, an deren oberem Rand ein Pfad beginnt, der über eine Wiese zu einer zweiten Felsbahn führt. Auch ihr folgen wir; dort wo sie endet, erhebt sich eine **FÜNFSTÄMMIGE BIRKE**. Während hier früher noch eine Weggabelung irritierte und manche Wanderer geradeaus und damit falsch liefen, soll inzwischen nur noch der richtige Pfad existieren, der direkt rechts hinter der Birke beginnt und von Wiese und Gebüsch etwas verdeckt sein kann. Hat man ihn gefunden, kann man die ausgetretene Spur bis hinauf zum Wanderziel nicht mehr verlieren. Wer trotz alledem fehl gehen sollte, hält sich an den zur Rechten ansteigenden Wiesenhang, dem auch der Pfad folgt.

Rund 80 Min. haben wir noch vor uns, aber es werden durchschwitzte Minuten sein: Denn beträgt die Steigung zu Beginn rund 45 %, bald schon 60 %, so steigert sie sich ab 200 m Höhe auf 70 %. Die ganze Zeit über wird man das Gefühl nicht los, als würde man eine senkrechte Wiesenwand hinaufkraxeln. Aber es sieht extremer aus und hört sich schlimmer an, als es ist, denn der Weg schlängelt sich im Zickzack hinauf. Außerdem sind Stufen ausgewaschen, über die recht einfach Höhe gemacht werden kann; bis auf 250 m säumen einige Weiden und Krüppelkiefern die Himmelsleiter, deren Äste zum Hochziehen herhalten müssen.

Bei 300 m Höhe endet der Wiesenhang vor dem Felsbuckel, der den Gipfel des Reinebriggen bildet, bzw. zieht sich nach links um ihn herum. Ein Stück weiter, nunmehr auf 350 m Höhe, öffnet sich die begrünte Schräge in der Höhe zu einem **SATTEL.** Als wir diese Landmarke AUF ALLEN VIEREN KRIECHEND erreichten, blieben wir eine kleine Ewigkeit lang auf dem Bauch liegen und vergaßen vor lauter Begeisterung alles andere um uns herum: Was wir sahen, besaß eine derartige Intensität von Farbe und Form, dass man es mit einer übernatürlichen Vision assoziieren könnte:

430 m tief fälllt nämlich der Blick in senkrechtem Fall hinunter auf den amöbenförmigen REINEFJORD, der in allen Skalen von Grün und Blau leuchtet und mit zahllosen Inseln gespickt ist, zu deren größten sich sechs weiß schimmernde Bogenbrücken herüberspannen. Brandungssäume wiederholen im Medium der Kunst den Schwung der Küsten, jede Insel ist von einem Ring aus irrisierendem Grünblau umgeben und mit den bunten Klecksen von Hauskuben geschmückt. Die Berge jedoch, die dieses unfassbar anmutige Bild auf drei Seiten umrahmen, offenbaren sich ohne eine

Reine, gesehen vom 448 m hohen Reinebriggen ▶

Spur vegetativen Lebens und enthüllen in plastischen Konturen die Grundgesetze der Gravitation. Sie stehen dort wie am ersten Tag der Schöpfung – modifiziert nur durch die Einwirkung der Eiszeiten und der Erosion – und kontrastieren seltsam mit der leuchtenden Klarheit des Meeres und den farbigen Tupfen der Häuser, die wie ein Anachronismus berühren, da sie eine Entwicklungsstufe der Schöpfung vorwegnehmen, die erst Milliarden Jahre später erscheinen konnte und in der umgebenden Natur noch nicht vorhanden ist.

Alles erscheint so unwirklich und traumhaft wie eine vorsintflutliche Landschaft, und man braucht seine Zeit, um sich an so etwas zu gewöhnen. Ist es gelungen, kann man das Bild noch um ein paar Grade steigern – zumindest, wenn es kein Problem ist, 2 m an einer (Trittstufen bietenden) Felswand hinaufzuklettern. Gemeint ist der Aufstieg zum Gipfel des Reinebriggen, der unseren Sattel um rund 20 m überragt; lediglich die ersten 2 m muss man kletternd überwinden, dann beginnt ein Pfad, der ganz hinaufführt. Keine 10 Min. nimmt dieser Abstecher in Anspruch, und zum Lohn gibt's ein Panorama, das den im Westen klaffenden KJERKFJORD ganz umfasst – womöglich eines der spektakulärsten Trogtäler des Nordens –, obendrein auch den See Reinevatnet, der im Gegensatz zum Meer von tiefschwarzer Farbe ist und sich zu Füßen eines »Amphitheaters« aus opalgrauen Felswänden kreisrund ausbreitet. Dieser See liegt 60 m ü.d.M., ist aber 69 m tief und gehört in Relation zur Größe seiner Oberfläche zu den tiefsten Seen der Erde (siehe auch die Seiten 20 ff.).

Zu einer anderen Anschlusswanderung lädt der links des Sattels aufsteigende Felsrücken ein. Ein klar sichtbarer Pfad führt sanft nach oben, und während der ca. 15 Min. bis auf 500 m (am Wegesrand warten mehrere Zeltnischen) genießt man ebenfalls einen konstanten Blick aus der Vogelperspektive. Zum Panorama gesellt sich leichter NERVENKITZEL: Der Rücken wir schmal und schmaler, bald fällt das Land auch zur linken Seite so gut wie senkrecht ab, schließlich wandelt man auf einem GRAT, nur 1 m breit, über dem beidseitig klaffenden Abgrund. Wer schwindelfrei ist und sich auch sonst sicher fühlt, kann hier euphorisch losgelöste Momente erleben; andere Naturen jedoch sollten den Grat um jeden Preis meiden und zum Sattel zurückgehen.

Wen es nach noch mehr dürstet, folgt dem Grat, muss danach einen Felsen auf schmalem Sims links umtasten (Vorsicht, da Absturzgefahr), steigt an und erreicht ein Plateau voller Blumen und Wiesenpolster, von dem man – jetzt 600 m hoch – direkt auf den Reinevatnet blicken kann, ebenso gen Süden zum Djupfjord sowie hinüber zu den Monolithen, Felslanzen und Tafelbergen im Süden der Insel, wo der Hüne HERMANNSDALTIND mit 1.029 m den Himmel stürmt.

Versierte KLETTERER mit viel Erfahrung (und möglichst einer Seilsicherung) können noch höher hinaus. Auf sie wartet gleich jenseits des Plateaus das MAXIMUM an Nervenkitzel: Der Grat wird nämlich noch schmaler als zuvor, misst stellenweise nur 40 cm Breite. Wer ihn quert, »reitet« gewissermaßen über den (beidseitigen) Abgrund, denn stehend ist die Stelle nicht mehr zu bewältigen. Von der anderen Seite aus ist es nur noch ein Katzensprung zur 730 m hohen HELVETE (Hölle), von der aus man relativ problemlos über Felsbänder und -terrassen zum Djupford hinabsteigen kann, dessen südliches Ufer wieder zur E 10 zurückführt (siehe Folgewanderung).

Doch zurück zum Sattel, von wo aus der Abstieg über eben jenen Weg erfolgt, den man gekommen ist. Wer keinen Stock dabei hat, wird es bitter bereuen, denn das extreme Gefälle malträtiert Kniee, Bänder und Sehnen auf schmerzhafte und im Hinblick auf weitere Wanderungen nicht förderliche Weise.

Wichtig ist in jedem Fall, sich Zeit zu lassen, ruhig so viel wie für hinauf. Und dann zum Abschluss dieser Wanderung vielleicht ein wenig Labsal für den Körper? – In diesem Fall können wir die »Gammelbua« von Reine (siehe unter »Praktische Informationen, Restaurants«) nur wärmstens empfehlen: gemütlich-rustikales Interieur, oder Sitzen auf der Veranda am Fjord, bei gezapftem Bier und Pizza, Lachssteak, Eis oder, besonders lecker, Waffeln mit Sahne und Blaubeeren...

Wanderung 11 – Moskenesøya: Wo die »Wand« am monumentalsten ist

IM ÜBERBLICK

◎ **DAUER/LÄNGE**: ca. 4 Std. bis zur 448-m-Höhe (ca. 6 km), ca. 5 Std. bis Ternneset (plus 2,5 km; mit Bootsanschluss nach Reine); Anschluss ab der 448-m-Höhe zum Hermannsdaltind ca. 3,5 Std. je Weg (2,5 km).

◎ **WEGVERLAUF/HÖHEN-/ENTFERNUNGSANGABEN** (Rundwanderung): Djupfjord-Brücke (10 m) – Felsnase (50 m, nach 45 Min.) – Djupfjordvatn (10 m, 20 Min.) – Wiesenbalkon (250 m, 50 Min.) – Sattel (510 m, nach 40 Minuten) – Munkebu-Wanderhütte (450 m, 10 Min.) – Lamheia (350 m, 15 Min.) – Kanal (345 m, 30 Min.) – 448 m Höhe (30 Min.).

◎ **WEGBESCHAFFENHEIT**: weitgehend über wegloses Terrain, mal mit Wiese und Heidekraut bedeckt, meistens mit Steinen und Geröll; in manchen Passagen behindern Weidedickichte und Feuchtstellen.

◎ **ORIENTIERUNG**: Die Richtung der (oft weglosen) Tour ist zumeist klar ersichtlich; sporadisch finden sich Markierungen (Steinhaufen) – die Orientierung fällt relativ leicht.

◎ **KARTE**: Topokarte Nr. 1830 I, »Lofotodden«.

◎ **ANFAHRT**: über die E 10 zum Südrand des Djupfjords mit Brücke zwischen Reine und Moskenes; auf dieser Strecke (zwischen Å, Reine, Hamnøy, Leknes sowie Stamsund) verkehren mehrere Busse.

Die Karte zur Wanderung 11 finden Sie auf Seite 251.

◎ **RÜCKFAHRT**: ab Terneset am Forsfjord 2–3 x täglich mit dem Reinefjord-Boot (Tel. 9485 0943, 9527 2792 und 7609 2090, Fax 7609 2091; außerhalb der Fährzeiten kann man Skipper *Edgar Kibsgård* über Tel. 7609 1278 erreichen) nach Kjerkfjorden (Anschluss zu Wanderung Nr. 9) und Reine; das Boot legt nur dann in Terneset an, wenn Mitfahrwillige (etwa durch Winken) auf sich aufmerksam machen. Sicherer ist es, unter einer der o.g. Telefonnummern zuvor Bescheid zu geben, will man nicht das Risiko eingehen, den ganzen Weg wieder zurücklaufen zu müssen.

◎ **ZELTTOUR**: Wer den Hermannsdaltind besteigen will, sollte die Tour mit dem Zelt machen – sonst ist man über 12 Std. auf den Beinen. Jedenfalls warten entlang der Route viele aussichtsreiche Zeltplätze.

◎ **ANSCHLUSSWANDERUNGEN/ KÜRZERE VARIANTEN**: ab der Höhe 448 m weiter zum Hermannsdaltind, dem höchsten Gipfel Moskenesøyas (hin und zurück ca. 6 Std.); oder von der Höhe aus den Weg retour bis zum Sattel unterhalb der Djupfjordheia, dann die Wanderung Nr. 12 anschließen. Abkürzen lässt sich diese Tour, steigt man bis zum Sattel an der Djupfjordheia auf, quert die Höhe, steigt zum Südsattel ab und schließt entweder die folgende Wanderung Nr. 12 an oder kehrt an den Djupfjord und zum Startpunkt der Tour zurück (ungefähr 3 Std. Gesamtdauer).

◎ **KURZBESCHREIBUNG**: Die Wanderung führt in das Zentrum der von alpinen Gipfeln und Bergseen geprägten Insel und muss wegen der zahlreichen Steigungs- sowie Gefällstrecken, der Dauer sowie der Schwierigkeit des Terrains zu den schweren Touren gezählt werden. Aber auch zu den eindrucksvollsten, den abwechslungs- und nicht zuletzt zu den aussichtsreichsten auf dem Archipel. Es geht am Djupfjord entlang zu einem kleinen Bergsee; Aufstieg durch eine Felskerbe zu einem Sattel mit Blick auf die gigantischen Berge der Westwand; Abstieg zu einer Schmalstelle zwischen zwei Seen, von der aus man gleich ein halbes Dutzend Seen sowie den Vestfjord überblickt; Aufstieg zur Wurzel des höchsten Inselbergs, dann entweder seine Besteigung oder Abstieg zum Forsfjord – mit Bootsanschluss nach Reine. Allein schon diese abschließende Bootsfahrt gehört zu den großen Landschafts-Erlebnissen des Lofoten-Aufenthalts.

Ausgangspunkt der Wanderung ist der direkt südlich der **BRÜCKE** über den **DJUPFJORD** über dem Meer gelegene Parkplatz. Gegenüber, an der Felswurzel des Steffennakken, liegt ein stillgelegter, kleinerer (Feldspat-)-Steinbruch, und etwa in der Mitte zwischen diesem und dem Südufer des Djupfjords beginnt ein gut sichtbarer Trampelpfad, der sich 20–50 m über dem Meerarm bis zum 2 km entfernten Fjordschluss hinzieht. Üppig wuchernde Farnkraut reicht in manchen Abschnitten bis zur Brust, auf dem Weg liegende Felsbrocken erschweren den Marsch, und zahlreiche von Moos und Wiese überwucherte Höhlungen zwischen den Steinen erfordern Konzentration. Es geht recht langsam voran: Für den ersten Kilometer bis zu einer markant aus der

Leser-Erfahrung – die Tour in umgekehrter Richtung: Fähre täglich ab Reine; Vorteil: Die Fähre setzt die Wanderer am Turbinenhaus ab...

Flanke vorspringenden FELSNASE benötigt man gut und gern 40–45 Min.

Jenseits dieses zu übersteigenden Hindernisses können wir am Westufer des Meeresarmes ein kleines Ferienhaus ausmachen. Dann fällt der Weg – sporadisch mit Steinhäufchen markiert – ans Ufer ab, das hier Wiesen und schräg ins Wasser gleitende Felsplatten bilden. Diese Stelle ist zum BADEN UND ANGELN gleichermaßen gut geeignet, das Wasser schimmert in allen Abstufungen zwischen einem zarten Hell- und einem fast schwarzen Kobaltblau. Nach weiteren 15 Minuten über den nun leicht zu begehenden Pfad ist der Fjordschluss erreicht, an dem wir uns halblinks halten müssen, auf zwei einzeln stehende Bäume und das Südufer des sich dahinter anschließenden **DJUPFJORDVATNET** zu. Den Boden der Seeufer bedecken Blaubeeren, Heidekraut und Moose, Wollgras und Sonnentau, und überall kann man hier die große gelbe Trollblume sehen; dazu das glasklare Seewasser, Bäche, die zwischen Felsen hervorsickern oder als silberne Bänder die Felsflanken des im Norden aufragenden Reinebriggen herabfließen. – Hier möchte man rasten (vielleicht auch sein Zelt aufschlagen), bevor es an den Aufstieg zur Djupfjordheia geht, der alles andere als leicht zu werden verspricht. Einen Pfad kann man nicht mehr ausmachen, aber der Zulauf des Sees soll ab jetzt den rechten Wegrand markieren. Wir folgen ihm in Richtung auf die westlich aufragende Felswand zu. Der Boden ist nachgiebig und morastig, Weidegestrüpp erschwert das Fortkommen, auch zwischen den Wurzelstöcken versteckte Wasserläufe und Löcher behindern. Die Steigung ist mäßig, es geht von Wiesenbuckel zu Wiesenbuckel. So währt es gut 20 Min., bis zu einer Höhe von 100 m.

Über Felsbahnen, Wiese und Heidekraut geht es weiter. Nach insgesamt 50 Min. ab Djupfjordvatnet steht man auf einem ca. 250 m hoch gelegenen **WIESENBALKON** und kann erkennen, dass sich sowohl zur Linken (zwischen Djupfjordheia sowie Merraflestinden) als auch auf der rechten Seite (zwischen Djupfjordheia sowie Munkantinden) je eine Felskerbe zu einem Sattel öffnet. Es gilt sich zu entscheiden: Rechts hoch verläuft die Idealroute in Richtung Forsfjord und Hermannsdaltind, wohingegen sich der links liegende Sattel für den Weg nach Moskenes oder Sørvågen anbietet.

Wir wählen den Aufstieg zu der rechts klaffenden Kerbe – wie es nach links weitergeht, beschreibt die Wanderung Nr. 12 –, folgen also weiterhin dem Bach auf seiner linken Seite, stoßen bald auf einen kleinen, von ihm gebildeten See. Jetzt beginnt die eigentliche Steigungsstrecke innerhalb der nicht zu verfehlenden Kerbe. Es geht steil und zum Teil über Geröll hinauf. Auf 480 m Höhe wird die Quelle des Baches passiert, von wo noch 30 Höhenmeter bis zum **SATTEL** zu bewältigen sind.

Ein 180°-Panorama ist der Lohn für die Mühen, und so geschafft man auch sein mag: Es hat sich gelohnt! Über Wiesenhänge gleitet der Blick hinunter zum Fjerdedalsvatnet, der

Fortsetzung: Der Weg beginnt rechts vom Turbinenhaus, rot markiert, entlang der rechten, grauen Wasserleitung, ist leichter als der Abstieg an dieser Stelle.

durch eine schmale Felsmauer vom rechts angrenzenden Ternnesvatnet getrennt ist. Über diesem, ebenfalls nur durch einen Felswulst getrennt, erstreckt sich der Krokvatnet zu Füßen 500 m hoch aufragender, absolut glatt polierter Felswände, die in der Höhe zu Zinnen und Zacken erodiert sind. Wo die gigantische Bastion mildere Züge annimmt – rechts über dem Krokvatnet –, stürmt der 1.029 m hohe Hermannsdaltind, das »Matterhorn« Moskenesøyas, den arktischen Himmel.

Wer es mit diesem Höhepunkt der Wanderung genug sein lassen möchte, kann vom Sattel aus nach links aufsteigen, wo bald schon Steinmännchen zur 530 m hohen Djupfjordheia (mit formidablen Zeltwiesen) führen. Ab dort fällt ein gut sichtbarer (sogar ausgeschilderter) Pfad zum südlich der Höhe liegenden Sattel ab (den wir von der Wiesenterrasse aus gesehen haben), von wo aus man entweder wieder zum Djupfjord und Ausgangspunkt der Wanderung zurückkehren oder dem unter die Wanderung Nr. 12 beschriebenen Weg folgen kann.

Wir aber überqueren den Sattel, halten uns halbrechts und steigen über sanft geneigte Wiesenhänge und einen mehr oder weniger deutlichen Pfad zu einem 10 Min. entfernten Mini-See ab. Schon auf dem Weg hinunter wird das Herz eines jeden Wanderers höher schlagen, denn neben dem See und in einzigartiger Panorama-Lage findet sich die vom »Lofoten Turlag« in mühsamer Arbeit errichtete **MUNKEBU-WANDERHÜTTE**, die zwischen dem 1.9. und 1.5. für jede/n offen steht, während der Saison jedoch verschlossen ist. Den Schlüssel (Depositum 200 NOK) bekommt man in Å im Lebensmittelladen (Tel. 7609 1206), in Sørvågen im Lebensmittelladen (Tel. 7609 1215), in Reine im Lebensmittelladen (Tel. 7609 2265), im Touristenbüro in Moskenes (Tel. 7609 1599) sowie auf dem Reinefjord-Boot (siehe vorne unter »Rückfahrt«). Ausgestattet ist die Hütte mit mehreren Schlafzimmern (darin Etagenbetten, Matratzen, Decken, Kopfkissen) sowie einem großen Wohn-/Schlafraum mit Küche. Gekocht wird mit Gas. Töpfe, Geschirr etc. sind wirklich ausreichend vorhanden. Eine gut bestückte Buchecke (Wanderbücher zu Norwegen) weckt Lesefreuden. Die Benutzung der Wanderhütte ist kostenpflichtig und das Bezahlen Ehrensache: Den Tarif stecken die Benutzer in eine Art »Briefkasten«; die Preise (zum Beispiel 140 NOK für die Übernachtung) sind wirklich moderat, bedenkt man, was es gekostet hat, die Komforthütte hier oben zu errichten: Die Bauteile wurden u.a. mit Helikoptern transportiert. Ein Wegweiser vor der Hütte weist den anschließenden Weg ebenso wie auch viele weitere (etwa den Abstieg nach Sørvågen, ca. 2,5–3 Std.; siehe Wanderung 12).

Der weitere Verlauf dieser Wanderung ist nun klar zu erkennen: unten über die Felsmauer zwischen Fjerdedals- und Ternnesvatnet, dann über den Wulst, der Ternnes- von Krokvatnet trennt (und wo Stromleitungen verlaufen). Wenden wir uns nach Süden, reicht der Blick über den Fjerdedalsvatnet und den sich anschließenden Tridalsvatnet bis zum Stuvdalsvatnet, sodann Tindsvatnet – alle PATERNOSTERSEEN –, hinter dem sich der Vestfjord bei Tind öffnet. Im Norden klafft jenseits des Ternnesvatnet eine monumentale Schlucht, die der Forsfjord ausfüllt, ein Arm des Reinefjords. Man muss geradezu unromantisch veranlagt sein, um angesichts der FERNSICHT nicht »aus dem Häuschen« zu geraten.

Am Ablauf des erreichten Sees führt ein Trampelpfad jenseits des Baches weiter, auf das Nordufer des Ternnesvatnet zu, auch auf den Karten der Touristenbüros verzeichnet; wer diesen wählt, um den See zu umrunden, lässt sich auf ein lebensgefährliches Abenteuer ein, denn im letzten Abschnitt folgt er einem weniger als fußbreiten Sims, unter dem die Felswand 100 m lotrecht abfällt.

Wir bleiben also auf der linken Seite des Ablaufs, visieren die unübersehbare Felsmauer zwischen Fjerdedals- sowie Ternnesvatnet an und steigen über steil abfallende, aber leicht zu bewältigende Wiesenhügel dorthin ab. 15 Min. später ist dann die Landmarke mit Namen **LAMHEIA** erreicht: Stromleitungen spannen sich hinüber, und hier kann man auch deutlich einen Pfad ausmachen, den obendrein Steinhäufchen markieren. Auch in diesem Abschnitt irren die Karten der Touristenbüros, denn dieser Pfad verläuft nicht auf der rechten Seite von Lamheia, sondern in der Mitte, zieht sich am Westende bis direkt unter die links aufragende Felsflanke des Moldtinden heran und folgt ihr nun in wenigen Metern Abstand durch eine Schattenkluft, deren Boden mit Felsblöcken übersät und teilweise ganzjährig mit Schnee bedeckt ist. An manchen Stellen ist der Pfad unübersichtlich, aber orientiert man sich an den alle paar Meter gesetzten Steinmarkierungen, kann man gar nicht fehl gehen und gelangt bald auf eine 413 m messende Höhe (unverändert im Schatten der links liegenden Felswand), die gen Westen auf den 200 m entfernten Krokvatnet blickt.

Der (auch weiterhin markierte) Pfad steigt bis nahe ans Ufer ab, wendet sich nach Norden und hält auf den Ablauf dieses Sees in den Ternnesvatnet zu. Es handelt sich dabei um einen künstlich angelegten **KANAL** von 1 m Breite, mit einem kleinen Wehr versehen, das sich als Steg nutzen lässt. Nach links genießt man einen freien Blick über den See, der groß genug ist, um die zerhackten Konturen von Ernthell- und Breitinden spiegeln zu können, die ihn wie ein Amphitheater flankieren. Rechts, hoch über dem Ternnesvatnet, machen wir die Djupfjordheia und den Sattel aus, während das Bild voraus Wiesen- und Heidehügeln bestimmen, auf denen Findlinge von enormen Maßen an die letzte Eiszeit erinnern.

Wir halten uns fortan einfach auf die Mitte dieses Hügelwulstes zu, steigen ab, steigen auf und erreichen nach ca. 20 Min., leidlich von Steinhäufchen geleitet, den mit **448 M** höchsten Hügel dieser Seen trennenden Enge. Man kann ihn nicht verfehlen, und man kann den Blick nicht angemessen beschreiben, der sich von dort aus präsentiert. Im Süden reicht er über alle Paternosterseen sowie den Vestfjord bis zum Kaledonischen Gebirge des Festlands, im Westen begrenzen ihn Hermannsdaltind und das Trapez des Breitinden, im Osten streift er die tiefblauen Fluten des Ternnesvatnet, und im Norden klafft, vom See nur durch ein schmales Wiesenband getrennt, der türkisfarbene Forsfjord, der sich links in den Bunes-, geradeaus in den Kjerk- und rechts in den Reinefjord öffnet. Die Haustupfen von Vinstad und Rostad liegen dort unten und schmiegen sich an die opalgrauen Flanken wie gemeißelt dastehender Bergskulpturen.

Rund 3,5 Std. sind wir jetzt unterwegs und müssen uns zwischen drei Alternativen entscheiden. Entweder wir gehen den selben Weg retour bis zur Djupfjordheia, von dort zum Startpunkt der Tour zurück; oder schließen Wanderung Nr. 12 an; oder wir steigen zum Forsfjord hinab, sofern wir nicht zuvor den Hermannsdaltind besteigen wollen. Der Abstieg zum Forsfjord ist leicht und bedarf keines Pfads: Man visiert einfach das Nordwestufer des Ternnesvatnet an, von dem aus eine Wasserleitung zum Fjord hinabführt. Ein steil, aber problemlos zu begehender Wiesenhang führt bis zum See (20 Min.), die WASSERLEITUNG geleitet sicher (wenn auch steil) über einen weiteren Wiesenhang an den Forsfjord (20 Min.), und dort beginnt ein breiter Weg, der unter den Stromleitungen entlang zu dem noch 2 km entfernten »Geisterdorf« TERNNESET führt (30 Min.), das das Linienboot von / nach REINE 2–3 x täglich ansteuert; ab Reine sind es noch ca. 2,5 Straßenkilometer bis zum Parkplatz am DJUPFJORD zurück.

Der Aufstieg zum HERMANNSDALTIND bleibt »alpenstarken« und möglichst mit Zelt ausgestatteten Wanderern vorbehalten, denn für hin und zurück sind mindestens fünf zusätzliche Stunden anzusetzen; Abstieg zu dem Nordostufer des Sees Krokvatnet (10 Min., 346 m) mit einer verschlossenen Hütte und idyllischen Panorama-Zeltplätzen; Aufstieg entlang angrenzender Felsflanke über Wiesensims (mit Pfad) zu einem Sattel (nach 30 Min., 460 m) zwischen Krokvatnet sowie Litleforsvatnet; weiter entlang der (jetzt sehr steil werdenden) Flanke bis auf ungefähr 650 m (30 Min.), von wo aus ein sporadisch sichtbarer Pfad über einen steilen Wiesen-, dann Geröll-, schließlich Felsrücken zum 1029 m hohen »Gipfel aller Gipfel« geleitet (weitere 1–1,5 Std.). Trittsicherheit und Schwindelfreiheit sind Voraussetzung für diesen »Höhenflug«, der aber mit einer Aussicht entschädigt, die unserem Erleben nach ähnlich extrem wie die vom Reinebriggen ist (Wanderung Nr. 10). Moskenesøya misst an der Wurzel dieses Tind nur knapp 3 km Breite. Das Nordmeer sowie der Vestfjord liegen ebenso zu Füßen wie alle Seen, Fjordarme und Berge dieser aus tausend Gipfeln bestehenden Felseninsel.

Die Karte zu den Wanderungen 11 und 12 finden Sie auf Seite 251.

Wanderung 12 – Moskenesøya: Auf Panoramawegen nach Moskenes

IM ÜBERBLICK

◎ **DAUER/LÄNGE**: ca. 4 Std. / 7 km.

◎ **WEGVERLAUF/HÖHEN-/ENTFERNUNGSANGABEN**: Djupfjord-Brücke (10 m) – Felsnase 50 m (45 Min.) – Djupfjordvatnet (10 m, 20 Min.) – Wiesenbalkon 250 m (50 Min.) – Merraflesskardet (450 m, 30 Min.) – Kjølen (478 m, 40 Min.) – Moskenesvatnet/Überlaufbecken (202 m, nach 30 Min.) – Moskenes (10 m, 30 Min.).

◎ **WEGBESCHAFFENHEIT**: wegloses Fels-, Wiesen- und Heideterrain bis Merraflesskardet, gut begehbare, teils steinige Pfade bis Moskenesvatn, meist wegloser Abstieg über Wiesen- und Felsbänder nach Moskenes.

◎ **ORIENTIERUNG**: problemlos.

◎ **KARTE**: siehe Wanderung 11.

◎ **ANFAHRT**: siehe Wanderung 11.

◎ **RÜCKFAHRT**: Von Moskenes bis zum Ausgangspunkt zurück sind es knapp 1,8 Straßenkilometer.

◎ **ZELTTOUR**: viele herrliche Zeltplätze am Weg; kein Brennholz.

◎ **VARIANTEN / ANSCHLUSSWANDERUNG**: Anstatt ab Merraflesskardet dem Wegweiser nach Moskenes zu folgen, kann man die ausgeschilderte Richtung nach Sørvågen einschlagen; in die gleiche Richtung führt der Pfad, der vom Fuß des Kjølen nahe Moskenesvatn nach rechts abbiegt und um ungefähr 20 Min. verkürzt, gleichzeitig merklich leichter zu begehen und zudem durchgehend markiert ist.

◎ **ANMERKUNG**: kein Trinkwasser zwischen Wiesenbalkon und Moskenesvatn; also Wasserflasche am Zulauf des Djupfjordvatn nachfüllen.

◎ **KURZBESCHREIBUNG**: Eine Wanderung von großem Abwechslungsreichtum, die aber geringere Ansprüche an die Kondition stellt als die zuvor vorgestellte. Bis zum Wiesenbalkon folgt sie dem unter Wanderung Nr. 11 beschriebenen Weg. Dann Aufstieg zum Merraflesskardet (Sattel) mit herrlicher Fernsicht bis zum Hermannsdaltind und auf das System der Paternosterseen, das sich durch steile Schluchten zum Vestfjord öffnet, zu dem wir parallel laufen. Sanfter Anstieg zum Kjølen, einer lang gestreckten Bergnase zwischen dem Seensystem und Moskenesvatn; Abstieg zum Moskenesvatn und nach Moskenes.

Während der ersten 90 Minuten (etwa knapp 3 km) folgt die Tour dem unter Wanderung Nr. 11 beschriebenen Weg bis zum auf 250 m Höhe gelegenen **WIESENBALKON** über dem Djupfjord. Ab hier halten wir uns aber nicht rechts, auf die im Fels klaffende Kerbe zu, sondern vielmehr links, wo eine steil ansteigende Mulde die weitere Richtung weist.

Über Geröll und Felsbänder, Wiese und Heidekraut mühen wir uns im Felsschatten bergauf: 30 Min. sind es etwa zum **MERRAFLESSKARDET**, ein 450 m hoch gelegener SATTEL zwischen Merraflestinden (537 m) links und Djupfjordheia (530 m) rechts.

Beide Berge lassen sich von hier aus spielend »erklimmen«. Wen der Merraflestinden lockt, steigt einfach den

Elch-Tipp: Als Anschlusswanderung bietet sich ab dem Fuß des Kjølen der kurze Aufstieg zum Hausberg von Moskenes/Sørvågen an – zum Kolfjellet.

etwa 30–45° geneigten Schenkel hinauf bis zum Gipfel (ca. 30 Min.). Der Weg zur Djupfjordheia (etwa 10 Min.) folgt einem mit Steinhaufen markierten und einem hölzernen Wegweiser (Aufschrift: »Hermannsdaltind / Forsfjord«) gekennzeichneten Pfad. Von der Höhe aus – ein aus einem Wiesenkamm aufsteigender, 5 m hoher Felsblock, mit Steinhaufen gekrönt – genießt man das wohl schönstmögliche Panorama auf den im Osten liegenden Fjord, den Hermannsdaltind, das System der Paternosterseen und die ganze Bergszenerie, die Wanderung 11 umfasst; wer sie anschließen will, muss den Wiesenkamm nur nach Norden queren, wo er in jenen Sattel mit der Munkebu-Wanderhütte (siehe ebenfalls Wanderung 11) abfällt.

Zum Merraflesskardet zurückgekehrt, ist eine weitere Entscheidung vonnöten: Der Wegweiser zeigt einmal (nach halbrechts) Richtung »Sørvågen/Stuvdal« und einmal (jedoch unleserlich) geradeaus am Schenkel des Merraflestinden entlang nach Süden; die letztere Route stellen wir vor, denn sie bietet wesentlich eindrucksvollere Panoramen, da sie über den unten liegenden Seen entlangläuft anstatt an ihren Ufern. Außerdem besteht 2 km weiter, am Fuß des Kjølen die Möglichkeit, dem leichteren Weg nach Sørvågen den Vorzug zu geben.

So halten wir uns geradeaus, wo ein deutlicher Trampelpfad verläuft. Er macht konstant, aber unmerklich Steigung, ist mal gut, mal etwas mühsam zu begehen (Steine) und folgt der lang gezogenen Bergflanke, die bald schon sehr steil nach rechts hin abfällt. Unten, auf einem Wiesenbalkon, tun sich die beiden Seen und zig Tümpel der Kjølvatna auf. 200 m tiefer erstreckt sich der Fjerdedalsvatn zu Füßen des glatt geschabten Saufjellet (746 m), von dem sich ungezählte Bäche in die Tiefe stürzen. Südlich angrenzend ein dunkler SCHLUND, der zum 100 m tiefer gelegenen Tridalsvatnet abfällt, der in den Studalsvatn übergeht, unterhalb dem der Tindsvatnet 11 m über dem Meer bei Tind liegt. – Das Land scheint eine LITANEI AUS WASSER UND LICHT zu murmeln.

Nach Osten hin tritt die Bergflanke bald zurück. Man wandert jetzt auf einem etwa 200 m breiten Kamm, den ein nachgiebiger Tundra-Teppich bedeckt und der Ausblick auf Vestfjord, Festland-Norwegen und den Felsfinger des 542 m hohen Gylttinden bietet, der sich direkt an den Merraflestinden anschließt. Der Kamm ist nach Süden ausgerichtet, die Spur des Pfades wird undeutlich, verschwindet dann, aber die Richtung ist klar. Nach rund 30 Min. nimmt der Kamm mehr und mehr die Form einer Nase an, und 10 Min. später stehen wir auf ihrer Spitze, dem **KJØLEN,** der nach links zum 200 m tiefer gelegenen Moskenesvatn abfällt, zum rechts liegenden Tridalsvatnet sogar mehr als 370 m und ein grandioses »Flugbild« auf den Hafen von Moskenes ermöglicht.

Während der folgenden 15 Minuten rutschen die Füße im Schuh nach vorne, werden die Zehen gestaucht: Es geht steil, sogar extrem steil bis auf 200 m hinunter. Aber vor diesem Abstieg braucht man sich nicht Bange zu machen, denn der Hang ist von Wiesen bedeckt, durch die sich ein (von

Während des Abstiegs vom Kjølen: Blick auf Moskenes, das am Friedhof erreicht wird; wer ein Fahrzeug am Djupfjord geparkt hat, muss der E 10 rund 2 km nach links folgen. ▶

Schafen) gut ausgetretener Pfad zickzackförmig abwärts sch ängelt. Am Fuß dieser Nase empfängt eine Wiesenmulde, und keine 500 m weiter, im Südwesten, kann man deutlich ein am Studalsvatn stehendes Haus ausmachen; dorthin führt ein Weg, der ab dem Haus in eine Fahrstraße übergeht, die wiederum nach 1,5 km Sørvågen zum Ziel hat (an einer Gabelung rechts abbiegen) oder, geht man geradeaus, den Ort Tind.

Wir jedoch halten uns links, wohin ebenfalls ein Pfad verläuft, der sich nach ein paar Minuten gabelt. Ein Holzschild weist zum rechts aufragenden KOLFJELLET, und wer diesen 316 m hohen Hügel besteigt, erfasst das Panorama auf Moskenes, Sørvågen, Tind und Å sowie bis nach Værøy; der Abstecher nimmt insgesamt rund 30 Min. in Anspruch.

Ein anderes Holzschild weist geradeaus, Richtung »Moskenes«, und 200 m weiter liegt der nierenförmige **MOSKENESVATN** vor uns. Wir erreichen sein Südufer, halten uns rechts und überqueren, an seinem Ostrand, das Beton-ÜBERLAUFBECKEN, hinter dem ein Schild darauf hinweist, dass hier ein Trinkwasser-Schutzgebiet ist, dass man den See sauber halten soll und nicht in ihm baden darf. Das Zelten aber ist erlaubt, und am Nordrand gibt es tolle Wiesenplätze, die hinunter auf das 200 m tiefer gelegene Moskenes und auf den Vestfjord blicken.

Dies der letzter Höhepunkt. Was noch folgt, ist der Abstieg zur Siedlung. Der am Schild beginnende Weg weist die Richtung, führt bald an einem aus dem Fels stoßenden Wasserrohr entlang. Dann verläuft er sich, und wer glaubt, jetzt abkürzen, den Hang hinablaufen zu können, geht in die Irre: Das Terrain fällt bald senkrecht ab. Also folgen wir weiterhin der Wasserleitung. Auch sie steigt steil zu Tal, markiert aber den Idealweg; eine leichtere Route gibt es nicht nach **MOSKENES**.

Wanderung 13 – Værøy: Ein Paradies nicht nur für Seevögel

IM ÜBERBLICK

◎ **DAUER/LÄNGE**: rund 6–7 Std. je Strecke, rund 16,5 km. Ideal wäre es, morgens in Værøy-Ort zu beginnen, bis Mostad zu wandern, dort (im Zelt) zu nächtigen und den gesamten folgenden Tag dem Vogelberg zu widmen, sich anschließend von einem Boot (s.u.) abholen zu lassen oder zurückzuwandern. Zwei Tage sollte man sich mindestens Zeit lassen.

◎ **WEGVERLAUF/HÖHEN-/ENTFERNUNGSANGABEN** (Streckenwanderung): Fährkai (2 m) – Sattel (70 m, 25 Min.) – Nordland (3 m, 90 Min.) – Tussen (2 m, 15 Min.) – Wiesensattel (20 m, 15 Min.) – Mostad (2 m, 30 Min.) – Mostadheia (300 m, 60 Min.) – Fladneset (400 m, 30 Min.).

◎ **WEGBESCHAFFENHEIT**: Asphalt bis Nordland, Schotter bis Tussen, schmaler, steiniger Saumpfad bis zum Wiesensattel und über einen breiten Wiesenweg nach Mostad; der Aufstieg zur Heia folgt einem schmalen, streckenweise rutschigen Lehmpfad, der absolute Trittsicherheit und auch Schwindelfreiheit erfordert (denn es besteht Absturzgefahr!).

◎ **ORIENTIERUNG**: ist problemlos.

◎ **KARTEN**: Værøy liegt auf einem Koordinaten-Schnittpunkt, und man müsste gleich drei Karten erstehen, um die komplette topografische Abbildung der Insel zu haben. Doch die Karte auf Seite 265 reicht aus.

◎ **ANFAHRT**: Täglich verkehrt ein Fährschiff (inklusive Autotransport) von Bodø via Røst nach Værøy, und täglich wird die Insel auch ab Moskenes auf Moskenesøya angesteuert.

Die gängigste Verbindung nach Værøy bieten die Touristenboote, die während der Saison mehrmals täglich die Strecke Reine – Å – Værøy – Røst – Værøy – Å – Reine bedienen.

◎ **ZELTTOUR**: Geht man morgens in Værøy-Ort los, kann man mittags am Vogelberg sein und sich abends wieder per Boot in den Ort zurückbringen lassen. Bei anderem Timing oder wenn man – was sehr zu empfehlen ist – mehr Zeit zur Vogelbeobachtung ansetzt, benötigt man ein Zelt. Ideale Stellplätze finden sich genügend zwischen Ex-Airport und Tussen, insbesondere bei Tussen; zudem bei Eidet, im Bereich des Wiesensattels, entlang der Küstenebene bei Mostad und in Mostad selbst. Auch auf der Mostadheia und dem Fladneset kann man ein Zelt aufschlagen; Brennholz ist freilich keines vorhanden, und Wasser muss man aus Mostad mitbringen.

◎ **KÜRZERE VARIANTE**: Man kann sich mit dem Taxi zum früheren Airport oder gleich nach Tussen bringen lassen und verkürzt die Strecke damit um 7 bzw. 8 km. Oder man mietet sich in der Jugendherberge ein Fahrrad; einige Leser raten dazu, da sich der Weg sonst sehr in die Länge ziehe.

Dass Mostad auch per Boot ab Værøy-Ort zu erreichen ist, hat sich nach den jüngsten Recherchen eher als Gerücht herausgestellt; laut Touristenbüro läge das im Ermessen des Skippers und wäre mangels Anlegemöglichkeit ohnehin kaum vorstellbar.

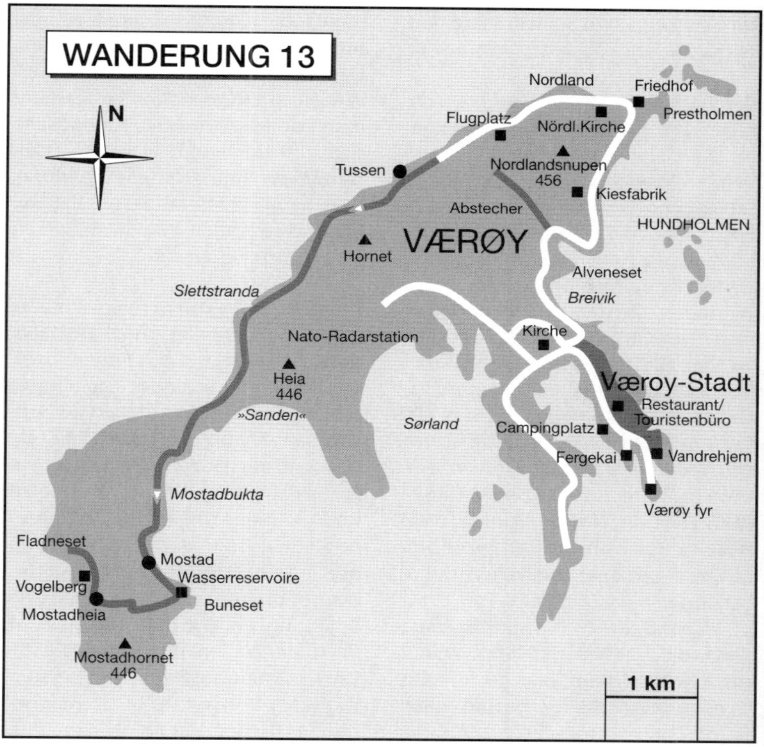

◎ **ANMERKUNGEN**: Wasserflasche nicht vergessen! Trinkwasser gibt es nur in Værøy-Ort, in Nordland sowie in Mostad.

◎ **KURZBESCHREIBUNG**: Die Wanderung führt um die äußere Ost- und Nordseite von Værøy herum zur Westseite aufs Mostadgebirge, Heimat für eine der größten Seevögelkolonien im Norden. Unterwegs passiert man weiße Sandstrände, das charmante Nordland-Dorf, folgt der zerrissenen Steilküste und gelangt schließlich nach Mostad, einem seit den 1950er Jahren verlassenen Fischerdorf. Es liegt unter Klippen eingebettet, die sich bis zu einer Höhe von 400 m erheben und auf der dem Meer zugewandten Seite von Millionen von Papageitauchern, Gryllteisten, Trottellummen, Kormoranen, Eistauchern, Möwen ... bevölkert werden.

Die Route gehört zu den abwechslungsreichsten auf dem Archipel, und gleichzeitig zu den leichteren – etwa bis Tussen könnte man allemal mit Turnschuhen wandern; der Aufstieg zum Vogelberg jedoch ist Schweiß treibend, erfordert Schwindelfreiheit, Trittsicherheit und gutes Schuhwerk.

Beginnen wir am **FERGEKAI**, wo sogleich klar wird, wovon die weniger als 800 Einwohner der rund 17,7 km^2 großen Insel leben: von Klipp- und Stockfisch. Für ersteren braucht man SALZ: Tonnenweise stapelt sich grobkörniges (oft aus Nordafrika importiertes) Natriumchlorid vor Fischereibetrieben, die den (einzigen) Hafenweg säumen. Gestelle zum Trocknen werden für beide Fischspezialitäten benötigt, und die dreieckigen HOLZGERÜSTE bestimmen somit das Bild der von einigen kürzeren Fjordarmen zergliederten Ortschaft. Früh im Jahr, etwa bis Mitte Juni, machen Millionen ZUM TROCKNEN AUFGEHÄNGTE Kabeljau-Leiber von sich riechen und löschen die Fischer fortwährend ihre schuppigen Ladungen.

Für rund 500 m bestimmen diese Bilder die Wanderung. Dann beginnt der eigentliche Ort, und nach rechts ist es zur Jugendherberge und einem Rorbu-Camp ausgeschildert. Auf der linken Seite lädt ein Schild zum Zelten ein (Wiesenplatz), und der lang gestreckte Flachbau eines Fischerheims rechts der Asphaltstraße beherbergt das Touristenbüro sowie das einzige (Selbstbedienungs-)Restaurant der Insel. Wir kehren ein, genehmigen uns ein Stückchen Kuchen und eine Tasse Kaffee, können uns auch mit eventuell noch fehlenden süßen Sachen für die Wanderung eindecken. Und die Wasserflaschen füllen!

Die weitere Richtung ist klar – geradeaus. Während der folgenden 10 Min. bis zu einer Kreuzung durchqueren wir die lang gestreckte Siedlung. Jedes Häuschen besitzt einen kleinen Garten, und in fast jedem Garten wird WACHOLDER gezogen. Kinder sieht man überall beim Spiel, Jugendliche sitzen im Kreis von Eltern und Großeltern in der Sonne. Ist es Einbildung, dass die Familien in dieser relativen Abgeschiedenheit intakter scheinen als auf dem Festland?

An der Kreuzung biegen wir rechts ab, folgen also derjenigen Asphaltstraße, die sich in ausgesetzten Kurven zu einer Kerbe im Küstengebirge emporschlängelt. Ca. 10 Min. dauert der Aufstieg zum knapp 70 m hohen **SATTEL**; während der ganzen Zeit hat man ein tolles Panorama auf die von Prielen und von Meerzungen durchschnittene Siedlungsebene, die im Norden in den lang gestreckten Felsriegel des Hornet übergeht. Auf der höchsten Erhebung, der 446 m hohen Heia, ist die graue Wabenkuppel einer NATO-Lauschstation auszumachen; der Aufzug hinauf verläuft lotrecht im Inneren des Berges. Weit hinten im Südwesten ragt die grünbraune Kuppe der Mostadheia aus dem Meer, das Ziel der Wanderung.

Jenseits des Sattels fällt der Blick auf die zwei türkis schimmernden Buchten von Breivik und Alveneset, die beide in weiße Sandbänder auslaufen. Im Nordwesten steigt Moskenesøya auf, oben im Norden sind die verwischten Konturen der Lofoten-Wand von Austvågøya zu erblicken – immerhin mehr als 100 km entfernt.

An einem übel riechenden Müllverbrennungsplatz vorbei laufen wir zur

Küstenebene hinunter, passieren die Strände und fette grüne Wiesen, auf denen ein paar Schafe grasen. Nach insgesamt etwa 45 Min. ab Fergekai, an jener Stelle, wo die Straße in einem Winkel von 90° nach rechts hoch ansteigt, ziehen rote Farbmarkierungen am linken Straßenrand den Blick an. Sie kennzeichnen einen Weg, der in den angrenzenden Wiesentrog des Breivikdals führt, in ihm bis auf 200 m zu einem Sattel ansteigt (gute Zeltmöglichkeit, aber kein Trinkwasser), wo er abrupt endet: vor einer Steilwand, die auf den Flughafen, den Ort Nordland und aufs offene Nordmeer blickt. Rund 30 Min. muss man für den Abstecher ansetzen; wer noch höher hinaus will, nimmt am rechten Schenkel des Sattels den Trampelpfad, der sich auf über 350 m an der Flanke des Nordlandshupen hochzieht.

Wir folgen unverändert der Küstenstraße, passieren einen kleinen Kutterhafen und eine gegenüberliegende Steinmühle, in der Felsbrocken zu Kies verarbeitet werden. Dieses Produkt wird nicht etwa auf Værøy selbst benötigt, sondern auf Schiffe verladen und zum Festland verfrachtet, wo es im Straßenbau Verwendung findet. Natürlich ist das lächerlich, denn das Festland hat wirklich genug Steine, die sich zu Kies zerkleinern ließen. Aber da der Fischfang für längere Zeit in einer Krise steckt, musste ein alternativer Erwerbszweig für Værøy gefunden werden: somit die KIESPRODUKTION, denn außer Steinen ist hier nichts zu holen.

Ein paar Minuten später ist der äußerste Norden der Insel erreicht, die Straße beschreibt eine Linkskurve und gibt den Blick frei auf den Friedhof von Værøy. Wer dort gebettet ist, hat das Nordmeer, den Moskenstraumen und die Lofoten-Wand vor »Augen«. Während dem folgenden Kilometer verläuft die Straße durch das lang gezogene Dorf **NORDLAND,** dessen zwei Dutzend Häuser die ca. 500 m breite Wiesenebene schmücken, die über Geröllstrände ins Meer übergeht. Der Ort hat CHARME: Jedes Haus ist in einer anderen Farbe getüncht, am auffälligsten allerdings ist die purpurrote Holzkirche, auf deren Schieferdach eine Zwiebel-förmige Kuppel thront. Die Kirche wurde im Jahr 1714 errichtet – und zwar auf Austvågøya, von wo sie 1799 hierher umzog. Sein blendendes Aussehen erhielt das Gotteshaus während Restaurierungsarbeiten 1974, und zu bedauern ist nur, dass das schlicht-schöne Innere mit einem 250 Jahre alten Altar nur zu den sonntäglichen Messen zugänglich ist. Anders das kleine VÆRØY-MUSEUM, das mit Exponaten aus alten Zeiten vollgestopft und in einem zweigeschossigen, weißen Holzhaus (mit Schindeldach und rot-grünen Fenstersimsen) gegenüber der Kirche untergebracht ist: dort kann man täglich Einlass finden – sofern der Hausbesitzer anwesend ist. Und dort kann man die Wasserflasche auffüllen, denn bis nach Mostad lässt sich nichts Trinkbares auftreiben.

2 Std. sind wir jetzt unterwegs, als das letzte Haus von Nordland hinter uns zurückbleibt und sich vor uns der Windsack des früheren Flughafens in der Brise bläht. Ein paar Minuten später gabelt sich die Straße: die asphal-

tierte führt zum »Terminal«, die geschotterte nach **TUSSEN,** wo sie endet. Noch weitere 10 Min. braucht der Weg bis zu diesem Picknickplatz, wohin sich solvente Wanderer ab Værøy-Ort auch mit dem Taxi bringen lassen können. Tussen – mit Tisch, Bank und Abfallkorb ausgestattet – stellt einen idealen ZELTPLATZ dar: ebenes Wiesenterrain, das in einen kleinen Sandstrand ausläuft und sich inseleinwärts mit begrünten DÜNEN bis an den Fuß der felsigen Barriere hinzieht. Ein paar Tümpel (hinter dem Dünengürtel) bieten sich zum Baden und Waschen an, aber trinken sollte man das Wasser nicht, da es die hier grasenden Schafe verschmutzen.

Wo die Schotterpiste endet, beginnt ein breiter Pfad. Rote Pfeile auf säumenden Felsen zeigen, dass man richtig ist. AUFGEPASST! Nach links oben führende Farbtupfen sind zu ignorieren: Sie haben lediglich einen Aussichtspunkt zum Ziel. Der richtige Weg steigt sanft bis auf 50 m an, führt durch eine Felskerbe, jenseits der sich die ganze KÜSTE der Insel bis hinunter nach Eidet überblicken lässt. Das Gestade macht einen wilden, unzugänglichen Eindruck: Hausgroße Felsbrocken liegen am Meeresrand, die Brandung hämmert gegen die Klippen, und das Land steigt bis zu 60° steil aus dem Meer empor. Der Hang ist größtenteils mit Wiese bewachsen, und die braune Spur eines ausreichend breiten Trampelpfads zieht sich deutlich sichtbar hinüber.

Über diese Passage – rund 3,5 km lang und in 70 Min. gut zu bewältigen – ist nicht viel zu sagen. Der Weg ist eindeutig, nicht zu verlieren, steigt mal bis (maximal) 80 m an, fällt wieder ab bis auf Meeresniveau. Wir passieren ein paar wild romantische Sandbuchten, werden von Möwen umkreischt und staunen auf halber Strecke eine 440 m hoch aufragende Steilwand empor, auf der ganz oben, oft von Wolken umhüllt, jene bereits gesichtete RADARKUPPEL der NATO thront. Der Anblick ist imposant, und dass es der Technik gelang, in solch exponierter Lage zu fußen, kann allemal beeindrucken. Imponierender allerdings wirken die (vergeblichen) Bemühungen der norwegischen Bauingenieure, entlang dieser Küste eine Straße zu bauen. Immer wieder lassen deutliche Spuren erkennen, dass hier einst eine streckenweise gerade mal Fahrzeug-breite Verkehrsader entlangführte. Das Projekt wurde 1950 gestartet, man wollte Nordland mit Mostad verbinden und hätte es wohl erreicht, hätten nicht Felsstürze immer und immer wieder die Arbeit zunichte gemacht. Das Scheitern bedeutete das Aus für Mostad; doch darüber mehr an anderer Stelle.

Über eine geröllüberhäufte Felsterrasse gelangen wir schließlich an jene Stelle, wo im Gebirgsrücken der Insel ein über 400 m tief eingeschnittenes Trogtal klafft. Ihm zu Füßen gabelt sich der Weg: Während es geradeaus nach Eidet ausgeschildert ist, geht es links ab nach Mostad, in unsere Richtung.

Ein breiter, vorübergehend sogar gepflasterter Pfad führt in den Trog und auf einen 20 m hoch gelegenen **WIESENSATTEL** hinauf. Hinter uns das Nordmeer, vor uns der Vestfjord, in den sich die sichelförmige Bucht von Mostad öffnet. Direkt links hockt die Radarkuppel auf dem Fels wie Fafner auf seinem Goldschatz; folgen wir dem unverändert breiten und leicht zu begehenden Weg, blicken wir bald auf Sanden – der Name kommt von »Sand« und ist treffend gewählt, denn es handelt es sich um einen spektakulären SANDSTRAND, schneeweiß und blendend vor einer türkisfarbenen Bucht. Er geht in einen schmalen Wiesenstreifen über und ist von senkrechten, teils sogar überhängenden Steilwänden gesäumt. Als Wanderer kann man ihn leider nicht (bzw. nur nach haarigen Klettereien) erreichen. So bleibt nur die eventuelle Anreise im Boot, das man in Værøy-Ort nachfragen und, sofern möglich, chartern muss.

5 Min. später sind wir sanft auf 100 m angestiegen und befinden uns auf einem 1,5 m breiten Sims, den ein Eisengeländer sichert. Voraus erstreckt sich die etwa 1,5 km lange, bis 500 m breite Küstenebene von Mostad, die inseleinwärts eine 350 m hohe, durchgehende Felswand begrenzt. Niedrige Steinmauern (nach Art der in Nordeuropa üblichen) legen nahe, dass Mostad ebenfalls von der Schafzucht lebte. Aber heute sucht man die Tiere vergebens, denn Mostad, das den südlichen Rand der Ebene markiert, ist inzwischen verlassen.

Knapp 1,5 km sind wir noch vom »Geisterdorf« entfernt. Von hier aus betrachtet, präsentiert sich die aus rund einem Dutzend Gebäuden bestehende Siedlung ganz normal. Nur die vollkommene Stille fällt auf, und bald kann man auch erkennen, dass die Fenster von manchen Häusern zugenagelt sind, einige Dächer ein paar neue Pfannen nötig hätten. Dann ist **MOSTAD** erreicht, und man ist erstaunt, wie intakt die meisten Häuser sind. Bei einem schauen wird durchs Fenster, erblicken dicke Staubschichten in einem komplett möblierten Zimmer. Sogar Blumen stehen auf den Simsen. Zwar sind sie vertrocknet, das ist jedoch nach über 40 Jahren nicht anders zu erwarten – so lange ist es nämlich her, dass das Dorf aufgegeben wurde. Die Räumung geschah freiwillig, wer ging, bekam auf Staatskosten ein neues Heim in Værøy-Ort. Zu dieser Regelung entschied man sich, weil sich der Bau der geplanten Straße als undurchführbar erwiesen hatte und die Stromleitungen so oft von Steinschlägen zerstört wurden, dass Mostad zumeist ohne Elektrizität dastand. Strom gibt es noch immer nicht, auch keine festen Siedler mehr, aber an den Wochenenden sowie in den Sommerferien erwacht Mostad zu neuem Leben: Die ersten Häuser sind renoviert, kleine Hütten wurden neu errichtet. Mostad fungiert heute zunehmend als Feriendomizil für »gestresste« Bürger aus Værøy-Ort.

Und ist natürlich ein Ziel für Wanderer. Aber weniger das eigentliche Dorf übt auf manche Zeitgenossen eine fast magische Anziehung aus, sondern vielmehr der von hier aus schnell (wenn auch nicht leicht) erreichbare VOGELBERG. Schon vom Wiesensattel über Eidet aus sahen wir südlich Mostad einen Serpentinenpfad zum Mostadhornet hinaufsteigen. Dieser

Leser erlebten die Restaurierungsarbieten in Mostad in vollem Gange und entdeckten auf ihrem Rundgang sogar ein »Sauna-Fass«.

Spur werden wir nun folgen, zu welchem Zweck das Dorf zu durchqueren ist, bis von dem auch weiterhin breiten Weg ein Trampelpfad nach rechts an den Fuß dieses Wiesenberges abzweigt. Aber der DURST quält, und so gehen wir erst ein paar Meter geradeaus weiter bis zu einem rechts stehenden, ummauerten, mit Wellblech gedeckten Schuppen. Darin eine Tür, und wer sie öffnet, steht dem Wasserreservoir von Mostad gegenüber: einem 1,5 m durchmessenden Erdloch, randvoll mit würzig schmeckendem und stets eiskaltem Trunk, gespeist von einer Holzleitung.

So gestärkt, machen wir uns auf, die Mostadheia zu besteigen. Der Weg ist steil und serpentinenreich, wie gesagt, kann jedoch auch sehr rutschig (Lehm) und dann ziemlich gefährlich sein. Es besteht Absturzgefahr, denn oft genug verläuft die etwa 30 cm breite Spur direkt am Abgrund entlang. Schwindelfreiheit und sicherer Tritt sowie adäquates Schuhwerk sind unumgänglich; wer gern fotografiert, sollte reichlich Filmmaterial mit sich tragen: Das LUFTBILD auf Mostad, Mostadbukta, Sanden und die Heia ist faszinierend; auf 170 m Höhe wächst Værøy-Ort in den Sucher, auf 200 m auch das Hafenbecken der Inselmetropole. Dann wendet sich der Saumpfad vom Abgrund weg und steigt in schräger Linie den Wiesenhang empor, der sich auf 300 m in eine weit geschwungene Mulde abflacht.

Ein paar Meter noch, dann ist die **MOSTADHEIA** genommen, stürzt der Blick senkrecht auf das offene Meer hinunter, von wo das Rauschen der gegen die Klippen drängenden Brandung zu uns heraufdröhnt. Die finster wirkende graue Felsmasse, deren Grundfesten von schäumenden, schmalen Buchten und unheimlich aussehenden Landspitzen zernagt ist, gilt als eine der größten Seevogelkolonien; hier achtet man nicht mehr auf Panoramen, sondern nur noch auf Vögel, auf die Millionen Vögel, die auf der Westwand des Inselklotzes sitzen, sich von ihr abstoßen, als zerfetzte weiße Fahnen aufs Meer gleiten, bevor sie wieder auffliegen, um sich vom Wind zurücktragen zu lassen. Vogelkot bedeckt die Simse, die ganze Felswand ist mit Vogelkot getüncht, und wo sich Ansammlungen von Erdreich befinden, hat der Guano als Dünger gewirkt, so dass fettes Gras, der gelbe Arktische Mohn sowie der prächtige Blaue Himmelsreiter im Überfluss gedeihen. Der beißende Gestank des GUANO dringt in die Nase, die Ohren dröhnen vom RUFKONZERT, das von der Kolonie heraufschallt.

Dort steht eine Gruppe GRYLLTEISTEN bewegungslos und in finsterem Schweigen da und starrt mit Trauermiene auf das Wasser, wo ein Floß von TROTTELLUMMEN vorbeizieht. Ein rauchgrauer EISSTURMVÖGEL steht fast schwerelos in der Luft, PAPAGEITAUCHER steigen wie kurzflügelige Raketen auf; sie umschwirren und beobachten uns wie Eulen aus klugen Augen. Ein KORMORAN reckt seinen langen Hals, ein EIDERENTENPÄRCHEN flattert vorüber, und mit einem schnatternden Schrei stürzt eine SCHMAROTZERRAUBMÖWE Falkengleich auf eine SEESCHWALBE hinab, die wie ein Torero, der den Stier ins Leere laufen lässt, seitlich ausweicht.

Hoch oben, weit über dieser kreischenden Brutkolonie, treiben vier SEEADLER wie Schwertblätter vorüber. Vor wenigen Jahrzehnten noch war der König der Lüfte ein seltener Anblick auf den Lofoten, denn auf den Kopf des auch Lämmer schlagenden Greifs waren Preise ausgesetzt, und die Bewohner von Værøy waren berühmt für ihre Kunst des Adlerfangs. Ein einziger Fallensteller konnte innerhalb eines Jahres durchaus mehr als 100 Vögel fangen, wofür er sich einer künstlich angelegten Grube bediente, die mit einer Steinplatte gedeckt und mit einem Sichtschlitz versehen war. Vor der Grube wurde ein Köder abgelegt, üblicherweise ein Stück rohes Fleisch, das an einem in die Grube führenden Seil befestigt war. Stieß ein Adler nieder und begann – nachdem sein Hungergefühl allen Argwohn besiegt hatte – richtig zu fressen, zog der Fallensteller den Köder vorsichtig zu seinem Sichtschlitz hin. Sobald sich dann der Vogel in Griffweite befand, schoss die behandschuhte Hand des Fängers hervor, ergriff die Beine des Tieres und zog es in die Grube. Seit der Adler in den 1960er Jahren unter NATURSCHUTZ gestellt wurde, sind diese Methoden verboten, und langsam, aber sicher geht es wieder bergauf im Bestand dieses weißschwänzigen Giganten, der bis 2,5 m FLÜGELSPANNWEITE erlangen kann.

Der beste BEOBACHTUNGSPLATZ sowohl für Adler als auch die anderen Bewohner des Vogelbergs *(fuglefjell)* ist jedoch nicht der auf 300 m gelegene Wiesensattel der Heia, sondern der rechts an sie grenzende **FLADNESET,** der bis auf 400 m ansteigt und über einen Saumpfad innerhalb von etwa 30 Min. erreicht werden kann. Von dort blickt man nicht in gerader Linie auf die belebten Felssimse hinunter, sondern vielmehr schräg hinüber, hat gewissermaßen die ganze Wand aus weißen Flügeln direkt vor Augen und genießt obendrein das schönstmögliche Panorama auf die Mostadbukta, den kompletten Inselklotz von Værøy, die Lofoten-Wand im Norden, die Konturen von Røst im Süden. Doch anders als das Panorama lassen sich die Vögel nur sehr schwer ablichten: Sie sind zu weit entfernt, und wer sich nicht auf eine schnell lebensgefährliche Klettertour einlässt, auch kein 500-mm-Objektiv sein Eigen nennt, wird auf prächtige Vogelportraits verzichten müssen. Zumindest falls man in Eile ist. – Wer Zeit mitbringt, hier oben sein Biwak aufschlägt und sich bewegungslos der Beobachtung hingibt, an den gewöhnt sich das gefiederte Volk. Insbesondere die Papageitaucher vermögen ihrer Neugierde nicht lange zu widerstehen und hüpfen bis auf nur wenige Meter an den geduldigen Menschen heran.

Leser-Erfahrung: Für Fladneset ist Schwindelfreiheit erforderlich; das Panorama ist wunderbar, doch bei Nebel und / oder tiefen Wolken lohnt der Aufstieg nicht.

Wanderungen für Einsteiger

AUF AUSTVÅGØYA

Trotz der vielerorts schwierigen Topografie warten auf den Lofoten zahlreiche Routen auf Kletterer und Wanderer. – Außer auf Vestvågøya finden sich insbesondere auf Austvågøya sowie auf Gimsøya viele Touren in allen Schwierigkeitsgraden, von denen die empfehlenswertesten zudem in der Topokarte »Vågan Kommune« verzeichnet sind; Kartenkopien gibt es auch beim Touristenbüro in Svolvær. Die in der Karte blau markierten sind als »Trails off Roads« teils mit äußerster VORSICHT zu genießen, und auch die rot markierten »Trails on Roads« sind mitunter nicht ohne. So ist diese Karte als einziger Wegbegleiter nur für versierte Bergwanderer zu empfehlen, und lediglich die nachfolgend kurz portraitierten (auf den Karten rot markierten) Wanderwege stellen keine besonderen Anforderungen, sind leicht zu finden und zumeist auch für Familien mit Kindern oder eher ungeübte Wanderer geeignet.

AUF DEN SAUTINDEN

◎ **DAUER/LÄNGE**: ca. 3,5 Std. / 6 km.

◎ **WEGVERLAUF/ENTFERNUNGS-/HÖHENANGABEN** (Streckenwanderung): Laupstad (3 m ü.d.M.) – Tverrfjellet (100 m, 30 Min.) – Morfjordskardet (260 m, 45 Min.) – Sautinden (596 m, 45 Min.) – Rückweg ca. 1,5 Std.

◎ **WEGBESCHAFFENHEIT**: über einen Schotterweg, Aufstieg zum Skardet über Schafpfade, zum Gipfel über Wiesenhänge.

◎ **ORIENTIERUNG**: problemlos, da die Richtung durch die Topografie zumeist klar vorgegeben ist.

◎ **KARTEN**: Topokarte »Vågan Kommune«, Maßstab 1:50 000; die eigentliche Wanderroute ist rot verzeichnet und führt auf die andere Inselseite bei Morfjord, während wir ab Morfjordskardet zum Sautinden aufsteigen.

◎ **AN-/RÜCKFAHRT**: der E 10 Svolvær-Fiskebøl (siehe Route 1) bis nach Laupstad folgen, wo sich, vor dem Ort (aus Richtung Svolvær kommend) linker Hand eine Parkbucht befindet.

Bus 512 verkehrt mehrmals täglich zwischen Svolvær und Fiskebøl, hält in Lauptstad aber nur bei Bedarf.

◎ **ZELTTOUR**: Da unterwegs einige herrliche Zeltwiesen anstehen (selbst auf dem Gipfel des Sautinden), auch reichlich Süßwasser (dies aber nicht auf dem Gipfel), drängt sich die Wanderung, die zudem Abstecher sowie Anschlusswanderungen ermöglicht, geradezu als Zelttour auf.

◎ **ANSCHLUSSWANDERUNGEN**: Vom Sautinden aus kann man leicht den nächsten nördlichen Gipfel (Piktindan, 662 m) erreichen; auch der Abstieg von dort ins Budalen an der E 10 nördlich Laupstads ist möglich. Vom Morfjordskardet aus bietet es sich an, die linker Hand aufragenden Gipfel zu besteigen (über 600 m); geradeaus weiter erreicht man vom Pass aus problemlos den ca. 2,5 km entfernten Ort Morfjord am gleichnamigen Fjord.

◎ **ANMERKUNGEN**: Trinkwasser ist vorhanden (mehrere Bachläufe), aber nicht mehr ab dem Morfjordskardet; generell sollte man möglichst filtern, entkeimen etc., da vor Ort viele Schafe weiden.

◎ **KURZBESCHREIBUNG**: Diese relativ einfache und auch für Familien (mit älteren Kindern) machbare Wanderung ist voller Kontraste, führt sie doch vom Nordrand des Austnesfjord über leicht zu begehende Schafpfade sowie Wiesenhänge auf den 596 m messenden WIESENBUCKEL des Sautinden, der sich als Panorama-Balkon erweist: Gegenüber und zum Greifen nah, die in die Höhen teils noch vergletscherten Reif-Riesen u.a. des HIGRAVTINDAN über dem Austnesfjord (rechts) sowie auch über dem Higravfjord (links), während im Norden die mächtigen Zinnen des Trolldalstind mit dem Morfjord kontrastieren und im Süden Skrova und Lille Molla aus dem Vestfjord steigen. Jede Richtung bietet einen anderen optischen Höhepunkt, und wir kennen keine Wanderung sonst, die derart einfach, aber gleichzeitig ebenso eindrucksvoll ist.

AUF DEN GLÅMTINDEN

◎ **DAUER/LÄNGE**: als Streckenwanderung rund 2,5 Std. (4 km), als Rundwanderung rund 4 Std. (8 km).

◎ **WEGVERLAUF/ENTFERNUNGS-/HÖHENANGABEN** (Streckenwanderung): Hopspollen (3 m) – 340-m-Höhe (1 Std.) – Glåmtinden (419 m nach 30 Min.) – Rückweg ca. 1 Std.

(Rundwanderung): wie oben, aber ab Glåmtinden bzw. der 340-m-Höhe zum Rørvikskardet (140 m, 45 Min.) – E 10 (5 m, 30 Min.) – Abzweigung nach Hopen (15 m, 30 Min.) – Abzweigung nach Kalle (3 m, 15 Min.) – Hopspollen (3 m, 10 Min.).

◎ **WEGBESCHAFFENHEIT**: bis zur 340-m-Höhe über mehr oder weniger deutliche, aber konstant in die Höhe führende Pfade, teils Feuchtgebiete; darauf bis zum Gipfel streckenweise pfadlos und rutschig den Fels-/Geröllhang hinauf); retour oder (Rundwanderung) auf deutlichen Pfaden zum Rørvikskardet, auf Schotterstraße zur E 10 hinab, anschließend entlang der E 10 sowie dem nach Hopen ausgeschilderten Weg zum Ausgangspunkt zurück.

◎ **ORIENTIERUNG**: problemlos, da die Richtung durch die Topografie zumeist klar vorgegeben ist.

◎ **KARTEN**: Topokarte »Vågan Kommune«, Maßstab 1: 50 000; die eigentliche Wanderroute ist rot verzeichnet, wird aber als Rundwanderung vorgestellt.

◎ **AN-/RÜCKFAHRT**: der E 10 (Svolvær in Richtung Leknes) folgen, links ab nach Hopen und wieder rechts auf die mit »Kalle« ausgeschilderte Schotterstraße (siehe Route 5); über den Fahrdamm hinweg, gleich rechts in einer Einbuchtung (ausreichend für mehrere Autos) parken.

Mit dem Bus: Die meisten Busse der Linie 520 Svolvær–Henningsvær passieren die Abzweigung nach Kalle, von wo es etwa 10 Gehminuten sind.

◎ **ZELTTOUR**: Das Terrain ist meist steinig und uneben, auch Trinkwasser ist hier kaum aufzutreiben; das Zelten würde hier wenig Spaß bereiten.

◎ **ANMERKUNGEN**: Trinkwasser ist mitzubringen.

◎ **KURZBESCHREIBUNG**: Oberhalb vom Parkplatz beginnen mehrere deutliche Pfade, die sich allesamt auf den unübersehbaren Gipfel des Glåmtinden hinziehen, sich jedoch immer wieder mal verlieren und in späteren Abschnitten mitunter recht steil sind.

Deshalb auch ist diese Tour nur für Familien mit (älteren) Kindern tauglich, die schon trittsicher sind. Ansonsten ist zum Aufstieg, der von Felsbalkon zu Felsbalkon führt, nicht viel zu sagen. Außer, dass die Aussicht immer grandioser wird, denn sieht man erst nur Hopen, bald auch Ørsnes, dann Kabelvåg und den Vestfjord, schließlich und ab der 340-m-Höhe auch die Rørvika mit Henningsværstraumen vor dem Bergprospekt Vestvågøyas. Der Aufstieg zum Gipfel bringt noch etwas mehr Dramatik – der Aufstieg ist aber rutschig und steil, nicht ganz ungefährlich. Mit ein bisschen Glück kann man auf dieser Tour Fossilien finden (insbesondere versteinerte Muscheln), die beweisen, dass sich einst der gesamte Archipel unter der Meeresoberfläche befand.

AUF DEN FESTVÅGTINDEN

◎ **DAUER/LÄNGE**: ca. 3,5 Std., 4 km.

◎ **WEGVERLAUF/ENTFERNUNGS-/HÖHENANGABEN** (Streckenwanderung): Festvåg an der R 816 – (3 m) – Heiavatnet (189 m, 1 Std.) – Festvågtinden (541 m, 1 Std.) – Rückweg rund 1,5 Std.

◎ **WEGBESCHAFFENHEIT**: bis zum Heiavatnet teils sehr steil über (nicht immer sichtbare) Pfade sowie Geröllbänder, ab dem See über deutliche Pfade zwar teils ebenfalls sehr steil, aber nicht gefährlich.

◎ **ORIENTIERUNG**: problemlos, da die Richtung durch die Topografie zumeist klar vorgegeben ist.

◎ **KARTEN**: Topokarte »Vågan Kommune«, Maßstab 1:50 000; die Wanderroute ist nicht verzeichnet, was jedoch auch nicht nötig ist, da man den Einstieg und den späteren Pfad kaum verlieren kann.

◎ **AN-/RÜCKFAHRT**: Wie unter Route 5 beschrieben Richtung Henningsvær, aber vor Erreichen der ersten Bogenbrücke parken. Entweder direkt linker Hand davor (und dann ungefähr 200 m retour) oder bei dem einzigen Haus von Festvåg (rechts an der Straße; dort eventuell Genehmigung einholen, die am See gelegene Lavvu benutzen zu dürfen) und nun der Straße noch rund 200 m weiter folgen bis zu dem unübersehbaren, aus Granitquadern gemauerten Wasserbecken links der Straße.

Mit dem Bus: Der Bus der Linie 520 Svolvær-Henningsvær passiert jenes Wasserbecken bei Festvåg; zu Fuß ist man ab Henningsvær etwa 15 Min. bis dorthin unterwegs.

◎ **ZELTTOUR**: Im Bereich des Heiavatnet kann man Zeltplätze finden, aber die meisten sind uneben und winzig, weshalb es sich evtl. anbietet, in der am Seeufer einladenden Lavvu (Samenzelt aus imprägnierten Baumwollstoff mit offener Feuerstelle in der Mitte) zu übernachten. Doch ist sie privat, weshalb man in Festvåg (dort im einzigen Haus) eine Genehmigung unbedingt einholen muss.

◎ **KURZBESCHREIBUNG**: Ab dem Wasserbecken ist die Richtung deutlich vorgegeben, geht es doch lediglich die Geröllkerbe hinauf. Der Pfad beginnt rechts vom Becken, verläuft sich aber immer wieder mal, und die Idealroute hinauf verläuft mehr in der rechten Kerbhälfte. Dann ist der See erreicht: Von hier aus genießt man bereits ein schönes, allerdings noch kein überwältigendes Panorama. Das gibt erst der Gipfel frei, und vom See aus sieht man schon deutlich den Pfad sich in Zickzackkurven hinaufziehen. Die Richtung kann man kaum verlieren, aber es ist teils sehr steil. Am Ende des Aufstiegs wird ein Bergrücken erreicht; der Festvågtinden, mit einem dreieckigen Punkt gekrönt, liegt linker Hand. Der Kick bei dieser Tour ist das Panorama von der Höhe aus, die nämlich nahezu senkrecht zur R 816 und zum Henningsværstraumen hin abfällt. Von hier aus betrachtet man wahre Postkartenmotive auf das über Inseln und Holme hingestreute Henningsvær und auf den gesamten Vestfjord sowie auf die Bergmauern von Vestvågøya.

AUF DIE KLEPPSTADHEIA

◎ **DAUER/LÄNGE**: ca. 3,5–4 Std., ca. 6 km.

◎ **WEGVERLAUF/ENTFERNUNGS-/HÖHENANGABEN** (Streckenwanderung): Parkplatz Kreuzung E 10 mit der nach Brenna ausgeschilderten Straße (5 m) – Baumgrenze (250 m, 1 Std.) – Kleppstadheia (534 m nach 1,5 Std.) – Rückweg rund 1,5 Std.

◎ **WEGBESCHAFFENHEIT**: deutliche Wald- und Wiesenpfade bis zur Baumgrenze, die sich zwar vereinzelt verlieren, aber alle in die Höhe führen. Ab der Baumgrenze über Schafpfade sowie Felsbahnen, vereinzeltes Geröll und Wiesenhänge zum Gipfel.

◎ **ORIENTIERUNG**: problemlos, da die Richtung durch die Topografie zumeist klar vorgegeben ist.

◎ **KARTEN**: Topokarte »Vestvågøy Kommune«, im Maßstab 1 : 50 000; die eigentliche Wanderroute ist darin rot verzeichnet.

◎ **AN-/RÜCKFAHRT**: Der E 10 Svolvær Richtung Leknes folgen (Route 6), dann hinter Kleppstad und kurz vor der Bogenbrücke über den Gimsøyastraumen auf den Parkplatz direkt an der Kreuzung der E 10 mit der Straße nach Brenna.

Mit dem Bus: Die Busse der Linie 100 (Svolvær-Leknes) passieren den Parkplatz, der zwar Bushaltestelle ist, wo sie bei manchen Touren aber nur bei Bedarf anhalten!

◎ **ZELTTOUR**: Das Terrain ist meist steinig und uneben, auch Trinkwasser ist hier kaum aufzutreiben; das Zelten würde hier wenig Spaß bereiten.

◎ **ANMERKUNGEN**: Trinkwasser ist mitzubringen.

◎ **KURZBESCHREIBUNG**: Von dem Parkplatz aus folgt man der Straße in Richtung Brenna für vielleicht 100 m, bis man rechter Hand unübersehbar einen Pfad den teils bewaldeten Höhenrücken hinaufsteigen sieht; dann über den Schafzaun und auf den Pfad, den Höhenrücken hinauf und durch teils regelrecht verfilzten Birkenwald bis zur Baumgrenze hinaus; dann einfach geradeaus bzw. leicht halb links den nun mit Wiese, Geröll und Felsbändern bedeckten Buckelhang hinauf. Auf der Höhe öffnet sich jäh ein Steilhang nach Norden – die Kleppstadheia, wohin ab hier deutliche Pfade führen, liegt linker Hand, markiert mit jenem trigonometrischen Punkt.

Das Besondere auch dieser Tour ist natürlich das Panorama, das man farbenprächtiger selbst auf dem Archipel nicht überall genießen kann: Auf Grund der zahlreichen Untiefen nämlich schimmert der Gimsøyastraumen in den verführerischsten Farben zwischen Schwarzblau und hellem Türkis, während die Berge Gimsøyas und Vestvågøyas als hellbraune bis tiefgraue Skulpturen aus dem Vestfjord ragen und sich das Sydal als ein Traum in sattem Wiesengrün präsentiert.

HOCH ÜBER GIMSØYA

◎ **DAUER/LÄNGE**: ca. 2,5 Std. / 4 km.

◎ **WEGVERLAUF/ENTFERNUNGS-/HÖHENANGABEN** (Streckenwanderung): Parkplatz am Golfplatz (10 m) – Hoven (368 m, 1,5 Std.) – Parkplatz (10 m, 1 Std.).

◎ **WEGBESCHAFFENHEIT**: deutliche Pfade durch das Heidekraut und Feuchtstellen bis zum Fuß des Berges, sodann auf stark ausgetretenen Erdpfaden den Wiesenhang hinauf zum Gipfel.

◎ **ORIENTIERUNG**: problemlos, da die Richtung durch die Topografie zumeist klar vorgegeben ist.

◎ **KARTEN**: Topokarte »Vestvågøy Kommune«, im Maßstab 1 : 50 000; die eigentliche Wanderroute ist darin rot verzeichnet.

◎ **AN-/RÜCKFAHRT**: Der E 10 Svolvær-Leknes folgen bis zu der Lofoten Golfbane (Route 6), dort Parkplatz. – Keine Anfahrt per Bus möglich.

◎ **ZELTTOUR**: Das Terrain ist meist steinig und uneben, auch Trinkwasser ist kaum zu finden; das Zelten wird vor Ort kaum Spaß machen.

◎ **ANMERKUNGEN**: Trinkwasser ist mitzubringen.

◎ **KURZBESCHREIBUNG**: Direkt hinter dem Parkplatz beginnt links vom Werkzeugschuppen ein deutlich ausgetretener Pfad, der in ziemlich direkter Linie auf den Berg zuhält. Nach wenigen Minuten ist sein Fuß erreicht. Weiter geht's auf teils stark ausgetretenen Pfaden den mal mehr, mal weniger steilen Wiesenhang hinauf. Der Weg ist kaum zu verlieren; eigentlich alle nach oben führenden Pfade sind recht. Und mit jedem Höhenmeter wächst das Panorama auf Golfplatz, die Küstenlinie, das Moor, schließlich auf ganz Gimsøya sowie hinüber nach Vestvågøya sowie auf die Vesterålen. Da der (mit einem dreieckigen Punkt gekrönte) HOVEN gänzlich isoliert aus dem ausgedehnten GIMSØYA-MOOR ragt, genießt man ringsum völlig freie Sicht; deutlich auch kann man von der Höhe aus erkennen, dass in früheren Zeiten, als der Meeresspiegel höher lag, und dass die Küstenlinie Gimsøyas mitten durch das heutige Moor verlief.

Die Tour ist leicht, auch für Kinder problemlos (unsere waren bereits im Alter von 3 Jahren dabei), kann auch mit Turnschuhen angegangen werden. VORSICHT ist lediglich auf dem Gipfel angeraten, denn so sanft er von Süden her aufsteigt, so abrupt fällt er nach Norden hin ab, wo zudem sein Gestein ziemlich brüchig ist.

DIE LOFOTEN IM INTERNET

Die folgende Übersicht erhebt nicht den Anspruch, die besten Websites über die Lofoten präsentieren zu wollen; die Redaktion hat informative, teilweise liebevoll betreute Seiten zusammengestellt, die in bestimmten Bereichen (oder zu bestimmten Themen) Akzente setzen. Angaben zu den Touristenbüros vor Ort finden Sie im Kapitel »Information« auf der folgenden Buchseite.

◎ www.lofoten-online.de – privat gepflegte und nicht kommerzielle Homepage, die allen, die sich für die Lofoten interessieren, etwas mitzuteilen hat, seien es Neugierige vor dem ersten Sprung in den Norden oder echte Nordland-Kenner. Neben Landeskunde und einer Bibliothek sind Reiseberichte, Reisetipps (auch für Fahrradfahrer), natürlich Links und Adressen sowie viele schöne Fotos und weitere lesenswerte Texte zu Lofoten-typischen Stichworten enthalten.

◎ www.digermulen.de – ähnlich aufgemachte, ansprechende Seiten über eine kleine Ortschaft, der zwar nicht direkt auf den Lofoten liegt, dafür aber ganz in der Nähe; wieder mit der gelungenen Mischung aus Appetithappen, Landeskunde sowie praktischen Informationen. Hier können Sie auch historische Postkarten betrachten und etwas über den »Kaisermarsch« erfahren... Siehe auch die Seiten 118 und 119.

◎ www.lofoten-photogalerie.de – wunderbare, stimmungsvolle Fotos aus allen Jahreszeiten; wer nach dem Anschauen noch nicht aufbrechen oder planen möchte, ist mit diesem Buch ein Fehlkauf unterlaufen.

◎ www.museums-of-lofoten.no – Start- und Verteilerseite für die spannendsten Museen auf dem Archipel, mit den entsprechenden Links. Auch auf Deutsch.

◎ www.lofoten-info.no/history.htm – wer sich eingehend mit der lokalen Geschichte befassen möchte, kann sich hier satt lesen, allerdings auf Englisch. Im Mittelpunkt steht die Historie der benachbarten Inseln Flakstadøya und Moskenesøya, mit umfangreichen Texten zu Fischfang, Mahlstrom, geschichtlichen Fundstätten u.a.

◎ www.lofoten-turlag.no – wer so viel Zeit mitbringt, dass die Wanderungen in diesem Buch nicht ausreichen, findet auf der Homepage des lokalen Wandervereins weitere Anregungen und ergänzende Informationen. Für die schwierigeren Touren reichen diese knappen Angaben jedoch keinesfalls als Orientierungshilfe aus. Auf Englisch.

◎ www.177nordland.com – zum Abschluss eine praktische Website: Unter dem Link »Rutetabeller« gelangen Sie zu Fahrplänen im »fylke« Nordland samt den Lofoten. Download möglich.

Information

Mit allen Fragen wende man sich an das TURISTKONTOR (= Fremdenverkehrsamt) auf der jeweiligen Insel; es wird ENGLISCH, OFT AUCH DEUTSCH gesprochen.

AUSTVÅGØYA

◎ **DESTINATION LOFOTEN**, Box 210, N–8301 Svolvær, Torget (Marktplatz am Hafen), Tel. 7606 9800, Fax 7607 3001, E-Mail: tourist@lofoten-tourist.no, www.lofoten-tourist.no. ZUSTÄNDIG für die Insel Austvågøya wie auch ARCHIPEL-WEIT. Ganzjährig geöffnet.

Ende Mai bis Mitte Juni Mo–Fr 9–16 Uhr, Sa 10–14 Uhr; Mitte bis Ende Juni Mo–Fr 9–16 Uhr und 17– 19.30 Uhr, Sa 10 –14 Uhr, So 16 –19 Uhr; Ende Juni bis etwa 10.8. Mo–Fr 9–16 Uhr sowie 17–21.30 Uhr, Sa nur bis 20 Uhr, So 10–21.30 Uhr; Rest August Mo–Fr 9–19 Uhr, Sa 10– 14 Uhr; sonst Mo–Fr 9–16 Uhr.

VESTVÅGØYA

Bisher gab es auch im Vikingmuseet på Borg eine Info-Stelle; ob diese fortbesteht, stand bei Redaktionsschluss noch nicht fest.

◎ **TURISTKONTOR LEKNES**, N–8370 Leknes, Storgt. 31, Tel. 7605 6070, Fax 7606 0971.

Anfang Juni bis etwa 20.6. Mo–Fr 10–16 Uhr, Sa 10 –14 Uhr; bis etwa 10.8. Mo–Fr 9 –19 Uhr, Sa 10–14 Uhr, So 10–14 Uhr; bis etwa 20.8. Mo–Fr 10–16 Uhr, Sa 10–14 Uhr. Im Zentrum von Leknes gelegen.

FLAKSTADØYA /MOSKENESØYA

◎ **TURISTKONTOR FLAKSTAD**, N – 8380 Ramberg (E 10), Tel. 7609 3450, Fax 7609 3778.

Von Anfang Juni bis Mitte August täglich 10–19 Uhr. Am Rastplatz Brunstrand, zwischen Flakstad Kirke sowie Ramberg-Zentrum.

◎ **TURISTKONTOR FLAKSTAD OG MOSKENES**, N – 8392 Sørvågen/Moskenes, Tel. 7609 1599, Fax 7609 2425, E-mail: tour-off@lofoten-info.no, Internet: www.lofoten-info.no.

Das im Ort ausgeschilderte Büro ist ganzjährig Mo–Fr 10–14 Uhr geöffnet. Während der Saison befindet sich das Büro am Fährhafen in Moskenes: Anfang Juni bis etwa 25.8. geöffnet, etwa 20.6.–31.7. täglich 10–19 Uhr, sonst Mo–Fr 10–17 Uhr.

VÆRØY

◎ **TURISTKONTOR VÆRØY** Sørland, N – 8063 Værøy, Tel. 7609 5210, Fax 7605 1501.

Von Mitte Juni bis Mitte August täglich 10 –14 Uhr.

RØST

◎ **RØST TURISTKONTOR**, N – 8064 Røst, Tel. 7609 6411, Fax 7605 0501.

Von Mitte Juni bis Mitte August Mo–Sa 10–13.30 Uhr und bei Ankunft der Fähre, So bei Ankunft der Fähre.

IM INTERNET

Bitte beachten Sie den Kastentext auf der vorigen Seite 277.

Falls Sie von zu Hause anrufen oder faxen wollen: Die Landesvorwahl Norwegens lautet 0047 – danach folgt die achtstellige Nummer ohne Ortsvorwahl.

Transport

Mit dem eigenen Fahrzeug

Die Länge des Lofoten-Straßennetzes zwischen Fiskebøl auf Austvågøya im Norden sowie Å auf Moskenesøya im Süden beträgt insgesamt ca. 400 km. Das ist nicht viel, aber wer jede Straße mal gefahren sein will – und eine jede hat ihren besonderen REIZ – kommt, da es sich öfter um Sackgassen handelt, dennoch gut und gerne auf über 800 km, und wie es die Statistik will, legt jeder Urlauber im Durchschnitt mehr als 1.000 km während seiner Ferien auf den Inseln zurück. Macht mindestens 20 Std. hinter dem Lenkrad, denn die Straßen sind zwar durchweg in gutem Zustand, auch zu mehr als 75 % asphaltiert, aber oft schmal und kurvenreich.

Als 1963 der LOFOTEN-HIGHWAY zwischen Fiskebøl und Å fertig gestellt wurde, bedeckte nur Schotter die gerade Fahrzeug-breite Piste, die sieben Mal von Meeresarmen unterbrochen war. Inklusive der Fährzeiten benötigte man für die 168 km lange Strecke mindestens einen ganzen und zwar ziemlich langen Tag. Nach und nach aber hat man alle Inseln durch Brücken miteinander verbunden: 1990 fiel die letzte Fähre weg, seitdem der 1,8 km lange Nappstraumtunnel die Meerenge zwischen Vestvågøya und Flakstadøya bis zu 60 m tief unter der Wasseroberfläche unterquert.

Nun ist es nur noch eine Frage der Zeit, bis die Lofoten an das Festland angeschlossen werden; um das Jahr 2015 wird es soweit sein.

VORSICHT

◎ Besonders in kleineren Siedlungen muss man auf spielende **KINDER** achten.

◎ Seit vereinzelte **ELCHE** den Weg auf den Archipel fanden, gilt es sich vorzusehen, sobald man einen solchen Koloss am Straßenrand entdeckt oder ein Schild vor ihm warnen sollte. Zusammenstöße mit Elchen enden in der Regel fatal für die Fahrzeuginsassen.

◎ Die Lofoten-**SCHAFE** sind stur und machen nicht unbedingt Platz, wenn ein Fahrzeug daherkommt.

◎ Mancherorts können entgegenkommende Fahrzeuge ein Problem darstellen, denn nicht überall passen **ZWEI NEBENEINANDER**. – Wohnmobilisten tun gut daran, auf der Hut vor vereinzelt auftauchenden SCHLAGLÖCHERN zu sein, die die Stoßdämpfer belasten. Einen die Haare raufenden Hymer-Besitzer trafen wir am Straßenrand, der hatte so ein Loch mit voller Geschwindigkeit genommen und dabei seine Inneneinrichtung »verloren«: Die Einbauschränke waren herausgerissen, die Deckenvertäfelung war herabgestürzt.

WERKSTÄTTEN / PANNENFALL

Wer sonst einen Schaden am Fahrzeug hat, findet auf dem Archipel Vertrags-Werkstätten der gängigen europäischen sowie japanischen Automarken, Schwerpunkte sind Leknes auf Vestvågøya und Svolvær auf Austvågøya.

◎ Auskünfte über **ADRESSEN** etc. erteilen die Touristenbüros; ferner sind die einzelnen Werkstätten in den *gule sider* (»Gelbe Seiten«) des Telefonbuchs für das fylke Nordland – grob vereinfacht ein Bundesland, jedoch anders strukturiert – aufgelistet: nachzuschlagen unter *bilverksteder,* dort unter den jeweiligen Orten.

◎ Für **ABSCHLEPPDIENSTE** ist archipelweit *Viking Redningstjenestea* zuständig: in Leknes/Vestvågøya (Tel. 7608 0987), in Kabelvåg/ Austvågøya (Tel. 7606 6680). In der Nacht Tel. 8003 2900.

TANKSTELLEN

... SIND recht RAR gesät auf den Lofoten, und man tut gut daran, stets auf einen gefüllten Tank zu achten. Nach 19/20 Uhr (bis 24 Uhr) sowie an Sonn- und Feiertagen haben lediglich die Tankstellen in Svolvær sowie Leknes geöffnet; nur in Svolvær gibt es Sprit auf Austvågøya; auf Gimsøya hält man vergeblich Ausschau nach Zapfsäulen; auf Vestvågøya kann man in Borg, Leknes und Stamsund tanken, auf Flakstadøya in Ramberg sowie auf Moskenesøya in Reine.

Leihwagen

Autovermieter gibt es auf Austvågøya und Vestvågøya; die Leihwagen können bereits in Deutschland, in der Schweiz ebenso wie in Österreich gebucht werden.

Ohne KREDITKARTE läuft nichts, der nationale FÜHRERSCHEIN reicht aus, viele Vermieter geben jedoch ihre Fahrzeuge nur an Personen ab, die ÄLTER ALS 25 JAHRE sind.

Die PREISE sind DRASTISCH, unter ungefähr € 50 pro Tag läuft hier gar nichts für einen Kleinstwagen, wobei man bei diesem »günstigen Angebot« mal gerade 50 Freikilometer hat. Generell sind die Tarife in der Hochsaison vom 1.6. bis 30.8. am niedrigsten, wenn die *sommerpriser* gelten (Mindestmietdauer aber drei Tage): Das billigste Modell (etwa Opel Corsa oder Renault Clio) kostet so 450 NOK/ Tag (50 Freikilometer) bzw. 640 NOK (200 Freikilometer) bzw. 2.600 NOK (1 Woche, 350 km) bzw. 4.600 NOK (1.400 km); die nächste Klasse (u.a. Toyota Corolla) ist um 10 % teurer, die Mittelklasse um 30–40 %; außerhalb der Hochsaison ist unter 700 NOK/Tag (für das kleinste Modell) nichts zu bekommen, dann jedoch mit 100 Freikilometern.

◎ **IN SVOLVÆR AUF AUSTVÅGØYA**: *Avis Biltutleie Lofoten* (Torget 18, Tel. 7607 1140, www.avis.no). – *Budget Bilutleie* (Sivert Nilseng. 43, Tel. 7607 0000). – *Hertz Bilutleie* (Austnesfjordgt. 24, Tel. 7607 0720).

◎ **IN LEKNES AUF VESTVÅGØYA**: *Avis* (s.o.; Steinevn. 17/Stamsund, Tel. 7608 9300). – *Hertz* (Lufthavnvn. 30, Tel. 7608 1844). – *Lofoten Bruktbilutleie* (Holsdalen 14, Tel. 7608 0125). Mit Abstand am günstigsten auf dem Archipel!).

Öffentliche Verkehrsmittel

Wer öffentliche Verkehrsmittel nutzen will oder muss, sollte das Touristenbüro in Svolvær kontaktieren und um entsprechende Broschüren und Fahrpläne bitten.

◎ **INFORMATION**: Im Internet sind alle Fahrpläne zu finden über www.177nordland.com; telefonisch (auch auf Englisch) erhält man Auskunft zu allen Transportmitteln über Tel. 177 (nur innerhalb von Nordland fylke) oder Tel. 7577 2410 (auch wenn man von außerhalb Nordlands anruft).

BUS

Das wichtigste Heft trägt den Namen *Buss-og båtruter,* herausgegeben vom *Lofoten Trafikklag.* Es listet alle Busverbindungen auf.

Bei den Bussen handelt es sich um moderne Fahrzeuge, die Preise sind moderat, alle Bushaltestellen deutlich markiert. In Leknes sowie Svolvær gibt es einen Busbahnhof mit Info-Stelle. Fahrplaninfos erhält man über Tel. 7611 1111, Fax 7608 0612.

◎ Route 008 (3 x täglich, 2,5 Std.): **SVOLVÆR – SORTLAND,** via Vestpollen, Fiskebøl, Melbu, Stokmarknes, Skagen und Grytting.

◎ Route 100 (6–8 x täglich, 100 Min.): **SVOLVÆR – LEKNES,** via Kabelvåg, Rørvik, Kleppstad, Barstrand, Sundklakk, Vonheim, Strømgård, Bøstad, Borg.

◎ Route 101 (5–8 x täglich, 130 Min.): **LEKNES – Å,** via Nappstraumtunnel, Napp, Ramberg, Finnbyen, Sund, Mølnarodden, Hamnøy und Reine.

◎ Route 202 (6–8 x täglich, 50 Min.): **HAMNØY – Å,** via Reine, Moskenes und Sørvågen.

◎ Route 303 (2 x täglich, 30 Min.): **RAMBERG – YTTERSAND,** via Krystad und Fredvang.

◎ Route 403 (3 x wöchentl., 1 Std.): **LEKNES – VALBERG,** via Stamsund und Skifjord.

◎ Route 404 (12 x täglich, 30 Min.): **LEKNES – BALLSTAD.**

◎ Route 406 (8 x täglich, 30 Min.): **LEKNES – STAMSUND,** via Fygle, Hagskaret, Mortsund, Ure, Sennesvik, Skifjord und Steine.

◎ Route 407 (1–2 x täglich, 1 Std.): **LEKNES – EGGUM,** via Borg, Bøstad, Strømgård, Eggum, Klevstad, Tangstad, Mærvoll, Unstad, Borg, Leknes.

◎ Route 508 (3 x / Woche, 35 Min.): rings um **GIMSØYA** (Årrstranda, Hovsund, Vinje, Barstrand).

◎ Route 509 (1 x täglich, 20 Min.): **KLEPPSTAD – BRENNA,** via Olderfjord, Sydal, Gravermark.

◎ Route 510 (6–8 x täglich, 35 Min.): **SVOLVÆR – HENNINGSVÆR,** via Kabelvåg, Ørsnes, Hopen, Rørvik.

◎ Route 512 (5 x täglich, 4 Std. inkl. Aufenthalt in Laukvik): **SVOLVÆR – LAUKVIK,** via Vestpollen, Eidet, und **LAUKVIK – FISKEBØL,** via Grunnforfjord, Morfjord und Strømstad.

◎ **SVOLVÆR – NARVIK** (2 x täglich, 5,5 Std.) via Skutvik, Ulsvåg.

◎ **SVOLVÆR – NARVIK** (1 x täglich, 7,5 Std.) via Fiskebøl, Melbu, Sortland und Evenes.

SCHIFF

Das *Ruteheft for Lofoten* (im Touristenbüro) listet sämtliche Schiffs-/ Fährverbindungen vor Ort auf.

Ein »fylke« kann man – grob vereinfacht – mit einem Bundesland vergleichen, ist aber anders strukturiert. Die Lofoten gehören zum fylke Nordland.

◎ **SVOLVÆR – SKUTVIK** (Autofähre, 4–8 x täglich, 2 Std.).
◎ **SVOLVÆR – BODØ** via Stamsund (Hurtigschiff 1 x täglich, etwa 6 Std.; Schnellboot 1 x täglich, etwa 3,5 Std.).
◎ **SVOLVÆR – NARVIK** (Schnellboot, im Sommer 1 x täglich, 3,5 Std.).
◎ **MOSKENES – VÆRØY / RØST / BODØ** (Fähre, 3 – 4 x täglich, 4,5 Std.).
◎ **REINE – Å** (10 Min.) – **VÆRØY** (1 Std.) – **RØST** (50 Min.), (Schnellboot, 2 x täglich).
◎ **REINEFJORD** (Motorboot, 1–2 x täglich, 1,5 Std. Reine – Rostad – Kjerkfjorden – Engelsnes – Vindstad – Tennes – Reine).
◎ **FISKEBØL – MELBU** / Vesterålen (Autofähre, 12–14 x täglich, 20 Min.).

FLUGZEUG
Für alle Flüge auf / von / nach den Lofoten ist *Widerøe* zuständig, die »Hurtigrute in der Luft«. Geflogen wird in kleinen Propellermaschinen in geringer Höhe, man kommt sich vor wie das Mitglied einer fliegenden Familie, und die Captains können es sich oft nicht verkneifen, dem Ausländer ein paar Extra-Luftbilder zu zeigen. Es lohnt sich, mit Widerøe zu fliegen – und sei es nur zum Spaß. Information sowie Buchung über Reisebüros (siehe dort) und über Widerøe in Bodø (Tel. 7511 1111 und 8100 1200), Svolvær (Tel. 7607 0099), Leknes (Tel. 7608 4100) und www.wideroe.no (möglich auch Online-Buchung). Der Tarif je Weg innerhalb Nordland-Fylke beläuft sich generell auf 599 NOK.
◎ **SVOLVÆR – LEKNES**: 2 x täglich, 20 Min.
◎ **SVOLVÆR – BODØ**: mehrmals am Tag, 40 Min.
◎ **SVOLVÆR – STOKMARKNES** auf Vesterålen: 2 x täglich 15 Min.
◎ **LEKNES – BODØ**: mehrmals am Tag, 40 Min.

Mit dem Fahrrad

Dass die Lofoten ein Eldorado für Radfahrer sind, glaubt man kaum angesichts der steil aufragenden Gebirgsmasse der Lofoten-Wand. Aber die Straßen führen nicht durchs Gebirge, sondern stets nur an ihren Wurzeln entlang und verlaufen zum allergrößten Teil eben. – Lediglich die E 10 auf Vestvågøya hat eine kräftige Steigung; hier müssen die Radler eventuell eine Zeitlang schieben.

Ob Mountainbike, Tourenrad oder ein anderer Radtyp, ist nicht mehr als eine Geschmacksfrage. Die Lofoter bevorzugen MTBs, nicht wegen der Steigungsstrecken, sondern wegen des GEGENWINDS, der das Fortkommen mitunter recht beschwerlich machen kann; mit einer gewöhnlichen Gangschaltung wird man so manches Mal seinen Radurlaub verfluchen.

AN-/WEITERREISE
Dass der Fahrradtransport im Flugzeug und auch Zug durch Schweden und Norwegen problemlos ist, wird auf Seite 348 beschrieben. Wer sich dafür entscheidet, wird entweder von Bodø aus oder von Narvik aus auf die Lofoten übersetzen wollen: entweder ab Bodø per Flugzeug nach Leknes oder Svolvær, oder mit der Autofähre von Bodø nach Moskenes, oder mit

Die Schnellbootroute Svolvær-Narvik stand bereits kurz vor der Einstellung und wird nur noch von Anfang Mai bis Ende September versehen.

dem »Postdampfer« der Hurtigrute (Bodø – Stamsund – Svolvær) oder mit dem Schnellboot ab Narvik nach Svolvær (auch Fahrradtransport).

Wer aus Narvik anreist, sollte zwar das Schnellboot in Richtung Svolvær nehmen, aber schon IN HOLAND auf der Insel Hinnøya AUSSTEIGEN. Von dort aus hat man nämlich seit einigen Jahren, seit Fertigstellung der Brücke über den RAFTSUND, die Möglichkeit, über verkehrsarme Seitenwege via Digermulen und Kongselv nach Fiskebøl im Norden der Lofot-Insel Austvågøya zu radeln (siehe Route 1, Seite 118 f.). Die Strecke ist traumhaft schön, insgesamt gut 40 km lang, die ersten 29 km mit Schotterbelag, und kaum befahren, wie empfohlen.

Wer von Narvik auch wieder nach Hause reisen möchte, kann dementsprechend nach Befahrung der Lofoten bis hinauf nach Fiskebøl von dort aus nach Holand weiterfahren und dort besagtes Schnellboot nach Narvik besteigen; es verkehrt jedoch nur noch im Sommer (siehe nebenan die Seite 282).

DIE PACKTASCHEN

Die Packtaschen müssen für die Lofoten wasserdicht, möglichst einzeln aufhängbar und so konzipiert sein, dass sie auch als Reise-/Schultertaschen eingesetzt werden können.

Wir haben beste Erfahrungen mit den 100 % wasserdichten, strapazierfähigen sowie mit einem Schnellverschlusssystem ausgerüsteten »World Tramp Aqua«-Biketaschen der Firma Vaude gemacht. Wer es extrem strapazierfähig mag, wird die »Trans Alp Plus Cordura«-Serie bevorzugen.

AUSRÜSTUNG / WERKSTÄTTEN

An speziellen Ausrüstungsgegenständen benötigt man dringend einen HELM; dies auch wegen Unfallgefahr, doch insbesondere, da nichts besser den Kopf vor UV-Strahlung

DIE LOFOTEN-ROUTE

In den letzten Jahren haben sich die Lofoten zu einem der populärsten Radler-Reviere des Nordens entwickelt: Inzwischen sind hier im Sommer Tausende unterwegs. Der Popularitätsgrad bei in- und ausländischen Bikern ist so groß, dass stellenweise Wegweiser für Fahrradfahrer montiert wurden.

Seit dem Jahr 2000 verkehrt eine Bike-Fähre zwischen Ballstad auf Vestvågøya und Nusfjord auf Flakstadøya, um den Nappstraumtunnel zu umgehen. Ebenfalls 2000 erschien der SYKKEL GUIDE Lofoten, der auf 42 Seiten eine Radreise über die Inselgruppe in Tagesetappen beschreibt und über die Touristenbüros erhältlich ist.

Auch das Raftsund-Gebiet gegenüber dem Trollfjord kommt darin zur Geltung, alles in allem etwa 275 km Radler-Strecken. Ausgestattet ist das Heft obendrein mit großformatig dargestellten Kartenausschnitten (Topokarten) je Tagesetappe. – Ein Standardwerk, tip-top gemacht!

Internet-Adressen zur Vorabinfo:

◎ www.bike-norway.com
◎ www.slf.no
◎ www.lofoten-tourist.no
◎ www.lofoten-online.de

schützt, die auf den Lofoten mitunter recht intensiv sein kann. Auch möchte man ohne starke SONNENBRILLE oft kaum radeln, und dies nicht einmal nur bei eitel Sonnenschein.

Sehr von Vorteil ist speziell leichtes, aber vor allem wasser- und winddichtes, dabei möglichst atmungsaktives Biker-REGENZEUG. Gute Qualität bedeutet neben der zuverlässigen Wasserdichtigkeit ein niedriges Gewicht, kleines Packmaß und Tragekomfort, soll heißen: ein angenehmes »Klima« unter dem Regenzeug, das spezielle Unterbekleidung zum Beispiel gegen Kälte ergänzen kann.

Die üblichen Rad-Verschleißteile sollte man eventuell mit sich führen, obwohl es heutzutage kein Problem mehr ist, auf den Lofoten gängige Teile nachzukaufen. Ebenso finden sich Reparaturwerkstätten, in Svolvær sowie in Leknes:

◎ **G-SPORT,** Sivert Nilsengt. 37 (direkt neben MEGA-Supermarkt), Svolvær, Tel. 7607 2770.

◎ **SPORTSENTERET,** Roald Amundsengt. 15 (hinter dem Rathaus), Svolvær, Tel. 7607 5855.

◎ **LOFOTSPORT,** Storgt. 42 (Hauptstraße), Leknes, Tel. 7608 2010.

RENT A BIKE

Wer darauf verzichten möchte, das eigene Fahrrad von zu Hause mitzunehmen, hat kein Problem, vor Ort eines zu mieten. Allerdings schlägt die Miete mit durchschnitlich 60–90 NOK pro Tag zu Buche, wobei Rabatte bei Langzeitmieten eingeräumt werden.

Fahrradvermieter gibt es mehrere, und zwar insbesondere in Svolvær, Leknes sowie Å und Moskenes:

◎ **LOFOTEN SYKKELUTLEIE**, Svolvær, Tel. 7607 2480 und 9223 1324, Fax 7607 5232, www.lofoten-info.no/rentbike.htm.

Hier finden Sie das größte Angebot im Inselreich, eine Top-Ausstattung, und nur dieser Laden offeriert die EINWEGMIETE: in Svolvær mieten und in Moskenes auf der Südinsel wieder abgeben, oder eben umgekehrt. Tarife ab 175 NOK am Tag für ein Mountainbike.

◎ In **LEKNES** ist das TOURISTENBÜRO für die Vermietung von Fahrrädern zuständig.

◎ Auf **MOSKENESØYA** bieten sich an entweder LOFOTEN SYKKELUTLEIE (s.o.) in Moskenes, das TOURISTENBÜRO in Moskenes am Hafen und die die Å RORBUER in Å (Tel. 7609 1121).

Leser zeigten sich angetan vom Fuhrpark des Touristenbüros in Moskenes – zudem seien die örtlichen Straßen wie geschaffen fürs Radeln.

Unterkunft

Campingplätze

Insgesamt gibt es 16 Campingplätze auf den Lofoten: sechs auf Austvågøya, einen auf Gimsøya, vier auf Vestvågøya, zwei auf Flakstadøya sowie drei auf Moskenesøya. Da das Camping die populärste Art des Urlaubs auf dem Archipel ist, kann es während der Hochsaison zwischen dem 15.6. und 15.8. – insbesondere IM JULI – trotzdem ZU ENGPÄSSEN KOMMEN. Die Preise sind relativ günstig, in Relation zu Norwegen wie Westeuropa! Für ein Wohnmobil oder einen Caravan (inklusive zwei Personen) bezahlt man 100–200 NOK, in der Hochsaison mitunter etwas mehr, und nur das Zelten ist um 100/120 NOK etwas teurer als notwendig. Heiß duschen kostet meist extra (5 NOK), und Strom – Kabeltrommel ist mindestens 50 m mitbringen – ist mit 20–30 NOK je Nacht zu veranschlagen. Boote, ob mit und ohne Außenborder, liegen auf vielen Plätzen zur Vermietung bereit, in einzelnen Fällen auch Seekajaks.

AUF AUSTVÅGØYA

◎ **HAMMERSTAD SJØHUSCAMPING,** Vaterfjord, 8300 Svolvær, Tel. 7607 0305, per E-mail: hammerstad-camping@c2inet, www.hammcamp.no. Ganzjährig geöffnet.

Rund 10 km nördlich Svolværs (und ca. 2 km nördlich vom Flughafen) etwas unterhalb der E 10 auf einer kleinen Halbinsel zwischen dem dramatisch schönen Austnesfjord und dem Vaterfjordpollen. Das kleine, aber feine Wiesenareal blickt auf das Meer, ebenso die Hütten (siehe unter »Rorbu-/Sjøhuscamps«). Die sanitären Anlagen sind korrekt, ein kleiner Spielplatz ist vorhanden. Die nahe Europastraße stört kaum, es ist vielmehr angenehm ruhig, und das fast hoch ALPIN ANMUTENDE UMLAND lädt zu Fjellwanderungen ein.

Motor- und Ruderboote werden vermietet; bei der exponierten Lage direkt vor dem fischreichsten Fjord der Lofoten (dem Austragungsort der Weltmeisterschaften im DORSCHFISCHEN) ist klar, dass der Platz UNTER ANGLERN SEHR BELIEBT ist. Ein an der Straße aufgestelltes Schild macht im Sommer auf Fisch-Verkauf aufmerksam: Günstiger ist DORSCH kaum anderswo auf der Insel zu bekommen.

Die Besitzer, aus Südnorwegen eingewandert, sind freundlich und hilfsbereit. Der Platz ist auch für einen Langzeitaufenthalt zu empfehlen.

◎ **SANDSLETTA CAMPING,** 8315 Laukvik, Tel./Fax 7607 5257. 1.6.–15.9.

An der äußeren Seite Austvågøyas, erreichbar ab Fiskebøl oder der E 10 bei Vestpollen: den Schildern nach Straumnes folgen. Großes Wiesenterrain (das nach lang anhaltenden Regenfällen morastig sein kann) direkt über dem Vatnfjord (Kiesufer). Sehr gute sanitäre Anlagen, Camperküche, kleiner Lebensmittelshop sowie Kinderspielplatz. Ideal für Leute, die ihre RUHE haben wollen.

In Norwegen zahlt man meistens pro Zeltstellplatz, egal wie viele Personen darin schlafen. Wer ohne Auto reist, zahlt pro Platz weniger (um 60/70 NOK).

◎ **SKIPPERGÅRDEN CAMPING,** 8315 Laukvik, Tel./Fax 7607 5197. Das ganze Jahr über geöffnet.

Ebenso an der äußeren Seite von Austvågøya gelegen, zu erreichen entweder direkt ab Fiskebøl (gleich hinter dem Fähranleger nach rechts abbiegen) oder ab Vestpollen an der E 10 und vorbei am »Sandsletta Camping« (s.o.), noch ungefähr 10 km. Die Wiesenlage auf einer ins offene Meer reichenden Halbinsel mit Blick auf die Westlofoten sowie die Vesterålen ist beeindruckend, die MITTERNACHTSSONNE VERZAUBERT hier sommers noch jede Nacht. Im spärlich besiedelten Umland locken mehrere WANDERUNGEN, so Nr. 2 nahebei (siehe dort). Wer ANGELN möchte, kommt ebenfalls auf seine Kosten.

◎ **ØRSVÅGVÆR,** Ørsvåg, 8310 Kabelvåg, Tel. 7607 8180, Fax 7607 8337, booking@orsvag.no, www.orsvag.no. Ganzjährig geöffnet.

Etwa 1 km südlich von Kabelvåg zweigt eine deutlich ausgeschilderte Straße von der E 10 zum Campingplatz ab, gleichzeitig eins der größten Rorbu- und Sjøhus-Camps der Insel. Die Anlage verteilt sich auf einer felsigen, teils terrassierten Halbinsel, die in die weite Bucht von Ørsvåg reicht und auf ein fantastisches BERG- UND MEERPANORAMA blickt. Die SONNE SCHEINT von morgens bis abends, die sanitären Einrichtungen sind vorbildlich, Waschmaschinen und Trockenautomaten stehen zur Verfügung, zudem eine Camperküche, Lebensmittelladen, Pub und Restaurant, Minigolfanlage und ein großer Spielplatz.

Die schönsten Stellplätze für Zelt, Wohnmobil wie Caravan findet man rechts der Zufahrtstraße zum Sandvika-Camp in der Wiesenmulde; einen kleinen Sandstrand gibt's bei Ebbe, ideale Liegeplätze fürs Boot und im Vestfjord nahebei mit die besten LOFOTEN-INSIDER-FISCHGRÜNDE.

◎ **SANDVIKA FJORD- OG SJØHUS-CAMPING,** 8310 Kabelvåg, Tel. 7607 8145, Fax 7607 9010, post@sandvika-camping.no, www.lofotferie.no. Camping nur 1.5.– 31.8.

Gleiche Einfahrt wie zum Ørsvågvær-Campingplatz (s.o.), zusammen mit jener Anlage der deutschen Urlauber, SPORTANGLER, TAUCHER und WINDSURFER liebstes Ziel: Der große Filetierplatz am Meer ist ebenso vorbildlich ausgestattet wie die sanitären Anlagen. Waschmaschinen und Trockenautomaten sind vorhanden, ein gut ausgestatteter Kiosk und TV-/Aufenthaltsraum sowie Restaurant. Stellplätze gibt's direkt am schönen Sandvika-STRAND (ideal zum Baden und Schwimmen, auch für Kinder; außer bei starker Ebbe), in einer schmalen Felskerbe und auf einer gepflegten Wiese, die mit 150 Stellplätzen groß genug ist, den sommerlichen Andrang aufzufangen. Es ist WINDGESCHÜTZT, und von den säumenden Felskuppen aus, wohin ein paar Pfade führen, hat man einen tollen Blick auf den Vestfjord, die Schären und das Festland.

◎ **LYNGVÆRSTUA/BOBILCAMP,** 8333 Kleppstad, Tel. 7607 7778, Fax 7607 7881. 1.5.–31.8.

Unterhalb der E 10 zwischen Rørvik und Kleppstad, direkt am Gimsøyastraumen verteilt sich der Platz auf großen Wiesenterrassen: LAGE FANTASTISCH, Panorama einzigartig, fa-

Mancherorts bezieht sich »ganzjährig geöffnet« nur auf Unterkünfte mit Dach; wer in den dunklen, kalten Monaten zelten will, sollte sich vorher erkundigen.

mose Strände auf den vorgelagerten Schären, Spielplatz und Kiosk. Die Straße stört nicht sonderlich. Ein Tipp nicht nur für Angler.

AUF GIMSØYA

◎ **HOV FERIEGÅRD,** 8314 Gimsøsand, Tel./Fax 76077157. Camping nur 1.6.–15.9.

Den Schildern Richtung »Golfbane« folgen, am Golfplatz vorbei und noch ein paar hundert Meter. Wunderschöner, kleiner Wiesenplatz unterhalb komfortabler Rorbuer, durch die (wenig befahrene) Straße vom offenen Nordmeer mit Sandstrand getrennt. Die sanitären Einrichtungen sind o.k. FAMILIÄRE ATMOSPHÄRE. Ein sicherer, kleiner Bootshafen freut die Sportfischer, der Golfplatz die Golfer, der leicht zu besteigende HOVEN (371 m) die Wanderer. – Ein idealer Ferienplatz für alle, die es RUHIG lieben.

AUF VESTVÅGØYA

◎ **BRUSTRANDA SJØCAMPING,** 8370 Strandslett, Tel. 7608 7100, Fax 7608 7144. Ganzjährig geöffnet.

IDYLLISCH auf einer felsigen, von Wiesen gesäumten HALBINSEL am nördlichen Teil des windgeschützten Rolvsfjords. Die sanitären Einrichtungen sind top, Boote werden vermietet. Von allen Plätzen Vestvågøyas ist dieser mit Abstand DER POPULÄRSTE. Ideal für einen entspannten Aufenthalt, ja, für einen ganzen Urlaub. Der Platz liegt an der Str. 815, rund 10 km nördlich Stamsunds, direkt neben der Tankstelle (mit Kiosk).

◎ **STORFJORD CAMPING,** 8340 Stamsund, Tel. 7608 6804, Fax 7608 9283. Ganzjährig geöffnet.

Ebenes Wiesen- und Erdterrain am Ablauf des Sees Storfjordvatnet in den Storfjord, nahe Ecke Kreuzung der Str. 815 / 817. Die Aussicht macht zwar nicht viel her, aber BADEN UND SCHWIMMEN kann man gleich im (recht warmen) See sowie im Meer. Es ist sehr RUHIG, die Ausstattung mit Gemeinschaftsküche, Gästetelefon, Aufenthalts- und TV-Zimmer, Kinderspielplatz, Supermarkt, Sauna, Boots- und Fahrradvermietung vorbildlich. Es werden auch Hütten vermietet.

◎ **LOFOTEN TURISTSENTER,** Alstad, 8370 Leknes, E 10, Tel. / Fax 7608 6444. Ganzjährig geöffnet.

Anlage auf weitläufigem Wiesenareal, das jedoch die angrenzende E 10 vom Fjord trennt. Die Serviceeinrichtungen sind tadellos. Restaurant und Kiosk angeschlossen. Die meisten der Touristen begnügen sich mit ein oder zwei Nächten vor Ort.

◎ **UNSTAD CAMPING,** 8360 Bøstad, Tel. 7608 5457, Fax 7608 5518. Ganzjährig geöffnet, Camping 1.5.– 15.9.

Ab der E 10 bei Bøstad / Borg ausgeschildert, noch 9 km. Kleiner Campingplatz auf dem Gelände des ehemaligen Schulhofes von Unstad, mitten im schön gelegenen Einöddorf. Die bisher eher schlichte Anlage mit Hütten (ab 400 NOK) stand während der Recherche zum Verkauf, soll nun um ein Café bereichert worden sein.

AUF FLAKSTADØYA

◎ **SKAGEN CAMPING,** Flakstad, 8388 Ramberg, Tel. 9503 5283. Nur während der Hochsaison geöffnet.

Satt grün, eben die Wiese, schneeweiß und traumhaft schön der Sandstrand, famos die Blicke aufs offene

Leser berichten, dass sie im Knutmarka Feriesenter in Svolvær (siehe Seite 299) ihre Zelte aufschlagen durften und dort sehr zufrieden waren.

Meer, die Mitternachtssonne, die säumenden Berge. – Kurz und gut: Die LAGE ist so FASZINIEREND, dass man hier einfach mal eine Nacht verbracht haben sollte, auch wenn die Einrichtungen eher bescheiden sind. Liegt in direkter Nähe der unübersehbaren Flakstad-Kirche rechter Hand der E 10.

◎ **RAMBERG GJESTEGÅRD,** 8388 Ramberg, Tel. 7609 3500, Fax 7609 3140, E-mail: ramberggjest@lofoten.com, www.ramberg-gjestegard.no. Ganzjährig geöffnet.

Wem es nicht nur um Natur geht, sondern auch vielleicht um lokales Fischerdorfmilieu, sollte den GEPFLEGTEN Platz für seinen Aufenthalt wählen. Der Gast wohnt (auch in Hütten) direkt am schneeweißen Halbrund des gut 1 km langen Ramberg-Strandes – damit dennoch MITTEN IM ORT, der sich als buntes Gewürfel kleiner Holzhäuser präsentiert, auch von hier aus ist die MITTERNACHTSSONNE zu bestaunen. Die sanitären Einrichtungen sind vorbildlich. Außer Booten werden Fahrräder und Seekajaks vermietet; wobei die Seekajaks laut Leser-Erfahrung nicht seetauglich, an einem windstillen Tag aber allemal ausreichen, zumal sie preisgünstig sind. Zur Anlage gehören ferner ein Spielplatz und ein Restaurant, DER TREFF auf der Insel überhaupt mit sehr guten Speisen (siehe unter »Essen und Trinken, Restaurants«).

AUF MOSKENESØYA

◎ **FREDVANG STRAND- OG SJÆRGÅRDSCAMPING,** in Fredvang, Tel. 7609 4288, Fax 7609 4112. 20.5.–15.9.

Von der LAGE her einer der BESTEN Campingplätze im Inselreich, der so viele Stellplätze bietet, dass es kaum zu Engpässen kommen kann. Das Terrain (eine riesige, von Hecken gesäumte ehemalige Kuhwiese) grenzt direkt ans offene Nordmeer, das hier zahlreiche kleine wie große schneeweiße Feinsandbuchten ausspart. Die sanitären Einrichtungen sind nicht zu bemängeln. Ferner gibt es ein Haus oder auch nur einzelne Zimmer darin relativ preiswert zu mieten. Auf einem Hügel über dem Platz thront ein Café mit Sonnenveranda, nach Fredvang, Indre- und Ytresand sind es nur Minuten zu Fuß. Zu erreichen ist das Camp über die bei Finnbyen von der E 10 abbiegende und nach Fredvang ausgeschilderte Straße, die auf zwei Brücken den Røssøstraumen überquert.

◎ **MOSKENESSTRAUMEN CAMPING,** in Å, 8392 Sørvågen, Tel./Fax 7609 1202. Von Mai bis Ende August.

Dramatischer als hier – über der Brandung – können Rorbu-Hütten auch auf den Lofoten kaum stehen. Von dem für Zelte frei gehaltenen Wiesenareal oberhalb der Hütten schaut man auf die Lofoten-Wand, auf den Vestfjord, hinüber zum Festland und über das Meer bis Værøy. SCHÖNER ZELTET MAN NIRGENDS, entsprechend viele Interrailer sorgen jeden Sommer für eine beinahe INTERNATIONALE ATMOSPHÄRE. Eine Camperküche mit Aufenthaltsraum ist ebenso vorhanden wie ein Kiosk mit Café; ins Dorf geht man kurze Zeit, die sanitären Einrichtungen sind basiserprobt, mehr nicht. Vorsicht: Die Zeltwiese befindet sich in exponierter Lage, so dass schon Zelte ins Meer geweht wurden: stets die Sturmspannung anlegen!

Wie am Ende der Welt – auf dem Campingplatz in Å (oben);
Zelt auf dem Wiesentrog hinter dem Haukland-Strand (unten) ▶

Wildcampen

Wer vom Allemannsretten Gebrauch macht, das – großzügig ausgelegt – das Übernachten in freier Natur unter bestimmten Bedingungen ermöglicht, spart nicht nur Geld, sondern kann auch an Plätzen stehen, die unvergleichlich schön sind. Viele Touristen wollen das, und gerade die deutschen sind in den Ruf geraten, KEINE MÜDE KRONE während ihres Lofoten-Aufenthalts auszugeben. Ein Lofoter beschrieb die Situation wie folgt: »Sie kommen mit ihren Wohnmobilen daher, haben Lebensmittel wie ein Supermarkt an Bord, annektieren die schönsten Strände, und für uns bleibt nur das nach ihren Fäkalien stinkende Umland...«. – Ganz so Unrecht hat er nicht, dieser Lofoter, und die Stimmung auf dem Archipel lässt die Einschränkung des Allemannsretten in absehbarer Zukunft möglich erscheinen. Damit die Leser BERECHTIGTEN ÄRGER vermeiden können, haben wir einen ausführlichen Text zum sogenannten Jedermannsrecht ins Buch aufgenommen (siehe Seite 112 f.).

Im Rahmen der Routenbeschreibungen (siehe dort) finden sich eine Reihe Hinweise. Es folgen ein paar Informationen zur Lage auf den einzelnen Inseln und zu den beliebtesten Refugien auf dem Archipel, die für Wohnmobile, Caravans und Zelte gleichermaßen geeignet sind:

◎ **AUSTVÅGØYA**: Gute Möglichkeiten finden sich an der Außenseite der Insel, erreichbar über die direkt am Fähranleger in Fiskebøl abzweigende Schotterstraße, die einen weiten Bogen schlägt, bevor sie bei Vestpollen wieder auf die E 10 mündet. Vor allem am Nordpollen (Beginn der Wanderung Nr. 2) und am südlich angrenzenden Vaterfjord lässt sich mancher idyllische Platz aufspüren, außerdem zwischen Straumnes und Vestpollen.

An der E 10 zwischen Fiskebøl und Svolvær machen sich gute Plätze rar; nur die beiden Rastplätze (der erste knapp 1 km südlich von Fiskebøl, der zweite direkt südlich von Vestpollen über dem Fjord) bieten sich (jedoch nicht mit Zelt) für eine Nacht an.

Will man in Svolvær übernachten, etwa wenn man nachts mit der Fähre von Skutvik aus ankommt, bietet sich der Parkplatz des Fähranlegers an; der große Parkplatz im Zentrum bei den Supermärkten ist nicht geeignet, will man nicht unangenehm auffallen.

Bei Kabelvåg gibt es kaum Möglichkeiten, auch südlich an der ausgeschilderten Ørsnesvika nicht; erst bei Kalle (als Badestrand an der E 10 ausgeschildert), gegenüber Hopen, lädt eine große Wiese direkt am (gezeitenabhängigen) Sandstrand ein; die Verbotsschilder in der Hochsaison waren zuletzt entfernt. Die Lage ist grandios, Toilette, Trinkwasser sind vorhanden.

Auch am Rørvik-Strand (vor Ort Toilette vorhanden) direkt hinter dem Tunnel an der Abbiegung nach Henningsvær ist das Kampieren im Hochsommer untersagt – erst wieder zwischen Sydalen und Brenna (vor der Brücke nach Gimsøya rechts) kann man Zeltstellplätze ausmachen.

Bleibt der große Parkplatz vor der Brücke nach Gimsøya, der aber nur für Wohnmobilisten in Frage kommt (Toilette vorhanden).

◎ **GIMSØYA**: Die spärlich bewohnte Insel besteht je zur Hälfte aus Gebirge und Moorflächen; nur im Bereich zwischen Gimsøy, Hovsund sowie Årrstranda – zu erreichen über die bei den Sundbrücken nach Norden abzweigenden Straßen – ist ein einsamer Platz für die Nacht aufzuspüren.

◎ **VESTVÅGØYA**: Entlang der E 10 herrscht eine relativ große Bevölkerungsdichte und wo die Str. 815 / 817 verlaufen, drängen die Berge oft bis ans Meer. So bleibt die äußere Inselseite, durch gigantische Trogtäler gegliedert und reich an Sandstränden. Möglichkeiten finden sich zum Beispiel entlang der (ab der E 10) nach Kvalnes ausgeschilderten Straße, bei Unstad, Elltoft und Mærvoll und natürlich bei Eggum und Vik, den beiden beliebtesten Wildcampplätzen: Bei Eggum bzw. dem 1 km weiter westlich am Ende der Fahrstraße gelegenen Tøan handelt es sich um ein mit Wiese bewachsenes Dünenareal zwischen dem Meer (jedoch ohne Bademöglichkeiten) und dem großen See Heimredalsvatnet. Abfallkörbe sowie WC sind vorhanden; das Wasser entnimmt man dem See. Für den »Komfort« zahlt man (nur im Hochsommer) gern die 20 NOK Benutzungsgebühr.

◎ **MOSKENESØYA / FLAKSTADØYA**: Die gebirgigsten Inseln des Archipels bieten kaum Platz genug für die Häuser der Anwohner, und Wildcamplätze wird man kaum finden, sofern Schöneres gewünscht ist als nur schmale Parkstreifen oder der simple Rastplatz südlich von Reine.

Rorbu-/Sjøhuscamps

Mit als erstes vermelden die Chroniken über die Lofoten, dass hier im Jahr 1120 beim heutigen Kabelvåg König Øystein Rorbu-Hütten (auch: *rorbue* oder *rorbuer*) errichten ließ. Diese »Wohnstätten« (*bu*) »für die Ruderer« (*ror*) waren winterfest, beheizbar und sollten den von weither zum Lofoten-Fischfang gekommenen Fischern als Quartiere dienen. Die Aufgabe hatten sie bis ins 20. Jahrhundert, doch heute, nachdem die Zahl der Fischer extrem gesunken ist, sind die Rorbu-Hütten mehr Grundlage des Reiseverkehrs im Inselreich.

ROT gestrichen sind sie fast alle, grundsätzlich AUS HOLZ erstellt; jedoch längst nicht mehr müssen sie auf Pfählen im Meer stehen, wie es noch vor wenigen Jahren Usus war. Damals DIENTEN Rorbuer ausschließlich DEN FISCHERN – überall roch es nach Schuppentieren, und im (einzigen) Wohnraum lagen die Nylonleinen für den Dorschfang und andere Gerätschaften kreuz und quer herum. Ein Extra-Kabuff mit Vorhang fungierte als Schlafzimmer, ein Plumpsklo als Toilette, fließend Wasser gab es nicht.

Solche Hütten gibt es nur noch selten, denn die Touristen wollen es (in der Mehrheit) sauber, gemütlich und aufgeräumt, hygienisch einwandfrei, ohne Gerüche und möglichst mit WC, Dusche und Küchenecke ausgestattet, also gern »etwas« komfortabler. Mittlerweile erfüllen die meisten Rorbuer diese Anforderungen, und nicht wenige nehmen es in Sachen Größe, Komfort und Preis durchaus mit Ferienhäusern auf. Vor allem die als Sjøhus (»Seehäuser«) bezeichneten Bauten genügen oft hohen Ansprüchen.

Rorbuferie, ob in Rorbu oder Sjøhus, erfreut sich enormer Popularität bei in- wie ausländischen Touristen: Zwischen dem 15. Juni und dem 15. August kann die Nachfrage größer ausfallen als das Angebot. Rechtzeitiges Reservieren ist für diesen Zeitraum also angebracht, ebenso wie das »Feilschen« um den Preis in der Nebensaison, der bis zu 50 % billiger sein kann.

Ein komplettes Rorbu- und Sjøhus-Verzeichnis haben das Touristenbüro in Svolvær und das Fremdenverkehrsamt in Hamburg. Nachfolgend eine Auswahl an Hütten, die alle mit Kochstelle, Kühlschrank und WC, meist auch mit Dusche und Veranda ausgestattet sind:

AUF AUSTVÅGØYA / NÖRDLICH VON SVOLVÆR

◎ **HAMMERSTAD SJØHUSCAMPING,** Vaterfjord, 8300 Svolvær, Tel. 7607 0305, per E-mail: hammerstadcamping@c2inet, www.hammcamp.no. Ganzjährig geöffnet. Siehe auch unter »Campingplätze«.

Schön gelegene Hütten von klein, einfach, billig (250 NOK) bis zu komfortabel sowie teils auf Pfählen über dem Meer errichtet (Platz für 6–8 Personen, 450 / 600 / bis zu 925 NOK), bis auf die kleinen (nur für 3 Personen) alle mit eigener Dusche, Toilette ausgestattet sowie voll wintertauglich. Dementsprechend geht hier die Saison rund ums Jahr, beliebt u.a. zur Zeit der LOFOTEN-FISCHEREI. Reservierung empfohlen. Bettwäsche ist mitzubringen oder auszuleihen.

◎ **SKIPPERGÅRDEN CAMPING,** 8315 Laukvik, Tel./Fax 7607 5197. Das ganze Jahr über geöffnet. Siehe auch unter »Campingplätze«.

Mit 300–450 NOK für die Rorbuer eine der günstigsten Anlagen, dabei GEPFLEGT UND NETT.

◎ **SANDSLETTA CAMPING,** 8315 Laukvik, Tel./Fax 7607 5257. 1.6.–15.9. Siehe auch unter »Campingplätze«.

Kleine Hütten 250 NOK (2 Betten), sehr gut eingerichtete Sjøhus MIT MEERBLICK, Dusche, Bad etc. (für bis zu 6 Personen) 600–1.000 NOK.

AUF AUSTVÅGØYA / SVOLVÆR UND KABELVÅG

◎ **SVINØYA RORBUER,** Gunnar Bergs vei 2, 8300 Svolvær, Tel. 7606 9930, Fax 7607 4898, svinoya.rorbuer@svinoya.no, www.svinoya.no. Ganzjährig geöffnet.

Auf dem landfesten Inselchen Svinøya wohnt man nur einen Steinwurf vom geschäftigen Zentrum Svolværs entfernt und doch im Kontrast zu ihr: Die Rezeption ist in der 1828 eröffneten KRAMBUA untergebracht, die als ältestes Geschäft von Svolvær gilt und authentisch eingerichtet ist – eine Welt voll NOSTALGIE. Die 24 Rorbuer (von 800 NOK bis 2.200 NOK, letztere für 6 Personen), meist direkt am Meer gelegen, sind urig-rustikal, romantisch und dabei komfortabel. Das zugehörige Restaurant gilt als eines der besten auf den Inseln. Das AKTIV-ANGEBOT umfasst Seekajaktouren, Walsafaris, Deep Sea Rafting, Fahrradvermietung, geführte Wanderungen u.v.a. Es werden Boote ausgeliehen, ein mit Fishfinder etc. ausgestatteter KUTTER wartet auf Sportangler.

Falls Sie die Endreinigung einer komfortableren Rorbu nicht selbst vornehmen können, sind dafür rund 250 NOK zu veranschlagen; fragen Sie im Voraus.

◎ **LOFOTEN RORBUFERIE,** Vikabakken 25, 8310 Kabelvåg, Tel. 7607 8444, Fax 7607 8453, lofrorbu@lofoten-rorbuferie.no, www.lofoten-rorbuferie.no. Ganzjährig geöffnet.

80 Jahre alte, komplett renovierte, aber im ursprünglichen Stil erhaltene Rorbuer bilden sozusagen EIN LEBENDES MUSEUM MIT MODERNEM KOMFORT. Die ruhige und doch zentrale Lage am Ortsrand von Kabelvåg ist von beeindruckender Schönheit. Chef Arnstein Larsen ist ein Tausendsassa, der sich um seine Gäste kümmert und fließend Deutsch spricht.

Nirgendwo sonst auf den Lofoten ist uns eine so große AUSWAHL AN gepflegten BOOTEN von 5 m bis 14 m Länge bekannt. Selbst die kleinsten sind mit GPS ausgestattet, die meisten zusätzlich mit Echolot, andere mit Kabine und Funk; auf den größeren fährt ein Guide und Skipper mit hinaus zu den ergiebigsten Fischgründen. Angelzeug, Thermodress, Echolot etc. sind zu mieten. Der 110 m lange BOOTSSTEG mit Kran sowie Bootschleppe ist ideal auch für das eigene Boot. Ein geheizter Filetierraum, eine Vakuumsverpackungsmaschine sowie Tiefkühltruhen und Kühlraum ergänzen die beispielhafte Infrastruktur für Sportangler.

Fahrräder, Mietwagen und Sauna komplettieren das Angebot; man erhält Frühstück, Mittag- und Abendessen, Vollpension ist relativ preisgünstig möglich. Die Rorbuer kosten ab 730 NOK (bzw. 89 €) pro Nacht.

◎ **NYVÅGAR RORBUHOTELL,** Storvåganveien 22, Storvågan, 8310 Kabelvåg, Tel. 7606 9700, Fax 7606 9701. Ganzjährig geöffnet.

Vor wenigen Jahren komplett renoviert, gilt die Anlage mit als komfortabelste ihrer Art im Inselreich. Bei den 30 Rorbuer handelt es sich um zweigeschossige EDELBAUTEN, ausgestattet mit je zwei schick möblierten Schlafzimmern, Wohn- und Esszimmer, Küche, Bad sowie Schreibecke, ausgelegt für 4–6 Personen und auf den kleinen privaten YACHTHAFEN der Anlage blickend. Das angeschlossene Restaurant genießt bei den Lofoten-GOURMETS einen exquisiten Ruf. Eine Sauna ist ebenfalls vorhanden. Die Preise spiegeln den Komfort wider und liegen zwischen 1.100 und 1.360 NOK.

AUF AUSTVÅGØYA / SÜDLICH VON KABELVÅG

◎ **ØRSVÅGVÆR,** Ørsvåg, 8310 Kabelvåg, Tel. 7607 8180, Fax 7607 8337, booking@orsvag.no, www.orsvag.no. Ganzjährig geöffnet. Siehe auch unter »Campingplätze«.

Mit schlichten Campinghütten und zahlreichen recht komfortabel ausgestatteten Rorbu-Häusern (für bis zu 7 Personen, ausgestattet mit 2 Schlafzimmern, Wohnraum, Küche, Badezimmer und großer MEERTERRASSE) deckt die Anlage eine große Bandbreite ab; dies auch im Preis, denn die 940 NOK (790 NOK Nebensaison) für die großen Rorbuer und die 390 NOK (300 NOK Nebensaison) für die Campinghütten sind angemessen.

◎ **SANDVIKA FJORD- OG SJØHUS-CAMPING,** 8310 Kabelvåg, Tel. 7607 8145, Fax 7607 9010, post@sandvika-camping.no, www.lofotferie.no. Camping nur 1.5.– 31.8. Siehe auch unter »Campingplätze«.

Als ehemaliger Fischer kennt Arnstein Larsen die Angelreviere im Vestfjord, nachzulesen u.a. im Angelmagazin »Blinker« vom Juli 2000.

ZUM VERLIEBEN schön steht eine Rorbu auf Pfählen direkt am Strand/ Meer. 10 weitere blicken aufs Meer, 4 andere liegen am Wiesenrand, und ein großes Haus gibt's am Bootsanleger, darin 4 schicke kleine Rorbu-Ferienwohnungen. Gemütlich eingerichtet sind sie alle. Die Preise belaufen sich auf 620 NOK für die 4-Bett-Rorbuer bis hin zu 900 NOK. Es gibt auch 4 einfache Hütten ab 350 NOK sowie generell Rabatt in der Nebensaison.

◎ **KALLE FERIE- OG FISKEVÆR,** Kalle Hovedgård, 8310 Kabelvåg, Tel. 7607 7600, Fax 7607 7601, post@kalle.no/ Von März bis September.

Direkt zu Füßen des gigantischen Vågakallen-Bergs liegt am Rand der geschützten BUCHT VON HOPEN die sowohl bei FAMILIEN als auch bei ANGLERN beliebte Anlage. Sämtliche Rorbuer (750 NOK) sind originalgetreu erhalten, mit Küche und Bad eingerichtet und für 4 Personen ausgestattet. Vermietung von Booten und Kajaks, Fahrrädern und Surfbrettern.

AUSTVÅGØYA / HENNINGSVÆR

In Henningsvær, der Inseln größtem Fischerdorf und – wie viele meinen – dem malerischsten dazu, laden inzwischen gut ein halbes Dutzend Rorbuanlagen ein. Trotz dieser Beliebtheit kommt hier sogar in der Hochsaison kein Touristenghetto-Gefühl auf, da Henningsvær unverändert ein intaktes Fischerdorf ist.

Es folgen die beliebtesten Anlagen vor Ort:

◎ **JOHS. H. GIÆVER SJØHUS,** 8330 Henningsvær, Tel. 7607 4719, Fax 7607 4900, www.giaever-rorbuer.no. Das ganze Jahr über geöffnet.

Das direkt am Hafen aufragende HANDELSHUSET der Giæver-Familie wurde 1868 als Fischannahmestelle errichtet und dient bis heute, insbesondere während der Lofoten-Fischerei, dieser Bestimmung. Auch Gäste sind herzlich willkommen: Zur Auswahl stehen 6 Zimmer in früheren Fischerherbergen (Gemeinschaftsduschen, Küche, Aufenthalts-/TV-Raum) sowie mehrere im ursprünglichen Stil gehaltene Rorbuhütten, die je mit eigener Dusche und Küche ausgestattet sind. Motorboote werden vermietet, organisierte Angeltrips und Teilnahme am Lofoten-Fischfang angeboten. Mit 400–850 NOK je Wohneinheit/ Hütte sind die Preise moderat. – Eine Empfehlung für Unterkunft im echten Lofoten-Fischermilieu.

◎ **FISKEKROGEN,** 8312 Henningsvær, Tel. 7607 4652, Fax 7607 4655, 15.2.–1.10. Nach Vereinbarung auch in der Nebensaison.

Fiskekrogen ist der Name nicht nur des besten Restaurants in Henningsvær (siehe dort), sondern auch einer empfehlenswerten, zum Restaurant gehörenden Rorbuanlage. Zur Auswahl stehen 10 komplett eingerichtete Wohneinheiten, GEMÜTLICH MIT HOLZ VERKLEIDET und mit 480 NOK recht preisgünstig.

◎ **HENNINGSVÆR RORBUER,** 8312 Henningsvær, Tel. 7607 4600, Fax 76 07 4910, www.henningsvaer-rorbuer.no. Ganzjährig geöffnet.

Mit über 70 Betten in rund 20 Rorbuhütten ist diese Anlage die größte ihrer Art in Henningsvær – hier kann man sich den Traum von einer HÜTTE AUF DER EIGENEN INSEL erfüllen. Die ältesten Rorbuer stammen aus dem

19. Jahrhundert, aber alle sind komfortabel und gemütlich eingerichtet, mit Küche, Bad, Dusche und Telefon ausgestattet. Café, Aufenthaltsraum, Sauna und Solarium sind vorhanden, Boote werden vermietet (bis hin zu solchen von 23 Fuß Länge, zum Teil mit Echolot), nebst kompletten Angelausrüstungen. Mit dem hauseigenen KUTTER werden während der Saison täglich Fahrten organisiert. Tarife ab 735 NOK.

AUF GIMSØYA

◎ **GIMSØY GJESTEGÅRD,** 8314 Gimsøysand, Tel. 7607 7177, Fax 7607 7197, gimsoey-gjestegaard@online.no/

Wenige Fahrminuten von der E 10 entfernt (hinter der Brücke von Austvågøya aus den Schildern folgen) direkt am Gimsøystraumen gelegener Komplex aus einem bewirtschafteten Bauernhof und einer ARCHITEKTONISCH ANSPRECHENDEN FERIENANLAGE. Die Gebäude sind teilweise aufwändig verglast, tragen Grasdächer und erlauben von überdachten Veranden aus einen herrlichen Ausblick.

Die Apartments mit Balkon oder Veranda und 1–3 Schlafzimmern gefallen dank vieler netter Details – gehobener Mittelklasse-Komfort. Nach einem Besitzer-Wechsel führte eine ältere Dame den Betrieb sehr familiär, auf Wunsch mit Frühstücks- und kalt-warmem Abendbuffet zu günstig-angemessenen Preisen. Kurz vor Redaktionsschluss soll ein erneuter Wechsel bevorgestanden haben; vor Ort also besser nachfragen.

◎ **HOV FERIEGÅRD,** 8314 Gimsøsand, Tel. / Fax 7607 7157. Ganzjährig geöffnet.

Die LAGE am offenen Meer neben dem Golfplatz BEGEISTERT. Da eine FAMILIÄRE ATMOSPHÄRE gepflegt wird, die Rorbuhütten gemütlich, zweckmäßig und preisgünstig sind, ist die Zahl der Stammgäste hoch.

AUF VESTVÅGØYA

Die großen Rorbuzentren auf dieser Insel heißen Stamsund und Ballstad.

Wer eine Unterkunft am offenen Nordmeer bevorzugt, wird Mærvoll oder Unstad auswählen.

◎ **KRÆMMERVIKA RORBUER,** 8373 Ballstad, Tel. 7606 0920, Fax 7606 09 26, growth@online.no, www.lofoten-adventure.com. 1.3.–1.10.

Die 125 Betten in 25 Rorbuhütten auf Pfählen am / über dem Meer und die 30 Betten im großen Sjøhus bilden die größte Anlage auf Vestvågøya. Die Hütten aus dem 19. Jh. hat man IM URSPRÜNGLICHEN STIL RENOVIERT und mit Dusche/WC und Kitchenette ausgestattet. Untereinander mit Stegen verbunden, sind sie unterschiedlich in Ausstattung und Wohnlichkeit und kosten 495–970 NOK. Das mit Schankrechten versehene Restaurant (siehe unter »Essen und Trinken, Restaurants«) serviert norwegische Spezialitäten, die Bar ist gut bestückt, und an kalten Tagen prasselt das Feuer im gemauerten Kaminraum.

Die Anlage versteht sich als »Erlebniszentrum«, organisiert u.a. geführte Wanderungen, Angelausflüge, Walsafaris und kooperiert mit ortsnahen TAUCHERZENTREN (siehe unter »Ferien aktiv«).

◎ **STAMSUND RORBUER,** 8340 Stamsund, Tel. 7605 4600, Fax 7605 4601. Ganzjährig geöffnet.

Leser schwärmen von der traumhaften Lage von Gimsøy Gjestegård: mit Blick auf die Mitternachtssonne, die über dem Meer entlang wandert.

Nur einen Steinwurf vom Hafenkai entfernte, direkt am Meer gelegene Anlage mit 18 Rorbuhütten (4–6 Personen), jede ausgestattet mit Küche, Bad und Wohnzimmer. Kostenpunkt 500–850 NOK.

◎ **JUSTAD RORBUER OG VANDRERHJEM,** 8340 Stamsund, Tel. 76 08 9334, Fax 7608 9739. 1.1.–15.10.

Die auch als Jugendherberge fungierende Anlage ist Treff der Interrailer, dementsprechend LOCKER UND INTERNATIONAL geht es zu. Wem ein Bett im Schlafsaal nicht ausreicht, kann zwischen mehreren Rorbuhütten von 400 bis 600 NOK (2–6 Personen) wählen.

AUF FLAKSTADØYA

◎ **RAMBERG GJESTEGÅRD,** 8388 Ramberg, Tel. 7609 3500, Fax 7609 3140, E-mail: ramberggjest@lofoten.com, www.ramberg-gjestegard.no. Ganzjährig geöffnet. Siehe auch unter »Campingplätze« sowie unter »Essen und Trinken, Restaurants«.

10 strandnahe Hütten mit Küchen(ess)ecke und Bad laden zum Übernachten ein. Die Preise belaufen sich, je nach Größe, auf 500–800 NOK.

◎ **NUSFJORD RORBUANLEGG,** Nusfjord, 8380 Ramberg, Tel. 7609 3020, Fax 7609 3378, nusfjord@rica.no/ Das ganze Jahr über geöffnet.

Über die Schönheit von Wohnlage mag man streiten, aber unbestreitbar wohnt man in Nusfjord am Nusfjord am LOFOTEN-ÜBLICHSTEN: Die Berge ringsum sind so schroff, dass sie beklemmend wirken können, das Wasser unter den Pfahlbauten schillert in bestechenden Farben, Boote sowie Trawler liegen allenthalben im Hafenbecken vor Anker. Die 34 Rorbuhütten (für 2–8 Personen), mittlerweile im Besitz der Rica-Hotelgruppe, kosten 490–1.595 NOK und sind authentisch, soll heißen: URIG und ROMANTISCH eingerichtet.

AUF MOSKENESØYA

Von Henningsvær und Nusfjord abgesehen, gelten Hamnøy, Reine und Å auf Moskenesøya als Paradedörfer; in den drei Orten ist die Rorbu-Nachfrage im Sommer am größten, weshalb es sich lohnt, die begehrtesten Objekte Monate vor der Anreise zu reservieren. Vorausgesetzt – man zielt dabei allerdings nicht primär auf einen Urlaub in der Einsamkeit oder direkt am Strand, womit diese Siedlungen nicht dienen können.

◎ **ELIASSENS RORBUER,** Hamnøy, 8390 Reine, Tel. 7609 2305, Fax 7609 2440, rorbuer@online.no/ Ganzjährig geöffnet.

Ein Panorama wie das von Hamnøy bekommen selbst Weltenbummler nicht allzu oft zu Gesicht! Nirgendwo präsentiert sich die Lofoten-Bergwelt dramatischer, ja unwirklicher als hier vor dem Prospekt bunt gestrichener Pfahlbauhäuser, die Hamnøy bilden. Mittendrin und RINGS UM DAS KLEINE HAFENBECKEN herum laden die 19 Rorbuhütten der Eliassen-Familie ein, die 500 bis 750 NOK kosten (mit 1/2 Schlafzimmern, Küche, Bad). In der Benutzung gratis ist ein RUDERBOOT (Motor geht extra); ferner gibt es einen Filetierplatz und einen Kühlraum für gefangenen Fisch.

◎ **SAKRISØY RORBUER,** Sakrisøy, 8390 Reine, Tel. 7609 2143, Fax 7609 2488, sakrisoy@lofoten-info.no, Inter-

In der Nebensaison können Sie nicht davon ausgehen, dass die Rezeptionen tagsüber ständig besetzt sind. Leser berichten von Problemen in der Gegend...

net: www.lofoten.ws. Ganzjährig geöffnet.

Zwischen Hamnøy und Reine liegt in dem verführerisch grün-blau schimmernden Fjord die kleine Insel Sakrisøy mit den 11 ungemein malerischen, zur Abwechslung mal ockerfarbenen Rorbuhütten dieser Anlage. Alle sind AUTHENTISCH, ABER KOMFORTABEL eingerichtet, mit Platz für 2–10 Personen. Je nach Größe der Hütte liegt der Tarif bei 500–1.150 NOK; ein Ruderboot steht gratis zur Verfügung.

◎ **REINE RORBUER,** 8390 Reine, Tel. 7609 2222, Fax 7609 2225. Ganzjährig geöffnet.

In Reine gibt es die meisten Rorbuer und Sjøhus im Inselreich. Während der Saison hängen an vielen Häusern im Dorf mehrsprachige Schilder, die auf privat vermietete Hütten sowie Zimmer in Hütten hinweisen. Diese Unterkünfte sind billigst (beginnen im Preis ab etwa 250 NOK), entbehren aber auch den üblichen Komfort und sind nicht im Voraus zu buchen. Wer Behaglichkeit sucht und auf Nummer Sicher gehen will, sollte sich an Reine Rorbuer wenden, die Anlage mit der größten Auswahl (für 2–10 Personen). Preise in der Nebensaison 450–1.050, in der Hauptsaison 600–1.300 NOK.

◎ **Å HAMNA RORBUER,** Å, 8392 Sørvågen, Tel. 7609 1211, Fax 7609 1114, aa-hamna@lofoten-info.no/ Das ganze Jahr über geöffnet.

Wo Å beginnt, liegt linker Hand das einzigartige Tørrfiskmuseum (Stockfisch-Museum), das unter der selben Leitung wie diese aus 14 Rorbuhütten bestehende Anlage steht. ALLE HÜTTEN AUF PFÄHLEN AM, ÜBER BZW. IM MEER, alle authentisch, gemütlich sowie komfortabel eingerichtet, Preise 450–1.050 NOK. Ferner stehen Betten in einem Haus mit Selbstverpflegung bereit (Zimmer 350–450 NOK).

Es werden komplette Angelausrüstungen und Boote vermietet und Aktivitäten organisiert. Besitzer Steinar Larsen spricht fließend Deutsch, so dass die Zahl der deutschen Stammgäste groß ist.

◎ **Å RORBUER,** Å, 8392 Sørvågen, Tel. 7609 1121, Fax 7609 1282. Ganzjährig geöffnet.

Diese Hütten gehören zur Jugendherberge (siehe dort) und zum Norske Fiskeværmuseum. Insgesamt 40 Rorbuer mit Platz für 3–9 Personen kosten von 800 bis 1.550 NOK. In einem Haus zu gemeinschaftlicher Nutzung zahlen Backpacker 225–250 NOK pro Person und Nacht.

◎ **MOSKENESSTRAUMEN CAMPING,** in Å, 8392 Sørvågen, Tel./Fax 7609 1202. Von Mai bis Ende August.

Hier einmal eine Ferienhütte zu bewohnen gehört für uns zu den Dingen eines Lofoten-Aufenthalts, die man sich einfach gönnen sollte. Zyklopenhaft aufgetürmt die Lofoten-Wand im Rücken, bunt und unecht scheinend das Dorf zur Linken, während nach rechts der Blick bis Værøy reicht, doch gen Osten den Vestfjord überbrückt, fast 90 km. Die (naturfarbenen) Häuser stehen AUF NATÜRLICHEN FELSBALKONS sowie in Felsnischen hoch über dem Meer – das Donnern der Brandung tönt bis zur Veranda hinauf, Die Preise liegen um 500–650 NOK.

AUF VÆRØY

Da früher oft von Fischern frequentiert, verfügt die Insel über viele Ror-

Fortsetzung: ... von Reine und Å, Anfang September eine Hütte anzumieten. Also besser im Voraus telefonieren und sich ankündigen...

buer, die während der Saison von Privatleuten vermietet werden – achten Sie auf Hinweisschilder. Gewerbliche Anlagen sind rar, als populär gelten:

◎ **LANGODDEN RORBUER,** 8063 Værøy, Tel. 9261 8477, Fax 7609 57 01, www.langodden.no. Ganzjährig geöffnet.

Authentisches FISCHERMILIEU in naturschöner Umgebung, ANGENEHME ATMOSPHÄRE, viele Aktivitäten, u.a. Bootsfahrten zum Vogelfelsen, Angeltrips und Fahrradvermietung. Die Rorbuer kosten 350–800 NOK (bei 4–10 Betten). Die Anlage wird ebenso als Jugendherberge betrieben (siehe auf der rechten Seite).

AUF RØST

Viele Touristen sind es nicht, die es nach Røst verschlägt: Wer hier Unterkunft nimmt, ist entweder begeisterter Sportangler oder ornithologisch interessiert.

◎ **KÅRØYA SJØHUS CAMPING,** 8064 Røst, Tel. 7609 6238, Fax 7609 6118. Ganzjährig geöffnet.

Die ebenfalls als Jugendherberge fungierende Anlage (siehe dort) hat 56 Betten in Doppelzimmern, 4- und 6-Bett-Zimmern ab 350 NOK, untergebracht in einem GROSSEN SJØHUS. Es werden Boote vermietet und Touren zu den VOGELFELSEN sowie zum Skomvær-LEUCHTTURM arrangiert.

Budget-Unterkünfte

Die Familien- und Jugendherbergen tragen in Norwegen den leicht irritierenden Namen »Wandererheime« *(vandrerhjem)*. Dabei stehen sie ALLEN OFFEN – unabhängig von Alter und Mitgliedschaft – und sind mit Tarifen von derzeit 120 bis 250 NOK die billigsten Unterkünfte. In ganz Norwegen gibt es ungefähr 100 der fast immer modern ausgestatteten sowie zudem schön gelegenen Häuser.

Wer über Land von Oslo her anreist, findet entsprechende Herbergen an den großen Verkehsknotenpunkten Oslo, Bergen, Trondheim, Bodø, Fauske und Narvik. In den meisten erhält man preiswerte warme Mahlzeiten serviert; mitunter entspricht der Komfort dem eines Mittelklasse-Hotels; die Atmosphäre ist INTERNATIONAL und niemals steif.

Auf den Lofoten gibt es vier solcher empfehlenswerten Herbergen; rechnet man das Vandrerhjem von Melbu auf Hadseløya hinzu, sind es gar fünf. Bei den nachfolgend aufgeführten Preisen handelt es sich um solche für Mitglieder; der übliche internationale Jugendherbergsausweis wird anerkannt; die Nicht-Mitglieder zahlen generell 20 NOK mehr.

Einige PRIVATHOSTELS liegen im Preis noch etwas tiefer.

◎ **MELBU VANDRERHJEM / HADSELØYA,** P.A. Kvaalsgt. 5, 8490 Melbu auf Vesterålen, Tel. 7605 7106. Ganzjährig geöffnet, 20.8.–1.6. nur nach Voranmeldung. Bett kostet 200 NOK, Doppelzimmer 300 NOK.

Wenige Gehminuten ab Busbahnhof / Fährkai. Dreigeschossiger Neubau mit 100 Betten (20 Doppelzimmer, drei Schlafsäle), ferner Kochecke. Boots- und Fahrradvermietung.

◎ **KNUTMARKA FERIESENTER,** Leirskoleveien 10, 8301 Svolvær, Tel. 7607 2164, Fax 7607 2632, E-mail: knutmfe@online.no, www.knutmarka.no.

Schullandheim, daher nur in den Ferien geöffnet (ca. 20.6.–20.8.). Leser fanden es dort freundlich und sauber. Nahe zum Zentrum Svolværs.

◎ **LOFOTEN SOMMERHOTELL / VANDRERHJEM,** Finnsvn., 8310 Kabelvåg (ab E 10 ausgeschildert), Tel. 7606 9898, Fax 7606 9899, per E-mail: vfha@lofotnett.no/ 1.6.–15.8.

Eigentlich das Schülerheim der lokalen Volkshochschule sowie Kunstschule, eher ZWECKMÄSSIG als schön ausgestattet, aber mit 250 NOK für ein Bett im Doppelzimmer inklusive opulentem Frühstück im Preis-Leistungs-Verhältnis ziemlich gut.

◎ **DEN SISTE VIKING,** 8312 Henningsvær, Tel. 7607 4911, Fax 7607 4646, www.nordnorskklatreskole.no. 15.3.–31.8. geöffnet, sonst nach Absprache.

Der Nord Norske Klætreskole (Nordnorwegische Bergsteiger- bzw. Kletterschule, siehe unter »Ferien aktiv«) angeschlossene Herberge, DIREKT AM HAFENBECKEN. Das Publikum ist jung (viele Interrailer), die ATMOSPHÄRE LOCKER. Geradezu romantisch sitzt man im hauseigenen Café/ Pub auf der KAITERRASSE. Die Preise für die Unterkunft sind unschlagbar, wohnt man doch für gerade einmal 175 NOK pro Person im 2- oder 4-Bett-Zimmer (Selbstverpflegung möglich). Eventuell Rabatt in der Nebensaison.

◎ **STAMSUND VANDRERHJEM / VESTVÅGØYA,** Justad Rorbuer, 8340 Stamsund, Tel. 7608 9334. 15.1.–15.10. Das Bett kostet 190 NOK.

Man wohnt in einer DIREKT AM FJORD gelegenen großen Rorbuanlage, kann sich auf der großen Veranda der Sonne hingeben, dem Treiben an den Kais zuschauen und diverse Fahrzeuge mieten. 2-/4-/8-Bett-Zimmer. Die URIGSTE Jugendherberge.

◎ **Å HAMNA RORBUER,** Å, 8392 Sørvågen, Tel. 7609 1211, Fax 7609 1114, aa-hamna@lofoten-info.no/ Ganzjährig geöffnet. 100 NOK je Bett.

Das »Independent Hostel« ist sogar billiger als die benachbarte Jugendherberge. Gutes Frühstücksbuffet.

◎ **Å VANDRERHJEM / MOSKENESØYA,** Å, 8392 Sørvågen, Tel. 7609 1121, Fax 7609 8212. Ganzjährig geöffnet. Das Bett kostet 160 NOK, das Doppelzimmer 300 NOK.

Schöner alter HOLZBAU, direkt im pittoresken Fischerdorf mit Fischereimuseum gelegen. Die 27 Zimmer (EZ bis 4-Bett-Zimmer) sind einfach, aber GEMÜTLICH eingerichtet. Man kann selbst kochen sowie ein Boot oder ein Fahrrad mieten.

◎ **VÆRØY VANDRERHJEM,** 8063 Værøy, Tel. 9261 8477, Fax 7609 5701, www.langodden.no. Ganzjährig geöffnet. Das Bett kostet 120 NOK, das Doppelzimmer 250 NOK.

Lang gestreckte Rorbu-Anlage (siehe dort), Selbstverpflegung. Der Herbergsvater ORGANISIERT Bootsausflüge zum Vogelberg und zum Sanden-Badeplatz.

◎ **KÅRØYA SJØHUS CAMPING,** 8064 Røst, Tel. 7609 6238, Fax 7609 6118. Ganzjährig geöffnet.

Die auch als Hostel betriebene Rorbuanlage (siehe auf der linken Seite) offeriert Betten in Mehrbettzimmern für generell 150 NOK.

Elch-Tipp: bei Schönwetter auf der Kaiterrasse von Den siste Viking frühstücken

Hotels

Die meisten Hotels auf den Lofoten, wie in Norwegen oder Skandinavien schlechthin, sind ausgesprochen teuer bei teils zwar zweifellos hohem, jedoch öfter steril wirkendem Komfort. So sind sie im Normalfall mehr nach dem Geschmack von Geschäftsleuten denn von Touristen, obwohl sie in der Sommerzeit mit günstigen »Sommerpreisen« um Reisende werben. Es folgen vier positive Ausnahmen:

◎ **RICA HOTEL SVOLVÆR,** Lamholmen, 8301 Svolvær, Tel. 7607 22 22, Fax 7607 2001, ricahotelsvolvar@rica.no, www.rica.no. 1.3.–30.9.

Das LUXUSHOTEL auf der landfest gemachten Insel Lamholmen mitten im Hafenbecken von Svolvær, gilt ARCHITEKTONISCH als eines der schönsten im Land, denn es springt mit seiner BOOTSFÖRMIGEN FORM UND VOLL VERGLASTEN FRONT förmlich ins Auge. Das Stadtzentrum ist nur einen Steinwurf entfernt, Panorama-Restaurant und Panorama-Bar erlauben traumhafte Blicke. Die 147 Zimmer im »Fischerhütten-Stil« sind gemütlich wie komfortabel. Die Tarife liegen derzeit bei 695 und 1.100 NOK für Einzel- und Doppelzimmer, natürlich das opulente Frühstücksbuffet inklusive, das in Qualität sowie Auswahl vor Ort keine Konkurrenz fürchtet.

◎ **ANKER BRYGGE RORBUSUITER,** Lamholmen, 8301 Svolvær, Tel. 7606 6480, Fax 7606 6470, www.anker-brygge.no. 2.1.–31.12.

Will man nicht nur ein Zimmer, sondern gleich ein APARTMENT oder eher schon eine SUITE mieten und spielt Geld eine eher unbedeutende Rolle, dann bietet es sich an, in diesem über 100 Jahre alten, renovierten weißen Prachtbau zu nächtigen. Was die frühere Brygge von außen verspricht, hält sie auch von innen mit elegant-gemütlichen Suiten, die zwar kein Gegenstück auf dem Archipel haben, jedoch auch im Preis ziemlich abheben: 1.150–2.550 NOK.

Angeschlossen sind ein Spitzenrestaurant (siehe unter »Essen und Trinken, Restaurants«) sowie ein Bryggecafé draußen über dem Hafen.

◎ **KABELVÅG HOTEL,** Kong Øysteinsgt. 4, 8310 Kabelvåg, Tel. 7607 8800, Fax 7607 8003. 1.6.–31.8. geöffnet, sonst nach Absprache.

Wer ein GUTES MITTELKLASSE-HOTEL vorzieht, wählt in Kabelvåg dieses 1995 IM TRADITIONELLEN DORFSTIL errichtete Haus, das 28 Komfortzimmer umfasst, die inklusive Frühstück 600–1.200 NOK je nach Saison kosten.

◎ **HENNINGSVÆR BRYGGEHOTEL,** 8312 Henningsvær, Tel. 7607 4750, Fax 7607 4730. Ganzjährig geöffnet.

1995 eröffnet, seiner HOLZ- UND GLASARCHITEKTUR wegen PREISGEKRÖNT und auf Pfählen direkt am Hafenbecken erbaut. Die Lage ist top, und soll's keine Rorbu sein, führt für den VERWÖHNTEN REISENDEN kaum ein Weg um dieses Haus umhin. Die komfortablen (wenn auch, wie manche finden, ein bisschen steril wirkenden) Zimmer, kosten 815–1.190 NOK, wobei das Frühstück wiederum inklusive ist.

Essen und Trinken

Die nordische Küche

Eine spezielle Lofoten-Küche gibt es nicht, und die norwegische ist weder berühmt noch berauschend. Kulinarische Feinheiten sind selten gefragt. Man will satt werden, dem entsprechend wird – worüber und wo man sich auch immer zu Tisch setzt – die Portion stets eine große sein. Wer auf international Anonymes wie Wienerschnitzel oder Spaghetti ausweicht, bekommt etwas unverkennbar Norwegisches – nur dass statt der obligatorischen Kartoffeln Pommes oder Nudeln als Beilage serviert werden.

Trotzdem gibt es etwas, was eine Empfehlung als »nordisches Essen« verdient. Es verbirgt sich in wenigen Restaurants, meist in denen, die zu einem (guten) Hotel gehören. Die Rede ist vom (kalten) BUFFET; dabei geht es keineswegs fade zu, sondern skandinavisch-kulinarisch (siehe den Kasten auf Seite 303). Nicht nur der Gaumen, auch die Augen sollen nun genießen, und so sind die Leckereien wie Stilleben garniert.

SPEZIALITÄTEN
Ein paar essbare Besonderheiten bietet das Land natürlich auch, und als das älteste, in einfacherer Form direkt bis auf die Steinzeit zurückgehende Gericht gilt heiße, in Scheiben geschnittene Blutwurst, mit Zucker und Butter serviert – durchaus gewöhnungsbedürftig.

Auch die braune, knotig aussehende Käsemasse des *gammelost* ist nicht nach aller Geschmack. Bei dieser Delikatesse von nationaler Bedeutung handelt es sich schlicht um »alten Käse«, und wer die Glocke lüpft, unter der er serviert wird, läuft in Gefahr, die Geruchsnerven abzustumpfen.

Für *blodpudding* (Blutpudding) sowie *lungemos* (Lungenhaschee) muss man wohl als Norweger geboren sein. Um *rømmegrøt,* eine Art norwegische NATIONALSPEISE, genießen zu können, scheint es auf den ersten Blick nötig, sich einer neuen »Ethik des Geschmacks« unterwerfen zu müssen: Rømmegrøt ist eine Art Grütze, von gelber Farbe, stets fettig und wird aus saurer Sahne plus Grieß bereitet sowie mit Zucker, Zimt, Butter gewürzt. Als vollwertige Mahlzeit schmeckt sie delikater, als man glauben mag, und ist ein wahrer ENERGIESPENDER.

»Exotisch«« ist auch *rakørret* – Forelle, die drei Monate in Salzlake lag und mit Brot und Butter zu Bier und Aquavit serviert wird.

Und schließlich *geitost,* ein Ziegenkäse, der eigentlich gar keiner ist, sondern bloß so heißt. Diese Delikatesse überrascht mit dem Geschmack nach Erdnussbutter und Karamell, kann an eingetrocknete Kondensmilch erinnern und wird aus jener Molke hergestellt, die bei der Produktion von normalem Käse übrig bleibt. Am Stück präsentiert sich *geitost* als dicker, brauner und ziemlich harter Käseklotz, als Brotbelag ist er wellig und waffeldünn, leicht zähflüssig, und er neigt dazu, wie Sahnebonbons an Zähnen und Gaumen zu kleben. Jedoch er schmeckt, wird in Norwegen in gigantischen Mengen verzehrt und ist so beliebt, dass er bei ins Ausland reisenden Norwegern einen Teil des Handgepäcks ausmacht.

Eine Brot-Tradition auf Hefebasis gibt es nicht im Norden, wo traditionell Hafer und Gerste angebaut wurden – Getreidesorten, die sich nicht für Hefebrote eignen. Brot ist entweder *loff* (wie Weißbrot), *kneipp-brød* (Grauweißbrot) – mit Backpulver aufgetrieben – oder *flatbrød* (papierdünnes und trockenes Fladenbrot), wenn nicht *lefser,* eine süße Fladenspezialität aus Kartoffeln und Mehl, mit Butter und/oder Sahne genossen. Wird der Teig nur aus gekochten und gemahlenen Kartoffeln hergestellt, handelt es sich um die lefser-Variante *potetlompe,* die man entweder mit Wurst als Schnellimbiss zu sich nimmt oder als Beilage zum Kaffee.

FISCH, WAS SONST?

Dem Fisch steht ein eigenes Kapitel zu, denn Norwegen ist das Land der Lachse und Forellen, der Heringe und Makrelen und natürlich des Kabeljau oder Dorsch. Wer zur Abwechslung für ein Essen nicht mehr ausgeben will als zu Hause, wer Risiken scheut und etwas ganz Ausgezeichnetes sucht, wählt Fisch. Dies insbesondere auf den Lofoten, dem »Archipel des Kabeljau«. Es gibt zahllose Arten der Zubereitung: Eine so dem Fisch verbundene Nation isst natürlich nicht nur Filet, um den Rest wegzuwerfen:

Der *rogn* (Rogen) etwa wird gebraten, die *lever* (Leber) hingegen gekocht, und beide Gerichte werden als Hauptmahlzeit serviert. *Mølje* gibt's eher zu festlichen Anlässen: Rogen und Leber, kräftig gewürzt, damit kein traniger Geschmack aufkommt. Die *tunger* (Zungen) des Kabeljaus erfreuen sich nicht nur in den illustren Kreisen französischer Gourmets größter Beliebtheit; sie werden gebraten oder gekocht und mit saurer Sahne oder heller Currysauce aufgetragen. Aus Fischköpfen und Meeresfrüchten bereitet man *fiskesuppe,* die zwar nicht so raffiniert ist wie die Bouillabaisse, jedoch von recht gutem Geschmack.

GETRÄNKE

Die Norweger trinken vor allen Dingen KAFFEE – nämlich morgens, mittags, abends, nachts –, und nur Magenkranken sieht man es nach, wenn sie auf Tee umsteigen, der im hohen Norden keinerlei Tradition besitzt.

Milch löscht hier auch »Männerdurst«, was wohl vorrangig der Qualität norwegischer Milch zu verdanken ist, gegen die sich der EU-Kuhsaft als geschmacklose Plempe präsentiert. Kaffee und Milch sind billig, Mineralwasser hingegen ist teuer, weil meist importiert, denn in Norwegen sprudelt nur eine Quelle; die heißt *Farris* und trägt den Übernamen »The King of Table-Waters«, was weniger auf den Geschmack zurückzuführen ist als vielmehr darauf, dass die Quelle dereinst dem König Håkon gehörte. Säfte enthalten meistens viel Zucker und Wasser, doch wenig Frucht, und werden überwiegend aus mitteleuropäischen Landen importiert; die Qualität bessert sich allmählich.

Landesweit gibt es erst wenige BäckerInnen, die sich – nach der Aneignung von Knowhow oft in Deutschland – an das Backen mit Sauerteig wagen.

DAS SKANDINAVISCHE BUFFET

Zum FRÜHSTÜCK, das man zwischen 8 und 10 Uhr einnimmt, gibt es zumeist eine Auswahl an Brötchen und verschiedenen Brotsorten, Butter, Margarine, Marmeladen, Haferbrei, Cornflakes, Müsli, Salate, Käse, Wurst und Eier, Fischkonserven, kalte Fleischgerichte, dazu Milch und Kaffee, Tee und Saft. Es ist unmöglich, auch nur von allem ein Häppchen zu kosten – das weiß das Hotelmanagement, und deshalb ist das *frokost*-Buffet für norwegische Verhältnisse gar nicht mal teuer.

Auch an das MITTAGESSEN (13–16 Uhr), ebenfalls in Buffetform serviert, muss man sich behutsam und wählerisch herantasten, denn das bunte Mosaik der Tafelfreuden ist wesentlich größer als das schon morgens genossene. Nur Amateure lassen sich beim Anblick der aufgetischten Delikatessen von spontaner Panik ergreifen und betreiben Vorratswirtschaft. Das Buffet wird nicht leer, denn alles wird so lange ersetzt, bis niemand mehr zugreifen mag. Etwa nach Lachshäppchen und geräucherten Forellen, Hering in allen erdenklichen Zubereitungsformen, Krabben, Brathähnchen und Roastbeef, Frikadellen, Soßen, Salaten, Gemüsen und auch ein paar wenigen warmen Gerichten.

Zum ABENDLICHEN BUFFET muss der ohnehin schon große Tisch noch einmal ausgezogen werden. Nach den ungeschriebenen Gesetzen der Buffet-Etikette genießt man vor allem anderen sonst erst einmal die Augenweide – Ouvertüre. Dann nimmt man einen Teller und steuert zielbewusst auf die vielen Heringsvariationen zu, von denen man aber nur bescheiden kosten sollte. Es folgt der kulinarischen Oper zweiter Akt, während dem es in der Hauptsache um geräucherten oder gepökelten Lachs geht. Hier und da ein Gabelbissen der übrigen Meeresfrüchte, ein paar Garnelen vielleicht, ein mit Kaviar gefülltes Ei, ein paar Muscheln, ein Stück vom Hummer. Nach dem Fisch wechselt man erneut den Teller und widmet sich dem dritten Akt, in dem kalter Braten und Aufschnitt, Pasteten, Sülzen und Salate die Hauptrollen spielen. Jetzt ist Selbstdisziplin erforderlich, und nur die Amateure tragen schon zu Ende dieses Gangs die gelbliche Gesichtsfarbe der unersättlichen Gourmands. Es folgt der vierte Akt – während dem viele kleine warme Gerichte um die Gunst der Feinschmecker buhlen. Und für alle, die einen Sieg über sich errungen und noch Kraft für den Epilog haben, steht an der Peripherie ein ganzes Pudding-Regiment in allen erdenklichen Farben bereit.

BIER fließt reichlich durch Norwegens Kehlen, und es wird nach dem Reinheitsgebot gebraut, ganz ähnlich wie in Deutschland auch. Dennoch schmeckt es anders, aber das ist normal, denn Bier schmeckt den Deutschen immer anders als zu Hause. Es gibt solches mit 7 % Alkohol *(gulløl, bokkøl)*, anderes mit 4 % *(pils, bayerøl)*, solches mit 2 % *(lettøl)* und gänzlich alkoholfreies *(zero, vørterøl)*, das an Malzbier erinnern kann.

Wein trinken die Norweger auch, aber von einer entsprechenden Kultur möchte man nicht reden. Dass Weißwein etwas kühler sein darf, hat sich inzwischen rumgesprochen, darum wird er oft eiskalt serviert. – Rotwein darf nicht kalt sein. Auch das ist ein Begriff; aber da »nicht kalt« nach norwegischem Verständnis »ziemlich warm« ist, kommt der rote nicht selten gleich mit 25°C auf den Tisch.

Mit den nationalen Schnapsprodukten hat es eine besondere Bewandnis, denn ob der Stoff als Whisky, Gin oder Rum, Weinbrand oder Cognak ausgezeichnet ist: Stets wird er aus norwegischen Kartoffeln destilliert. Das schmecken Kenner ebenso durch wie die Pflaumen im norwegischen Champagner. Alles in allem gibt es eigentlich nur eine nordische Spirituose, die auch im Ausland einen guten Namen trägt: AQUAVIT, insbesondere, wenn von *Linje* oder – unvergleichlich besser, auch doppelt so teuer – von *Gilde* gebrannt.

Dass Esskultur und sogar kulinarische Genüsse in Norwegen, das sich gern demonstrativ autark gibt, in der Tat im Vormarsch begriffen sind, davon mehr auf den nächsten Seiten:

Restaurants/Cafés

»Man isst schlecht auf den Lofoten«, hört man immer wieder Touristen in enttäuschtem Ton sagen. Weil sie sich vom allgemein höheren Preisniveau einschüchtern lassen und im erstbesten Selbstbedienungsrestaurant am Straßenrand einkehren oder sogar in den Cafeterias von Campingplätzen, die nun wirklich nicht mehr als Imbissbuden sind. Man muss wissen, wohin die Lofoter gehen, wenn sie SCHLEMMEN wollen, und stellt fest, dass es im Inselreich zwar eher wenige Restaurants gibt, die kulinarische Genüsse garantieren, dass aber diese wenigen wirklich so gut sind, dass man jeden Tag aufs neue einkehren möchte, sofern die Reisekasse dies genehmigte.

Hier jetzt eine kurze Liste empfehlenswerter, wenn auch nicht allesamt erstklassiger Restaurants:

IN SVOLVÆR/AUSTVÅGØYA

◎ **BØRSEN SPISERI,** Svinøya Rorbuer, Gunnar Bergsvn. 2, Svinøya, Tel. 7606 9930. Ganzjährig geöffnet; für die Abendstunden bitte reservieren.

Die Børsen Spiseri gilt in Kennerkreisen als eines der speziellsten Restaurants im Archipel, und nicht umsonst wurde dem Haus die begehrte »Olavsrosa« als Preis verliehen. Dieser Qualitätsstempel, mit dem u.a. die drei besterhaltenen Hotels in Norwegen prämiert wurden, steht für authentische, in diesem Fall auf das Jahr 1828 zurückgehende Räumlichkeiten mit massiven Blockwänden, Balkenkonstruktionen etc. Hier sitzt man einfach URIG-GEMÜTLICH. Die Qualität der Gerichte (vor allem FISCH- UND MEERESFRÜCHTE – klar) steht diesem Ambiente um nichts nach, die Preise sind dementsprechend, aber angemessen. – Eine EMPFEHLUNG für den besonderen Anlass. Siehe auch unter »Unterkunft, Rorbuer«.

◎ **ANKER BRYGGE PUB OG RESTAURANT,** Lamholmen, Tel. 7606 6480. Ganzjährig geöffnet; für die Abendstunden bitte reservieren.

Top-Restaurant mit Pub in einem über 125 Jahre alten LAGERHAUS auf einer kleinen (landfesten) Insel im Hafenbecken von Svolvær. An sonnigen Tagen gibt es nichts Schöneres, als draußen über dem Wasser zu sitzen. Der Pub ist im urigen Wohnzimmerstil gehalten, das Restaurant rustikal-elegant mit großem Kamin. Die Gerichte der NORWEGISCHEN UND INTERNATIONALEN KÜCHE sind wahrlich geschmackvoll, wenn auch nicht eben billig. Siehe auch unter »Hotels«.

◎ Viele weitere **CAFÉS** laden in Svolvær ein, Schwerpunkt TORGET, also der Marktplatz am alten Hafen. Als der letzte Schrei gilt derzeit das *Du Verden,* das zur Abwechslung mal nicht traditionell-rustikal, sondern ein bisschen modernistisch-global eingerichtet ist. Zu finden am vom Torget nach links, Richtung Lamholmen abzweigenden Kaiweg; am schönsten sitzt man sommers draußen MIT HAFENBLICK.

IN KABELVÅG/AUSTVÅGØYA

◎ **PRÆSTENBRYGGA,** Torget, Tel. 7607 8060. Täglich ab 10 Uhr und bis gegen 1 Uhr morgens.

Die in einem alten und aufwändig renovierten SPEICHERHAUS untergebrachte Præstenbrygga steht AUF PFÄHLEN IM MEER am Marktplatz, den sie dominiert. Das Innere, offen bis unters Dach und mit alten Bildern und Gebrauchsgegenständen so geschmackvoll wie gemütlich dekoriert, ist so recht geeignet für einen verregneten Tag. Draußen, wo Stühle und Tische zum Platz-Nehmen animieren, herrscht an sonnigen Tagen eine fast schon urbane Café-Stimmung, finden dann die frisch gezapften Biere einen reißenden Absatz. Serviert werden jeden Tag wechselnde Gerichte DEFTIGER HAUSMANNSKOST, die allfreitagliche Fischsuppe ist köstlich. An den Wochenenden spielen oft Jazz-, Blues- und Folk-Bands auf, gibt sich die Kabelvåg-Szene ein Stelldichein.

◎ In **STORVÅGAN** bei Kabelvåg bieten sich gleich zwei Restaurants an: Wer ohnehin das *Lofot-Aquarium* (Tel. 7607 8665; im Sommer täglich 10–21 Uhr) besuchen möchte, kann im zugehörigen Restaurant und Café Frühstück, Mittag- oder auch Abendessen einnehmen. Man sitzt im verglasten Innenraum oder davor auf der Veranda über dem Fjord und kann sich u.a. an Kuchen, Brötchen und Eis sowie Fleisch- und vor allem FISCHGERICHTEN laben, die man kaum irgendwo sonst so preiswert wie hier bekommt.

Soll's etwas Besonderes sein, empfiehlt sich das Restaurant des an das Aquarium grenzenden *Nyvågar Rorbuhotel* (Tel. 7606 9700; täglich von morgens bis in die späten Abendtunden): gepflegtes bis ELEGANTES AMBIENTE, famose Lage über dem Fjord und eine große Zahl ausgesuchter WILD- UND FISCHGERICHTE, schon vom König persönlich gekostet. Die Preise entsprechen der Qualität.

Die norwegischen Cafés nahmen den internationalen Trend auf und servieren tagsüber leichte, durchaus schmackhafte Gerichte zu annehmbaren Preisen.

IN HENNINGSVÆR/AUSTVÅGØYA

◎ **FISKEKROGEN,** Henningsvær Feriebrygge, links der Hauptstraße am Hafenbecken (ist ausgeschildert), Tel. 7607 4652. Reservierung wird empfohlen, geöffnet ab mittags, im Hochsommer auch vormittags (nur Café).

Henningsvær ist eine typische Fischersiedlung auf den Lofoten, auf alle Fälle eines der am meisten abgelichteten Dörfer auf Austvågøya und bietet mit einem großen rechteckigen Hafenbecken, ringsum von Rorbuhütten und Landungsbrücken gesäumt, viel Lofoten-Übliches. Jedoch auch Unübliches: das Fiskekrogen, zu dem ein Pub (mit allen Schankrechten!) und eine »Speisebrücke« gehören. Der PUB ist mit Holz getäfelt, mit Polsterstühlen und Tischen nüchtern möbliert und bildet den Rahmen, in dem die Fischer (und ehemaligen Eisbär-, Robben- und Waljäger) abends ihr Seemannsgarn spinnen.

Die »Speisebrücke« ist eine teilweise überdachte (und mit Heizstrahlern versehene) HAFENVERANDA: Dieser Stelzenbau wird weniger zum Speisen als mehr zum Kaffeetrinken und Kuchenessen frequentiert.

Doch nun zum RESTAURANT, das seit seiner Eröffnung im Jahr 1989 als GEHEIMTIPP unter schlemmerfreudigen Lofotern gehandelt wird. Das Interieur ist gutbürgerlich, man sitzt bequem vor großen Festerfronten und erfreut sich – wie auch schon der jetzige norwegische König anlässlich eines Besuchs auf dem Inselreich – an FISCHKREATIONEN, die zum Erlesensten gehören, was man im Norden Europas kosten kann! Man merkt, dass ein Meisterkoch in den Töpfen rührt: Wer hier einmal eine Fischspezialität gekostet hat, jede mit einer anderen Sauce kreiert, hat sein Stammrestaurant für den Urlaub gefunden. Dabei sind die Portionen wahrhaft reichlich bemessen, die Preise allemal adäquat und ist die Bedienung außerordentlich zuvorkommend.

◎ **DEN SISTE VIKING,** am Hafenbecken in Henningsvær nahe Bryggehotel (ausgeschildert), Tel. 7607 4911. Geöffnet ab morgens und während der Saison bis in die Nachtstunden.

Der Kletterschule angeschlossenes Café / Pub am Hafen. Die LAGE AM KAI ist schlicht traumhaft, mit Abstand am schönsten sitzt man auf der Brygge-Terrasse über dem Wasser. Die Gerichte sind preisgünstig, es herrscht eine Art internationale STRASSEN-CAFÉ-ATMOSPHÄRE, und abends erklingt oft Live-Musik.

AUF VESTVÅGØYA

◎ **LOFOTR WIKINGERMUSEUM,** Borg, Tel. 7608 4900. 20.5.–3.9. geöffnet, sonst nach Vereinbarung.

Nach ORIGINALREZEPTEN über dem Herdfeuer zubereitete Hammelsuppe (120 NOK) gibt's zur Saison für alle, doch dummerweise sind es nur Gruppen über 20 Personen, denen in dem authentisch nachgebauten Wikinger-Langhaus des Museums nicht alltägliche Gourmeterlebnisse aus uralten Tagen geboten werden. Für Gruppen unter 20 Personen nämlich ist zusätzlich zum Essen ein Grundpreis von 1.000 NOK zu entrichten.

Möglicherweise gelingt es ja, mit Gleichgesinnten eine Gruppe zu bilden – wie auch immer: Der Gruppengast wird in einen Wikinger-Umhang gekleidet, mit dem er die festlich geschmückte GILDEHALLE betritt, die offenes Feuer und viele Kerzen »archaisch« ILLUMINIEREN. Dann lässt man sich nieder an denkbar rustikalen Tischen und genießt zum Beispiel Met – Honigwein – zu 45 NOK bei traditioneller Hammelsuppe (130 NOK), oder Wikingerlunch (Räucherlachs sowie Rauchfleisch, Pökelwurst und Fladenbrot für 230 NOK), sofern nicht zum Festmahl mit drei Gängen, das jedoch rund 500 NOK kostet.

Gegen einen Aufschlag (je Gruppe) nimmt der »Häuptling« am Festmahl teil und erzählt Geschichten aus alter Zeit. Hat die Gruppe ein paar tausend Kronen übrig, so kann sie sich zusätzlich an gesungenen und getanzten WEISEN AUS DEM MITTELALTER erfreuen, die eine Vokalgruppe ihrem Publikum vorträgt.

◎ **KRÆMMERVIKA RORBUER,** Ballstad, Tel. 76060920. Das ganze Jahr über geöffnet.

Das Restaurant mit vollen Schankrechten ist LOFOTEN-TYPISCH eingerichtet: mit alten Gebrauchsgegenständen sowie »Fischerzeugs« dekoriert. Die ARKTISCHE KÜCHE hat sowohl nationale als auch internationale Gerichte zur Auswahl, das Preisniveau ist relativ günstig, und an Sommertagen sitzt man trefflich auf der HOLZVERANDA mit Hafenblick. Siehe auch unter »Unterkunft, Rorbuer«.

AUF FLAKSTADØYA

◎ **RAMBERG GJESTEGÅRD,** Ramberg, Tel. 76093500. Ganzjährig von morgens bis 24 Uhr (die Küche bis 23 Uhr), an den Wochenenden verlängert bis 1 Uhr nachts.

Bei nur knapp 1.600 Einwohnern auf der gesamten Insel überrascht es schon, dass man in dem einzigen Restaurant der Gemeinde auf KULINARISCHE ENTDECKUNGSREISE gehen kann. Als Mitglied der Kette »Die Arktische Küche« ist es Ziel des modern eingerichteten, großzügig verglasten Hauses, weitgehend nordnorwegische Produkte zu verwenden und die lokale Küche zu kultivieren. So entstand u.a. und in Zusammenarbeit mit Frauen aus dem Ort das FLAKSTAD MENÜ, das durchaus einem Pariser Gourmet-Tempel zur Ehre gereichen könnte: Als Vorspeise werden Scheiben von gesalzenem und luftgetrocknetem Lammfleisch mit Preiselbeeren und Fladenbrot serviert; es folgt halbtrockener, gekochter Dorsch mit Karotten in Sahne und Bauchfleisch, und zum Dessert gibt es Rhababerkompott mit Schlagsahne.

Aber man kann auch à la carte bestellen, die Speisekarte gibt es auch auf Deutsch: Darauf finden sich so leckere Vorspeisen wie in Weißwein gedämpfter KLIPPFISCH auf Salat mit Tang-Vinaigrette (85 NOK) oder auch Fischcremesuppe (70 NOK); in Sachen Hauptspeisen (160–205 NOK inklusive Beilagen) hat man die Wahl (u.a.) zwischen Lammfilet nach Lofoten-Art oder auch – zwar nicht unumstritten, allerdings »tierisch« lecker – Zwergwalsteak mit Orangensauce.

Wechselt man zum Nachtisch, locken etwa in Mädesüß marinierte Melone (55 NOK) oder hausgemachtes Preiselbeereis mit Moltebeerensauce.

Siehe auch unter »Unterkunft, Campingplätze« sowie unter »Rorbuer«.

IN REINE/MOSKENESØYA

◎ **GAMMELBUA,** Reine / Moskenesøya, Reine Rorbuer, Tel. 7609 2222.

Die (200 Jahre) »alte Hütte« mit Schmuckdekor aus längst vergangenen (Fischer-)Zeiten ist eine INSTITUTION in Reine. Selbst ein altes »Nordlandboot« hat in dem zweigeschossigen Bau Platz gefunden. Ob man ein Café sucht, ein Restaurant, eine Kneipe oder nur einen Platz zum Sitzen oder Lesen, Denken, Plaudern oder gar Schreiben – die Gammelbua ist alles in einem. Die TORTEN, mit Blau-, Molte-, Erd- und Brombeeren wirklich reich gedeckt, sind allemal EINE SÜNDE WERT, ebenso die Eisbecher.

Das Bier kommt aus dem Zapfhahn, einen »Biergarten« gibt's obendrein: der ist hinter dem Haus untergebracht, guckt auf den Hafen, den Reinefjord und natürlich auf die »Wand«.

Kulinarisches Lexikon

ALLGEMEINES

Herr Ober: *Kelner!*
Fräulein: *Frøken!*
Was wünschen Sie: *Hva ønsker De?*
Ich möchte gerne...: *Jeg vil gjerne ha...*
Guten Appetit: *Velbekomme!*
Prost: *Skål!*
Noch etwas: *Litt mer?*
Ja danke, gern: *Ja takk, gjerne*
Nein danke, nicht mehr: *Nei takk, ikke mer*
Kann ich die Rechnung bekommen: *Kann jeg få regningen?*
Das ist für Sie: *Det er til Dem*
Behalten Sie den Rest: *Behold resten*
Frühstück: *frokost*
Mittagessen: *middag*
Abendessen: *kveldsmat, aftensmat*
Café: *kafé*
Imbissstube: *snackbar*
Pommesbude: *gatekjøkken*
Gasthaus: *gjestgiveri*
Restaurant: *restaurant*

FISCH (FISK)

abbor: Barsch
blekksprut: Tintenfisch
blåskjell: Miesmuschel
flyndre: Scholle
hellefisk: Heilbutt
hjerteskjell: Herzmuschel
hvitting: Weißling
hyse: Schellfisch
hummer: Hummer
høvring: Krabbe
krabbe: Krabbe
kolje: Schellfisch
kveite: Heilbutt
laks: Lachs
makrell: Makrele
pale: Seelachs
paletorsk: Krabbe
piggvar: Steinbutt
reker: Garnelen
rødsprette: Scholle
sei: Seelachs
sild: Hering
sjøtunge: Seezunge
skjell: Muschel
skrei: Kabeljau
snegler: Schnecke
ørret: Forelle
østers: Austern
steinbit: Steinbeißer, Seewolf
torsk: Dorsch
ål: Aal

GEMÜSE (GRØNNSAKER)
agurk: Gurke
blomkål: Blumenkohl
bønner: Bohnen
ert: Erbse
gulrot: Mohrrüben
kål: Kohl
løk: Zwiebel
rødkål: Rotkohl
sopp: Pilz
surkål: Sauerkraut

FLEISCH (KJØTT)
får: Schaf
kalv: Kalb
lam: Lamm
okse: Rind
svin: Schwein
bryst: Brust
lår: Keule
pølse: Wurst
stek: Braten

GEFLÜGEL/WILD (FJÆRFE/VILT)
and: Ente
dyresteik: Renbraten
elg: Elch
grillet kylling: Grillhähnchen
gås: Gans
hare: Hase
kalkun: Pute
kylling: Hähnchen
rapphøne: Rebhuhn
reinsdyr: Ren
rådyr: Reh

ZUBEREITUNG
bakt: gebacken
kokt: gekocht
krydret: gewürzt
ristet: geröstet
saltet: gesalzen
stekt: gebraten

OBST (FRUKT)
bjørnebær: Brombeere
blåbær: Blaubeere
bringebær: Himbeere
eple: Apfel
jordbær: Erdbeere
kirsebær: Kirsche
molte: Multebeere
pære: Birne
tyttebær: Preiselbeere

GETRÄNKE
sterk: stark
svak: schwach
søt: süß
tørr: herb
flaske: Flasche
glass: Glas
kanne: Kanne
kopp: Tasse
krus: Krug

kaffe: Kaffee
melk: Milch
saft: Saft
te: Tee
vann, vatn: Wasser
med/uten sukker: mit/ohne Zucker
bayer: dunkles Bier
bitter: Magenbitter
brennevin: Branntwein
fatøl: Fassbier
hvitvin: Weißwein
konjakk: Cognac, Weinbrand
likør: Likör
moltebærvin: Multebeerwein
musserende: Sekt
pils: Pils (helles Bier)
rom: Rum
rødvin: Rotwein
toddy: Grog
vin: Wein
øl: Bier

Ferien aktiv

Die Lofoten sind ein PARADIES für Naturfreunde, Sportbegeisterte, Abenteuerlustige! – Pfade aller Schwierigkeitsgrade steigen auf grandiose GIPFEL und führen über ALPINE PÄSSE, durch Hochmoore, Sumpflandschaften und Tundraweiten, über Bergblumenwiesen, durch Birkenwälder, zu majestätischen WASSERFÄLLEN und verschwiegenen Seen sowie entlang menschenleerer TRAUMSTRÄNDE im Felssaum unter dem Licht der Mitternachtssonne.

Auf Bergsteiger und alpine Kletterer warten in der Gebirgswelt der Lofoten anspruchsvolle Herausforderungen; auch wer im Rahmen einer organisierten Wanderung in die Bergwildnis vordringen möchte, findet alles zum Besten. Die Palette der Wassersportarten reicht von tosenden Deep-Sea-Rafting-Fahrten im Vestfjord über Kanutouren auf entrückt daliegenden Seen bis hin zu Seekajakfahrten entlang der bizarr skulptierten Küste. – Im Meer wimmelt es von kleinen, großen und allergrößten Fischen; es springen die Tümmler, man kann sich zur Beobachtung von Pott- und Schwertwalen hinausfahren lassen, »Fischer für einen Tag« sein, Seehund-Kolonien besuchen, windsurfen und natürlich tauchen, auch hinunter zu Wracks, die das raue Meer einforderte.

Fahrradtouren, Reiten und Golf, einige der größten Vogelfelsen überhaupt, Adler-Safaris sowie im Winter das Skifahren und Snowboarden, Rodeln und Eisklettern und... und... komplettieren die Möglichkeiten, in den Ferien auf den Lofoten aktiv zu sein. Der Möglichkeiten sind so gut wie keine Grenzen gesetzt; uns ist landesweit keine andere Region bekannt, deren Outdoor-Angebot derart breit gefächert ist.

Deshalb müssen wir uns auf eine Auswahl aus dem Aktivangebot beschränken, die einzelne Angaben im Routen-Teil ergänzen.

Zur Information dienen die Touristenbüros, besonders diejenigen in Svolvær und in Moskenes.

Sightseeing

AB MOSKENESØYA

Reine, Moskenes, Hamnøy und Å sind hier die Zentren für organisierte Ausflüge aufs Meer, und alle angebotenen Touren werden vom Touristenbüro in Moskenes organisiert, wo man auch buchen kann:

◎ **TURISTINFORMASJON MOSKENES,** Moskenes Hafen, 8392 Sørvågen, Tel. 7609 1599, Fax 7609 2425, E-mail: tour-off@lofoten-info.no, Internet: www.lofoten-info.no. Das ganze Jahr über geöffnet. Buchung am Vortag, oder bis 10.30 Uhr am Abfahrtstag. Diese Touren finden NUR BEI PASSENDEM WETTER statt; Auskunft über eventuell ausfallende Touren am selben Tag ab 10.45 Uhr.

FISCHER FÜR EINEN TAG

Motto ist es, das Alltagsleben eines Fischers kennenzulernen. Man erfährt alles Wesentliche über's Rudern und Fischen, das Abschuppen und Ausnehmen – und hat reichlich Möglichkeit, selbst etwas an die Leine zu bekommen. Bei stabiler Wetterlage sieht man unterwegs Kormorane, Seehunde, Robben und vielleicht sogar Wale.

◎ **ABFAHRT**: täglich um 12 Uhr in Hamnøy (1.5.–30.8.), in Å (1.6.–30.8.) sowie in Nusfjord (1.6.–30.8.).

◎ **DAUER**: 3 – 4 Stunden.

◎ **TICKET**: 300 / 150 NOK für Erwachsene / Kinder.

IM NORDLANDBOOT AUF FISCHFANG

Fischfang wie in alten Zeiten unter kundiger Anleitung erleben. Nach einem Rundgang durch das Fischerdorfmuseum in Å geht's rudernd oder segelnd im traditionsreichen *åttring* aufs nasse Element hinaus, wo – wie früher, also mit Handleine – geangelt wird. Anschließend lernt man den Fang zuzubereiten, der darauf im alten »Nordlandhaus« der Fischerfamilie verspeist wird.

◎ **ABFAHRT**: täglich um 12 Uhr in Å (20.6.–1.8.).

◎ **DAUER**: 5 – 6 Stunden.

◎ **TICKET**: 350 / 175 NOK für Erwachsene / Kinder (bis 14).

HÖHLENMALEREIEN / MITTERNACHTSSSONNE

Ab Reine geht es mit einem Schlauchboot um den Südzipfel der Lofoten-Wand, dann durch den berüchtigten Moskenstraumen und weiter rund um die Nordseite der Landspitze zur heute verlassenen Fischersiedlung Revsvik vor herrlichem Strand und steilsten Klippen. Von dort aus sind es zu Fuß rund 45 Min. zur Refsvik-Höhle – eine imposante Naturkathedrale von ca. 115 m Länge und 50 m Höhe, in der sich rund 3.000 Jahre alte Steinzeit-Zeichnungen von »Ur-Lofotern« befinden. Im Sommer scheint die Mitternachtssonne direkt in den Höhleneingang!

◎ **ABFAHRT**: Mo–Fr um 8 Uhr, So um 12 Uhr (1.6.–30.8.).

◎ **DAUER**: 5 Stunden.

◎ **TICKET**: 590 / 295 NOK für Erwachsene / Kinder; dieser Preis beinhaltet eine schlichte Mahlzeit.

REINEFJORD

Der Reinefjord, angeblich einer der schönsten auf Erden, bildet mit seiner bizarren, über 1.000 m hohen Bergkulisse den Rahmen dieser Tour. In Vinstad geht es an Land und im Rahmen einer Wanderung (ca. 1 Std.) von diesem fast verlassenen Ort hinüber bis nach Bunes an der offenen Nordseite der Insel, wo ein traumhafter Sandstrand sowie auch die Mitternachtssonne locken.

◎ **ABFAHRT**: in Reine So–Fr jeweils um 22 Uhr (1.5.–30.8.) plus So–Fr um 18 Uhr (1.7.–1.8.).

◎ **TICKET**: 290 / 145 NOK.

NACH STORBÅTHELLAREN

Bei Storbåthellaren handelt es sich um eine Wohnhöhle aus der Steinzeit, die von ca. 4000 v.Chr. bis zur Zeitenwende regelmäßig bewohnt war (siehe dort). Sie liegt am Nappstraumen auf Flakstadøya und ist (über Land) nur im Rahmen einer langwierigen Wanderung zu erreichen (siehe Wanderung Nr. 7, Seite 243). Die Bootsfahrt wird mit Zodiac-Schlauchbooten durchgeführt, und von Reine aus geht es via Hamnøy, Sund, Nesland und Nusfjord (wo man auch an Land geht) zur Höhle am Nappstraumen. Mit etwa 70 m Tiefe und mehr als 20 m Höhe ist sie spektakulär anzusehen; im Inneren finden sich noch Überreste aus der Steinzeit, vor allem Knochen von Säugetieren sowie Vögeln, aber auch Unmengen von Fischgräten. Sowohl das Ziel als auch die Fahrt selbst sind beeindruckend, und obwohl der Fahrpreis nicht eben gering ist, lohnt die Ausgabe.

◎ **ABFAHRT**: immer Mi um 12 Uhr (1.6.– 30.8.).

◎ **DAUER**: ca. 5 Std.

◎ **TICKET**: 590 / 295 NOK für Erwachsene / Kinder.

VÆRØYS VOGELKOLONIEN

Dies ist die teuerste, aber vielleicht auch die spannendste Tour, die man von Moskenesøya aus unternehmen kann; sie führt mit Zodiac-Schlauchbooten an der gesamten Lofoten-Wand entlang bis zum Südzipfel der Insel, bevor es auf den Moskenstraumen hinaus geht. Auf der Fahrt über den Mahlstrom hinweg geht es an unbewohnten Inseln mit Seehund-Kolonien vorüber, dann wird Værøy-Ort erreicht (kurzer Landgang), und weiter geht's nach Mostad am Fuße des eigentlichen Vogelberges, der von hier aus schnell erreicht wird und mit seinen hunderttausenden Vögeln beeindruckt (siehe Wanderung Nr. 13, Seite 264 ff.).

◎ **ABFAHRT**: Mo–Sa um 12 Uhr ab Reine (1.6. bis 30.8.).

◎ **DAUER**: 5 Std.

◎ **TICKET**: 690 / 349 NOK für Erwachsene / Kinder.

AB AUSTVÅGØYA

Kabelvåg, Svolvær und Henningsvær sind hier die Zentren für organisierte Bootstouren aufs Meer; zuständig für Buchungen sind die einzelnen Anbieter und das Touristenbüro in Svolvær:

◎ **DESTINATION LOFOTEN,** 8301 Svolvær, Torget, Tel. 7606 9800, Fax 7607 3001, tourist@lofoten-tourist.no, www.lofoten-tourist.no. – Viele Touren sind auch online zu buchen.

SEEADLER-SAFARI

Henningsvær ist Ausgangspunkt dieser mit einem extrem motorisierten Schlauchboot durchgeführten Tour, in deren Rahmen man oft genug nicht nur Seeadler zu sehen bekommt, sondern auch Tümmler, von denen sich mehrere dutzend zumeist im Bereich vor dem Vågakallen aufhalten, wo die Fahrt vorbei geht.

◎ **ABFAHRT:** täglich bis mehrmals täglich 20.6.–10.8. ab Henningsvær.

◎ **DAUER:** 1 Std.

◎ **TICKET:** 300 NOK/Person, zu buchen über *Lofoten Opplevelser,* Henningsvær, Tel. 7607 5001, Fax 7607 5023, www.lofoten-opplevelser.no.

DEEP SEA RAFTING

Unter diesem Namen werden diverse Schlauchboottouren zusammengefasst, die von mehreren Veranstaltern angeboten werden und beispielsweise an der Lofoten-Wand entlang von Svolvær oder Kabelvåg aus nach Henningsvær führen, oder aber tief in den Austnesfjord hinein, zur Walfängerinsel Skrova hinüber, nach Lille und Store Molla sowie auch in den Trollfjord und zu anderen Zielen an der Küste mehr. Gefahren wird mit Schlauchbooten (300 PS-Motoren); wer das nötige Kleingeld hat, kann ein solches Gefährt (das locker 40 Knoten macht) mit Skipper ausleihen.

◎ **ANBIETER** sind u.a. *Lofoten Deep Sea Rafting,* Svinøya Rorbuer, Gunnar Bergs vei 2, P.O. Box 74, 8300 Svolvær, Tel. 7606 9930, Fax 7607 4898, www.svinoya.no (ganzjährig). – *Lofotdykk,* Kaiveien 15 (am Torget), 8310 Kabelvåg, Tel. 9963 9166, Fax 7607 8271, www.lofotdykk.no (1.4.–31.12.). – Sowie *Jann's Adventure,* Postboks 136, 8310 Kabelvåg, Tel. 76078910, Fax 76071955, www.lofoten-aktiv.no.

SEGELBOOT-TOUREN

Seit neuestem bietet *Lofoten Seilbåtcharter* nicht nur Segelboot-Charter (Bootstyp: Jeanneau 37), sondern auch organisierte Segeltrips (mit gleichem Bootstyp). Als Ziele geht es u.a. in den Schärenarchipel vor Svolvær (Halbtag), hinunter nach Henningsvær (Tagestour), nach Værøy und Røst (1 Woche), entlang der Nordlandküste von Steigen nach Kjerringøy (1 Woche) sowie von Svolvær bis hinauf zum Nordkap, was immerhin 2–3 Wochen in Anspruch nimmt.

Die Preise variieren stark je Saison und Tour, und für Informationen sowie Buchung zuständig ist

◎ **LOFOTEN SEILBÅTCHARTER,** Ravnveien 7, 8300 Svolvær, Tel. 7607 1416, helg-ham@online.no, Internet: www.lofoten-seilbaatcharter.no.

TROLLFJORD

Rund 2 km ist er lang, dabei aber lediglich knapp 100 m breit, der Trollfjord, dessen nackte Felsflanken sich teils senkrecht aus dem Meer erheben, das Richtung Fjordende bis zu 1.156 m hohe, zum Teil leicht vergletscherte Bergriesen überragen.

Ausgangspunkt der erlebenswerten Tour ist Svolvær, wo zwischen Anfang Juni und Ende August stets mehrere Schiffe im Hafen vor dem Marktplatz liegen, um sich den Kuchen zu teilen, den die Touristen mitbringen. Die ersten Schiffe starten oft gegen 10 Uhr, andere folgen um 12, 15, 16 Uhr; am Marktplatz selbst sowie in fast allen Unterkünften liegen zahlreiche Trollfjord-Prospekte von Reiseveranstaltern aus; ebenso wie im Touristenbüro, wo man auch buchen kann. Es besteht die Wahl zwischen Touren von 2:30 h Dauer bis zu einem halben Tag, mit oder ohne Landgang im Fjord, mit oder ohne Angelstop. Die Preise für die Tickets beginnen bei 275 NOK.

Auf dem Hinweg geht es vorbei an den Berggiganten der beiden Inseln Lille Molla und Store Molla, bevor sich die Route im schmalen und eng ummauerten RAFTSUND fortsetzt, von dem der Trollfjord abzweigt.

Außerdem besteht die Möglichkeit, vor Ort AUSZUSTEIGEN und erst am nächsten oder übernächsten Tag mit zurückzufahren. Dann hat man abends die märchenhaft schöne Kulisse für sich allein, Platz zum Zelten gibt's genug; die auf einigen Karten verzeichnete Trollfjordhütte fand einer unserer Leser aber nicht und übernachtete notgedrungen im Freien!

Auch mit einem SEEKAJAK (siehe dort) kann man freilich in den Fjord fahren. Und schließlich bleiben die Schiffe der HURTIGRUTE, die auf dem täglichen Weg nach Nord und Süd ebenfalls den Raftsund durchfahren und gerne einen kleinen Schlenker in den Trollfjord wagen, wo sie auf der Stelle wenden müssen, um wieder hinauszukommen. Das »Postdampfer«-Erlebnis kostet nicht mehr als das Ausflugsboot; am günstigsten ist es, zum Beispiel per Bus nach Stokmarknes zu fahren, dort auf das südgehende Schiff zu steigen und am frühen Abend in Svolvær wieder von Bord zu gehen.

Walsafaris

POTTWAL-SAFARIS

◎ Pottwal-Safaris starten nicht von den Lofoten aus, sondern von den benachbarten Vesterålen, vor allem von **ANDØYA** am nördlichen Zipfel der Andenes-Insel: Dort garantiert man eine »Trefferquote« von 90%, denn die Skipper (die früher als Walfänger arbeiteten) kennen den Verlauf der Walzugstraße auf dem offenen Nordmeer, über die alljährlich ein fester Stamm von gut 100 Pottwalen zieht. Bis zu 60 t wiegen die Meeressäuger, die nicht selten nur wenige Meter neben dem wartenden Boot aus dem Wasser tauchen. Mit 685 NOK (Kinder bis 8 Jahre 350, bis 16 Jahre 450 NOK) wirkt der Preis für diese 6-stündige Hochseetour zunächst üppig, ist aber ganz bestimmt angemessen.

HVALSAFARI, P.O. Box 58, 8483 Andenes, Tel. 7611 5600, Fax 7611 5610, post@whalesafari.no, www.whalesafari.no. Als beste Zeit gelten die Monate zwischen Mai und September (Touren aktuell 25.5.–15.9).

◎ Auch **STØ**, im Norden der Vesterålen-Insel Langøya gelegen, ist in der Saison täglich um 12 Uhr Ausgangspunkt von Pottwal-Safaris, die in diesem Fall 6–7 Std. dauern und mit einer Seehund- und Seevogel-Safari gekoppelt sind. Tarif über 600 NOK, Kinder (unter 15 Jahre) rund die Hälfte, Familienrabatt 10 %.

WHALE TOURS, Stø, 8430 Myre, Tel. 7613 4499 / 7613 1166, Fax 7613 4488, whaletrs@online.no, www.whaletours.no. Juni bis August.

SCHWERTWAL-SAFARIS

Bei den von den Lofoten aus angebotenen Walsafaris handelt es sich normalerweise um Schwertwal-Safaris. Diese fälschlicherweise auch als »Killerwale« bezeichneten Meeressäuger (ein anderer Name lautet »Orca«) können zwar mit Glück das ganze Jahr im Vestfjord beobachtet werden, doch ab Oktober etwa und BIS WEIHNACHTEN, wenn es im Vestfjord von Heringen wimmelt, geht es so richtig los. Dann tummeln sich nicht selten ganze Familien von 7 bis 15 Exemplaren der bis zu 9,5 m langen und bis 5 t schweren Wale um die Ausflugsboote herum, katapultieren sich aus dem Meer, machen Luftsprünge und spritzen ihre Zuschauer nass.

◎ Wer ein paar Bilder von diesem SCHAUSPIEL sehen will, kontaktiere die Website von **JANN'S ADVENTURE**, einem versierten Walfinder auf

Pottwalsafari von Andøya aus –
Der einzige Golfplatz auf den Lofoten befindet sich ausgerechnet auf der kargen Insel Gimsøya (siehe dort) ▶

Austvågøya. Jann Engstad bietet Safaris im HIGHSPEED-SCHLAUCHBOOT an und beantwortet den Teilnehmern als anerkannter Tierschützer alle Wal-Fragen erschöpfend. Mehr über ihn in der rechten Spalte.

◎ Ein weiterer Anbieter für Schwertwalsafaris ist **LOFOTEN OPPLEVELSER** (s.o.) in Henningsvær, der in Zusammenarbeit mit dem *Tysfjord Turistsenter* am Tysfjord (8275 Storjord, Tel. 7577 5370, Fax 7577 5375, www.tysfjord-turistsenter.no) vom 15.10. bis 15.12. täglich (bei ausreichender Nachfrage) Touren zu den Walen offeriert. Die Preise der 4–6 Std. währenden Tour liegen bei 755 NOK für Erwachsene bzw. 495 NOK (Kinder von 4–10 Jahre); 3 Std. kosten 650 NOK; und will man zusätzlich auch (in dicke Neopren-Anzüge gehüllt) ins Meer springen und mit den Walen schnorcheln, kostet der Spaß 810 NOK.

◎ **LOFOTEN DEEP SEA RAFTING** (Svinøya Rorbuer, Gunnar Bergs vei 2, P.O.Box 74, 8300 Svolvær, Tel. 7606 9930, Fax 7607 4898, www.svinoya.no) bietet zwischen Oktober und Dezember ähnliche Touren an. Der Veranstalter ist ganzjährig in verschiedenen Bereichen aktiv.

Selbst aktiv

Ohne zumindest eine aktive Unternehmung sollte man den Archipel nicht verlassen. Sehr beliebt sind neben dem Wandern das Angeln sowie, wie nicht anders zu erwarten, Aktivitäten auf und im Wasser.

ANSPRECHPARTNER

◎ **JANN`S ADVENTURE LOFOTEN AS,** Jann H. Engstad, Box 136, 8310 Kabelvåg, Tel. 7607 8910, Fax 7607 1955, Mobil-Tel. 9410 1860, post@lofoten-aktiv.no, www.lofoten-aktiv.no.

Jann, gebürtiger Lofoter und gelernter Bootsbauer, der u.a. sehr gut Deutsch spricht, organisiert viele der oben aufgezählten Unternehmungen, mit den Schwerpunkten Wandern/Trekking/Bergsteigen und Seekajak, Windsurfen, Segeln mit dem Nordlandboot, Tauchen. Er ist für Anfänger ebenso wie für Fortgeschrittene Ansprechpartner. Last not least nimmt Jann am *World- Wildlife-Fond*-Projekt »Tourismus und Naturschutz in der Arktis« teil und erhielt den »Heidi Andersson Pilot Projekt Award« des »Arctic Programm« vom WWF.

ANGELN

◎ Die früher benötigte Angellizenz für das Süßwasserangeln ist seit 2002 nicht mehr bzw. nur noch für Lachs (den man auf den Lofoten in Flüssen/Seen ohnehin kaum angeln kann) Voraussetzung. Und so braucht, wer angeln will, lediglich den lokalen Angelschein, die **FISKEKORT**, die über Touristenbüros zu beziehen, für das Angeln nur in bestimmten Gewässern gültig ist, 90 NOK kostet (für Lachsangler 180 NOK) und für Personen über 16 Jahre Pflicht ist.

Als die besten MONATE zum Süßwasserangeln gelten Juni, Juli sowie August. Kann man Forellen noch weit bis in den September hinein fangen, so beißen die Saiblinge – um diese beiden Fische dreht sich hier alles – am besten bis Mitte August.

Zum Golfsport auf den Lofoten steht alles Wissenswerte bereits auf Seite 156 f.

Für Fliegenfischer eignen sich Ruten von 2,5 bis 3 m Länge. Vorfächer sollten aus bestem Nylon sein, die Rollen eine Kapazität von ca. 30 m Wurfschnur und 50 m Hinterschnur besitzen. Bei Nassfliegen verwendet man meist die Größe 10, bei Trockenfliegen Größe 12.

◎ **MEERANGELN** darf man wo und wie oft man will, Lizenz und Angelschein sind nicht erforderlich, und alles Wesentliche über die vorwiegend vertretenen Fische, wann und wie man sie fängt etc. wird im einleitenden Kapitel »Segen der See« zum Thema Fischfang ausgiebig geschildert.

Wer eine Rorbuhütte mietet, hat oft ein Ruderboot mitgebucht (Motor gegen Aufpreis); aber in nahezu jedem Dorf sowie auf jedem Campingplatz werden ebenso Boote vermietet, wobei die Preise extrem unterschiedlich sein können. Das Standardboot ist um die 14 Fuß lang, ausgestattet mit einem 5–8 PS starken Außenborder und kostet zwischen 100 NOK/Std. und 180 NOK (inklusive Benzin), wobei es Vermieter gibt, die einem spürbare Preisnachlässe bei Tages- oder gar Wochenmiete geben, während man bei anderen wiederum nicht mal 10 % Wochenrabatt bekommt.

Sich RECHTZEITIG zu informieren heißt also, eventuell viel Geld sparen zu können. – Lebenswichtig ist es, Schwimmweste, Ruder, Reservebenzin sowie Signalgerät mitzunehmen, was wiederum nicht bei allen Vermietern üblich ist.

Die SICHERHEITSTIPPS – weitere Seefahrtsregeln finden sich im Praktischen A–Z unter der gleichnamigen Rubrik – nicht ernst zu nehmen kann fatale Folgen haben, vergeht doch kein Jahr, in dem nicht unvorsichtige Sportangler von der Seerettung aufgefischt werden müssen. Es ist nicht lange her, dass ein Angler nur 1 km vor Røst den Motor nicht mehr starten konnte; rudern ging nicht, da zu windig, das Boot zu schwer; reparieren ebenso nicht, da kein Werkzeug; und da zudem Signalgeräte fehlten, blieb ihm nichts, als sich von Wind und Strömung treiben zu lassen – er hatte Glück, trieb nämlich nicht aufs offene Meer, sondern bis hinüber zur Küste von Vestvågøya, wo er sich schwimmend in Sicherheit brachte...

BERGSTEIGEN/KLETTERN

Die Lofoten gelten bei Bergsteigern und Kletterern als Paradies im Norden; die Nordnorwegische Bergsteigerschule in HENNINGSVÆR bietet Bergsteigerkurse an. Geübte Kletterer können auch komplette Ausrüstungen mieten (aber keine Kletterseile):

◎ **NORD NORSK KLATRESKOLE**, Henningsvær (siehe »Unterkunft« u. Restaurants), Tel. 7607 4911, Fax 7607 4646, www.nordnorskklatreskole.no. Das große Angebot umfasst neben sommerlichen Kletterkursen auf den Lofoten (Abschluss inklusive Zertifikat) winterliche Bergbesteigungen mit Skiern (in den Monaten Februar und März), Alpinkurse in den sogenannten Lyngen-Alpen der Finnmark und Besteigungen mehrerer Berge in Nordland, zum Beispiel des STETIND am Tysfjord, eines gewaltigen frei stehenden Monoliths. Ferner sind Kletterkurse für Fortgeschrittenen im Programm und Berg-Rettungskurse. BUCHEN Sie im Sommer Klettertouren

Leser-Erfahrung: Das Buch »Climbing In The Magic Mountains« von Ed Webster hilft bei Planung und Durchführung der Touren ungemein – dies gilt auch für Fortgeschrittene. Zu erstehen im Shop der Nord Norske Klatreskole.

mit Guide am besten einige Tage oder eine Woche IM VORAUS! Die meisten Kurse kosten derzeit 4.400 NOK.

Auch private Bergführer werden vermittelt, ebenso wie Kajak- und Angeltrips, aber keine Boote vermietet. ◎ *Jann's Adventure* (s.o.) offeriert von Anfang Juni bis Ende Juli wöchentliche Kurse von fünf Tagen Dauer im **KLIPPEN-KLETTERN** (Klettern von Routen von 1–10 Taulängen) rund um den Berg VÅGAKALLEN. Die Ausrüstung wird gestellt, und da die Kurse nur maximal vier Schüler je Instrukteur vorsehen, vermittelt die Schulung eine solide und gründliche Einleitung in Sicherung und Klettertechnik, Leitseil und Verankern.

FAHRRAD FAHREN

In dem Kapitel »Transport« finden Sie alles Wesentliche zu Ausrüstung, Information, Strecken, Rent-a-Bike etc.

FISCHSAFARIS

Die Zahl der Boote, die täglich zum Hochseeangeln raustuckern, dürfte zweistellig sein – kein Fischerdorf, in dem nicht mindestens ein halbes Dutzend Skipper darauf warten, mit Touristen hinauszufahren und diesen beim Fang ein wenig unter die Arme zu greifen.

Arrangiert werden solche Touren u.a. von Rorbu-Anlagen, Hotels, Campingplätzen etc., die mit professionellen Fischern zusammenarbeiten. Das im Hafen von Henningsvær liegende Fischerboot *Symra* (Tel. 7607 4815) fährt während der Saison täglich hinaus. Auf Flakstadøya und Moskenesøya und in Stamsund auf Vestvågøya treten u.a. die dortigen Touristenbüros als Organisatoren auf. – Im Rahmen einer solchen Tour geht es meist auf den Vestfjord hinaus, und wir trafen – persönlich gesprochen – schon Angler, die hatten so innerhalb von 2 Std. sage und schreibe Dorsch für über 40 kg Filet an Land bzw. Boot gezogen. Die Ausgabe kann sich also lohnen.

SEEKAJAK

Auch für diesen Sport, der im letzten Jahrzehnt enorm an Popularität gewonnen hat, ist das Inselreich ein vorzügliches Revier. Denn die innere Lofoten-Seite bleibt von den Westwinden unangetastet, und an den meisten Sommertagen liegt der Vestfjord schön glatt und ruhig da. Bei Windstille kann man selbst mit einem Kanadier hinausfahren (am besten mit Spritzdecke); jedoch allzu weit sollte man mit einem solchen Gefährt nicht paddeln, da man bei eventuell auffrischendem Wind leicht zum Spielball werden könnte. Noch ungeeigneter sind aufblasbare Kanus, die sich über jeder kleinen Welle durchbiegen und dem Wind eine (noch) größere Angriffsfläche bieten als die Kanadier.

Ideal ist ein Seekajak, das jedoch möglichst nicht aus Fiberglas sein sollte, was die Zahl möglicher Landeplätze erheblich reduziert: Denn die Küstenlinie ist oft mit scharfen Muscheln besetzt oder besteht aus scharfkantigen Steinen. So sind diejenigen aus Plast zu bevorzugen; sie sollten mit einer Ruderanlage ausgestattet sein (sehr hilfreich zum Beispiel bei stärkerem Seitenwind) sowie über wasserdichte Luken für's Gepäck verfügen.

Leser-Erfahrung: Kletterer sollten mehrere größere Friends mitnehmen, da auf den Lofoten viel Rissklettern ansteht. Relativ viele Touren gehen über einige Seillängen, so dass die Beherrschung der Technik erforderlich ist.

Wir selbst haben ausgezeichnete Erfahrungen mit den Faltkajaks von *Klepper* gemacht, auch weil sie u.a. AUF KLEINSTES MASS zusammengepackt werden können; so finden sie in jedem Fahrzeug Platz, selbst ohne aufwändige Dachträger-Konstruktionen, und können, da sie mit einem praktischen Packsack geliefert werden, sogar von Rucksackreisenden transportiert werden. – Für Reisen scheinen uns diese Modelle demgemäß prädestiniert, sind sie eben die einzigen Kajaks, die auch im Bus, Zug sowie Flugzeug schlicht überall hin mitgenommen werden können. Ferner sind sie universell einsatzbar auf dem Meer, auf Seen und auch Flüssen, das Zusammenbauen dauert nur wenige Minuten, und von der Stabilität und Sicherheit her stehen sie Plast-Kajaks in nichts nach, wie zum Beispiel *Arved Fuchs* bewies, der mit einem Faltkajak u.a. Kap Horn umrundet sowie die Magellan-Straße bezwungen hat. Der Arzt Dr. *Hannes Lindemann* paddelte mit einem Klepper schon 1956 über den Atlantik, und Schriftsteller *Paul Theroux* war mit seinem Faltkajak monatelang in der Südsee unterwegs, nachzulesen in seinem berühmten Buch »Die glücklichen Inseln Ozeaniens«.

◎ **ROUTEN**: Treffpunkt der Kajakfahrer ist der auch für diesen Sport überaus günstig gelegene *Sandvika*-Campingplatz auf AUSTVÅGØYA bei Kabelvåg. Schon die direkt angrenzende, mit Schären gespickte Küste ist für viele Tagesfahrten gut. Wer längere Touren bevorzugt, wird vor Ort problemlos fündig. Die Strecke NACH HENNINGSVÆR ist hin und zurück in einem Tag machbar und führt an der Wurzel der Lofoten-Wand entlang.

Sehr zum empfehlen ist die Fahrt hinüber ZUR INSEL SKROVA, von wo aus es nur ein Katzensprung zu den Nachbarinseln LILLE MOLLA, STORE MOLLA und Årstein ist, die allesamt herrliche Sandstrände und Zeltplätze haben. Für diese Tour sollte man sich mindestens zwei Tage Zeit lassen; von Store Molla oder Årstein aus kann man in wenigen Stunden durch den nur Fluss-breiten Raftsund in den am häufigsten abgelichteten Fjord des Nordens vorstoßen: in den berühmten TROLLFJORD. Auch hier gibt es ideale Zeltplätze; ferner kann man Lebensmittel nachkaufen sowie einem Pfad zum 167 m hoch gelegenen See Trollvatn folgen, auf dem mitten im Sommer Eisschollen treiben. Die Weiterfahrt in den Hadselfjord sollte man sich aber verkneifen (hohe Dünung); dafür ist die Küstenfahrt nach Svolvær sowie Kabelvåg empfehlenswert, ab Trollfjord in gut einem Tag zu machen – auf der Strecke durch den Raftsund sollte man jedoch die Zeiten meiden, wenn die großen Hurtigrutenschiffe durch die enge Passage fahren.

ACHTUNG: Von Austvågøya nach Vestvågøya ist der GIMSØYASTRAUMEN zu durchqueren, was LEBENSGEFÄHRLICH sein kann, paddelt man ohne Gezeitenkenntnis los: Die Flut wird eine/n unweigerlich weit in den Vestfjord drücken bzw. bei Ebbe in unglaublicher Geschwindigkeit hinaus ins offene Nordmeer. Gegen die Strömung anzukämpfen ist sinnlos.

VESTVÅGØYA ist ein ideales Revier; entlang der Küste bis Ballstad (drei Tage plus x) finden sich viele Zeltplätze.

Für den Nappstraumen, der nach Flakstadøya führt, und für den Sundstraumen, an den sich Moskenesøya anschließt, gilt das gleiche wie für den Gimsøyastraumen: Beide können zur TODESFALLE werden, wählt man den falschen Gezeitenstand. Auf beiden Inseln sind die Küsten steil und dramatisch – unvergesslich bleibt dabei die Fahrt von Reine in den (relativ geschützen) REINEFJORD.

Viel weiter südlich als bis Å sollte man sich NICHT VORWAGEN: Der am Südzipfel von Moskenesøya entlangfließende Moskenstraumen wirbelt und strudelt und ist nicht zu queren!

Wer nach Værøy und Røst übersetzen will, muss das Schiff nehmen: Sowohl auf der Fähre ab Moskenes als auch auf dem Schnellboot ab Reine via Å kann man ein Kajak mitnehmen! Auf Værøy lohnt insbesondere eine Fahrt hinüber NACH SANDEN UND MOSTAD (siehe Wanderung Nr. 13); auf Røst befindet man sich mitten im Schärengürtel: Hunderte von kleinen wie großen Inseln – auch die Vogelinseln – sind im Meer verstreut; meidet man die Außeninseln, stellt die Atlantik-Dünung keine Gefahr dar. Die Gezeitenströmungen sind relativ problemlos, lediglich die Passagen von Røstland nach Vedøya, von dort nach Storfjellet, weiter nach Trenyken und vor allem von dort nach Hernyken sind mit VORSICHT zu genießen: Wer ABTREIBT, egal in welche Richtung, sieht sich nach wenigen Minuten einer gewaltigen Dünung gegenüber!

◎ **KARTEN**: Topografische Karten und Gezeiten-Kalender führt zum Beispiel *Rødsand Libris* (Vestfjordgt. 8, Tel. 7607 5910) in Svolvær, schräg gegenüber vom Alkoholladen am Torget, vor dem Fährhafen. Auch die Touristenbüros halten Karten sowie Gezeiten-Kalender bereit, des Weiteren natürlich die Vermieter und die Kajakschulen auf dem Archipel:

◎ **VERLEIHSTATIONEN**: Das älteste Seekajakzentrum, *Jann's Adventure,* hat moderne Modelle der deutschen Kajakfirma *Prijon*; das Material ist gepflegt, und man erhält zusammen mit dem Kajak auch Karten und alles, was man sonst für kleine wie große Touren benötigt: Die Modelle sind expeditionstauglich, haben genug wasserdichte Stauräume für das Gepäck und kosten relativ wenig, für 24 Stunden 395 NOK inkl. alles bzw. 365 NOK für einen Tag und 310 NOK für einen halben Tag. Im Voraus anmelden!

Das neueste Kajakzentrum *Coastal Odyssey* liegt bei *Svinøya Rorbuer* auf Svinøya in Svolvær. Die Tarife inklusive Sicherheits-Einweisung liegen ab 300 NOK (Einer) bzw. 400 NOK (Zweier) für 8 Std. bzw. 450/600 NOK für 24 Std. und 750/1.000 NOK für drei Tage.

◎ **KAJAK-SCHULUNG** bei Jann's Adventure: Ein Schnupperkurs kostet 700 NOK, ein Anfängerkurs (2 Tage) 1.150 NOK und der Fortgeschrittenen-Kurs (1,5 Tage) ebenfalls 1.150 NOK. – Bei Coastal Odyssey 2 Tage Grundkurs ab 1.750 NOK. Jede Gruppe (10 Pers. max.) führen zwei qualifizierte Lehrer.

◎ Unvergesslich für Kajak-Freaks auf den Lofoten ist die von Jann angebotene 3,5-Tagestour **VON KABELVÅG IN DEN TROLLFJORD** sowie hinaus zu der Schärengruppe Risvær. Im Programm zwischen Anfang Juli und Mitte August wöchentlich; im Preis von 3.450 NOK ist alles inklusive.

Leser-Erfahrung: Vermietung von (ssetauglichen) Kajaks auch in Festvåg, vor Henningsvær – auf Hinweisschild in einer Linkskurve achten.

◎ Eine **EINWÖCHIGE KAJAKFAHRT** (ab Bodø bzw. Moskenes) offeriert der Spezialist Coastal Odyssey, Post Boks 18, in 8301 Svolvær, Tel. 7607 5264, www.coastalodyssey.com. Von Mitte Juni bis Anfang September zum Preis von 21.000 NOK bzw. 3.000 €. Tagesprofile u.a. auf der Homepage.

◎ **ARCTIC KAJAK RALLY**: Jedes Jahr gegen Anfang August treffen sich europäische Kajak-Enthusiasten zu der siebentägigen Veranstaltung. Jahr für Jahr werden auf verschiedenen Routen die VESTERÅLEN UND LOFOTEN teilweise UMRUNDET. Zwischen 350 und 550 km werden so paddelnd zurückgelegt, auch Hochsee-Abschnitte sind zu bewältigen; da die »Rallye« von Seenotkreuzern begleitet wird, bestehen keine übermäßigen Risiken. Teilnehmen können alle, die Lust und ein Kajak haben. Es geht nicht darum, möglichst schnell zu sein, sondern viel Freude an der Fahrt zu haben. Übernachtet wird an Land in Rorbuhütten oder Zelten. Genaue Informationen sind über das Touristenbüro in Svolvær zu erhalten.

SCHWIMMEN/BADEN

Wie schon mehrfach erwähnt, erlauben es die Wassertemperaturen an sonnigen Tag in Meer und See durchaus, Badefreuden zu genießen. Die beliebtesten Strände sind:

◎ **AUF AUSTVÅGØYA**: SANDVIKA, direkt am gleichnamigen Campingplatz, 1 km südlich von Kabelvåg, von der E 10 ausgeschildert. Der Strand ist etwa 100 m lang, bei Ebbe 5 m breit, wird ganztägig von der Sonne beschienen, fällt sanft ins Meer ab, ist feinsandig, mit Muscheln durchsetzt und auch für die Kleinsten ideal, da die Bucht vor Wind und Wellen GESCHÜTZT liegt.

Der Strand RØRVIKA liegt an der Abzweigung E 10 und Str. 816 (nach Henningsvær). Er präsentiert sich bei Sonnenschein als schneeweißes Sandband vor einer türkisfarbenen, stets wellengeschützten Bucht. Trinkwasser gibt's im angrenzenden See Rørvikvatnet, in dem jedoch Badeverbot herrscht. Als beste Badezeit empfehlen wir den Morgen bis zum frühen Nachmittag; später liegt der Strand nämlich im Schatten. Telefon und WC sind vorhanden.

Auf der Außenseite von Austvågøya, insbesondere zwischen Straumnes und Strømstad, finden sich ebenso manche Sandstrände, aber die sind nur zum Sonnen gut, denn das Meer ist rau und mit Felsen gespickt.

◎ Auch **VESTVÅGØYA** ist mit Stränden reich gesegnet – der über 2 km lange HAUGSANDEN gilt landesweit als einer der schönsten Sandstrände: Er zieht sich als bis zu 200 m breites Band rings um die HALBMONDFÖRMIGE Bucht Vikspollen, die sich landeinwärts in ein idyllisches Blumen-Trogtal öffnet, das mehrere hundert Meter hohe Berge flankieren sowie aufs offene Nordmeer blickt, wobei es vor Wind und Wellen geschützt liegt. An den Sommerwochenenden (dann öffnet auch ein Kiosk) geht es hier wie in einem deutschen Freibad bei Hitzefrei zu, aber die Scharen verlaufen sich. Ausgestattet ist Haugsanden mit Abfallkörben, WC-, Duschhäuschen sowie Süßwasser. Anfahrt: ab der E 10 nördlich Leknes' den Schildern nach Vik folgen (ca. 6 km).

Auch an der UNSTADVIKA bei Unstad (zu erreichen ab E 10, ca. 12 km nördlich Leknes) lässt es sich stellenweise trefflich baden. Bei Eggum (ab E 10 zu erreichen) badet man nicht im Meer, sondern im direkt dahinter angrenzenden NEDRE HEIMREDALSVATN. Beliebt ist ferner die Bucht VALBERGSVIKA im Südosten der Insel, bei Valberg (Str. 815). Entlang einer RUNDFAHRT um den Nordzipfel von Vestvågøya (von der E 10 in Richtung Kvalnes abbiegen) kann jeder seinen kleinen Privatstrand aufspüren.

◎ **AUF FLAKSTADØYA**: Bei Ebbe sind die Ufer des FLAKSTADPOLLEN zwischen Vareid und Flakstad von mehrere Meter breiten und sanft abfallenden, mit Felsbrocken gespickten Sandstreifen gesäumt; der Meeresarm schimmert in bestechenden Grün- und Blautönen, die säumenden Berge sind bis in den Juli hinein mit Schneehauben gekrönt.

Flakstad selbst, ein überaus anheimelndes Dorf, liegt auf einer teilweise begrünten Sandnase am offenen Nordmeer; die E 10 in Richtung Ramberg erlaubt einen Blick auf ein kilometerlanges, sanft geschwungenes Sandband von bis über 150 m Breite, das sich jedoch besser zum Sonnen, Spazierengehen und Muscheln-Sammeln als zum Baden oder Schwimmen eignet: Denn das Meer ist vor Ort ziemlich tief, das Wasser von schneidender Kälte (um 12° C), die Wellen erreichen öfter beachtliche Höhen. Direkt am Westrand dieser Strandfläche und neben der E 10 breitet sich eine Wiesenfläche aus, auf der sich im Sommer Wildcamper mit Zelt, Caravan oder Wohnmobil breit machen; ein Klohäuschen ist ebenso vorhanden wie Süßwasser (aus einer Wasserleitung).

Ramberg ist erreicht. Es liegt an der Halbmond-Bucht von SANDBUKTA, die auf ihrer gesamten Länge von etwa 2 km ein herrlicher Sandstrand säumt – ein Campingplatz ist vorhanden, Stellplätze über dem Meer, das allerdings auch hier von eisiger Kälte ist und kaum zum Baden tauglich scheint. Sehr wohl aber zum Windsurfen und zum Beobachten der Mitternachtssonne.

◎ **AUF MOSKENESØYA**: Der Nordzipfel von Moskenesøya, zu erreichen über die zwei Sundbrücken ab Finnbyen, ist ein einziges Strandeldorado!

Bei SANDBOTN vor der Ortschaft Ytresand handelt es sich um eine vor Wind und Wellen geschütze Bucht von durchschnittlich nur 2 m Wassertiefe; der Sand ist fein und grauweiß, Baden und Schwimmen sind optimal möglich.

Idyllischer noch präsentieren sich die Strände bei dem benachbarten FREDVANG Strandcamping: Hier laden gleich mehrere kleine Buchten zum Sonnen und zum Baden ein, der Sand geht landeinwärts in Wiesen über, und für's leibliche Wohl sorgt das kleine Café des Campingplatzes.

Der Doppelstrand von KVALVIKA (siehe Wanderung Nr. 8) ist fast VON KARIBISCHER SCHÖNHEIT – und unser LIEBLINGSSTRAND.

◎ **AUF VÆRØY**: Bei TUSSEN, ungefähr 1 km südwestlich des Flugplatzes / Nordland, wurde ein Picknickplatz eingerichtet; aber der Strand ist kurz und schmal und allemal nur bei Flut zum Baden tauglich.

Traumstrand offenbar nicht nur für Zweibeiner: Flakstadpollen ▶

Unvergleichlich schöner zeigt sich SANDEN, ein mehrere hundert Meter langer, breiter Strand, der an senkrechte Felsen geschmiedet und nur per Boot zu erreichen ist; mehr dazu im Rahmen der Wanderung Nr. 13.

TAUCHEN

Die Lofoten-Küste mit ihrem unvergleichlich klaren, sauberen Wasser, der guten Sicht sowie der dank Golfstrom vielfältigen Unterwasserflora und -fauna gewährt ungeahnte Möglichkeiten in erster Linie für VERSIERTE Sporttaucher. Auch Wracks laden zu Tauchgängen ein, und selbst von den Tropen her verwöhnte »Absteiger« zeigen sich fasziniert von den Lofoten-Revieren, nicht zuletzt dank einer Sicht von bis zu 50 m und gigantischen Tangwäldern.

Die TAUCHSAISON beginnt gegen Mitte Mai, wenn alle Jahre wieder der schwedische Tauchclub aus Piteå anreist und die gut und gern 30 Mitglieder bei Wind und Wetter, an jedem Tag und in (heller) Nacht im Wechsel zu den Schären und Holmen im Vestfjord hinausfahren.

Gegen Ende Juni kommen die ersten deutschsprachigen Tauchgruppen auf den Archipel. Bis Mitte/Ende August gehören die in Neoprenanzüge eingemummten Sportler zum täglichen Bild auf dem SANDVIKA-Campinplatz, dem Treff für Sporttaucher aus vielen Ländern. – Waschbecken und Hochdruckschläuche zum Reinigen der Ausrüstung stehen zur Verfügung; alles andere (auch Kompressor) muss mitgebracht werden.

◎ **LOFOTDYKK,** Kaiveien 15, 8310 Kabelvåg, Tel. 9963 9166, Fax 7607 8271, www.lofotdykk.no. Die einzige Adresse auf Austvågøya, die GANZJÄHRIG TAUCHEXKURSIONEN anbietet. Die Ausrüstungen sind top, ein Dive Master geht mit in die Tiefe. Im Angebot stehen u.a. Wracktauchen, Strömungstauchen, Fisch- und Safari-Tauchen sowie SCHWERTWALTAUCHEN (Oktober bis Weihnachten; nur mit Schnorchel, um die Tiere nicht durch die aufsteigenden Luftblasen zu irritieren) vom Land, Schlauchboot oder einem speziell ausgerüsteten Segelboot aus. Auch Tauchkurse werden angeboten, Ausrüstungen können ausgeliehen und eigene Flaschen aufgefüllt werden.

◎ **MOSKENES DYKK**, 8392 Sørvågen, Tel. 9054 0924 u. 7609 1578, Fax 7609 2136, scuba@lofoten-info.no/ Einziger Anbieter auf den Westinseln (Moskenesøya), mit ähnlichen Tauchtouren wie Lofotdykk; dazu ebenfalls Tauchkurse, Vermietung von Ausrüstung sowie Auffüllen von eigenen Flaschen.

VOGELBEOBACHTUNG

Neben den Hebriden besitzen die Lofoten die größten Vogelkolonien der Erde in Sachen Papageitaucher und Dreizehenmöwen; die zwei »Haupt-Vogelinseln« VÆRØY sowie VEDØYA (Røst) besiedeln viele Millionen Brutvögel. Welche Vogelarten ornithologisch interessierte Reisende zu sehen bekommen können, ist der Tabelle auf den Seiten 55–59 zu entnehmen. Und wie man die Kolonien erreicht, wird im Rahmen der Wanderung Nr. 13 sowie Route 11 erläutert.

Weitere Informationen bieten die Touristenbüros in Svolvær und insbesondere Moskenes und auf Værøy sowie Røst.

◎ **ANREISE**: Von Moskenes aus beginnen täglich Boots- und Deep Sea Rafting Tours zum Vogelfelsen von Værøy. – Mindestens einmal täglich startet auch die Fähre von Moskenes nach Værøy und Røst. – Das Touristenbüro Værøy (Tel. 7609 5210) organisiert täglich außer Sa Bootstouren zum Vogelfelsen (200 NOK); der Tarif gilt ebenso für die Touren des Touristenbüros Røst (Tel. 7609 6411).

WANDERN

Dem Wandern widmet sich ein ausgiebiger Teil dieses Buches. Wem die vorgestellten Touren noch nicht ausreichen, versuche es im lokalen Buchhandel, ob Neuerscheinungen zum Thema vorliegen.

Auch in den Touristenbüros kann man sich ANREGUNGEN holen: Dort liegen Kopien von Topokarten aus, auf denen zahlreiche Touren eingezeichnet sind. Das Problem ist nur, dass der Verlauf dieser Strecken oft falsch ist und sich die meisten Wege als unmarkierte Extrempfade erweisen, die ohne Erfahrungen im Lesen von Topokarten nicht zu finden sind.

◎ Überhaupt gilt es beim Wandern auf den Lofoten wirklich allergrößte **VORSICHT** walten zu lassen, denn nicht umsonst sind hier Jahr für Jahr aufs Neue Todefälle durch Abstürzen zu beklagen!

◎ **GEFÜHRTE TOUREN**: Wer kein Risiko eingehen möchte, sollte an geführten Bergtouren teilnehmen, die zwischen dem 15.6. und 15.8. von den

Wir erinnern an die Unterkunft Kræmmervika Rorbuer in Ballstad/Vestvågøya, wo diverse Tauchtouren in Kooperation mit lokalen Tauchsportlern beginnen.

jeweiligen Touristenbüros unter Mitarbeit vom *Lofoten Turlag* (P.O. Boks 90, N–8370 Leknes, Tel. 7609 1278 u. 7607 1845) organisiert werden. Auf der Website www.lofoten-turlag.no finden Sie annähernd 30 Touren kurz auf Englisch skizziert, darunter auch solche, die in diesem Buch detaillierter vorgestellt werden.

Die Ziele variieren je Woche und Insel: Auf dem Programm stehen u.a. der Nappstind auf Flakstadøya, der Hermannsdaltind auf Moskenesøya (siehe Wanderung Nr. 11), der Matmora auf Austvægøya (siehe Wanderung Nr. 2), der Småtindskardet auf Austvågøya (siehe Wanderung Nr. 1), der Himmeltind auf Vestvågæya, der Flakstadstien auf Flakstadøya (siehe Wanderung Nr. 7), oder Kvalvika (siehe Wanderung Nr. 8).

◎ **BERGFÜHRER** stehen auf den Lofoten ebenfalls zur Verfügung; die Touristenbüros vermitteln deutschsprachige Guides.

Die Kletterschule Den siste Viking (siehe dort) bietet begleitete Bergwanderungen an sowie täglich (von Mitte Juni bis August) die geführte Besteigung des geradezu berühmten Felsens SVOLVÆRGEITA bei Svolvær (siehe dort). Nicht zu vergessen Jann Engstad von Jann's Adventure, der eigentlich alle denkbaren Berge vor Ort im Repertoire hat – dabei den faszinierenden VÅGAKALLEN –, andererseits auch ganz normale Wanderungen im Inselreich begleitet.

WINDSURFEN

Die Winde aus östlichen Richtungen sind in aller Regel sanft und bauen, wenn überhaupt, nur kleine Wellen auf, die selbst Anfänger recht problemlos meistern können.

Anders ist es mit den Westwinden, die auch im Sommer durchaus mal bis weit über 6 Bft. auffrischen und den Könnern ein Großmaß Spaß bringen.

◎ **SURFSPOTS**: Die Bucht vor dem SANDVIKA-Campingplatz auf Austvågøya gilt als ideales Ostwindrevier für Anfänger. Hier werden Boards verliehen, wir bemerkten ziemlich alte Allrounds mit Sechsersegeln. Vorsicht muss man außerhalb der Bucht walten lassen: da Windabdeckung durch Schären, im Schärenbereich Bruchgefahr durch Riffe, oft starke Fallwinde, die entgegengesetzt zum Ostwind von der Lofoten-Wand herunterhämmern und sehr kabbelige Wellen aufbauen können.

RAMBERG auf Flakstadøya ist für die Lofoten das, was Corralejo auf Fuerteventura: ein Funboard-Spot der SUPERLATIVE. Die Bucht ist weit nach Westen geöffnet, die säumenden Flanken sind niedrig (keine Windabdeckung), für jede Windrichtung lässt sich ein idealer Startplatz finden. Westwind baut in kürzester Frist bis zu 2 m hohe, schön lang gezogene Dünungswellen auf, die ewige Abfahrten erlauben und auch so manchen himmelhohen Katapultflug ermöglichen. – Hingegen ist die Bucht bei Süd- sowie Nordwestwind vor Wellen geschützt und peitscht der Wind das Meer spiegelglatt. Jetzt holen die lokalen Cracks ihre Guns hervor: Sie setzen die kleinstmöglichen Segel bei kurzen Gabelbäumen und legen Ersatzmasten am Strand bereit: Speedfahren ist angesagt.

Übrigens: Einen Surfshop gibt es (bisher) nicht auf den Lofoten.

Praktisches A–Z

APOTHEKEN

Medizin ist in Norwegen nur in Apotheken *(apoteker)* erhältlich – vieles bekommt man nur auf Rezept eines norwegischen Arztes.

Touristen müssen (wie die Norweger auch) ihre Medizin erst einmal BAR bezahlen (Erstattung leistet die heimischen Krankenkasse).

In Ortschaften, in denen es keine Apotheke im üblichen Sinn gibt, bekommt man Medizin im *medisinutsalg* (Medizinverkauf), der häufig zu einem Supermarkt gehört, worauf draußen hingewiesen wird.

◎ **AUF AUSTVÅGØYA** befindet sich die (einzige) Apotheke in Svolvær: *Svolvær Apothek,* Sentrum, Sivert Nilsengt. 21, Tel. 7606 0740. – Medisinutsalg (Medizinverkauf): u.a. in Kabelvåg (Prix-Supermarkt am Torget) und in Henningsvær (Supermarkt).

◎ **AUF VESTVÅGØYA** in Leknes: *Vestvågøy Apotek,* Rådhusgt. 6, Tel. 7605 5570. – Medisinutsalg in Ballstad und Stamsund u.a.

◎ **AUF FLAKSTADØYA** (Ramberg), **MOSKENESØYA** (Reine), **VÆRØY** u. **RØST** gibt es je einen Medisinutsalg.

ÄRZTLICHE VERSORGUNG

Wer ärztliche Hilfe benötigt, wendet sich an die *legevakt* der jeweiligen Insel – die Arztvermittlung, die in aller Regel rund um die Uhr besetzt und außerhalb der Geschäftszeiten auch für die Zahnärzte zuständig ist. – Oder an *legesenter, legekontor,* die Ärztestation. – Oder an das *sjukehus,* das Krankenhaus in Gravdal (bei Leknes) auf Vestvågøya, denn nur dort gibt es etwa Röntgen- sowie Ultraschallgeräte, bzw. an den Zahnarzt *(tannlege)* oder an die Zahnarztstation *(tannklinikken, tannhelsetjenesten).* Nicht jede Insel, schon gar nicht jedes Dorf verfügt über solche Einrichtungen, und der Zentralisierungswahn geht voran...

◎ **NOTFALL**: Tel. 113.

◎ **AUSTVÅGØYA**: Tel. 7607 1111 *(legevakt).* – Das Ärztezentrum Kabelvåg (Sjøgt. 16, Tel. 7607 8500) nennt sich *Holdøs Legekontor.* – In Svolvær ist die *Helsestasjon* zuständig (an der Kong Øysteingt. 7, Tel. 7606 8900).

Die *tannklinikk* in Kabelvåg befindet sich im selben Haus wie das Ärztezentrum (Sjøgt. 16, Tel. 7605 8775). – In Svolvær ist die Klinik an der Vestfjordgt. 39 zuständig (Bibliotekbygget, Tel. 7607 0766).

◎ **VESTVÅGØYA**: Tel. 7608 3999 *(legevakt,* Krankenhaus Gravdal). – Ein *legekontor* gibt es in Leknes (Tel. 7605 6200), in Stamsund (Tel. 7605 6420) und in Bøstad / Borg (Tel. 7605 6400). – Das *Lofoten Sykehus* in Gravdal ist zu erreichen: Tel. 7606 0100 u. 7608 3999 (außerhalb der Geschäftszeiten).

Zahnärzte in Bøstad / Borg (Tel. 7608 4305), Leknes (Tel. 7608 1255) und Stamsund (Tel. 7608 9220).

◎ **FLAKSTADØYA**: Tel. 7608 3999 *(legevakt);* nachts ist das Krankenhaus von Vestvågøya zuständig. – Das *helsesenteret* ist in Ramberg ansässig (Tel. 7609 3271), ebenso der *tannhelsetjenesten* (Tel. 7609 3182).

Gesundheitsvorsorge: Für Norwegen-Reisende wird generell der Abschluss einer zusätzlichen privaten Auslandsreisekrankenversicherung empfohlen.

◎ **MOSKENESØYA**: Tel. 7605 3113 *(legevakt);* nach 15 Uhr ist das Krankenhaus auf Vestvågøya zuständig. – Das *legekontor* findet sich in Reine (Tel. 7605 3113), der *tannlege* in Moskenes (Tel. 7609 1222).

◎ **VÆRØY**: Tel. 7552 6510 *(legevakt)* in Bodø! – Auf Værøy *legekontor* (Tel. 7609 8080) und *tannklinikk* (Tel. 7609 5120).

◎ **RØST**: Tel. 7609 6399 *(legevakt).* – *Legekontor* (Tel. 7605 0540) und *tannklinikk* (Tel. 7609 6151).

DIEBSTAHL

Wo findet man das sonst noch in Europa: Häuser, die nicht abgeschlossen sind, Autos, die mitsamt Zündschlüssel darin abgestellt werden, ungesicherte Kanus, Boote...? – Kurz und gut: Diebstahl ist (fast) kein Thema auf den Lofoten, doch tut man natürlich gut daran, übliche Sicherheitsvorkehrungen zu treffen. Allein der Fahrradklau geht mitunter um, wobei Mountainbikes besonders gefährdet sind.

Vorsicht ist aber auf den Strecken in Richtung Lofoten zu empfehlen: Insbesondere im Süden Schwedens sowie Norwegens kommt es zu Autoaufbrüchen. Gefährlich sind vor allem die großen Rastplätze an den Hauptverkehrsadern, wo »Spezialisten« auf Beute warten und sich mitunter nicht einmal nachts davon stören lassen, dass die Besitzer in den Fahrzeugen schlafen: Sie schneiden zum Beispiel die Gummidichtung der Scheiben durch, nehmen die Scheiben heraus und halten sich schadlos. Was keineswegs bedeutet, dass Sie dort überall und jederzeit mit solchen Zeitgenossen rechnen müssen.

DIPLOMATISCHE VERTRETUNGEN

◎ **DEUTSCHLAND**: Botschaft der Bundesrepublik Deutschland *(Forbundsrepublikken Tysklands Ambassade),* Oscarsgate 45, N– 0258 Oslo, Tel. 2327 5400, Fax 2244 7672, Internet: www.deutschebotschaft.no.

Deutsches Honorarkonsulat: *Tysk Honorarkonsulat,* Jens Blix Nilsen, Advokatgården, Richard Withs gate 7, 8300 Svolvær, Tel. 7607 3400, Fax 7607 3500, Mobiltel. 9073 9690, advokat@jensblixnilsen.

◎ **SCHWEIZ**: Botschaft der Schweiz *(Sveitsisk Ambassade),* Bygdøy Allé 78, N– 0268 Oslo, Tel. 2243 0590, Fax 2244 6350.

◎ **ÖSTERREICH**: Botschaft von Österreich *(Østerriksk Ambassade),* Thomas Heftyesgt. 19 –21, N– 0244 Oslo, Tel. 2255 2348, Fax 2255 4361.

FEIERTAGE UND FESTE

Zwischen Mitte Juni und Mitte August folgt ein Festival auf das andere, am berühmtesten sind das *Fiskefestival* von Å, das *Bacalao-Festival* von Værøy sowie die 14 Kulturtage mit zahlreichen Aktivitäten überall auf dem Archipel. Da die Daten von Jahr zu Jahr unterschiedlich sind, macht es keinen Sinn, hier ein Feste-Verzeichnis anzugeben. Eine präzise Auflistung gibt *Destination Lofoten* jedes Jahr neu heraus (siehe auf Seite 278).

FEIERTAGE sind der 1. Januar, die Ostertage von Gründonnerstag bis Ostermontag, der 1. Mai, der Nationalfeiertag am 17. Mai, Christi Himmelfahrt, Pfingstsonntag und Pfingstmontag sowie der 25. und 26. Dezember. Mittsommer fällt auf den 24. Juni und wird am Vorabend gefeiert.

FEUER IM FREIEN

Zwischen em 15. April und dem 15. September ist es in ganz Norwegen per Gesetz verboten, Feuer im Freien zu machen. Ob die Regelung auch bei einem Strandfeuer (mit Treibholz als Brennmaterial) gilt, liegt ein wenig im Ermessen der Behörden. – Die Lofoter feuern zumindest.

FERNSEHEN

Wer glaubt, dass das nahezu täglich zur Aufführung kommende Sommerschauspiel Mitternachtssonne nicht hinreichend ist, abendliche Langeweile zu vertreiben, mag ein Fernsehgerät mitnehmen: Im norwegischen TV laufen viele Filme und Serien aus Westeuropa (auch deutschsprachige) und Nordamerika MIT UNTERTITELN in der Landessprache.

FKK

Oben ohne vielleicht, GANZ OHNE NIE – es sei denn dort, wo man von Fremden nicht gesehen wird.

FOTOGRAFIE

Alles, was man benötigt, sollte von zu Hause mitgebracht werden. In punkto Filme ist SPARSAMKEIT ABSOLUT UNANGEBRACHT, denn der Archipel ist ein einziges großartiges Motiv, und wer vor Ort nachkaufen muss, hat tief in die Tasche zu greifen: Papierfilme sind teilweise mehr als 50 % teurer als zu Hause; Diafilme kosten umgerechnet ab € 7,50.

Papierfilme gibt es auch in Supermärkten zu kaufen, Diafilme aber nur im Fotoladen von Svolvær: *Foto Hasselberg,* Roald Amundsengt. 25, Tel. 7607 1910.

INTERNET

Norwegen gilt als Land mit starker Internet-Nutzung. Wohl deshalb gibt es kaum Internet-Cafés, wie es in Mitteleuropa verbreitet ist.

Da die meisten Unterkünfte über Internetanschluss verfügen, sollte es für den Gast kein Problem sein, dort ein wenig im Netz zu surfen. Ansonsten bieten sich die BIBLIOTHEKEN in den jeweiligen Gemeindezentren an. Das Touristenbüro in Moskenes (siehe unter »Information« auf Seite 278) offeriert während der Saison einen Internet-Service. Einzige Adresse auf Austvågøya ist *T@nte Nelly's* in Kabelvåg, gegenüber vom Kiosk nahe dem Marktplatz.

KARTEN

Wo es topografische Karten (für Wanderungen, Kajakfahrten etc.) zu erstehen gibt, erfahren Sie unter »Wege in die Bergwildnis« und »Vor der Reise, Karten« sowie als Fahrradfahrer unter »Transport, Mit dem Fahrrad«.

Autokarten kauft man entweder vor Ort oder im spezialisierten Buchhandel (siehe Seite 359). Die beste auf den Inseln selbst zu erstehende Karte ist die LOFOTEN TURISTKART, Maßstab 1 : 150.000, von *Statens Kartverk Nordland,* die man für 95 NOK in den Buchhandlungen von Svolvær und Leknes, in Tankstellen und den Touristenbüros erhält.

LEBENSMITTEL

Die »guten alten Zeiten«, als man auf den Lofoten nur Fisch, Kartoffeln und Kohl erstehen konnte, sind lange vorbei. Deshalb ist es überflüssig, von zu Hause wahre Lager an Lebensmitteln

Elch-Tipp: Auf Skandinavien spezialisierte Buchhandlungen können fast alle Bücher und Karten aus dem Norden bekommen und an ihre Kunden liefern. Im

mitzuschleppen. – Wobei DIE PREISE dieses für Lofoten-Fahrer übliche Tun schon eher zu rechtfertigen scheinen: Die sind in Norwegen generell hoch, für manche Artikel gar astronomisch hoch nach Mitteleuropa-Maßstäben.

Man muss das SYSTEM KENNEN, also WISSEN, dass man zum einen nur in den größeren Ortschaften einfkaufen sollte, wo es nicht selten bis zu 50% billiger ist als im Abseits, andererseits nur in großen Supermärkten – die kleinen, vor allem die zu Tankstellen/Campingplätzen gehörenden sind extrem teuer. Zudem sind PREISVERGLEICHE in den Supermärkten vor Ort von enormem Vorteil: Es gibt häufig zwei, drei Stück, oft schön nebeneinander gelegen, und es ist nämlich nicht die Ausnahme, sondern die Regel, dass die Preise für absolut identische Waren von Laden zu Laden überaus unterschiedlich sein können, man z.B. im einen Geschäft 60 NOK für 1 kg Tomaten bezahlt, nebenan 40 NOK im Angebot, gegenüber gar nur 25 NOK (ohne Angebot). »Angebote« sind mit *tilbud* angepriesen bzw., wenn's super billig sein soll, mit *knall-tilbud.*

◎ An **SUPERMÄRKTEN** herrscht also kein Mangel, geöffnet in der Regel: Mo–Fr 9–20/21 Uhr, Sa bis 18 Uhr. Außerhalb der Geschäftszeiten kann man auf Tankstellen und Kioske ausweichen, die als kleine Shoppingzentren eingerichtet sind.

Am preisgünstigsten sind die Lebensmittel auf den großen Inseln Aust- sowie Vestvågøya. In Svolvær finden sich alle Supermärkte direkt beieinander im Zentrum. Bei *MEGA* kann man inselweit aus dem größten Sortiment auswählen, zu empfehlen für Obst und Gemüse, gut bestückt die Fleischtheke. – Gegenüber bei *Rimi* gibt es in der Regel frischen Fisch. Ansonsten haben wir noch *Rema,* bekannt für das in der Breite preisgünstigste Lebensmittelsortiment. – In Kabelvåg sei auf den direkt am Marktplatz gelegenen *Prix*-Supermarkt verwiesen, kaum teurer als in Svolvær.

Auf Vestvågøya sollte man möglichst in Leknes einkaufen, wo sich die Preise mit denen von Svolvær in etwa die Waage die halten bzw. oft noch günstiger sind. Gut ein halbes Dutzend Supermärkte gibt es vor Ort, preisgünstig sind zumeist *Prix, Bunnpris* und *Rema.* – In Stamsund bietet sich *Joker* und in Bøstad *SparMat* an, doch beide Läden sind teurer als die Konkurrenz in Leknes.

Flakstadøya ist im Normalfall bereits spürbar teurer als Vestvågøya, einen Supermarkt hat nur Ramberg: *Ramberg Matsenter.* Kleine Läden gibt es außerdem in Napp *(Napp Handel)* und in Nusfjord *(Landhandel).*

Die Preise auf Moskenesøya entsprechen denen auf Flakstadøya, im *Reine Handel* und *Reine S-Marked,* im *Mosken Handel* in Moskenes und im *Å Daglivarer* in Å.

Auf Værøy sowie Røst schließlich ist es mit Abstand am teuersten; es findet sich je ein Supermarkt.

◎ **WOCHENMÄRKTE** gibt es keine im Inselreich. Lediglich der Marktplatz (torget) in SVOLVÆR am Hafen beim Touristenbüro kann in der Hochsaison ein wenig an einen Markt erinnern, wenn mobile Gemüse- und Obstverkäufer und meist auch ein Fischwagen und ein aus Lappland anreisender Wurstwagen (auch Rentier-

... Fall der Karten lohnt es sich aber, nach dem Jahr der Drucklegung zu fragen; das Erscheinungsjahr ist am Blattrand aufgedruckt.

und Elchwurst) ihre Waren feilbieten. Am angrenzenden Kai verkaufen die Fischer Garnelen *(reker)* vom Kutter.

◎ **FISCH** ist im Supermarkt auf den Lofoten kaum billiger als in Mitteleuropa, fast ausschließlich auf Tiefkühlkost beschränkt, wobei *sei,* Seelachs, am preiswertesten ist. Geräucherter »Kühltheken-Lachs« aus Kanada ist billiger als der einheimische, den Subventionen »sei Dank«.

FRISCHEN FISCH, gut und billig, kann man auf Austvågøya etwa an der E 10 nördlich von Svolvær und Flughafen bei *Hammerstad Camping* (siehe auf Seite 285) kaufen, da dort jeden Morgen ein Fischer seinen Fang abliefert. In Svolvær gibt es frischen Fisch oft nur im *Rimi*-Supermarkt und am Fischwagen auf dem Marktplatz. – Auf Vestvågøya verkauft *Ferskvare* in Leknes (Tel. 7608 1855) Trockenfisch, frisch geräucherten Lachs, auf Wunsch vakuumverpackt, u.a. – Auf Moskenesøya bieten sich *Sjømat* auf Sakrisøy in Reine und *Feskarbrygga Fisketorg* in Å an.

◎ **GESUNDHEITSKOST**: Einen solchen Laden gibt es im Inselreich nur in Leknes auf Vestvågøya, an der Hauptstraße im Zentrum: *Kitty's Helsekost,* Storgt. 20, Tel. 7608 2387.

MITTERNACHTSSONNE / POLARNACHT

Da die Achse der Erde nicht rechtwinklig zur Umdrehungsebene steht, sondern eine Neigung (23,5°) hat, die das ganze Jahr über konstant bleibt, kommen die Polgebiete zeitweise in den vollen Strahlungsbereich der Sonne (Mittsommernacht) bzw. zeitweise komplett aus ihm heraus (Polarnacht). Die Grenzzonen verlaufen bei 66,5° nördlicher sowie südlicher Breite. Diese beiden Schwellen sind die POLARKREISE. Am nördlichen Polarkreis bleibt die Sonne nur eine einzige Nacht – vom 22. zum 23. Juni – über dem Horizont. In Bodø herrscht der Tag, der die Nacht mit einbezieht, vom 2.6. bis 10.7. In Svolvær auf Austvågøya wird es zwischen dem 27.5. und 17.7. nicht dunkel, in Tromsø vom 17.5. bis 25.7. und am NORDKAP vom 13.5. bis 31.7.

So wie es am Polarkreis nur eine einzige Nacht lang hell bleibt, kommt es dort auch nur für einen einzigen Tag zur Polarnacht. In Bodø wird es zwischen dem 15.12. und 30.12. nicht mehr hell, in Svolvær verdunkelt die Polarnacht vom 8.12. bis 6.1. den Himmel, in Tromsø vom 25.11. bis 16.1., in Hammerfest, der nördlichsten Stadt der Welt, vom 20.11. bis 23.1. und am Nordkap ebenso vom 20.11. bis 23.1.

MÜCKENSCHUTZ

Der »Fluch Lapplands« – Mücken und Bremsen, Fliegen und Kriebelmücken – ist nur vereinzelt im Inselreich unterwegs. Selbst im Juli, wenn man sich auf dem Festland stellenweise nur um sich schlagend und fluchend fortbewegt, hält sich das Aufkommen der Plagegeister in Grenzen.

NOTRUF

◎ **POLIZEI:** Tel. 112

◎ **KRANKENWAGEN:** Tel. 113.

◎ **FEUERWEHR:** Tel. 110.

ÖFFNUNGSZEITEN

◎ **BANKEN**: Mo–Mi und Fr 8.30 – 15 / 15.30 Uhr, Do bis 16.30 Uhr.

Die verkürzten Öffnungszeiten bei Banken, Postämtern sowie gewöhnlichen Geschäften gelten im Sommer, vom 15. Mai bis zum 1. September. Viele Unterkünfte, aber auch einige Museen öffnen – auf das Jahr bezogen – nicht an ...

◎ **POST**: Mo–Fr 8–16.30 / 17 Uhr, Sa bis 9–12 / 13 Uhr.

◎ **GESCHÄFTE**: 9–16/17 Uhr, Do bis 19/20 Uhr, Sa bis 13 Uhr, So geschlossen. Supermärkte bis 20/21 Uhr, Sa bis 18 Uhr.

◎ **ALKOHOLLADEN**: Mo–Mi 10–16 Uhr, Do bis 17 Uhr, Fr 10–16 Uhr, Sa 9–13 Uhr.

◎ **TANKSTELLEN**: Mo–Sa normalerweise 8 / 9 / 10–20 / 21 Uhr, So oft geschlossen. Täglich (auch So) durchgehend geöffnet haben lediglich die Tankstellen in Svolvær und Leknes.

POST

◎ **PORTO**: Briefe (bis 20 g) und Postkarten kosten 9 NOK bei A-Post (Luftpost, nach Mitteleuropa 2–4 Tage unterwegs) bzw. 7,50 NOK bei B-Post (auf dem Land-/Luftweg, 5–7 Tage). Für A-Post benötigen Sie den passenden BLAUEN AUFKLEBER, den Sie am Postschalter beim Briefmarkenkauf erhalten (sollten).

◎ **POSTÄMTER** machen sich rar im Inselreich, da überall auf dem Land die kleineren Postämter geschlossen wurden bzw. werden. Nun gibt es auf den Lofoten nur noch im jeweiligen GEMEINDEZENTRUM ein Postamt; in kleineren Ortschaften (selbst in Kabelvåg oder Henningsvær) sind mittlerweile Geschäfte oder Kioske für den Postverkehr zuständig.

◎ **POSTE RESTANTE**: Wer (noch) keine feste Adresse vor Ort hat, sollte sich deshalb postlagernde Sendungen möglichst nur nach Svolvær (mit Postleitzahl 8300), Leknes (8370), Ramberg (8380) oder Reine (8390) schicken lassen. Der Standardbriefkopf sieht dann so aus:

- Name
- Poste Restante
- N-Postleitzahl mit Ortsname
- Lofoten
- Norwegen

RADIO

Um auf Langwelle etwas zu hören, benötigt man eine lange Antenne (von ca. 2 m). Bleibt die KURZWELLE, auf der folgende Sender ausstrahlen:

◎ **DEUTSCHE WELLE**: 6.074 kHz, 49,0 m und 31,0 m; wer wissen will, was wann läuft, bestellt das kostenlose Programmheft: Deutsche Welle, Abt. Hörerpost, 50588 Köln, Tel. 0221 – 3890, www.deutschewelle.de.

◎ **DEUTSCHLANDFUNK**: 6.090 kHz, 49,0 m.

◎ **RADIO BREMEN**: 6.190 kHz auf 48,5 m.

◎ **SÜDWESTDEUTSCHER RUNDFUNK**: 6.030 kHz, 49,8 m.

◎ **RADIO SCHWEDEN**: 6.065 kHz, 49,1 m. Derzeit 21–21.30 Uhr.

Die KOMMUNALEN SENDER des Lokalfunks senden:

◎ **VÅGAN**: *Radio Lofoten,* UKW 104,7 MHz (Svolvær). – 105,6 MHz (Henningsvær). – 106,5 MHz (Gimsøya).

◎ **VESTVÅGØYA**: *Radio Vestvågøy,* UKW 104,4 MHz (Leknes). – 107,1 MHZ (Hagskaret).

◎ **FLAKSTADØYA**: *Moskenesradioen,* UKW 107,7 MHz (Ramberg). – 105,5 MHz, 106,0 MHz (Fredvang).

◎ **MOSKENES**: *Moskenesradioen,* UKW 105,3 MHz (Sørvågen). – 106,3 MHz (Hamnøy).

◎ **VÆRØY**: *Radio Værøy,* auf UKW 103,9 MHz.

◎ **RØST**: *Radio Røst,* UKW 100,8 MHz.

... runden Daten, sondern am Wochenende davor oder danach; deshalb finden Sie in diesem Buch zum Teil Angaben wie »von Anfang Mai bis etwa 20.8.«, da ein 4.6.–18.8. im nächsten Jahr bereits überholt und damit Humbug wäre.

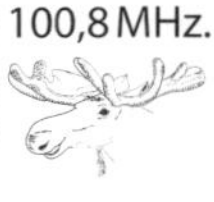

RAUCHEN

In öffentlichen Transportmitteln sowie öffentlichen Gebäuden (Rathaus, Post etc.) oder an anderen öffentlich zugänglichen Plätzen ist das Rauchen verboten. In Hotels, Bars und Restaurants sind alle Gemeinschaftsflächen Nichtraucherzonen, und die Hälfte aller Räume sowie Tische sind hier kraft Gesetz rauchfrei. – Autofahrer dürfen im Stadtbereich am Steuer nicht rauchen. Um Zigaretten, Tabak etc. kaufen zu dürfen, muss man über 18 Jahre alt sein.

Und seit Juni 2004 ist Norwegen das erste Land, in dem das Rauchen in sämtlichen Gastronomie-Betrieben verboten ist.

REISEBÜROS

Reisebüros finden sich in Svolvær und in Leknes (Schiffs-, Bus-, Flug-, Zug- sowie Kombitickets). Ansonsten informieren sämtliche Touristenbüros über Verkehrsverbindungen.

◎ **BENNETT REISEBYRÅ,** Torget 14, Svolvær, Tel. 7607 0188.

◎ **IBSEN REISEBYRÅ,** Storgate 31, Leknes, Tel. 7605 4900.

SEEFAHRTSREGELN

Wer mit dem eigenen oder einem geliehenen Boot aufs Meer hinausfährt, sollte sich an folgendes halten:

◎ Benutzen Sie ein **TYPEN-ANERKANNTES** Boot. Vor dem Start prüfen Sie Boot und Motor.

◎ Machen Sie sich vertraut mit der **SICHERHEITSAUSRÜSTUNG** an Bord. An Grund-Ausrüstung müssen vorhanden sein: Schöpfgefäß, Ruder, Ruderplöcke, Tau, Doppelhaken, Signal und Schwimmwesten.

◎ Richten Sie sich nach dem **WETTER** und beachten Sie die Wettermeldungen. Benutzen Sie das Boot nur in den Gewässern, wo es sicher ist; für den Moskenstraumen und die anderen GEZEITENSTRÖME zwischen den Inseln sind kleine Boote ungeeignet!

◎ Sorgen Sie für typen-anerkannte **SCHWIMMWESTEN**.

◎ Nehmen Sie Rücksicht auf andere, seien sie **UMWELTBEWUSST**: Plastiksack für Müll nicht vergessen.

◎ **AUSGERUHT** und **NÜCHTERN**, sollte ein Bootsführer sein.

◎ Geben Sie **BESCHEID**, wenn Sie hinausfahren. Sagen Sie auch, wohin es geht und für wie lange etwa. An KOMPASS (eventuell auch SEEKARTE) denken: Mitunter treten ganz rasch undurchdringliche Nebelbänke auf.

◎ In kleinen **PLASTIKBOOTEN** ruhig sitzen. Bei Platzwechsel immer nur eine Person auf einmal. Schuhwerk mit Gummisohlen benutzen.

◎ Bleiben Sie an Bord, falls das Boot **KENTERT**.

◎ Beachten Sie die **SEEFAHRTSREGELN**, weichen Sie rechtzeitig aus.

◎ **RESPEKTIEREN** Sie die zugelassenen HÖCHSTGESCHWINDIGKEITEN. Innerhalb eines Hafenbeckens stets langsam fahren.

SOUVENIRS

In den größeren Ortschaften wie Leknes und Svolvær, Kabelvåg und Henningsvær, Ramberg und Reine laden Kunstgewerbegeschäfte ein - auch mit HUSFLIDEN bezeichnet –, wo traditionell norwegische Produkte verkauft werden: so etwa die berühmten Strickpullover, Strickjacken etc. im Norweger-Muster, überhaupt Strickwaren jeder Art, Glas- und Zinnwaren, gewebte Wandteppiche nebst handbemalten Holzgegenständen, Textildrucken, Schmuck, Keramiken u.v.a. In Henningsvær und Vikten stellen Glasbläsereien teils ansprechende Arbeiten her, und auch Trolle stehen im »Land der Trolle« fast überall im Souvenir-Angebot. In Leknes und Svolvær bieten sich zudem Sportgeschäfte mit einer üppigen Auswahl an qualitativ sehr hoch stehenden Messern an (handgeschmiedete Klingen); beliebte Mitbringsel sind auch Angel-Utensilien. – Den preisbewussten Urlaubern sei empfohlen, möglichst nur in denjenigen Geschäften zu kaufen, die dem Tax-free-System (s.u.) angeschlossen sind.

SPIRITUOSEN

Ohne Zweifel gibt es einen innigen ZUSAMMENHANG ZWISCHEN KLIMA UND TRINKGEWOHNHEITEN – und in Norwegen ist das Klima hart; je nördlicher man kommt, desto härter wird es, sprich: desto mehr wird getrunken – bis die gegen Ende des 19. Jhs. aufkommenden Absolutisten mit Erfolg gegen den »Teufel Alkohol« zu Felde zogen. Heute wird der Stoff, der das Walhalla der Wikinger erst zum Paradies machte, nur noch zu hohen Preisen (Wein ab 80 NOK, »harte Sachen« im Durchschnitt 300–400 NOK, 1 Dose Pils gut 20 NOK) über ein staatliches Ladennetz verkauft. Im Pub kostet der halbe Liter (oft nur 0,4 l) um 50 NOK.

Der BALANCEAKT zur Drosselung des Verbrauchs FUNKTIONIERT offiziell gut, zum Vergleich: in Frankreich werden 13,3 l reiner Alkohol pro Kopf verbraucht, in der BRD 11, in England 6,6, in Schweden 5,5 und in Norwegen 3,8 l – obwohl es auffällt, dass Norwegen mit den höchsten HEFEKONSUM überhaupt hält. Der Gärstoff wird in solchen Mengen abgesetzt, dass laut Statistik jede/r NorwegerIn täglich ein selbst gebackenes Hefebrot verzehren müsste – doch sein Brot selbst zu backen ist eher unüblich.

Wer als Urlauber seiner Leber keine Ruhe gönnt, muss die Reisekasse belasten wie auch die Nerven strapazieren auf der Suche nach den rar gesäten Alkoholläden, die den Namen *Vinmonopolet A/S* tragen und im Volksmund *Polet* genannt werden. Auf den Lofoten muss man nach Svolvær auf Austvågøya, am Torget vor dem Fährhafen (siehe auch »Öffnungszeiten«).

Bier bekommt man dort aber keins, dafür ist auf Austvågøya der *Ølutsalget* (»Bierverkauf«) zuständig: Svolvær, Roald Amundsengt. 10, nahe Torget. – Kabelvåg, Sjøgt., nahe Marktplatz. – Auf Vestvågøya führen auch die größeren Supermärkte in Leknes Bier.

Nur Leichtbier (2,8 %) und alkoholfreies Bier ist überall zu erstehen (Kioske, Tankstellen, Supermärkte etc.).

Der Gerstensaft ist von hoher Qualität. Die Lofoter schwören übrigens auf *Mack's,* gebraut in der »nördlichsten Brauerei der Welt« – in Tromsø.

TAX-FREE-SYSTEM

Ob Kunstgewerbe, Schmuck, Keramiken, Textildrucke, Webstoffe, Strickwaren oder -garn, Holzarbeiten, Silber-, Bronze-, Emaille-, Glas-, Zinnwaren, Glas oder Porzellan – kaufen Sie möglichst nur in solchen Geschäften, die der Tax-free-Aufkleber markiert. Bei Waren im Wert ab 380 NOK kann man sich dort einen TAX-FREE-Scheck ausstellen lassen, mit dem an Flughäfen, auf Fähren und an den größeren Grenzübergängen ein Teil der Mehrwehrtsteuer abzüglich einer Gebühr in bar vergütet wird. Dabei muss man seinen Wohnsitz außerhalb Skandinaviens haben und einen Pass oder Personalausweis vorlegen. Die Ware darf vor der Ausreise nicht gebraucht werden und muss spätestens vier Wochen nach Kauftermin außer Landes sein.

◎ **INFORMATION**: *Global Refund Norge,* Postboks 48, N–1332 Østerås, Tel. 6715 6010, Fax 6715 6029, www.globalrefund.no.

TELEFON

Die Bedienung ist wie üblich, zudem findet sich eine mehrsprachige Anleitung (auch auf Deutsch) in jeder Telefonkabine. Die Münzfernsprecher akzeptieren 1- und 5-NOK-Stücke sowie zumeist auch 10- und 20-NOK-Stücke, werden aber zunehmend von Kartentelefonen bzw. kombinierten Münz-/Karten- und Kreditkarten-Telefonen ersetzt. Telefonkarten gibt es u.a. in Kiosken und an Tankstellen zu kaufen.

Die Gebühren für ein dreiminütiges Gespräch nach Deutschland liegen derzeit bei etwa 8 NOK (Startgebühr rund 5 NOK, je Minute ca. 1 NOK).

◎ Für **AUSLANDSGESPRÄCHE** wählt man die 00, gefolgt von Landeskennzahl, Ortsnetzkennzahl (ohne 0) und gewünschter Rufnummer.

◎ **LANDESKENNZAHLEN**: Deutschland 00-49, Österreich 00-43, Schweiz 00–41, Luxemburg 00-352, Belgien 00-32, Niederlande 00-31.

◎ **LANDESKENNZAHL NORWEGEN**: 00-47.

◎ **ORTSKENNZAHLEN** gibt es nicht in Norwegen: Alle acht Ziffern der Rufnummer müssen gewählt werden, ob man sich im Ort selbst befindet oder von außerhalb anruft.

◎ **MOBILTELEFONE** sind in Norwegen populär. Vorwahlen gibt es auch hier keine, Mobilnummern erkennt man an der ersten Ziffer, entweder eine »9« oder eine »4«. Zu nutzen sind die Systeme GSM 900 (= D-Netze), GSM 1800 (= E-Netze) und NMT.

TRINKGELD

Trinkgelder sind in Norwegen nicht üblich, da neben der Mehrwertsteuer die Bedienung im Endbetrag enthalten ist; doch eine Aufrundung wird gern entgegengenommen. Vor allem im Restaurant hat es sich eingebürgert, die Summe aufzurunden. Taxifahrer erwarten rund 10 %, da das Finanzamt ein Extra-Einkommen in dieser Höhe automatisch ansetzt.

ZEIT

In Norwegen gilt – wie in Mitteleuropa auch – die MEZ und auch die Sommerzeit (vom letzten März- bis zum letzten Oktoberwochenende).

ZEITUNGEN

Deutschsprachige Zeitschriften und Zeitschriften (*Welt, Süddeutsche, Zeit, Bild; Spiegel, Stern,* diverse Frauenzeitschriften u.a.) kann man während der Saison (Mitte Juni bis Mitte August) in den Kiosken von Svolvær auftreiben. Das größte Angebot hat derzeit das Zeitschriften- und Süßwarengeschäft auf der rechten Torget-Seite, schräg gegenüber des Touristenbüros, am Anleger für das Trollfjord-Boot.

Blick von Ballstad auf den Busknesfjord ▶

Wörterkladde

Ein Land, zwei Sprachen

Die älteste in Norwegen nachweisbare Sprache ist das URNORDISCHE, das im 2. Jh. auftauchte und mit den gemeingermanischen 24 Runen geschrieben wurde. Gegen 600 n.Chr. wurde aus dem Urnordischen das ALTWESTNORDISCHE, das ins Ältere Altwestnordische (Wikingerzeit – Runen) sowie ins Jüngere Altwestnordische (bis 1350 – lateinische Buchstaben) zerfiel.

Als 1314 der königliche Hof von Bergen nach Oslo umzog, wandelte sich das Altwestnordische zum MITTELNORWEGISCHEN, das 1525 vom DÄNISCHEN abgelöst wurde, da die Dänen damals die Herren auch von Norwegen waren. So blieb es bis ins 19. Jahrhundert hinein, und als Norwegen 1814 aus der Union mit Dänemark austrat, hatten die Norweger die DÄNISCHE SCHRIFTSPRACHE, sprachen aber zahlreiche Dialekte, die nationalbewusste Zeitgenossen als Norwegisch bezeichneten.

Das Nationalbewusstsein war erwacht – eine eigene Schriftsprache musste her. Die Sprachenfrage wurde ein heiß umstrittenes Thema: Es entstanden zwei Lager, und jedes begab sich an die Arbeit. Das eine wollte das Dänische als Ausgangspunkt nehmen und es Wort für Wort »norwegisieren«. Das andere Lager empfand solches Vorgehen als unzureichend und wollte gleich eine neue norwegische Sprache schaffen, die auf einem »rein« norwegischen Dialektsubstrat aufzubauen und durch altnordische Elemente zu ergänzen sei.

Auf diese Weise entstanden zwei Schriftsprachen, das *Riksmål,* das heute BOKMÅL genannt wird, sowie das *Landsmål,* heute als NYNORSK gebräuchlich. 1985 wurden BEIDE ALS OFFIZIELLE Schriftsprachen Norwegens anerkannt; während die (nicht nur) ländliche Bevölkerung vor allem des Südwestens und des Westens auf Nynorsk schwört, halten es der Großraum Oslo, Wirtschaft, Verwaltung, Literatur sowie das Gros der Presse mit dem Bokmål.

Zur Zeit sprechen 15 % der Bevölkerung Nynorsk, weshalb öffentliche Formulare stets zweisprachig sind. Sogar für den Landesnamen existieren zwei parallele Varianten, wie auf Banknoten und Briefmarken dokumentiert: NORGE steht für Bokmål, NOREG für Nynorsk.

Die Lofoter sprechen hauptsächlich Bokmål oder – wenn sie unter sich sind – ihren eigenen Lofoten-Dialekt. Englisch versteht fast jeder, auch mit Deutsch kommt man gut durch, und wer »norddeutsches Platt« spricht, wird oft verstanden und kann selbst viel verstehen.

Man kommt immer irgendwie zurecht. Wer sich jedoch die Mühe gibt, seine Wünsche in der Landessprache zu artikulieren, wird auf offenere Ohren stoßen.

Aussprache/Betonung

Die Vokabeln zu kennen ist eine Sache, sie richtig auszusprechen und zu betonen eine andere.

◎ **VOKALE**: In der Orthographie weist die norwegische Sprache mehrere BESONDERHEITEN auf. Es sind dies die Buchstaben:

- *å* und *Å* = o (O), wie in »Nord«
- *æ* und *Æ* = ä (Ä)
- *ø* und *Ø* = ö (Ö)

Die übrigen Vokale sprechen sich wie im Deutschen aus, *o* jedoch meistens wie »uh« und *u* wie »ü«.

◎ Mit den **KONSONANTEN** ist es etwas schwieriger:

- *d* ist stumm vor s und nach n sowie l und als Endkonsonant nach r und l
- *g* wird vor i und y wie »j« ausgesprochen
- *gj* wird wie »j« ausgesprochen
- *h* vor j und v ist stumm
- *k* vor i und y wird wie «ch» ausgesprochen
- *kj* ebenfalls wie »ch«, nach Vokalen hingegen wie »i«, sonst wie »j«
- *s* ist stimmlos (geht in vielen Dialekten schon in Richtung »sch«)
- *sk* wird vor i und j wie »sch« ausgesprochen
- *sj* werden stets wie »sch« ausgesprochen
- *v* wie »w«

Mini-Lexikon

Zum Thema Essen und Trinken beachten Sie bitte das separate kulinarische Lexikon auf Seite 308.

GRUNDZAHLEN

1: *en*
2: *to*
3: *tre*
4: *fire*
5: *fem*
6: *seks*
7: *syv, sju*
8: *åtte*
9: *ni*
10: *ti*
11: *elleve* (sprich: ellw)
12: *tolv* (sprich: toll)
13: *tretten* (sprich: tr'etn)
14: *fjorten* (sprich: fj'uhrtn)
15: *femten* (sprich: femtn)
16: *seksten* (sprich: s'e-istn)
17: *sytten* (sprich: s'ütn)
18: *atten* (sprich: otn)
19: *nitten* (sprich: n'itn)
20: *tjue, tyve*
25: *tjuefem, femogtyve*
30: *tretti*
40: *førti*
50: *femti*
60: *seksti*
70: *sytti*
80: *åtti*
90: *nitti*
100: *hundre*
150: *hundreogfemti*
200: *to hundre*
1000: *tusen*
2000: *to tusen*

ORDNUNGSZAHLEN

1.: *første*
2.: *andre*
3.: *tredje*
4.: *fjerde*
5.: *femte*
6.: *sjette*
7.: *sjuende*

8.: *åttende*
9.: *niende*
10.: *tiende*
100.: *hundrede*
1000.: *tusende*

ZEITBEGRIFFE
Montag: *mandag*
Dienstag: *tirsdag*
Mittwoch: *onsdag*
Donnerstag: *torsdag*
Freitag: *fredag*
Samstag: *lørdag*
Sonntag: *søndag*

Januar: *januar*
Februar: *februar*
März: *mars*
April: *april*
Mai: *mai*
Juni: *juni*
Juli: *juli*
August: *august*
September: *september*
Oktober: *oktober*
November: *november*
Dezember: *desember*

Frühling: *vår*
Sommer: *sommer*
Herbst: *høst*
Winter: *vinter*

Sekunde: *sekund*
Minute: *minutt*
Stunde: *time*
Tag: *dag*
Woche: *uke*
Monat: *måned*
Jahr: *år*

Werktag: *hverdag*
Feiertag: *helligdag*

ALLGEMEINES
ja/nein: *ja/nei*
Entschuldigung: *unnskyld*
Bitte: *vær så snill!*
Danke: *takk!*
Vielen Dank: *mange takk!*
Sprechen Sie Deutsch:
Snakker De tysk?
Ich verstehe nicht: *jeg forstår ikke*
Mann: *mann*
Frau: *kvinne, dame* oder *frue* (Ehefrau) oder *fru* (Anredeform)
Sohn/Tochter: *sønn/datter*
Wie heißen Sie: *hva heter De?*
Mein Name ist ...: *jeg heter ...*
Ich bin auf Urlaub: *jeg er på ferie*
Hallo: *hei!*
Guten Tag: *god dag*
Guten Abend: *god aften*
Gute Nacht: *god natt*
Auf Wiedersehen: *farvel, adjø,*

RUND UMS FAHRZEUG
Wie komme ich nach ...:
Hvordan kommer jeg til ...?
Wieviele Kilometer sind es bis ...:
Hvor mange kilometer er det til ...?
Wo ist die nächste Tankstelle:
Hvor er nærmeste bensinstasjon?
Bitte volltanken: *Full tank, takk*
Zeigen Sie mir das bitte auf der Karte:
Kan De vise meg det på kartet?
Wie weit ist das: *Hvor langt er det?*
Darf ich hier parken:
Kan jeg parkere her?
Es ist ein Unfall passiert:
Det er skjedd et ulykke
Mein Auto hat eine Panne:
Bilen har motorstopp
Der Motor springt nicht an:
Motoren vil ikke starte
Mein Auto hat eine Reifenpanne:
Bilen har punktert

Bilverksted: Autowerkstatt
Blindvei: Sackgasse
Bomvei: Mautstraße
Dårlig veidekke: schlechte Fahrbahn
Enveiskjøring: Einbahnstraße
Fartsgrense:
Geschwindigkeitsbegrenzung
Forbudt: verboten
Forbikjøring forbudt:
Überholen verboten
Gjennomkjøring forbudt:
Durchfahrt verboten
Innkjørsel: Einfahrt
Kjør sakte: langsam fahren
Lekeplass: Kinderspielplatz
Livsfare: Lebensgefahr
Omkjøring: Umleitung
Privat vei: Privatweg
Rett fram: Geradeaus
Stengt: Geschlossen
Stopp: Halt
Stopp forbudt: Halten verboten
Svake kanter:
Fahrbahnrand nicht befahrbar
Toll: Zoll
Veiarbeid: Baustelle

Abblendlicht: *nærlys*
Abschleppdienst: *redningstjeneste*
Achse: *aksel*
Anlasser: *selvstarter*
Auspuff: *eksosrør*
Auto: *bil*
Autofähre: *bilferje*
Autovermietung: *bilutleie*
Batterie: *batteri*
Benzin: *bensin*
Blinker: *blinklys*
Bremse: *bremse*
Dichtung: *pakning*
Ersatzrad: *reservehjul*
Fehler: *feil*
Fernlicht: *fjernlys*
Führerschein: *førerkort*
Getriebe: *gir*
Handbremse: *håndbremse*
Hupe: *horn*
Keilriemen: *vifterem*
Kühler: *kjøler*
Lenkrad: *ratt*
Leihwagen: *leiebil*
Moped: *moped*
Motor: *motor*
Motorrad: *motorsykkel*
Öl: *olje*
Panne: *uhell, motorstopp*
Reifen: *dekk*
Rücklicht: *baklys*
Scheinwerfer: *frontlys*
Sicherheitsgurt: *sikkerhetsbelte*
Sicherung: *sikring*
Straße: *gate*
Ventil: *ventil*
Vergaser: *forgasser*
Verteiler: *fordeler*
Werkstatt: *bilverksted*
Windschutzscheibe: *frontglass*
Zündkerze: *tennplugg*
Zündschlüssel: *tenningsnøkkel*
Zündung: *tenning*
Zylinder: *sylinder*
Zylinderkopfdichtung: *topp-pakning*

ARZT/APOTHEKE
Arzt, Zahnarzt: *lege, tannlege*
Apotheke: *apotek*
Chirurg: *kirurg*
Frauenarzt: *kvinnelege*
Hals-, Nasen-, Ohrenarzt:
øre-, nese- hals-spesialist
Internist: *indremedisiner*
Kinderarzt: *barnelege*
Unfallstation: *legevakt*
Erste Hilfe: *førstehjelp*
Wo ist hier eine Apotheke:
Hvor er det et apotek?

Ich habe ein Rezept: *Jeg har en resept*
Ich möchte ...: *Jeg vil gjerne ha*
ein Beruhigungsmittel:
et beroligende middel
ein Hustenmittel:
et middel mot hoste
ein Schlafmittel: *et sovemiddel*
ein Mittel gegen: *et middel mot*
Durchfall: *diare*
Erkältung: *forkjølelse*
Halsschmerzen: *halssmerter*
Kopfschmerzen: *hodepine*
Zahnschmerzen: *tannverk*
Antibabypille: *p-pille*
Antibiotikum: *antibiotika*
Binde: *bind*
Hustensaft: *hostesaft*
Kamille: *kamille*
Magentropfen: *magedråper*
Pflaster: *plaster*

WETTERBERICHT
Hvordan blir været i dag:
Wie wird das Wetter heute?
Det blir pent/dårlig vær:
Es gibt schönes/schlechtes Wetter
Det er kaldt/varmt: Es ist kalt/warm
Det regner: Es regnet
Sola skinner: Die Sonne scheint
Det blåser: Es ist windig
skyet: bewölkt
frost: Frost
uvær: Gewitter
hagl: Hagel
hete: Hitze
klima: Klima
luft: Luft
tåke: Nebel
regn: Regen
snø: Schnee
sol: Sonne
soloppgang: Sonnenaufgang
storm: Sturm
temperatur: Temperatur
værmelding: Wetterbericht
sky: Wolke

POST
Wo ist das nächste Postamt:
Hvor er nærmeste postkontor?
Wo ist ein Briefkasten:
Hvor er det en postkasse?
Wo ist die nächste Telefonzelle:
Hvor er nærmeste telefonkiosk?
Absender: *avsender*
Adresse: *adresse*
Ansichtskarte: *prospektkort*
Brief: *brev*
Briefmarke: *frimerke*
Briefumschlag: *konvolutt*
Drucksache: *trykksak*
Einschreiben: *rekommandert brev*
Empfänger: *motakker*
Formular: *blankett*
Gebühr: *gebyr*
Gewicht: *vekt*
Luftpost: *luftpost*
Paket: *pakke*
postlagernd: *poste restante*
Telefon: *telefon*
Vermittlung: *sentral*

HERBERGE
Wo ist eine gute Pension:
Hvor er et godt pensjonat?
Haben Sie ein freies Zimmer:
Har du et ledig værelse/rom?
Ich habe ein Zimmer bestellt:
Jeg har bestilt et værelse/rom
Kann ich das Zimmer ansehen:
Kan jeg få et blikk på rommet?
Ich bleibe eine Nacht/Tage/Wochen:
Jeg blir en natt/dager/uker)
Wieviel kostet das Zimmer je Tag/ Woche: *Hvor mye koster rommet per døgn /uker?*

Einzelzimmer: *enkeltrom*
Dopppelzimmer *dobbeltrom*
Dusche: *dusj*
Balkon: *balkong*
mit: *med*
ohne: *uten*
Toilette: *toalett*

EINKAUFEN
Wo haben Sie ... : *Hvor har du ...?*
Wieviel kostet ...:
Hvor meget koster ...?
Das gefällt mir (nicht):
Dette liker jeg (ikke)
Geben Sie mir ...: *Gi meg ...*
Das ist zu ...: *Det er for ...*
teuer: *dyrt*
klein: *lite*
groß: *stort*
kurz: *kort*
lang: *langt*
Ich möchte gerne ... kaufen:
Jeg vil gjerne kjøpe ...
Brot: *brød*
Schwarzbrot: *dansk rugbrød*
Fladenbrot: *flatbrød*
Knäckebrot: *knekkebrød*
Weißbrot: *loff*
Brötchen: *rundstykke*
Käse: *ost*
Milch: *melk*
Vollmilch (3,8%): *helmelk*
abgekürzt *H-Melk*
Halbfett-Milch (1,5%): *lettmelk*
Magermilch (0,1%): *skummet melk*
Buttermilch (3,8%): *kulturmelk*
Buttermilch (0,1%):
skummet kulturmelk
Sauermilch: *surmelk*
Saure Sahne (35%): *seter-rømme*
Saure Sahne (20%): *lett-rømme*
Sahne: *fløte*

ÖFFENTLICHE VERKEHRSMITTEL
Abfahrt: *avgang*
Ankunft: *ankomst*
Bahnhof: *stasjon*
Fahrkarte: *billett*
Kinderfahrkarte: *barnebillett*
Rückfahrkarte: *returbillett*
Erste Klasse: *første klasse*
Nichtraucher: *ikke-røkere*
Taxi: *drosje*
Bus: *buss*
Haltestelle: *stoppested*
Zug: *tog*
Bahnhof: *stasjon*
Flugzeug: *fly*
Flughafen: *flyplass*
Schiff: *skip*
Fähre: *ferje*
Hafen: *havn*
Wie komme ich zum Bahnhof (Hafen, Flughafen): *Hvordan kommer jeg til stasjonen (havn, flypass)?*
Wohin wollen Sie: *Hvor skal de hen?*
Ich will nach ...: *Jeg skal til ...*
Welcher Bus geht nach ...:
Hvilken buss går til ...?
Welches ist die beste Verbindung nach ...: *Hva er den beste forbindelsen til ...?*
Wann fährt der Zug nach ...:
Når går neste tog til ...?
Einmal zweiter (erster) Klasse nach ...: *En enkelbillett andre (første) klasse til ...*
Wie lange ist die Karte gültig:
Hvor lenge gjelder billetten?
Wo muß ich umsteigen:
Hvor skal jeg bytte?
Hält der Zug in ...: *Stanser toget in...?*
Verzeihung, ist dieser Platz besetzt:
Unnskyld, er denne plassen opptatt?
Dies ist mein Platz: *Dette er min plass*

Anreise

Mit dem eigenen Fahrzeug

Wir skizzieren die Anreisevarianten durch Norwegen und Schweden: Beträgt die kürzeste Straßendistanz von Oslo zum Archipel ca. 1.800 km (bzw. 1.350 km bei Benutzung der Fähre Skutvik – Lofoten), muss man von Göteborg aus rund 2.200 km ansetzen; allerdings ist die Fahrzeit bei beiden Routen fast gleich (ca. 28 Std.), denn während innerhalb Norwegens die maximal mögliche durchschnittliche Geschwindigkeit nicht viel mehr als 60 km/h beträgt, kann man Schweden mit ungefähr 80 km/h im Schnitt durchfahren.

Hierzu addieren sich die Anfahrtzeiten zum dänischen oder zum deutschen Fährhafen, zweitens die Fährzeiten vom Kontinent nach Skandinavien sowie diejenigen vom norwegischen Festland auf die Lofoten; die neue Øresundverbindung zwischen Dänemark und Schweden ermöglicht zwar die Anfahrt ohne Fähre, bedingt jedoch hunderte weiterer Kilometer, da man zunächst Dänemark in seiner ganzen Breite durchqueren und anschließend von Südschweden aus weiter muss; zudem kostete das neue Tunnel- und Brückenband (225 dänische Kronen je Pkw) Gebühr, so dass die Variante für eine Reise nach Nordskandinavien weder billiger noch schneller ist; und auf der Fähre können Sie schlafen, am Lenkrad nicht.

Alles in allem ist es unrealistisch, von Norddeutschland aus schneller als in etwa zweieinhalb Tagen den Archipel zu erreichen; für hin und zurück sollte man im Sinne des Reise-Erlebnisses wenigstens eine Woche ansetzen, will man ein wenig genießen und nicht Tag für Tag gut 12 Stunden hinter dem Lenkrad verbringen.

FÄHRVERBINDUNGEN NACH NORWEGEN UND SCHWEDEN
Eine Schiffsreise ist ein angemessener Auftakt für die Lofoten-Tour. Wer zwischen dem 15. Juni und dem 15. August anreist, ist gut beraten, rechtzeitig zu RESERVIEREN, da sonst mit Wartezeiten bis zu zwei Tagen zu rechnen ist. Welche der Verbindungen in Frage kommen – die nach Norwegen und Kiel–Göteborg siehe auf der Karte auf Seite 376 –, hängt vom Wohnort, der Routenwahl und auch vom Geldbeutel ab.

Ein PREISVERGLEICH lohnt stets; man sollte sich in einem mit Skandinavien vertrauten Reisebüro beraten lassen oder die Angebote der Reedereien einholen, genau miteinander vergleichen und das Ticket schon vor der Abreise erstehen: das kommt in vielen Fällen bis zu 30 % billiger, als zahlte man die Passage erst am Fährhafen. Außerdem gibt es zahlreiche Spartarife.

◎ **DEUTSCHLAND-NORWEGEN**: Kiel–Oslo *(Color Line)*;

Elch-Tipp: Zur Øresundverbindung zwischen Dänemark und Schweden gibt es eine interessante Homepage: www.oresundsbron.com

◎ **DÄNEMARK-NORWEGEN**: Frederikshavn–Oslo *(Stena Line)* – Frederikshavn–Larvik *(Color Line)* – Hirtshals–Kristiansand *(Color Line)* – Hirtshals-Oslo *(Color Line);* Hanstholm–Egersund–Haugesund–Bergen, in einer Kombination mit der Hurtigrute zu überdenken *(Fjord Line);*

◎ **DEUTSCHLAND-SCHWEDEN**: Kiel–Göteborg *(Stena Line)* – Saßnitz–Trelleborg *(Scandlines)* – Rostock–Trelleborg *(TT-Line* sowie *Scandlines)* – Travemünde–Trelleborg *(TT-Line);*

◎ **DEUTSCHLAND-SCHWEDEN VIA DÄNEMARK**: Puttgarden–Rødby/DK in Kombination mit Helsingør/DK–Helsingborg *(Scandlines)* – Rostock–Gedser/DK in Kombination mit Helsingør/DK-Helsingborg (ebenfalls *Scandlines);*

◎ **DÄNEMARK-SCHWEDEN**: Frederikshavn–Göteborg *(Stena Line)* – Grenaa–Varberg *(Stena Line),* Helsingør–Helsingborg *(Scandlines);* da diese Routen sehr kurz sind und von West nach Ost verlaufen, taugen sie nicht, die totale Wegstrecke nach Zeit oder Kilometern zu verkürzen.

DIE REEDEREIEN

◎ **COLOR LINE,** Postfach 60 80, (Norwegenkai) 24121 Kiel, Tel. 0431 – 7300 300, Fax 0431 – 7300 400, www.colorline.de;

◎ **FJORD LINE,** Karl Geuther GmbH (Agentur Fjord Line), Martinistaße 58, 28195 Bremen, Tel. 0421 – 176 0362, Fax 0421 – 185 75, fjordline@geuther.com, www. fjordline.de;

◎ **SCANDLINES,** Hochhaus am Fährhafen, 18119 Rostock, Tel. 0381 – 54350, Fax 0381 – 5435 678, info@scandlines.de, www.scandlines.de;

◎ **STENA LINE,** Schwedenkai 1, 24103 Kiel, Tel. 0431 – 9099, Fax 0431 – 909 200, info.de@stenaline.com, im Internet: www.stenaline.de;

◎ **TT-LINE,** Mattentwiete 8, 20457 Hamburg, Tel. 040 – 3601 442, Fax 040 – 3601 407, info@ttline.com, im Internet: www.ttline.de.

ANFAHRT DURCH NORWEGEN

Im Vergleich der Distanzen schneidet die Route von Oslo nach Bodø (Fährhafen), Skutvik (Fährhafen) oder Svolvær (via Narvik und die E 10) am besten ab: Insgesamt sind bis Bodø gut 1.200 km zurückzulegen, bis Skutvik 1.350 km, nach Narvik 1.550 km (plus 270 km bis Svolvær).

Die Strecke ab Egersund ist je Reiseziel ca. 300 km länger, die ab Kristiansand ca. 400 km, die ab Bergen ca. 150 km und die ab Larvik ca. 120 km.

Wo immer man in Norwegen startet, stets stellt die Europastraße 6 die kürzeste und schnellste Verbindung zum hohen Norden her. Diese E 6 ist auf den ersten rund 200 Kilometern eher unspektakulär, dann wieder streckenweise von eindrucksvoller landschaftlicher Schönheit, nördlich von Trondheim zwischendurch auch mal kurvenreich. Viel mehr als 60 km/h wird man (trotz der Neubaustrecken, jedoch bei zunehmendem Verkehr) kaum bewältigen, zumal Guck- und Fotopausen im Normalfall so einige Stunden beanspruchen.

Ob man von Bodø oder Skutvik aus die Lofoten-Fähre nimmt oder via Narvik auf der E 10 nach Melbu fährt und von dort aus die (nur 20 Minuten benötigende) Fähre auf den Archipel nimmt, hängt von der insgesamt ge-

AUTOFAHREN IN NORWEGEN

◎ Verschiedene **HOCHGEBIRGSSTRASSEN** sind im Winter (teils schon ab Oktober) und Frühling (teils bis in den Juni hinein) gesperrt. Auskünfte darüber erhält man beim Norwegischen Fremdenverkehrsamt und – in Norwegen – über Statens Vegvesen, Tel. 175 und 81 54 89 91, www.vegvesen.no.

◎ Die **NAF-NOTRUFZENTRALE** (Norsk Automobil Forbund) ist 24 Std. zu erreichen unter Tel. 8100 0505. Die reine Pannenhilfe ist, wie international üblich, für Mitglieder der deutschen Automobilclubs kostenlos.

◎ **VERKEHRSBESTIMMUNGEN**: Die erlaubte maximale Geschwindigkeit liegt bei 50 km/h innerhalb geschlossener Ortschaften, 80 km/h außerhalb bzw. 60 km/h für (ungebremste) Gespanne. Eine Überschreitung der erlaubten Höchstgeschwindigkeit kann teuer zu stehen kommen: je 5 km/h rund 400 NOK! Wer »gurtlos« erwischt wird, muss 500 NOK bezahlen. – Die Strafgrenze bei Alkohol liegt bei 0,2 Promille. – In Norwegen ist auch tagsüber mit Abblendlicht zu fahren.

◎ **FAHRZEUGMASSE**: Die auf norwegischen Straßen genehmigte Wagenbreite beträgt 2,50 m, und – wichtig! – die Höchstbreite von Campingwagen darf 2,30 m nicht überschreiten. Auf einigen norwegischen Gebirgsstraßen ist das Fahren mit Wohnwagengespannen und Bussen verboten! Welche Straßen davon betroffen sind, kann man einer Karte entnehmen, die vom Norwegischen Fremdenverkehrsamt herausgegeben wird.

◎ **MAUTPFLICHT** herrscht in Norwegen auf insgesamt etwa 30 Streckenabschnitten meist im Bereich kostenaufwändiger Tunnel, Brücken etc. Die Höhe der Gebühren schwankt zwischen etwa 15 NOK (Mautring Oslo) und bis zu 120 NOK, aber auf den skizzierten Wegen zu den Lofoten hat man keine Maut mehr zu bezahlen, wie es auch auf den Lofoten seit 2003 keine gebührenpflichtigen Strecken mehr gibt.

planten Reiseroute ab. Da es jedoch schwierig ist, die Fahrt durch Norwegen so genau zu timen, dass man nicht Stunden beim Warten auf die Fähren verliert, empfiehlt es sich, auf der Hinfahrt zum Archipel via Narvik und Melbu zu fahren (von wo stündlich eine Fähre ablegt) und die Rückfahrt mit der Fährpassage nach Skutvik oder Bodø einzuleiten. Den Narvik-»Umweg« auszusparen bedeutete eine der imposantesten Fjell- und Fjordstrecken zu verpassen.

ANFAHRT DURCH SCHWEDEN

Ob man nun von Deutschland oder Dänemark aus nach Trelleborg oder Helsingborg, Varberg oder Göteborg übersetzt: Stets hat man die Wahl zwischen der Route durch Norwegen sowie der durch Schweden.

Wer die Norwegen-Route bevorzugt, muss zuerst einmal nach Oslo. Die Distanz von Trelleborg dorthin (via E 6) beträgt rund 650 km, ab Helsingborg 550 km, ab Varberg 380 km und ab Göteborg rund 300 km.

Die nachfolgend skizzierte Schweden-Route ist zwar alles in allem länger als die durchs Nachbarland, kann aber dennoch schneller sein, da unterwegs weniger zeitraubende Engpässe wie Städte, Passstraßen, Tunnel auf der Strecke liegen. Zudem führt die Route durch weites Waldland und über Straßen, die eine durchschnittliche Geschwindigkeit von 80 km/h ermöglichen. Einziger Nachteil ist die Langeweile, die auf der Reise durch den unendlich scheinenden Schweden-Wald öfter aufkommen kann.

Die geschilderte ca. 2.200 km lange Route beginnt in Göteborg (dorthin 320 km ab Trelleborg und 220 km ab Helsingborg oder 80 km ab Varberg), wo man der 45 Richtung Karlstad (für ca. 260 km) folgt. Die Fahrt geht quer durch das idyllische Dalsland, folgt dem Vänern-See bis kurz vor Karlstad, wo es nach Sunne ausgeschildert ist; dorthin bleiben rund 50 km; die folgende Strecke via Torsby und Malung nach Mora am Siljansee (ca. 200 km) gehört zu den abwechslungsreichsten unterwegs. Weiter geht es auf der 45 via Sveg nach Östersund, auf dieser 450 km langen Etappe fährt man hauptsächlich durch Fichten- und Kiefernwald. Rund 600 km beträgt die Distanz nach Jokkmokk (via Str. 45) am Polarkreis – Wald, nichts als Wald. Ca. 250 km später ist Kiruna (via Str. 45) erreicht, von wo aus es nur noch ca. 190 km (E 10) bis Bjerkvik am Nordmeer in Norwegen sind. Das letzte Stück führt durch eine der wildesten Regionen Lapplands, überquert den Kaldedonischen Gebirgszug und ist als eine der spannendsten Strecken in Nordskandinavien allemal eine Reise wert. Ab Bjerkvik (etwa 35 km nördlich von Narvik) sind es jetzt nur noch ca. 200 km (via E 10) auf die Lofoten, via Gausvik, Sortland und Melbu.

Zwar wird bereits seit vielen Jahren an LOFAST gearbeitet, der Lofoten-Festland-Verbindung, aber in Folge begrenzter Budgets dauert es sicher bis ins Jahr 2015, bis dieses ehrgeizige Projekt fertig gestellt sein wird.

Die Verbindung soll zwischen Lødingen (an der E 10 nordwestlich Narviks) und Fiskebøl bestehen; sie soll mautpflichtig sein, da mehrere kostspielige Brücken (zum Beispiel die fertige über den Raftsund) sowie Tunnel nötig sind. – Die angestrebte Zeitersparnis beläuft sich auf rund 1,5 Stunden, während die auf dieser Strecke durchfahrene Landschaft sich allemal mit der über die Vesterålen (via E 10) messen können wird.

FÄHRVERBINDUNGEN AUF DIE LOFOTEN

◎ **BODØ – MOSKENES**: Während der Saison (etwa 15.6.–25.8.), verkehrt drei- bis viermal täglich ein Schiff auf dieser Strecke bei 3 Std. Dauer. – Die Passage kostet derzeit 122 NOK pro Person plus 440 NOK für einen Pkw bis 6 m Länge (inkl. Fahrer), 992 NOK für ein Wohnmobil bis 7 m Länge.

Mindestens einmal täglich verkehrt ab Bodø zusätzlich ein Schiff (maximal 50 Fahrzeuge) NACH RØST UND VÆRØY (ähnliche Tarife), und täglich besteht die Möglichkeit; von dort aus die Fähre nach Moskenes zu nehmen.

Wer die Fährstrecke benutzen will, sollte schon vor der Anreise den Platz für's Fahrzeug reservieren (150 NOK), denn die Schiffe haben (siehe oben) eine Kapazität von maximal 50 Fahrzeugen. Reservierung bei *OVDS,* in Stokmarknes: Tel. 7696 7600.

◎ **SKUTVIK – SVOLVÆR**: Skutvik liegt auf halbem Weg zwischen Bodø und Narvik. Während im Winterhalbjahr jeden Tag vier Fähren auf dieser Strecke verkehren (Fahrzeit: 2 Std.), sind es etwa vom 1.6. bis zum 20.8. bis zu elf. Die Passage kostet 60 NOK pro Person (Fahrer gratis), 206 NOK für einen Pkw (bis 5 m) sowie 467 NOK für ein Wohnmobil. Die Fähren bieten 45–67 Fahrzeugen Platz. Es ist keine Reservierung möglich; Fahrplaninfos unter Tel. 7696 7600, www.ovds.no, Links ruteopplysning, ferger!

◎ **MELBU – FISKEBØL**: Melbu liegt auf der Insel Hadseløya, Fiskebøl bereits auf Austvågøya; zwischen den beiden Häfen verkehrt 12–14 x täglich (zwischen 6.40 u. 22.40 Uhr) ein Fährschiff. Die Passage dauert rund 20 Minuten und kostet 25 NOK pro Person (Fahrzeugführer gratis), 71 NOK/Pkw, 165 NOK für ein Wohnmobil. Eine Reservierung ist nicht notwendig.

Mit der Eisenbahn

Berücksichtigt man die Benzin- und Fährkosten, die Abnutzung am Fahrzeug, den Fahrstress und den Verlust von fast einer Woche, kann die Eisenbahnfahrt in den hohen Norden eine attraktive Alternative zum Autofahren sein. Man sitzt in bequemen Panoramawagen, genießt die Landschaft wesentlich intensiver als hinter dem Lenkrad und ist bis Bodø oder Narvik, zwei der klassischen Ausgangspunkte an der Küste, etwa 20 Std. ab Oslo, 16 Std. ab Stockholm oder 22 Std. ab Malmö unterwegs – macht immerhin eine Fahrzeit von total ca. 36 Std. ab Hamburg oder Berlin.

◎ **ZWEI ROUTEN** haben den hohen Norden zum Ziel, so dass es sich anbietet, die eine für die Hin- und die andere für die Rückfahrt zu nutzen, was einer Rundreise durch Norwegen und Schweden gleichkommt.

Von Oslo aus fährt der Zug nach Trondheim (9 Std.), von wo aus die NORDLANDSBAHN bis Bodø (11 Std.) verkehrt. Die andere Strecke führt ab dem südwestschwedischen Malmö mit dem LAPPLANDPFEIL oder von Stockholm aus mit dem NORDPFEIL via Kiruna nach Narvik. Beide Routen gehören zu den schönsten Bahnstrecken in Europa.

◎ Die **PREISE** sind akzeptabel, vorausgesetzt, man nimmt einen der Sondertarife wahr; der reguläre Tarif ist jedenfalls teurer als der Flug.

Über die aktuellen Spartarife im Tarifgebiet der *Deutschen Bahn* sollte man sich bei der Zugauskunft oder auf der Homepage der Deutschen Bahn informieren: www.bahn.de.

◎ Zu empfehlen ist das **SCANRAIL-TICKET**, gültig in Dänemark, Norwegen, Schweden und Finnland, das unbegrenztes Bahnreisen in Skandinavien an 5 oder 10 vorher wählbaren Tagen innerhalb zweier Monate oder an 21 Tagen erlaubt. 5/21 Tage kommen auf 226 € / 350 € für Erwachsene, für Jugendliche bis 25 Jahre auf 157 € / 244 € und 200 € / 310 € für Senioren über 60 Jahre. Kinder zahlen weniger, bis 3 Jahre fahren sie umsonst.

Elch-Tipp: Die flexiblen ScanRail-Tickets für 5 oder 10 Tage innerhalb von zwei Monaten ermöglichen es, eine Lofoten-Reise mit einem Skandinavien-Trip per Bahn (bis/ab Bodø) zu kombinieren: www.scanrail.com (auf Englisch).

◎ Nur in Norwegen gilt das Rabattsystem **MINI-PRIS** (erhältlich an den Bahnhöfen und in den meisten Reisebüros): Es gilt an allen sogenannten »grünen« Tagen (Mo bis Do, je nach Route auch Sa), das Ticket muss mindestens einen Tag vor Reiseantritt reserviert und bezahlt werden und gewährt deutlichen Preisnachlass. Der ermäßigte Preis zum Beispiel für die Strecke von Halden an der Grenze Schweden / Norwegen via Oslo nach Bodø beträgt rund 850 NOK je Weg, wobei Kinder in Begleitung Erwachsener gratis reisen. Information und Buchung an allen Bahnhöfen, in den meisten Reisebüros und über *Norske Statsbaner (NSB)*, Tel. 2315 0000 sowie 8150 0888 (dann »4« für deutschsprachiges Personal wählen), www.nsb.no. Die o.g. Telefonnummern gelten auch landesweit für Reservierungen und Buchungen, und sogar das Bezahlen funktioniert telefonisch, falls man eine Kreditkarte besitzt.

◎ Für die **BAHNSTRECKE DURCH NORDSCHWEDEN** (Stockholm / Malmö/ Göteborg – Narvik) ist nicht mehr die Schwedische Staatsbahn zuständig, sondern die private *Tågkompaniet,* die mit attraktiven Preisen wirbt. So kostet die Strecke von Stockholm nach Narvik beispielsweise lediglich 400 SEK (keine 50 €) für den Sitzplatz, 600 SEK für den Liegeplatz, 800 SEK für den Schlafplatz. Buchen kann man unter Tel. 0046 (für Schweden) – 6906 91017, außerdem online über www.tagkompaniet.se (nur in Schwedisch); und wer es so tut, kann auch gleich online oder telefonisch bezahlen und sich das Ticket zu einer Adresse nach Wahl zuschicken lassen.

◎ Da Reisebüros außerhalb Skandinaviens oft keine Unterlagen über diese Spezialtarife haben, sollte man sich an die **REISEBÜROS** wenden, die die skandinavischen Eisenbahngesellschaften vertreten:

Reisebüro Norden, Kleine Johannisstr. 10, 20457 Hamburg, Tel. 040 – 3600150, Fax 040 – 366483, E-mail: reisebuero-norden@t-online.de, Internet: www.reisebuero-norden.de;

Reisebüro Norden, Immermannstr. 54, 40210 Düsseldorf, Tel. 0211 – 176 840, Fax 0211 – 365532, E-mail und Homepage identisch mit Reisebüro Norden in Hamburg;

Skandinavisches Reisebüro, Kurfürstendamm 206, 10719 Berlin, Tel. 030 – 884 6040, Fax 030 – 8846 0450, info@skandinavisches-reisebuero.de, www. skandinavisches–reisebuero.de.

◎ **AB BODØ** gibt es vier Varianten der Weiterreise: erstens mit der Fähre (s.o.); oder mit dem Flugzeug (6 Verbindungen täglich, 599 NOK pro Person); oder mit dem Schnellboot, dem HURTIGBÅT, das von Bodø via Steigen und Skutvik entlang der Küste nach Svolvær verkehrt. Dauer 3,5 Std., Tarif 257 NOK. Tel. 7696 7600, www.ovds.no, Links ruteopplysning, hurtigbåt!

Eine Alternative ist auch die Reise mit der HURTIGRUTE (Postdampfer, s.u.), die täglich nachmittags (15 Uhr) von Bodø aus via Stamsund/Vestvågøya nach Svolvær verkehrt: Dauer rund 6 Std., Preis wie mit dem Hurtigbåt, Fahrplaninfos über OVDS (s.o.)

◎ **AB NARVIK** ist Fliegen nur recht umständlich und teuer über Bodø möglich. Im Sommer einmal täglich (nachmittags, meist im Anschluss an den Zug aus Stockholm) verkehrt das

Hurtigbåt via Lødingen u. Store Molla nach Svolvær (ca. 4 Std., 280 NOK).

Alternativ kann man innerhalb von 6–7 Stunden mit dem Überlandbus von Narvik via Sortland nach Svolvær reisen. Der Preis entspricht dem des Schnellboots. Fahrplaninfos zum Hurtigbåt über die Transportgesellschaft OVDS (Tel. s.o. unter »Ab Bodø«) sowie generell über das Touristenbüro von Narvik, Tel. 0047 – 7694 3309, Fax 7694 7405.

◎ Die Beförderung des **FAHRRADS** im Zug ist in Norwegen und Schweden problemlos. In Norwegen kostet der Transport 60 NOK; nur Expresszüge nehmen keine Räder mit. Auch die Fähren und Schnellboote ab Bodø sowie Narvik befördern Fahrräder (für 40 NOK/ Strecke).

Mit dem Bus

Das erste Ziel in Norwegen wird Oslo sein, das derzeit von München, Nürnberg, Frankfurt am Main, Kassel, Köln, Dortmund, Hannover, Hamburg und Berlin aus angefahren wird. Ab Oslo geht's dann weiter per Zug (s.o.) nach Bodø. Busbahnhof und Bahnhof liegen direkt nebeneinander. Information und Reservierung:

◎ **DEUTSCHE TOURING,** Am Römerhof 17, 60486 Frankfurt, Tel. 069 – 790 350, Fax 069 – 790 3219, www.deutsche-touring.com;

◎ **EUROLINES,** Adenauerallee 78, 20097 Hamburg, Tel. 040 – 247 106, Fax 040 – 280 2127, www.eurolines.com;

◎ **BERLIN LINIEN BUS,** Mannheimer Str. 33/34, 10713 Berlin, Tel. 030 – 861 9331, info@berlinlinienbus.de, www.berlinlinienbus.de.

Mit dem Flugzeug

SAS (Scandinavian Airlines Systems) samt Partner Airlines wie *Lufthansa* fliegen täglich direkt von Amsterdam, Berlin, Brüssel, Düsseldorf, Frankfurt am Main, Hamburg, München sowie Zürich nach Oslo.

In Oslo steigt man in die Maschine nach Bodø, wo es erneut zu wechseln gilt, um entweder Leknes oder Svolvær anzufliegen. Es ist möglich, an einem Tag das Urlaubsziel zu erreichen. Die Preise sind inzwischen dermaßen niedrig, dass der Linienflug eine gute Alternative zu Auto- und Bahnfahren darstellt. SAS und die mit ihr kooperierende Lufthansa unterbreiten Privatreisenden ganzjährig wechselnde Sondertarife zu verschiedenen Konditionen. Die Flugtarife variieren wie keine anderen in der Branche: ob Vorausbuchung ja/ nein, Umbuchung ja nein, nach Mindestaufenthaltsdauer, Gültigkeitsdauer etc. Plus Gebühren und Steuern. An Eigenrecherche bei spezialisierten Reisebüros und Webadressen führt aber kein Weg vorbei.

◎ Interessant in dem Zusammenhang ist der **VISIT SCANDINAVIA AIRPASS**, der zusammen mit dem internationalen SAS- oder Lufthansa-Ticket zu kaufen ist und günstige Inland-Flugpreise in Norwegen (und in Schweden) gewährt.

◎ **INFORMATION SAS**: Deutschland Tel. 01803 – 234 023. – Österreich Tel. 1300 – 727 707. – In der Schweiz Tel. 01 – 816 4080. – www.scandinavian.net.

◎ Bleibt als zweite und je nach Blickwinkel günstigste Möglichkeit der Billigflieger **RYANAIR,** der derzeit täglich die Strecke von Frankfurt-Hahn nach Oslo-Torp (westlich Oslos, gleich Sandefjord) bedient. Die Preise variieren stark je Saison und Tag und liegen im Normalfall bei etwa 10–80 €; ab Oslo-Torp gibt es einen Buszubringer nach Oslo, der 110 NOK kostet. Informationen und Buchung (auch von preisgünstigen Hotels sowie Mietwagen vor Ort) über: www.ryanair.com, außerdem über die Servicenummern 0190 – 669 900 (Deutschland), 0900 – 800 002 (Österreich) und 0900 – 808 008 (Schweiz).

Auch wenn ein Reisepreis von 9,99 unschlagbar scheint, muss man zusätzliche Kosten für die Anfahrt in den Hunsrück (Frankfurt-Hahn), für den Transfer von Oslo-Torp zu den innernorwegischen Verkehrswegen ab Oslo etc. und auch den Zeitaufwand für die Reise in die / aus der Peripherie heraus miteinbeziehen – abgesehen von der Frage, ob der gebuchte Flug auch wirklich stattfindet.

◎ Auch in Norwegen gibt es nun einen **BILLIGANBIETER FÜR INLANDFLÜGE,** doch bedient werden derzeit nur die Strecken zwischen Oslo und Bergen bzw. Stavanger (jeweils 289 bis 1.089 NOK, je nach Buchungstermin) sowie von Oslo nach Trondheim (gleiche Preise) sowie Tromsø (489 bis 1.989 NOK). Information und Buchung (ebenfalls online) über: *Norwegian Air Shuttle,* Postboks 115, N–1330 Fornebu, Tel. 6759 3000, im Internet: www.norwegian.no (auf Englisch).

Mit der Hurtigrute

Elf sogenannte Postschiffe der weltberühmten HURTIGRUTE verkehren (inzwischen ohne Post zu befördern) täglich auf der sieben Tage währenden Strecke Bergen – Kirkenes (und zurück); alle Schiffe transportieren auch Pkw. – Drei Tage nach dem Ankerlichten in Bergen (täglich um 22 Uhr) und via 13 Häfen, die kurz angelaufen werden (Ålesund, Trondheim, Bodø u.a.), sind STAMSUND auf Vestvågøya sowie zweieinhalb Stunden später SVOLVÆR erreicht.

Sofern man mit einem Decks-/ Sitzplatz zufrieden ist, kommt eine Passage gar nicht mal teuer zu stehen (ist vergleichbar mit den Bustarifen) und braucht man keine Reservierung vorzunehmen (was in den gefragtesten Zeiträumen Monate vor Reiseantritt erforderlich ist). Wer nicht in einer Kabine reist, erhält das Ticket an Bord; Fahrräder werden recht kostengünstig transportiert.

Wer auf eine Kabine samt Vollverpflegung nicht verzichten mag, muss in der Nebensaison für die Route von Bergen nach Svolvær inklusive der Mahlzeiten in einer Mittelklasse-Kabine mehr als 5.000 NOK bezahlen bzw. mehr als 8.000 NOK in der Hochsaison. Bucht man lediglich ein Kabinenarrangement, kommt man freilich preisgünstiger weg, denn so opulent und geschmackvoll die Mahlzeiten sind, so teuer sind sie auch; als Alternative für am Budget orientierte Reisende empfiehlt sich die Cafeteria an Bord. Über die möglichen Rabatte informieren die Buchungsstellen:

◎ **OVDS,** Postboks 375, N–8451 Stokmarknes, Tel. 0047–7696 7696, Fax 7696 7611, firmapost@ovds.no/

◎ **NORWEGISCHE SCHIFFAHRTS-AGENTUR – NSA,** Kleine Johannisstr. 10, 20457 Hamburg, Tel. 040–376 930, Fax 040–364 177, E-mail: info@hurtigruten.de/

◎ **INTERNET**: www.hurtigruten.de.

Mitfahren

In den Mitfahrerzentralen sind die Lofoten zugegeben nicht das meist gefragte Reiseziel. Hoffen Sie also nicht darauf, kurzfristig fündig zu werden – oder möchten Sie womöglich selbst eine Mitfahrgelegenheit anbieten? Einige Zentralen in größeren Städten und Regionen haben sich zu einem Verbund zusammengeschlossen, zu erreichen unter der einheitlichen Telefonnummer (Ortsvorwahl) – 19444 sowie 01805 – 19444, Internet: www.citynetz-mitfahrzentrale.de.

Pauschalarrangement

Bei den größeren Gesellschaften der Reisebranche wird man die Lofoten vergeblich im Prospekt suchen, aber viele kleinere Nordland-Spezialreisebüros haben den Archipel im Programm. Sie alle aufzulisten würde den Rahmen dieses Buches sprengen, so dass wir auf das Jahresheft und anderes Informationsmaterial zum Beispiel des Norwegischen Fremdenverkehrsamts in Hamburg verweisen (siehe »Information« auf Seite 278); in diesem Kapitel sind auf Seite 347drei namhafte Reisebüros aufgeführt.

Halten Sie zum Beispiel Ausschau nach Fly & drive-Arrangements und Angeboten im Zusammenhang mit Aktivurlaub.

Vor der Reise

Information

Allgemeine Informationen für Ihre Lofoten-Reise erhalten Sie – im deutschsprachigen Raum – beim Norwegischen Fremdenverkehrsamt in Hamburg. Zudem kommen überregionale Touristenbüros in Norwegen, die regionalen in Svolvær und in Moskenes und die lokalen in Leknes (Vestvågøya), Borg (Vestvågøya), Stamsund (Vestvågøya), Ramberg (Flakstadøya) sowie auf Røst und Værøy als Ansprechpartner in Frage; die Daten der regionalen und der lokalen Touristenbüros finden Sie auf Seite 278.

◎ **NORWEGISCHES FREMDENVERKEHRSAMT,** Postfach 11 33 17, 20433 Hamburg, Tel. 0180 – 500 1548, Fax 040 – 2294 1588, im Internet: www. visitnorway. com.

◎ **NORDLAND REISELIV,** Postboks 434, N–8001 Bodø, Tel. 0047 – 7554 5200, Fax 0047 – 7554 5210, E-mail: nordland@nordlandreiseliv.no, www. nordlandreiseliv.no.

◎ **DESTINATION LOFOTEN**, Postboks 210, N–8301 Svolvær, Tel. 0047 – 7606 9800, Fax 0047 – 7607 3001, tourist@lofoten-tourist.no und www. lofoten-tourist.no. Zuständig für die Insel Austvågøya wie auch ARCHIPELWEIT. Ganzjährig geöffnet (Öffnungszeiten siehe Seite 278).

Diplomatische Vertretungen

◎ **IN DEUTSCHLAND**: Königlich Norwegische Botschaft, Rauchstraße 1, 10787 Berlin, Tel. 030 – 505 050, Fax 030 – 505 055, emb.berlin@mfa.no, www.norwegen.org.

◎ **IN DER SCHWEIZ**: Königlich Norwegische Botschaft, Bubenbergplatz 10, 3011 Bern, Tel. 031 – 310 5555, Fax 031 – 310 5550, emb.bern@mfa.no, www.amb-norwegen.ch.

◎ **IN ÖSTERREICH**: Königlich Norwegische Botschaft, Reisnerstrasse 55– 57, 1030 Wien, Tel. 01–7156692, Fax 01–7126552, emb.vienna@mfa.no, www.norway.at.

◎ **NIEDERLANDE**: Royal Norwegian Embassy, Lange Vijverberg 11, 2513 AC Den Haag, Tel. 070 – 311 7611, Fax 070 – 365 9630, emb.hague@mfa.no, htt.://ud44.mogul.no.

◎ **BELGIEN / LUXEMBURG**: Ambassade Royale de Norvège, Rue Archimède 17, 1000 Brüssel, Tel. 02 – 646 0780, Fax 02 – 646 2882, emb.brussels @mfa.no, www.norvege.be.

Einreisebestimmungen

◎ **PERSONALPAPIERE**: Für die Einreise benötigen Bürger der Bundesrepublik Deutschland, der Schweiz und Österreichs einen gültigen Personalausweis bzw. eine Identitätskarte oder einen Reisepass. Das Dokument sollte noch mindestens drei Monate gültig sein.

◎ **FAHRZEUGPAPIERE**: Kraftfahrzeuge müssen beim Grenzübertritt das Nationalitätskennzeichen tragen, wobei »Verstöße« nach der Erfahrung der Redaktion nicht mehr geahndet werden. – Die Internationale (Grüne) Vericherungskarte ist nicht erforderlich, wird aber empfohlen. – Der nationale Führerschein reicht aus, auch um ein Fahrzeug vor Ort zu mieten.

ZOLLBESTIMMUNGEN

Norwegen ist bekanntlich kein Mitglied der EU; dementsprechend sind mehrere Sondervorschriften zu beachten. Unter den beim Zoll üblichen Vorbehalten (»zum Eigengebrauch«) darf man als Tourist mit festem Wohnsitz innerhalb Europas mitbringen:

◎ **ALKOHOL**: Ab 18 Jahren dürfen 2 l Wein (bis 22 %) und 2 l Bier eingeführt werden, ab 20 Jahren statt 2 l Wein auch 1 l Wein und 1 l Spirituosen (bis 60 %); zusätzlich zu den zollfreien Waren dürfen 4 l Spirituosen und 10 l Bier verzollt eingeführt werden.

◎ **TABAKWAREN**: entweder 200 Zigaretten oder 50 Zigarren oder 100 Zigarillos oder 250 g Tabak plus Zigarettenpapier. Ab 18 Jahre.

◎ Außer dem persönlichen Reisegepäck dürfen **WAREN IM WERT** bis 1.200 NOK eingeführt werden, darunter Fleischwaren, aber nur bis zu 3 kg pro Person und nur als Konserven; die Altersfreigrenze für Lebensmittel liegt bei 12 Jahren.

◎ **VERBOTEN** ist die Einfuhr von Eiern, Kartoffeln, Pflanzen sowie Waffen, Munition, Narkotika, Giften und Medikamenten, abgesehen von einer Reiseapotheke für den erkennbar individuellen Gebrauch.

◎ **HAUSTIERE** dürfen nun unter bestimmten Bedingungen mitgebracht werden; die entsprechenden Anforderungen sind komplex und würden hier zu viel Platz benötigen. Erkundigen Sie sich auf der HOMEPAGE www.norwegen.no (via Links »Aufenthalt & Pass«, danach »Haustiere«), die ausführlich Auskunft gibt und den Download von Formularen ermöglicht.

Geld

In Norwegen zahlt man mit NORWEGISCHEN KRONEN (generell mit NOK abgekürzt) und Øre.

Das kleinste Geldstück ist 50 Øre wert – Wechselgeld wird auf- und abgerundet – und das größte 20 NOK; die Scheine haben einen Wert von 50, 100, 200, 500 und 1.000 NOK. 1 Euro war zum Zeitpunkt des Redaktionsschlusses 8,21 NOK wert.

Es ist günstiger, erst in Norwegen zu tauschen; nur wer voraussichtlich spät nachts, samstags oder sonntags einreist, sollte sich für die Ankunft mit Bargeld eindecken. Es lohnt sich, eher große Beträge zu tauschen, da (unabhängig von der Summe) ziemlich hohe WECHSELGEBÜHREN anfallen.

Die BANKEN in den Städten öffnen Mo–Fr 8–15.30 Uhr, Do bis 16.30 Uhr.

◎ **BARGELD** (ob Euro oder Schweizer Franken) kann bei allen Banken getauscht werden, außerdem in den (verbliebenen) Postämtern, nicht in den Postfilialen.

◎ **GELDAUTOMATEN** finden sich mittlerweile in allen größeren Ortschaften (u.a. in Reine, Leknes, Kabelvåg, Svolvær); die meisten akzeptieren gängige Kreditkarten wie *Visa* und *Mastercard,* seltener *American Express*, wobei die Gebühren für Barabhebungen relativ hoch sind.

EC-KARTEN werden vermehrt akzeptiert, sofern sie den Zusatz »Maestro«, »Cirrus« oder »edc« tragen sowie eine PIN-Nummer haben und die Karte für die Verwendung im Ausland kodiert ist. Vergewissern Sie sich bei Ihrem Kreditinstitut.

Wirklich günstig ist die POSTBANK SPARCARD, die das klassische Postsparbuch abgelöst hat: Sie gilt an allen Automaten mit Visa-Plus-Symbol (und die gibt es fast überall) und kann viermal im Jahr gebührenfrei im Ausland zum Bargeld-Abheben verwendet werden (Information zu Hause in Broschüren am Postschalter).

◎ Mit **KREDITKARTEN** (s.o.) kann man in den meisten Geschäften und Rorbu-Anlagen und in den besseren Restaurants bezahlen, an fast allen Tankstellen sowie in allen Hotels; aber Bargeld erhält man darauf nur an den o.g. Automaten sowie in bestimmten Banken (Reisepass / Identitätskarte vorlegen) in Svolvær und in Leknes.

◎ **REISESCHECKS** sind sicherer als Bargeld, da verlorene Schecks von der Bank zurückerstattet werden. Das ist aber mit einigen Umtrieben verbunden (Polizeirapport, Wartezeiten). Die Bank stellt beim Verkauf generell 1 % des Scheckbetrages als Gebühr in Nerechnung; dafür erzielen die Schecks auch zumeist einen etwas höheren Wechselkurs. Schecknummern notieren und – wie die Kaufbescheinigung – separat aufbewahren.

Budget

Geld kann man reichlich loswerden auf den Lofoten: um so mehr, je weniger Lebensmittel man von zu Hause mitbringt und je öfter man darauf angewiesen ist, ein Zimmer oder eine Hütte zu mieten. Konkret gesagt sind die meisten Grundnahrungsmittel ca. 50–100 % teurer als in heimischen Gefilden (siehe im »Praktischen A–Z« unter der Rubrik »Lebensmittel«).

Das PREISWERTESTE BETT schlägt mit MINDESTENS 125 NOK zu Buche, im Durchschnitt eher ab 150 NOK, Campinghütten sind (in der spartanischen Ausführung) ab 250 NOK (für 2 Personen) zu mieten; soll's was Besseres sein, legt man locker ab 600 NOK pro Nacht (jedoch für 4 Personen) auf den Tisch; die Endreinigung ist selbst vorzunehmen oder geht extra.

Ein einfaches Gericht im Selbstbedienungs-Restaurant ist ab ca. 60 NOK zu bekommen. TEUER sind vor allem Dienstleistungen, ebenso Benzin (um 10,30 NOK) und Diesel (um 9,50 NOK).

Wer partout seine Leber schädigen will, sollte ein spezielles Spirituosen-Budget aufstellen: Die Flasche Wein gibt's ab 80 NOK, »harte Sachen« verschlingen 300–400 NOK die Flasche.

WAS IST BILLIG? Billiger als etwa in Deutschland ist fast gar nichts; selbst Fisch, früher stets günstiger, kam im Jahr 2003 auf über 100 NOK das Kilo (Dorsch) im Supermarkt. Kauft man direkt bei den Fischern oder folgt den am Straßenrand platzierten Hinweisen auf Fisch-Verkauf, darf man dort nur um 70 NOK für das Kilo Dorsch rechnen – da die ausländischen Angeltouristen oft einem »Fischroulette« verfallen, bekommt man ihn in Rorbuanlagen und auf Campingplätzen öfter sogar geschenkt.

CAMPINGPLÄTZE sind mit durchschnittlich 130 NOK je Wohnmobil (4 Personen) relativ PREISGÜNSTIG – kostenlos ist natürlich Wildcampen, das in Norwegen im Prinzip erlaubt ist (siehe unter »Allemannsretten«); wer so mit dem nötigen Wissen und dem Knowhow vor Ort (dank eines guten Reiseführers!) unterwegs ist, kann die eine oder andere Krone sparen; wobei anzumerken ist, dass sich auf den Lofoten Reisende einfinden, die der Lofoten wegen kommen und nicht da es dort oder irgendwo sonst billig ist.

Reisezeit

Die Lofoten liegen auf gleicher geografischer Breite wie Südgrönland, das kanadische Baffinland, Zentral-Alaska oder Nordsibirien – nur dem Golfstrom (bzw. primär den westlichen Winden) ist es zu verdanken, dass der Archipel nicht ein ins Nordmeer gesprengtes Stück Eiswüste ist. Die Temperaturen liegen im Jahresdurchschnitt 24° C über den Breitenüblichen, das KLIMA gilt als MARITIM (mehr in den einleitenden Kapiteln). Als Urlaubsland gehören die Inseln dennoch zur Kategorie »Pullover« anstatt zur Kategorie »Bikini«. Darüber muss man sich im Klaren sein; dann gibt es auch keine Enttäuschung.

◎ Besonders reizvoll ist das Inselreich **IN DEN ERSTEN SOMMERMONATEN**, von Mitte Mai bis Mitte/Ende Juni. Es ist die Zeit, in der zahlreiche Blumen blühen, die Berge noch ihr (vollständiges) Schneekleid tragen, es Tag und Nacht hell ist. Und außerdem: Die Statistik verspricht, dass es in den Monaten Mai und Juni seltener regnet als im Juli und im August, dass die Sonnenwahrscheinlichkeit am größten ist (und die Wahrscheinlichkeit, andere Touristen zu treffen am geringsten); wobei Statistiken ihre Versprechen nicht zuverlässig einlösen. Es kann jedenfalls warm genug sein, ohne FRIEREN den Anblick des Bergwinters zu genießen.

◎ Wenn's ein Bad im Nordmeer ist, was reizt, sollte man dem Juli oder – besser noch – dem **AUGUST** den Vorzug geben. Dann jedoch präsentiert sich die Lofoten-Wand nicht mehr beschneit, können die schönsten Wildcamp-Plätze zur Mangelware werden, wie es auch auf den Campingplätzen teilweise etwas eng zugehen kann; die Ferienhütten sind meist bis aufs letzte Bett ausgebucht. Denn es herrscht Hochsaison; nicht nur Mitteleuropa, sondern ganz Skandinavien hat jetzt Schulferien, und »Urlaub im eigenen Land«, »Urlaub auf der eigenen Insel« erfreut sich großer Popularität auch unter den Norwegern.

AB MITTE AUGUST ist der Rummel vorbei. Ab 22 Uhr ungefähr wird es schon wieder Nacht über dem Archipel. Das bringt starke Abkühlung mit sich: Morgens ist mit Nebel zu rechnen, in den Hochlagen auch mit Frost, aber tagsüber erquicken noch immer angenehme, teils auch Badefreuden ermöglichende Temperaturen Gäste wie Einheimische.

◎ Gegen Anfang September, wenn man die Touristen bereits zählen zu können glaubt, streift das Land sein farbenfrohes **HERBSTKLEID** über.

In den Bergen fällt Schnee, während mancher Nacht huscht bereits das NORDLICHT als Sonnenbote über den Polarhimmel, der von Tag zu Tag wetterwendischer wird und auch viel Sturm und Regen bringen kann.

◎ Ab Ende September gehören die Lofoten wieder ausschließlich den Lofotern. Ein Tiefdruckgebiet nach dem anderen stürmt vorüber. Ab Oktober kann der **SCHNEE** auch im Küstenbereich fallen; gegen Anfang Dezember bezieht die NACHT den Tag mit ein.

Ab Januar – noch bis Mitte dieses Monats herrscht Polarnacht – treffen jedoch vereinzelte Ausländer ein, um am »Erlebnis« LOFOTEN-FISCHFANG teilzuhaben.

Kleidung & Ausrüstung

Wann immer Sie die Lofoten besuchen, und sei es im Hochsommer: REGENZEUG und WARMEN PULLOVER sollten Sie stets im Gepäck haben – aber gern auch Badesachen, denn bei Wassertemperaturen von immerhin bis zu 18° C kann man durchaus den Sprung ins Nordmeer wagen.

Gesellschaftskleidung ist nie und nirgends erforderlich; man würde damit nur aus dem Rahmen fallen.

Selbstverständlich trägt zum Gelingen einer Reise auch die Ausrüstung bei. Nur früher, als sich Outdoor-Ausstattung noch nicht zum Selbstzweck entwickelt hatte und kein Statussymbol war, gelangen die Reisen genauso wie heute. – Dies vorweg und besonders an jene gerichtet, die ihre Barschaft betrachten und vor der Frage stehen: »Soll ich mir eine Ausrüstung kaufen oder auf Reise gehen...?«

Ein Minimum an sinnvoller Ausrüstung ist unabdingbar. Nun sind die Vergleiche von schlecht bestückten Kaufhäusern mit überteuerten Outdoor-Läden sehr zeitaufwändig, weshalb wir dazu raten, sich für eine erste Orientierung den oder die Katalog(e) von (einer) Ausrüstungsfirma/en zuzulegen. Auch hier trennt sich die Spreu vom Weizen, da sich viele Produkte durch ÜBERZOGENE PREISE auszeichnen, oft von den Firmen, die dick im Werbegeschäft mitmischen.

Wir selbst machen seit Jahren ansprechende ERFAHRUNGEN mit Produkten der Firma *Vaude*, die »alles unter einem Dach« hat, nämlich Bekleidung für Reise und Outdooraktivitäten, für jede Klimazone ebenso wie die Palette vom Schlafsack über Fahrradtaschen bis zu Ausrüstungen für Bergsport bzw. Alpines und Outdoorspaß für Kinder. Den kostenlosen Jahreskatalog bekommen Sie in jedem guten Outdoor-Laden oder bei www.vaude.de.

RUCKSACK

Wer mit öffentlichen Transportmitteln reist, kommt um den Erwerb eines Rucksacks nicht umhin. Sein Inhalt sollte mindestens 60 l betragen; er muss so bequem wie irgend möglich und höhenverstellbar sein, über breite und gut gepolsterte Schulterriemen ebenso verfügen wie über einen solchen Hüftgurt, sollte viele Außentaschen für Kleinutensilien haben und innen unterteilbar sein, um langes Suchen zu vermeiden.

Möglichst wasserfeste und strapazierfähige Außenmaterialien sind von großem Vorteil. Das TRAGEGESTELL sollte innenliegend sein, da außenliegende den Rucksack sperrig machen, so dass man u.a. nur beschwerlich in einen Bus steigen kann; in Norwegen sind Außengestellrucksäcke freilich immer noch relativ verbreitet.

Gut verarbeitet und vernäht muss er obendrein sein; jeder Rucksack hält nur so lange wie seine Reißverschlüsse. Wir selbst waren schon über ein Jahrzehnt mit zwei und den selben Rucksäcken unterwegs.

ZELT

Seit Jahren beste Erfahrungen machen wir mit den Zelten der schwedischen Firma *Hilleberg:* Es gibt sie in Tunnel-, Kuppel- und geodätischer Form – alle Modelle sind außerordentlich windstabil und wasserdicht, sind mit (sowohl für Mücken, Fliegen, Ameisen als auch die winzigen Sand- oder Black-Flies) undurchdringlichen Moskitonetzen versehen, optimal belüftet und trocknen schnell. Hilleberg hat mit die leichtesten Zelte auf dem Markt: ab 1,3 kg – unser 4-Personen-Zelt wiegt 4 kg. Alle sind sowohl für den Sommer- wie auch Wintereinsatz konzipiert und damit in arktischen Regionen ebenso gut einsetzbar wie in Wüstenzonen oder gar in den Tropen. Schließlich sei noch ihre, da HANDVERARBEITET, extrem lange Lebensdauer erwähnt: Unser Modell *Keron* war innnerhalb fünf Jahren rund drei Jahre im Einsatz und zeigte noch keinen Verschleiß.

Hilleberg-Zelte gibt es in besseren Ausrüstungsläden, obwohl es am preisgünstigsten ist, kauft man direkt beim Hersteller: Die Adresse für Information und Katalogbestellung finden Sie im Anzeigenteil dieses Buches, auf Seite 372. Sowie im Internet unter: www.hilleberg.com.

SCHLAFSACK

Für den CAMPER LOHNT STETS ein Schlafsack. Zu berücksichtigen bzw. zu vergleichen sind dabei Gewicht, die Eignung für verschiedene Klimazonen sowie die Temeperatur-Angaben für die Minimaltemperatur, die unserer Erfahrung nach überwiegend zu großzügig ausfallen, also im realen Einsatz zum Nachteil der Kunden sind. Die Frage Daune oder Kunstfaser entscheidet der individuelle Geschmack: Schlafsäcke mit Daunenfüllung wärmen angeblich besser, sind leichter und günstiger im Packmaß. – Jedoch trocknen Kunstfaserschlafsäcke rascher, wenn sie feucht geworden sind. Das Programm von Vaude (s.o.) enthält um 25 Daunen- sowie Kunstfaserschlafsäcke in den Preislagen zwischen 59 und 339 €. Die Verarbeitung ist hochwertig bei minimalem Gewicht, die gemachten Temperatur-Angaben entsprechen nach unseren Erfahrungen der Realität.

Beim Schlafsackkauf ist auch an die erforderliche Unterlage zu denken, also ISOMATTEN, die es heutzutage auch selbstaufblasend gibt, wobei diese Modelle zwar günstiger zu verstauen, aber dafür schwerer und zum Teil rutschiger sind.

SONSTIGES
Außerdem sollte die Campingausrüstung eine UNTERLEGEPLANE (für das Zelt, da oft steiniger Untergrund) und einen KOCHER umfassen. ANTI-MÜCKENMITTEL sind zweckmäßig, auch SONNENSCHUTZMITTEL sowie SONNENBRILLE. Und viele Situationen lassen sich mit TASCHENMESSER, REISEWECKER, VORHÄNGESCHLOSS einfacher meistern.

SCHUHE
Ohne adäquate Schuhe geht es nicht – wer auf den Lofoten (oder sonstwo) wandern oder auch nur abseits der Straßen spazieren gehen will, ist mit EINGELAUFENEN WANDERSCHUHEN (sogenannten *walkern*) bzw. Trekkingschuhen gut beraten. Wir hatten bereits Trekkingschuhe, die in acht Jahren rund 6.000 km Bergwildnis insbesondere in Nordnorwegen und im Himalaja »auf der Sohle« hatten, ohne uns im Stich zu lassen.

Die Empfehlung gilt der mehrfach preisgekrönten und bereits seit über 80 Jahren erfolgreichen Firma *Lowa,* die eine große Bandbreite an Modellen herstellt, neben Trekkingschuhen All-Terrain-Schuhe sowie solche für Speed Hiking, Approach und Backpacking, die sich in Sohlenarten und Außenmaterialien unterscheiden, je nach der Art der Beanspruchung.

Gesundheitsvorsorge

In Norwegen gilt das E 111-Formular der deutschen Krankenkassen. Dennoch wird der Abschluss einer zusätzlichen PRIVATEN AUSLANDSREISEKRANKENVERSICHERUNG empfohlen, da die deutschen Kassen kaum je mehr als etwa die Hälfte der anfallenden Arztkosten (die der Patient zuerst selbst tragen muss) übernehmen. Informieren Sie sich im Voraus bei Ihrer Krankenkasse über die aktuell geltenden Konditionen.

Die Mitnahme einer üppig gefüllten, auf Vorratswirtschaft ausgerichteten REISEAPOTHEKE ist unnötig, da die Apotheken auf den Lofoten gut bestückt sind: aber nur mit Pharmapräparaten; für die meisten Präparate besteht REZEPTFLICHT. Homöopathische Medizin sowie Gesundheitstees sind vor Ort nicht verbreitet.

Reisende mit Handicap

Fast alle öffentlichen Einrichtungen und Hotels, aber auch Eingänge, Gehsteige, Lifts etc. sind in Norwegen auf die Belange von Rollstuhlfahrern zugeschnitten. Auch viele Unterkünfte sind auf die Belange von Behinderten eingerichtet, aber im Voraus vergewissern sollten Sie sich auf jeden Fall. Die NSB (norwegische Eisenbahn) hat eigens für Körperbehinderte eingerichtete Wagen.

Weitere INFORMATIONEN und ein »Touristenführer« ist abzurufen bei:
◎ **NORGES HANDIKAPFORBUND,** Niels Hansens vei 2, N–0667 Oslo, Tel: 2217 0255, Fax 2217 6177, www.nhf.no (auch auf Englisch, der Touristenführer sogar auf Deutsch).

Reisen mit Kindern

»Es hat wenig Sinn, Kinder mitzunehmen, die jünger als etwa 12 Jahre sind«, schrieb einst ein ausgewiesener Landeskenner in einem Buch über Skandinavien. – Woran man ablesen kann, dass eben auch viel Unsinn geschrieben wird, denn unsere eigenen Erfahrungen weisen in eine ganz andere Richtung. Schon im Alter von zweieinhalb Jahren genossen es unsere Kinder sichtlich, Wasser aus jedem Bach trinken zu können, mit zum Fischfang hinauszurudern, ins Hochgebirge (in der Trage sitzend) zu wandern, auf von motorisierten Fahrzeugen nahezu freien Straßen Fahrrad zu fahren oder auch mal im Schwimmring hängend baden zu gehen. Andere Kinder fanden sie dabei auch, die Lofoter sind sehr kinderfreundlich. In jedem Restaurant gibt's Wickelräume und Kinderstühle – und Spielplätze häufiger als in heimischen Breiten.

Literatur

Verstehen Sie sich als Bücherwurm, ist es eine Ihrer Lieblingsbeschäftigungen, sich im Urlaub richtig in Literatur über das Urlaubsland zu vertiefen? – Dann stehen ihnen harte Zeiten bevor, denn es gibt nur wenige Bücher in deutscher Sprache, die sich primär mit den Lofoten befassen: dieser Reiseführer, ein historischer Roman, ein Kriminalroman sowie ein Kinderbuch.

Ergänzend nennen wir Publikationen über Norwegen, solche, die ganz Skandinavien zum Thema haben oder aber Lappland bzw. Nordskandinavien, wozu die Lofoten üblicherweise gerechnet werden.

◎ **ANDERSCH, ALFRED**: *Wanderungen im hohen Norden.* Ein Meisterwerk des bekannten Schriftstellers, Prosa von ihrer schönsten Seite.

◎ **BOJER, JOHAN**: *Die Lofotfischer.* Übersetzung des Werkes *De siste viking,* das die berühmte SCHLACHT IM TROLLFJORD schildert. Packend und stimmungsvoll geschrieben – nur ist das Meisterwerk auf Deutsch schon lange vergriffen und nur in Bibliotheken und Antiquariaten aufzuspüren.

◎ **HAMSUN, KNUT**: Die stärksten Lofoten-Bezüge haben die Romane *Benoni, Die Stadt Segelfoss* und *Landstreicher.* Der im Heimatland umstrittene LITERATURNOBELPREISTRÄGER wird im Kapitel »Die Kunst« ausführlich portraitiert.

◎ **LANG, A./HALLING, S./SINGER, D.**: *Nördliches Skandinavien.* Reiseführer Natur. Sicher der kenntnisreichste NATURFÜHRER über den hohen Norden, mit allen bedeutenden Sehenswürdigkeiten sowie mit über 200 Fotos und zahlreichen Karten.

◎ **LOHSE, BERND**: *Tod in den Lofoten.* Der Autor ist begeisterter Nordland-Fahrer und Pastor in Hamburg; sein im Jahr 2000 aufgelegter Kriminalroman spielt in den Bergen von Moskenesøya sowie in der Jugendherberge von Stamsund auf der Insel Vestvågøy.

◎ **LYBECK, SEBASTIAN**: *Latte Igel reist zu den Lofoten.* Die kleine Elfe Kirivi ist von dem grausamen Adler Groff auf die Lofoten entführt worden. Die

Tiere des Waldes sind verzweifelt. Der Weg zu den Inseln scheint endlos weit und Groff ein unbezwingbarer Gegner. Einen solchen Rettungseinsatz traut sich nur einer zu: Latte Igel. Zusammen mit Eichhorn Tum und der Bisamratte Flurr begibt er sich auf die gefährliche Reise zur Adlerburg. Ob es ihnen gelingt, die Elfe zu befreien? – Ein Buch für Kinder ab 6 Jahre.

◎ **MARSDEN, WALTER**: *Lappland.* Die Wildnisse der Welt. Ein mit vielen Fotos ausgestattetes großformatiges Buch über Lapplands Landschaft, die Flora und Fauna. Nicht mehr im normalen Buchhandel, sondern nur noch in Antiquariaten erhältlich.

◎ **POE, EDGAR ALLAN**: *Ein Sturz in den Mahlstrom.* Zwar nicht so brillant wie andere Werke aus der Feder des frühen Meisters der Horrorgeschichten, aber wer sich einmal in Å oder sonstwo auf Moskesnesøya befindet, sollte sich Poes Geschichte vom Moskenesstraumen in einer stürmischen Nacht zu Gemüte führen. Nur in Sammelbänden enthalten; zur Zeit gibt es einen mit dem viel versprechenden Titel *Phantastische Fahrten.*

Karten

Auf Skandinavien spezialisierte Versandbuchhandlungen haben eine sogenannte Touristenkarte im Maßstab 1:100.000 im Programm, deren Eintragungen über die übliche Angaben einer Landkarte hinaus gehen sollen. Prüfen konnten wir das nicht, da die Karte zum Redaktionsschluss vergriffen, für das kommende Frühjahr aber eine Neuauflage angekündigt war.

Wer mit dem eigenen Fahrzeug anreist und eine Straßenkarte benötigt, halte sich an die zuverlässigen Kartenserie von Cappelen, die Norwegen in fünf Blättern vorbildlich darstellt: BLATT 4 (1:400.000) bildet Mittel-Norwegen (inklusive Lofoten, Narvik) ab, BLATT 5 Nordnorwegen (ab »Höhe« Narvik bis Kirkenes). Das zusätzliche BLATT 6 umfasst ganz Norwegen (im Maßstab 1:1.000.000), ist aber wegen des großen Maßstabs nur bedingt anzuraten. Die Karten haben die folgenden Firmen im Programm, die allesamt auf Skandinavien spezialisiert sind und viel Erfahrung mitbringen:

◎ **B & W NORDIS VERSAND**, Nöckersberg 39, D-45257 Essen, Tel. 0201 – 848 2370, Fax 0201 – 848 2355, elch@nordis-versand.de, im Internet: www.nordis-versand.de.

◎ **GEOBUCHHANDLUNG KIEL**, Schülperbaum 9, D-24103 Kiel, Tel. 0431 – 910 02, Fax 0431 – 942 49, per E-mail: geobuchkiel@t-online.de, im Internet: www.geobuchhandlung.de.

◎ **NORDLAND VERSAND**, Postfach 5, D-49585 Neuenkirchen, Tel. 05465 – 476, Fax 05465 – 834, E-mail: info@nordland-shop.de, im Internet: www.nordland-shop.de.

Register

Die 3 nordischen Sonderbuchstaben Æ (æ), Ø (ø) und Å (å) stehen am Ende des norwegischen Alphabets; sie sind dementsprechend eingereiht.

ORTSREGISTER

Agotvatnet 246
Andøya (Vesterålen) 314 f.
Austnesfjord 120
Austvågøya 116 ff., 210 ff.

Ballstad 164, 335
Blåfjellet 117
Boberghytta 103
Borg 169 ff.
Borgelva 168 ff.
Borgvær 171
Brattflogan 232 ff.
Breidvika 134
Brenna 154, 222, 226
Brurberget 138
Brustranda 235
Budalen 117
Busknes 164
Busknesfjord 162, 335
Busknes kirke 164
Børvågaksla 130
Bøstad 171

Dal 160
Damvatnet 215
Delp, Delpen, Delpneset 220 f.
Digermulen 85, 118 f.
Digermulkollen (Kaisermarsch) 118
Djupdal 237
Djupfjord 186, 256
Djupfjordvatnet 257

Eggum 39, 171
Eidevatnet 120
Engelskmannsbrygga 152
Engeløya 133

Festvågneset 155
Festvågtinden 274, 152, 274 f.
Finnmarkdal 214
Finnvik 119
Fischereimuseum Sund 181
Fiskebøl 117
Fiskebøldal 116, 117
Fiskeværsmuseet 187 f.
Fladneset 271
Flakstad 39, 177 f.
Flakstadpollen 175 f., 243, 322
Flakstadstien 179, 238 ff.
Flakstadøya 173 ff., 238 ff.,162
Fredvang 123, 180, 322

Galleri Espolin 104, 142
Galleri Haar 152
Galleri Lofotens Hus 152
Geitgaljen 120
Gimsøya 153 ff., 276
Gimsøyastraumbrua 155, 207
Gimsøyastraumen 154 f., 319
Gjervollsheia 220
Glasshytta 175
Glåmtinden 273 f.
Gravdal 164
Gravermarka 226
Grylltveisten 270

Hadselfjord 118
Hamnøy 123, 183, 206, 207
Haugsanden 321

Haukland 39
Haukland-Strand 166, 289
Hauklandsvatnet 172
Haveren 172
Henningsvær 150 ff., 204 f.
Henningsværstraumen 154
Hermannsdaltind 254, 260
Higravfjord 117
Higravtindan 273
Himmeltindan 166
Hinnøya 118 f.
Holand 119, 283
Hopen 148
Hov 156
Hoven 276, 156, 172, 287

Jellvollstinden 171
Jorden 213
Jordtinden 214

Kabelvåg 135 ff., 104, 131, 208
Kallestranda 148 f.
Kallevatnet 149
Kilan 176, 243
Kjerkfjord 254
Kjølen 262 f.
Kleivheia 229
Kleivskardet 168
Kleppstad 154
Kleppstadheia 275 f.
Kolfjellet 263
Kong Øystein-Statue 138
Kunstnerhuset 103
Kvalvika 247, 322
Kvalkeila 242
Kvalvikvatnet 247
Kyststien 228
Kåkersundetbrua 180, 182

Lamheia 259
Laukvik 128
Laupstad 120 f.
Leitet 166
Leknes 164 ff., 173
Leuchtturm 160
Liland (Austvågøya) 120
Liland (Vestvågøya) 168
Lille Molla 133, 319
Limstrandpollen 172
Litlhaugen 212
Lofotakvariet 124, 140 ff.
Lofoten Golfbane 156 f., 315
Lofoten-Kathedrale 136, 131
Lofoten Temagalleri 143
Lofoten Tørrfiskmuseum 187
Lofotmuseet 138 ff.
Lofotr (Schiff) 126, 170
Lundehunden 192
Lyngværet 153
Lyrvika 242

Marka 244 ff.
Markavatnet 246
Matmora 219 f.
Merraflesskardet 261 f.
Middagsheia 19, 171
Moland 160
Mortsund 163
Mosestinden 242
Mosken (Værøy) 191
Moskenes 186, 263
Moskenesvatn 263
Moskenesøya 181 ff., 244 ff.
Moskenstraumen 189 ff.
Mostad (Værøy) 269, 320
Mostadheia 191, 270
Motzfeldt, Ketil 72
Munkebu-Wanderhütte 186, 258
Mærvoll 168
Mølnarodden 182, 248
Mølndal 224

Napp 174, 243
Nappstraumen 164, 173
Nappstraumtunnel 174
Nedre Heimedalsvatn 322

Nedrevatnet 224
Nesland 40
Nordland (Værøy) 267
Norddalselva 168, 229
Nordnorsk Kunstnersentrum 104, 146
Nordpollen 216 f.
Norsk Telemuseum 187
Nusfjord 176 f., 242 f.

Olnilsøya 183
Oskar-skaret 138

Raftsund 118 f., 283, 313
Ramberg 178, 325
Rangeldal, -selva, -svatnet 218
Refsvikhula 62
Reine 122, 183 ff., 260
Reinefjord 185, 252 f., 311, 320
Reinebriggen 186, 250 ff.
Rolvsfjord 160
Rystad 154
Ryten 247
Rørvika 124, 149, 321
Rørvikskardet, -vatnet 149
Røst 192 ff.

Sagøya 133
Sakrisøy 183
Sand 155
Sanden (Værøy) 320, 322
Sandbotn 322
Sandbukta 322
Sandvika 29, 131, 321, 323, 325
Saupstad 156
Sautinden 272 f.
Selfjord 180
Sennesvika 162
Sildpollnes 115, 129
Skagsanden 178
Skoren 247
Skrova 319
Skullbrupollen 166
Sloka 241
Sløverfjord 118
Småtindskardet 214
Solbjørn 182
Solbjørnvatnet 249
Sortland 230 f.
Stamsund 161
Steinbakkdal 238
Steindalsvatnet 219
Steinsfjord 168, 230 ff.
Steirapollen 172
Stokkelvika 160
Storbåthellaren 62, 311 f.
Store Molla 119, 319
Storfjord 160
Storkongsvatnet 215
Storskardet 220
Storvika 213
Storvågan 135 ff.
Straumsnes 180
Stø (Vesterålen) 314
Sund 180 f.
Sundlandsfjord 225
Sundklakkstraumen 154
Sundklakkstraumenbrua 159, 172
Svarttinden 154, 225
Svolvær 126, 143 ff., 130
Svolvær Faste Galleri 103 f.
Svolværgeita 130, 146, 209, 324
Sydalen Gravplass 154
Sydalspollen 154
Sørlandsvågen (Værøy) 22
Sørvågen 186 f.

Terneset 260
Tind 187
Tjeldbergtinden 126, 146 f.
Tjønndal 235
Toppøya 183
Trolldalsvatnet 224
Trollfjord 96, 118, 144, 313 f., 319
Trollstein 136
Tussen (Værøy) 268, 322
Tøan 171, 229

Unstad 168, 228
Unstadvika 322
Utakleiv 39, 167
Utdalsvatnet 229

Valberg 160
Valbergsvika 322
Vareid 175
Vareidskardet 174
Vareisund 174
Vassosen 138
Vatterfjordpollen 129
Vedøya (Røst) 193, 323
Vesterålen 118, 155, 314, 321
Vestfjord 71, 118, 125, 130, 208, 238 ff.
Vestpollen 119, 129, 202
Vestre Nesland 179
Vestvågøya 159 ff., 226 ff.
Vestvågøya Museum 163
Vik 39, 167
Vikingmuseet på Borg 157, 169 ff.
Vikten 175
Vinje 155 f.
Vinjevika 156
Værøy 22, 191 f., 264 ff., 312, 323
Vågakallen 29, 133, 148, 203, 324
Vågan Kirke 136

Ytresand 180

Ørsvågen 132 ff., 148
Ørsvågvær 131
Østre Nesland 179, 240 f.

Å 187 ff., 289
Årrstranda 158
Åvatn 188

PERSONEN-/SACHREGISTER

Alkohol 146, 333
Allemannsretten 112 f.
Andersch, Alfred 358
Angeln 79, 83 ff., 201, 311, 316 f., 318
Apotheken 326
Aquakultur 90, 162
Arzt 326 f.
Autofahren (in Norwegen) 344
Autowerkstätten 279 f.

Baden 321 ff., FKK 328
Bakke, Dagfinn 103, 144
Basstölpel 53 f.
Beeren 43 f.
Berg, Gunnar 100 f., 144, 152
Bergsteigen 317
Bjørnson, Bjørnstjerne 99
Boberg, Anna 103
Bojer, Johan 96, 142, 358

Cafés 304 ff.
Camping 285 ff.
Colban, Erik Andreas 178
Colban, Kristine 100
Coronelli 100

D*ahl, Hans* 177
Diplomatische Vertretungen 327, 351
Diriks, Carl Frederik 100
Dreizehenmöwen 54, 183, 206, 241

E*gede, Hans* 136
Eiderente 270
Eiszeit 14 ff.
Eissturmvogel 270
Elch 49, 279
Endo, Toshikatsu 179
Engels, Friedrich 132
Espolin, Kaare 142, 60, 80, 97, 103
Ezechiel, Gotfred 178

Fahrrad fahren 119, 282 ff.
Fauna 49 ff.
Feiertage 327
Fisch (kaufen) 330

Flora 35 ff.
Fylke 281

Gassendi, Pierre 32
Geologie 12 ff.
Geschichte 61 ff.
Golf 156 f., 315
Golfstrom 24 f.
Gothus, Olaus Magnus 100
Grabhügel 162
Graham, Dan 154

Hamsun, Knut 104 ff., 358
Hanse 67 ff.
Heilbutt 87 f.
Hering 87
Höhlenmalereien 311
Hotels 300
Hügelgräber 62 ff.
Hurtigrute 118, 349 f.
Håkon Håkonsson 67

Information 278, 351
Internet 277, 328

Jedermannsrecht 112 f.
Johansen, Julius M. 161
Jugendherbergen 298 f.
Juul, Ole 102, 152

Kabeljau 68 ff., 81 ff., 84 f.
Kaisermarsch 118
Kaledonisches Gebirge 14
Karten 196 f., 328, 359
Kittelsen, Theodor 102
Klima 23 ff.
Koren, Christian W.R. 55 ff.
Köhler 88 f.
Kormorane 54, 193
Krähenscharben 54
Krigsminnemuseum 144
Krohg, Christian 101, 99

Lachs 90 f.
Lachszucht siehe Aquakultur
Lagerfeuer 113, 328
Langhäuser 65, 157
Lebensmittel 328 ff., 301 ff., 353
Lindström, Rikhard 103

Mahlstrom 189 ff.
Mitternachtssonne 28 ff., 158, 311, 330
Mücken 330

Nordlandboot 93 ff., 140
Nordlicht 30
Notruf 330

Öffnungszeiten 330 f.
Olav V. (norw. König) 182, 184
Oskar II. (norw. König) 138

Pannenhilfe 280
Papageitaucher 52 f., 192, 270
Pilze 44 ff.
Poe, Edgar Allan 189, 359
Polarlicht 30
Polarnacht 28 ff., 330
Pontoppidan, Erik 189
Post 331
Prachteiderenten 134

Querini, Pietro 69, 192

Radio 331
Rafting 312 f.
Rask, Gertrud 136
Raubmöwe 54
Restaurants 304 ff.
Rorbuer 291 ff.

Sámi 138
Schellfisch 89
Schmarotzerraubmöwe 270
Schmidt, Helmut 184
Scholle 88

Schwabe, Heinrich 32 f.
Seeadler 54, 242, 271, 312
Seefahrt 93 ff., 332
Seehund 140 ff., 124, 206
Seekajak 122, 318 ff., 314, 332
Seelachs 88 f.
Seeschwalbe 270
Seewolf 89
Segeln 313
Sightseeing 310 ff.
Sinding, Otto 152, 184
Sjøhus 291 ff.
Souvenirs 332 f.
Sprache 336 ff., 308 f.
Steinbeißer 89
Stockfisch 69 f.
Strand, Ola 148
Sverdrup, Hartvig 184

Tankstellen 280
Tauchen 323
Tax free 333 f.
Telefon 334
Tordalken 53
Touristenbüros 278, 351
Trinkgeld 334
Trolle 108 ff., 190
Trottellummen 270

Vogelfelsen 51 ff., 269 ff., 312

Wal 92 f.
Walsafari 203, 314 ff. , 323
Wandern 194 ff., 324 f.
Wetter 23 ff.
Wikinger 65 ff.
Wikingermuseum 157, 169 ff.
Wilhelm II. (deutscher Kaiser) 118
Windsurfen 324 f.

Zeit 334
Zeitungen 334
Zoll 352

Bildnachweis

Annette Ster:
alle Abbildungen außer den unten aufgeführten

Mic Calvert / Hvalsafari:
Seite 315 oben

Elch-Archiv, Trollskog:
Seite 85 / 141 unten

Alexander Geh:
Seite 48 unten / 111 / 174 / 185 / 243 / 289 oben

Kaare Espolin Johnson:
Seite 60 / 80 / 97 – Illustrationen aus dem Buch *De siste viking* (Johan Bojer)

Arnstein Larsen:
Seite 79, 374

Kystriksveien / Frode Lindberg:
Seite 48 unten

Lofotakvariet / Kjell Ove Storvik:
Seite 141 oben, 373 oben

Lofotmuseet / Thomas Røjmyr:
Seite 373 Mitte / 373 unten

Lofoten Golfbane / Gunnar Strøm:
Seite 157 oben / 315 unten

Vikingmuseet på Borg:
Seite 157 unten / 169

The Spirit of Mountain Sports!
www.vaude.com
VAUDE
ULTRALIGHT-AUSRÜSTUNG > VON VAUDE
Josemite >0,36kg
Crux Ultralight >0,64kg
Bivi >0,88kg

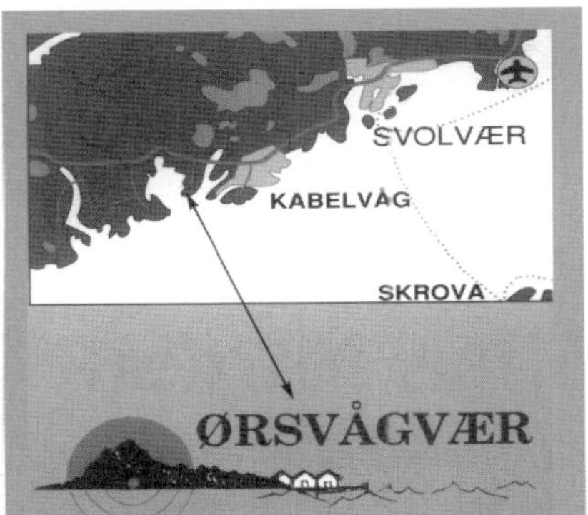

TOP-TITEL VOM ELCH – TOP-TITEL VOM ELCH – TOP-TITEL

Färöer

Wie »Lofoten« mit vielen Wanderungen

Kanuwandern in Schweden

49 Routen in Süd- und Mittelschweden, z.T. miteinander kombinierbar

Südschweden plus Dalarna / Värmland

Für Rundreisende, erweitert um die populären Reiseziele Mittelschwedens

Finnland: Saimaa und Karelien

Unterwegs im finnischen Seenland und entlang der russischen Grenze

Nordskandinavien – Der Wanderführer

Nordkalottleden und Kungsleden komplett – Neuauflage erschienen

VOM ELCH – TOP-TITEL VOM ELCH – TOP-TITEL VOM ELCH

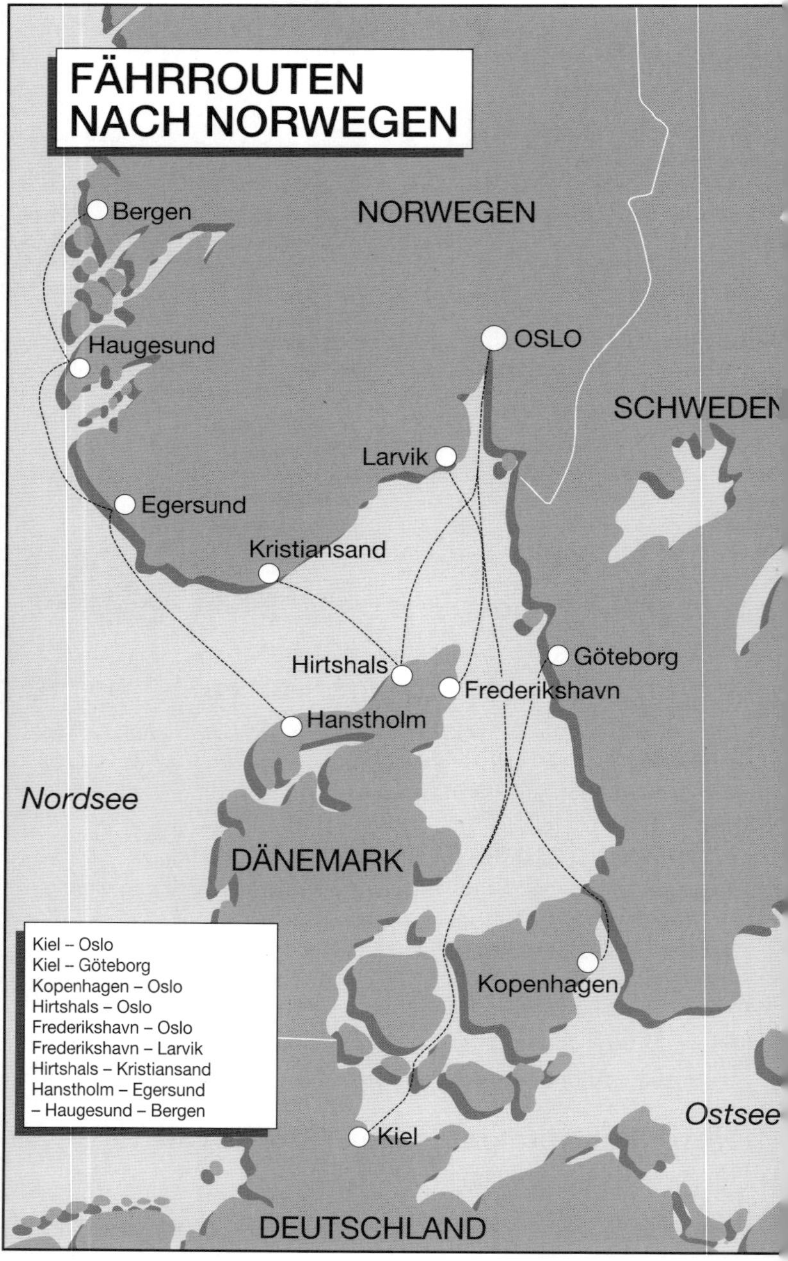
FÄHRROUTEN
NACH NORWEGEN
Bergen
NORWEGEN
Haugesund
OSLO
SCHWEDEN
Larvik
Egersund
Kristiansand
Hirtshals
Göteborg
Frederikshavn
Hanstholm
Nordsee
DÄNEMARK
Kiel – Oslo
Kiel – Göteborg
Kopenhagen – Oslo
Hirtshals – Oslo
Frederikshavn – Oslo
Frederikshavn – Larvik
Hirtshals – Kristiansand
Hanstholm – Egersund
– Haugesund – Bergen
Kopenhagen
Ostsee
Kiel
DEUTSCHLAND